Madrid
und Umgebung

Maria Anna Hälker · Manuel García Blázquez

Gratis-Download: Updates & aktuelle Extratipps der Autoren

Unsere Autoren recherchieren auch nach Redaktionsschluss für Sie weiter. Auf unserer Homepage finden Sie Updates und persönliche Zusatztipps zu diesem Reiseführer.

Zum Ausdrucken und Mitnehmen oder als kostenloser Download für Smartphone, Tablet und E-Reader.
Besuchen Sie uns jetzt!
www.dumontreise.de/madrid

DUMONT
Reise-Taschenbuch

Reiseinfos, Adressen, Websites

Panorama – Daten, Essays, Hintergründe

Unterwegs in Madrid

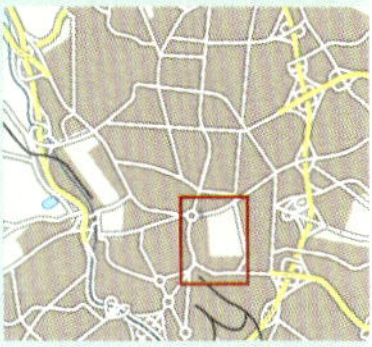

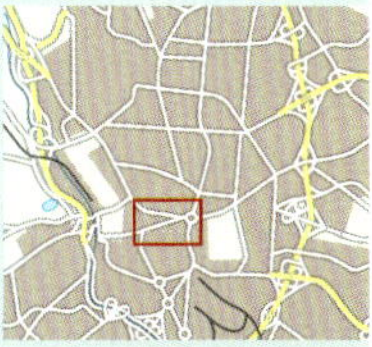

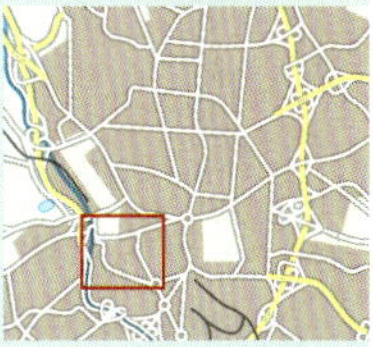

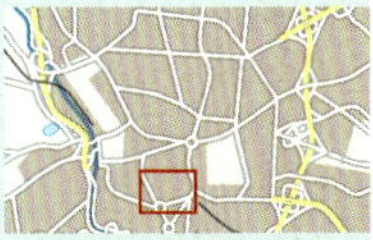

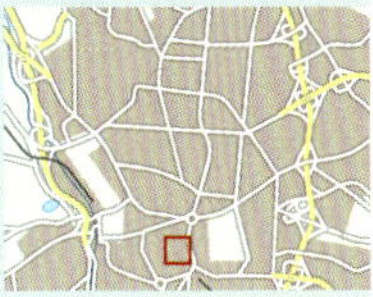

Inhalt

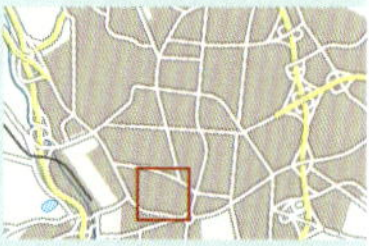

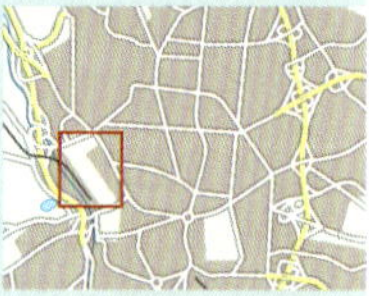

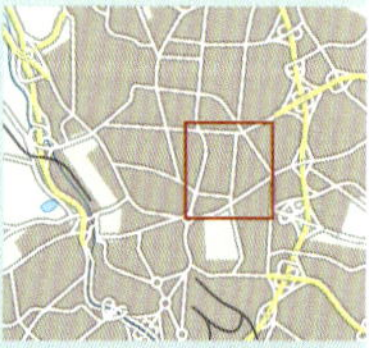

Auf Entdeckungstour

Karten und Pläne

s. hintere Umschlagklappe

▶■■■■■
Diese Symbole im Buch verweisen auf die Extra-Reisekarte Madrid

Das Klima im Blick

atmosfair

Reisen verbindet Menschen und Kulturen. Wer reist, erzeugt auch CO_2. Der Flugverkehr trägt mit bis zu 10 % zur globalen Erwärmung bei. Wer das Klima schützen will, sollte sich – wenn möglich – für eine schonendere Reiseform entscheiden. Oder Projekte von *atmosfair* unterstützen: Flugpassagiere spenden einen kilometerabhängigen Beitrag für die von ihnen verursachten Emissionen und finanzieren damit Projekte zur Verringerung des CO_2-Ausstoßes in Entwicklungsländern *(www.atmosfair.de)*. Auch der DuMont Reiseverlag fliegt mit *atmosfair!*

Liebe Leserin, lieber Leser,

für uns ist Madrid zuallererst ein Lebensgefühl! Man geht auf die Straße und ist mittendrin, taucht unvermittelt in südländisches Leben und das prickelnde Konzert der iberischen Temperamente ein. Die spanische Metropole ist eine lebendige, pulsierende Stadt, die ihr Wesen dem am besten erschließt, der sich auf sie einlässt, der ihre Straßen und Gassen durchstreift, sich treiben lässt.

Treiben lassen sollte man sich vor allem in den Altstadtvierteln, in den herausgeputzten Gassen rund um die historische Plaza Mayor oder in den einfachen Barrios wie Lavapiés oder Malasaña. Traditionell waren es die Viertel der einfachen Leute, und sie sind bis heute von ihrem historischen Baubestand statt von Luxuswohnungen geprägt. Ein Gutteil des Alltagslebens spielt sich hier dank des Klimas nach wie vor im Freien ab – in den Gassen, auf den Plätzen oder in bzw. vor den unzähligen Bars und Tavernen.

Jung und kreativ – das ist die ›Kulturfabrik‹ Madrid. Ob Theater, Film oder Musik, ob Mode, Gastronomie oder Kunst: Madrid ist das Schaufenster und die Bühne Spaniens, auf der entschieden wird, was Erfolg und Zukunft hat. Und dabei darf sich jedermann einbringen und mitmachen …

Doch die spanische Metropole trumpft noch mit manch anderem auf. Da ist die Kunst in den berühmten Museen am Stadtboulevard Paseo del Prado, da sind pompöse Stadtpaläste, von Adel und Kaufleuten einst mit dem Silber und Gold aus den Kolonien finanziert, oder prachtvolle barocke Klöster und Kirchen, von Hof und Adel im Goldenen Zeitalter reich mit Kunst und Kostbarkeiten beschenkt. Nur ein Katzensprung ist es zum strengen Klosterpalast El Escorial, zum Königsschloss in Aranjuez oder zu den Welterbe-Städten Toledo, Segovia und Alcalá de Henares …

Streifen Sie mit uns durch die Stadt, wandeln Sie auf den Spuren der großen Dichter, Baumeister und Künstler, machen Sie es wie die Madrilenen und ziehen abends von Tapasbar zu Tapasbar, spüren Sie die spanisch-andalusische Seele beim Flamenco, suchen – und finden – Sie mit uns das junge, moderne, kreative Madrid.

In diesem Sinne: Genießen Sie Ihre Zeit in der spanischen Hauptstadt!

A. A. Hilker   Manuel F. Blázquez

Einer der Torbögen zur Plaza Mayor, das historische Kernstück der Metropole

Leser fragen, Autoren antworten

Madrid persönlich – unsere Tipps

Wo sollte man mit der Stadterkundung beginnen?

Um mit Madrid auf Tuchfühlung zu gehen, gibt es keinen besseren Ort als die **Plaza Mayor.** Der historische Stadtplatz besticht durch die Harmonie seiner Laubengänge, unter denen sich Geschäfte, Terrassencafés und eine Touristeninformation angesiedelt haben. Die einstige Schaubühne für Volksspektakel und Staatszeremonien ist heute ein Treffpunkt von Besuchern aus aller Welt. Besonders reizvoll unter den umliegenden Altstadtgassen ist die **Cava Baja.**

Vom Platz führt die **Calle Mayor,** die alte Hauptstraße Madrids, an der **Plaza de la Villa** mit einem typischen Ensemble aus der Zeit der Habsburgerkönige vorbei zur **Kathedrale** und zum **Königspalast**, dessen prunkvolle Gemächer besichtigt werden können. Seine harmonisch gestaltete Schaufassade weist zur schönen **Plaza de Oriente.** Von den Terrassen des gleichnamigen Cafés genießt man den Blick auf das Schloss.

Wohin am ersten Abend?

Ein Bummel durch die teils uralten **Tavernen** ist einfach unerlässlich für jeden, der die Stadt kennenlernen will. Einige der ältesten und schönsten Lokale – mit gekachelten Wänden, Stierkampfplakaten, Zinktheke und Weinfässern – finden sich im sogenannten **Literatenviertel Huertas** rund um die **Plaza de**

Ein erster Rundgang

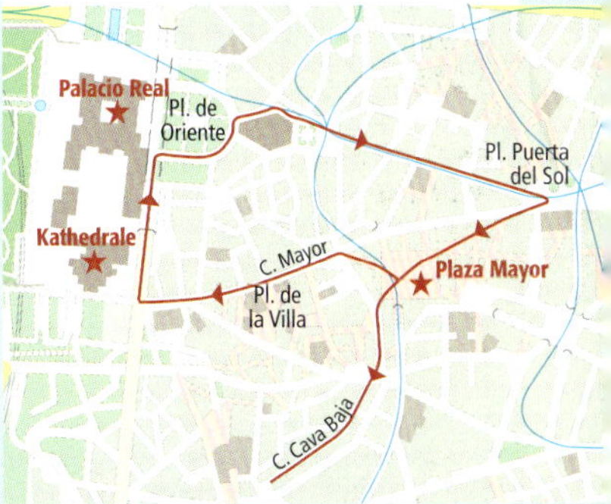

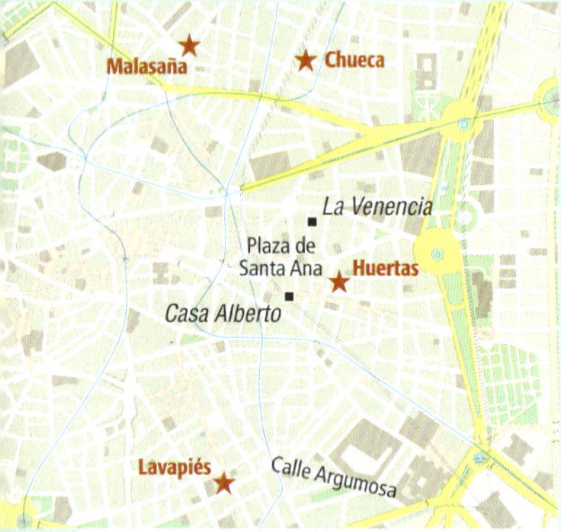

Interessante Altstadtviertel

Welche Viertel sind besonders interessant?

Neben **Huertas** sind Chueca, Malasaña und Lavapiés weitere Altstadtviertel mit historischem Baubestand. Sie werden inzwischen von einer jungen Szene geprägt, haben eine attraktive Gastronomie und ein quirliges Nachtleben. **Chueca** ist ein Zentrum der Gays. In die Bars, Kneipen und Discos des **Malasaña-Viertels** zieht es besonders in den Wochenendnächten viele Jugendliche. In **Lavapiés,** Madrids Multikulti-Viertel, füllen sich vor allem die Bürgersteige der Calle Argumosa, in der sich ein Lokal an das andere reiht.

Santa Ana. La Venencia in der Calle de Echegaray ist eine uralte Bar mit viel Patina, aber auch in der **Casa Alberto** mit ihrer roten Holzfassade scheint ein altes Stück Madrid weiterzuleben. Den Bummel kann man an der **Plaza de Santa Ana** ausklingen lassen, die sich mit ihren *cervecerías* zu einem Zentrum des Madrider Nachtlebens entwickelt hat.

Was dürfen Kunstfans nicht verpassen?

Der Stadtboulevard **Paseo del Prado** ist ein Dorado für Kunstliebhaber. Mit dem Prado, dem Museo Thyssen-Bornemisza und dem Centro de Arte Reina Sofía finden sich hier die bedeutendsten Gemäldemuseen der Stadt. Wer im **Centro de Arte Reina Sofía** die spanischen Jahrhundertkünstler Picasso (u. a. »Guerni-

Blick in das Gebäuderund der Plaza de Canalejas

Die Cava Baja ist eine pittoreske Altstadtgasse voller Lokale

ca«), Dalí und Miró oder Juan Gris und Antoni Tàpies bewundern will, sollte für einen Schnelldurchgang mindestens zwei Stunden veranschlagen.

Um sich die Schätze des **Prado** zu erschließen, benötigen Sie mehr Zeit. Je nach Vorliebe sollten Sie sich daher eventuell auf eine Abteilung – die der italienischen, spanischen oder flämischen Kunst – konzentrieren. Keinesfalls auslassen: »Las Meninas« von Velázquez und »Die Familie Karls IV.« von Goya oder überhaupt die Sammlung der Goya-Bilder. Für die umfangreiche Kunstsammlung des Barons Hans Heinrich Thyssen im **Museo Thyssen-Bornemisza** sollten Sie ebenfalls mehrere Stunden Besuchszeit einkalkulieren. Alle Museen gewähren zu bestimmten Zeiten kostenfreien Eintritt!

Wo trifft man die junge und alternative Kulturszene?

Am meisten von sich reden macht das noch recht junge **Kulturzentrum Matadero Madrid,** sowohl aufgrund des besonderen Ortes, an dem es untergebracht ist – nämlich in den alten Madrider Schlachthöfen –, als auch mit seinem ambitionierten Film-, Theater-, Konzert- und Ausstellungsprogramm. Sehr alternativ angehaucht und ursprünglich aus einer Hausbesetzerszene heraus entstanden ist die **Ta-**

Tipps zu Kunst und Kultur

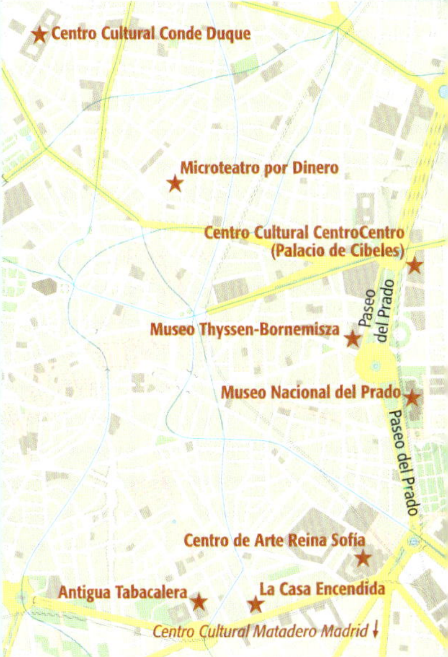

Shopping in Madrid

bacalera in Lavapiés, wo am Wochenende oft Partystimmung herrscht. Wie anders Theater auch gehen kann, intim und kurz und knapp, das zeigt das **Microteatro por Dinero** im Triball-Viertel.

Meist lohnt es, in folgenden Kultur- und Ausstellungszentren vorbeizuschauen: **CentroCentro Palacio de Cibeles** (Plaza de Cibeles), **Centro Cultural Conde Duque** (ehemals Kaserne) oder **La Casa Encendida** (in Lavapiés).

Wo ist was los?

Die Zeitungen El País, El Mundo und ABC bieten auf ihren Lokalseiten einen aktuellen Überblick über alle kulturellen Ereignisse und die Aktivitäten der Madrider Kultur- und Ausstellungszentren. Gut ist die Freitagsbeilage Metrópoli von El Mundo, die auch die aktuelle Gastroszene der Stadt porträtiert. Das jeden Freitag erscheinende Veranstaltungsmagazin Guía del Ocio, das an Zeitungskiosken verkauft wird, liegt der Freitagsausgabe von El País gratis bei. In den Touristeninformationen liegt »esMadrid« aus.

Aktuelle Stadtinfos im Internet:
www.esmadrid.com
www.guiadelocio.com
www.lanocheenvivo.com
www.madrid.org/turismo
www.turismomadrid.es

Wohin zum Einkaufsbummel?

Nördlich des Retiro liegt eines der exklusivsten Einkaufsviertel der Stadt: **Salamanca.** In den Straßen Serrano, Goya, Velázquez und Hermosilla reihen sich die Auslagen spanischer und internationaler Modedesigner eine an die andere. Besonders zum Saisonende im Januar und August wird hier manches Nobelkleid fast bezahlbar. Ein beliebtes Shoppingareal sind die **Calle de Fuencarral** mit flippigen Läden und trendiger Streetwear für junge Leute bzw. die umliegenden Gassen in Chueca und im TriBall. Schließlich müssen die Fußgängergassen, die vom Stadtplatz **Puerta del Sol** abzweigen, erwähnt werden: Sie sind Madrids kommerzielles Zentrum schlechthin.

Welche Cafés lohnen den Weg?

Wer die typische Kaffeehausatmosphäre der 100-jährigen Madrider Cafés erleben möchte, sollte sich zum **Paseo de Recoletos** begeben und sich von den livrierten Obern des **Café del Espejo** oder des **Café Gijón** verwöhnen lassen. In lauen Sommernächten sitzt man hier draußen. Oder Sie gehen in das schöne **Jugendstilcafé des Círculo de Bellas Artes,** eines über 100-jährigen Vereins, der das Kulturschaffen in der Stadt fördert.

Wo kann man sich erholen und ausruhen?

Erholung suchende Madrilenen zieht es in den **Stadtpark El Retiro.** In seinen Open-Air-Cafés am See oder auf den Stufen des Denkmals für Alfons XII. kann man stundenlang sitzen, schauen und die Sonne genießen; an Abenden und Wochenenden gibt sich hier die halbe Stadt ein Stelldichein.

Zu Spaziergängen im Grünen laden auch der hügelige **Parque del Oeste,** die **Casa de Campo** auf der anderen Flussseite, einst königliches Jagdrevier, sowie die **Ufer des Río Manzanares** ein.

Auf dem weltberühmten Flohmarkt El Rastro findet jeder, was er sucht …

Madrid von oben?

Die spanische Metropole hat kein Empire State Building und keine innerstädtischen Hügel, von denen sich ein umfassender Überblick über die Stadt bieten würde. Mehrere schöne Aussichtspunkte gibt es dennoch. Vielleicht der schönste: die Dachterrasse des Círculo de Bellas Artes, **Tartán Roof,** mit fantastischem Blick hinunter auf die Gran Vía.

Was ist neu in Madrid?

Am 1. April 2014 eröffnete nach Jahren des Umbaus das **Archäologische Nationalmuseum MAN** wieder. Seine Sammlungen zur spanischen Kulturgeschichte sind großartig, und die neue Museumsdidaktik ist es auch. Absolut lohnend!

Madrid wird umweltbewusster, und zwar mit einem neuen System städtischer Leihräder: Mehr als 2000 E-Bikes mit einer Reichweite von bis zu 70 km können an 120 Park-Stationen entliehen und an diesen nach Gebrauch wieder angedockt werden.

Ein Tipp zum Schluss: Der Sonntagsflohmarkt El Rastro

Sonntag ist in Madrid Rastro-Tag. Hunderttausende strömen zum berühmten Trödelmarkt. Echte Antiquitäten und Raritäten sind auch hier seltener geworden, Tand und Ramsch dominieren. Dennoch ist der Rastro ein Erlebnis. Beim Wühlen und Schauen nach einem Schnäppchen heißt es jedoch Vorsicht vor Taschendieben. Die Antiquitäten- und Trödelläden der Rastro-Gegend öffnen auch wochentags.

NOCH FRAGEN?

Die können Sie gern per E-Mail stellen, wenn Sie die von Ihnen gesuchten Infos im Buch nicht finden:
blazquez-haelker@dumontreise.de
info@dumontreise.de
Auch über eine Lesermail von Ihnen nach der Reise mit Hinweisen, was Ihnen gefallen hat oder welche Korrekturen Sie anbringen möchten, würden wir uns freuen.

Das neue Kulturzentrum CaixaForum mit ›hängendem‹ Garten, S. 121

Schaufenster zur Gran Vía – das Café des Círculo de Bellas Artes, S. 146

Lieblingsorte!

Kultort mit Flamencobühne im Literatenviertel – Villa Rosa, S. 202

Wo schon die Großväter einkehrten – Ángel Sierra, S. 218

Buchsbaumhecken mit weißen Statuen – Jardines de Sabatini beim Schloss, S. 171

Das ›Wohnzimmer‹ von Lavapiés – Calle Argumosa, S. 190

An diesen Orten fühlen sich die Autoren dieses Reiseführers jedes Mal aufs Neue wohl. Sie stehen für das, was Madrid für uns bedeutet, für den Esprit und besonderen Charakter der Stadt. Es zieht uns ins CaixaForum, das spannende Kunst in einem überraschenden Rahmen präsentiert, zu intimen Flamencokonzerten ins Villa Rosa und in das Jugendstilambiente des Cafés im Círculo de Bellas Artes. Nichts kann einen Tag perfekter machen als ein Wein unter den historischen Deckenfresken bei Ángel Sierra oder ein Stück bester Tortilla in der Casi Dani im Markt von Salamanca. Und den Abend unter den *vecinos* von Lavapiés in der Calle de Argumosa ausklingen zu lassen – das ist einfach nur schön!

Pulsierendes Leben mit Ausblick – Parque de la Montaña, S. 238

So muss Tortilla schmecken – wie in der Casa Dani im Mercado de la Paz, S. 262

Schnellüberblick

Plaza de España, Argüelles, Univiertel
Schon wegen des Denkmals für den Dichter Cervantes gebührt dem ›Spanienplatz‹ ein Besuch. Hinter dem Argüelles-Viertel breiten sich die weitläufige Universitätsstadt und die Grünanlagen des Parque del Oeste aus. Mit einem ägyptischen Tempel, der Grabkapelle Goyas und dem Amerikamuseum kommt Sehenswertes nicht zu kurz. S. 230

Historisches Zentrum und Madrid Río
Im Barrio de los Austrias, dem Habsburgerviertel, ist die arkadengesäumte Plaza Mayor der architektonische Höhepunkt. Malerische Altstadtgassen voller Tavernen und kleiner alter Läden prägen die Umgebung. Im Westen reicht das Viertel bis zur neuen Kathedrale und dem prächtigen Königsschloss, im Norden bis zu den Habsburgerklöstern, Museen voller Kunst. Ganz im Westen lohnt eine Radtour entlang Madrids Stadtfluss. S. 152

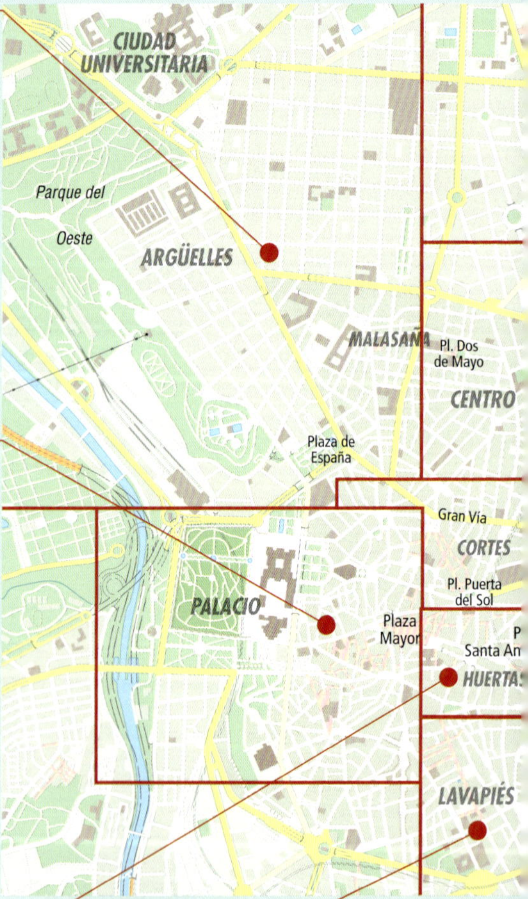

Huertas
Das Madrider Ausgehviertel schlechthin. Treffpunkt der Nachtschwärmer ist die Plaza de Santa Ana. In Madrids Literatenviertel zwischen Carrera de San Jerónimo und Calle de Atocha wohnten im Goldenen Zeitalter Spaniens große Dichter, wie Miguel de Cervantes. Straßennamen erinnern an sie, aber auch die Theater und das Wohnhaus Lope de Vegas. Im Viertel liegen die schönsten Tavernen und Tapas-Lokale der Stadt. S. 198

Lavapiés
Lavapiés ist ein Viertel mit gewachsenen Strukturen und fast dörflichem Charme. Im heutigen Multikulti-Viertel fühlt sich eine junge Szene zu Hause. Ein Stück liebenswertes Madrid. S. 184

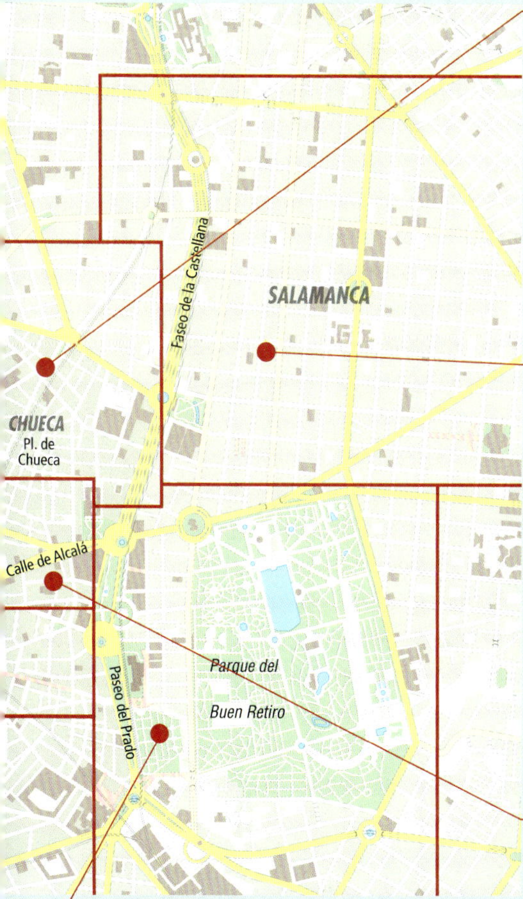

Chueca und Malasaña
Diese *barrios* des 19. Jh. strahlen noch eine gewisse Gemütlichkeit aus, zumindest tagsüber. Nachts zählen sie zu Madrids angesagten Ausgehvierteln. Das gilt für die Gegend rund um die Plaza de Chueca, einem Zentrum der Gay-Szene, ebenso wie für die Gassen rund um die Plaza del Dos de Mayo. S. 214

Salamanca und die Castellana
Der Graf von Salamanca plante und finanzierte dieses Nobelviertel ab Mitte des 19. Jh. – und war danach pleite. Die Wohnblocks mit schmucken Fassaden entlang des geradlinigen Straßennetzes entsprachen den gehobenen Ansprüchen von Adel und Bourgeoisie. Heute ist das Vorzeigeviertel die Adresse der Haute Couturiers.
S. 248

Paseo del Prado
Kunstmeile – der Paseo del Prado mit dem Prado- und dem Thyssen-Museum sowie dem Centro de Arte Reina Sofía hat diesen Namen wirklich verdient. In kaum einer anderen Stadt Europas gibt es ein vergleichbares Konzentrat an so großer Kunst auf so kleinem Raum. Gleich dahinter lädt der wunderschöne Stadtgarten El Retiro zu Entspannung im Grünen oder einer Bootstour auf dem Estanque ein.
S. 108

Puerta del Sol, Calle de Alcalá, Gran Vía
Die Puerta del Sol ist das Herz der City. Prunkbauten der Belle Époque säumen die von ihr abzweigende Calle de Alcalá und die untere Gran Vía. Wo sich die beiden Stadtboulevards gabeln, steht wahrzeichenhaft ein Bau, an dem in großen Lettern zu lesen ist, was man hier schaffen wollte: Metrópolis. S. 136

Reiseinfos, Adressen, Websites

Eindrucksvoll bei abendlicher Beleuchtung: Plaza de Canalejas

Informationsquellen

Infos im Internet

Die Google-Suchmaschine bietet unter dem Stichwort ›Madrid‹ interessante Links an, etwa zur Stadtverwaltung, der Madrider Börse, den Universitäten, zu den wichtigsten spanischen Tageszeitungen mit Madrider Lokalteil, aber auch zu Reisedienstleistern. **Länderkennung Spanien:** es

www.spain.info/de
Die offizielle Seite des Spanischen Fremdenverkehrsamtes Turespaña in deutscher Sprache mit umfangreichen, gepflegten Infos zu Unterkünften, Sport- und Wellnessangeboten, Gastronomie-Tipps, Festen und Events. Auch die Online-Bestellung von Informationsmaterial ist hier möglich.

www.turismomadrid.es
Offizielle Seite der Comunidad de Madrid für Touristen – in mehreren Sprachen, darunter auch Deutsch. Der Madrid-Reiseführer mit Routenvorschlägen und vielen Gebäudeansichten lässt sich als PDF herunterladen und ausdrucken.

www.esmadrid.com
Offizielle Website des Madrider Fremdenverkehrsamtes in mehreren Sprachen, auch auf Deutsch. Die touristischen Infos und Tipps umfassen auch eine Übersicht über die offiziellen Stadtführungen, die Madrid Card oder Hinweise zu barrierefreiem Reisen. In der spanischen Sprachversion wird das monatlich aktualisierte esMadrid-Magazin zum Download angeboten. Es ist zweisprachig (spanisch-englisch) und listet aktuelle Ausstellungen und andere Events.

www.monumentamadrid.es
Die Madrider Bezirke und Viertel, ihre Denkmäler und historischen Gebäude werden ausführlich beschrieben, bis hin zu architektonischen Details und ihrer Geschichte.

www.madrid.es
Die offizielle Website. Wissenswertes über Madrid, über Stadtverwaltung und Stadtpolitik, aktuelle Probleme und Projekte, städtische Einrichtungen, öffentliche Verkehrsmittel, die aktuelle Verkehrslage und vieles mehr.

www.patrimonionacional.es
Website des Patrimonio Nacional mit Infos zu den Königsschlössern und Klöstern. Eindrucksvoll ist die virtuelle Besichtigung der Anlagen, unter der Rubrik ›Visitas virtuales‹. Sehr schön zur Einstimmung, auch in Englisch.

www.guiadelocio.com/madrid
Online-Version des aktuellen Veranstaltungsmagazins für die Stadt. Umfassende und absolut aktuelle Infos zu Kino, Theater, Konzerten, Festen, Restaurants, Hotels, Kneipen sowie zu Messen oder Unternehmungen mit Kindern.

www.lanocheenvivo.com
Überblick über die aktuellen Events, wie Konzerte und Livemusik-Angebote.

www.madridfuerdeutsche.com
Ein Portal für Deutsche, die in Madrid leben. Netzwerke, Blogs, Kleinanzeigen, Rubrik Leben und Arbeiten, Antworten auf vielerlei praktische Fragen wie Versicherung und Gesundheit. Außerdem interessante, lesenswerte Artikel.

Spanische Fremdenverkehrsämter

In Deutschland

– 10707 Berlin
Lietzenburger Str. 99
Tel. 030 882 65 43
berlin@tourspain.es
– 60323 Frankfurt a. M.
Myliusstr. 14
Tel. 069 72 50 33 oder 72 50 38
frankfurt@tourspain.es
– 80051 München
Postfach 15 19 40
Tel. 089 53 07 46 11
munich@tourspain.es.

In Österreich

1010 Wien, Walfischgasse 8
Tel. 01 512 95 80
viena@tourspain.es

In der Schweiz

8008 Zürich, Seefeldstr. 19
Tel. 044 253 60 50
zurich@tourspain.es

Touristeninformation in Madrid

Städtische Infostellen

Centro de Turismo: ▶ H 14
Plaza Mayor 27, Tel. 914 54 44 10, turismo@munimadrid.es, www.esmadrid.com, tgl. 9.30–20.30 Uhr
CentroCentro Palacio de Cibeles: ▶ K 13, Pl. de la Cibeles.

Infostellen der Comunidad de Madrid

Calle de Alcalá 31: ▶ J 13, Mo–Sa 9–20, So, Fei 9–14 Uhr
Duque de Medinaceli 2: ▶ K 14, Mo–Sa 8–15, So, Fei 9–14 Uhr
Hauptbahnhof Estación de Chamartín: ▶ Karte 2, M 1, Mo–Sa 8–20, So, Fei 9–14 Uhr
Bahnhof Estación de Atocha: ▶ L 16, im Bereich der AVE-Schnellzug-Ankünfte, Mo–Sa 8–20, So, Fei 9–20 Uhr.
Im Flughafen: Terminal 1 (Ankünfte), Mo–Sa 9–20, So, Fei 9–14 Uhr, Terminal 4 (Ankünfte), tgl. 9–20 Uhr.

Telefonische Auskunft und Mails

Tel. 902 10 00 07 (Touristeninfos zur gesamten Comunidad de Madrid) oder Tel. 010 (Infos zur Stadt Madrid), Mo–Fr 8–21, Sa 9–14 Uhr.
Mailanfragen: turismo@madrid.org

Lesetipps

Arturo Barea: Die Rebellenschmiede (La Forja de un Rebelde), Band 1 der Spanientrilogie, München 2004. Das Werk von 1951 erzählt vom elenden Leben im Madrider Arbeiterviertel Lavapies im ersten Drittel des 20. Jh. und von der Dramatik des Spanischen Bürgerkriegs.
Rafael Chirbes: Der lange Marsch. Roman, Taschenbuch 2006. Spanien und Madrid während der Ära Franco.
Rafael Chirbes: Der Fall von Madrid. Roman, Taschenbuch 2006. Familienepos und Porträt der Zeit um 1975.
Javier Marías: Mein Herz so weiß, München 1998; Morgen in der Schlacht denk an mich, München 1999; So fängt das Schlimme an, Frankfurt a. M. 2015. Die Romane des spanischen Bestsellerautors spielen u.a. in Madrid, wo Javier Marías lebt.
Antonio Múñoz Molina: Die Nacht der Erinnerungen, München 2011. Ein Gesellschaftsroman, der während des Beginns des Spanischen Bürgerkriegs in Madrid spielt.
Josef Öhrlein: Madrid, Das Insider-Lexikon. München 2002. Amüsantes Porträt von Stadt und Menschen nach Stichworten.
Arturo Pérez-Reverte: Der Fechtmeister. Roman, 1998.

Wetter und Reisezeit

Madrid im Frühling und Frühsommer

Die Zeit zwischen Anfang März und Juni ist in Madrid ganz besonders schön. Der Frühling tritt meist recht abrupt und intensiv ein, binnen weniger Tage zaubert er ein grünes Kleid auf Bäume und Büsche; das kann schon ab Ende Februar der Fall sein. Ab März sind die Tage in der Regel angenehm oder sogar sommerlich warm, in den Nächten wird es noch kühler, sodass man beim Packen des Koffers am besten auf das Prinzip Zwiebel setzt: leichte Kleidung, die man um etwas Wärmeres zum Überziehen je nach Tageszeit und nach Bedarf ergänzt. Bis in den April hinein muss man mit gelegentlichen Regenschauern rechnen. Danach wird es meist extrem trocken und sehr warm, verbunden mit einem herrlichen kobaltblauen Himmel über Madrid.

Klimadiagramm Madrid

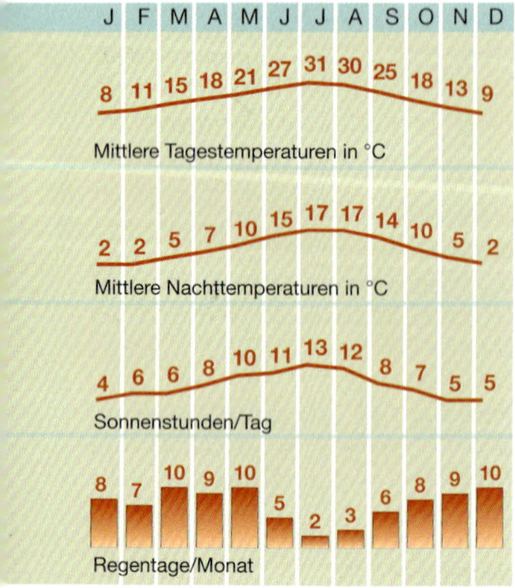

Was ist los?
In der Karwoche zeigt sich noch am ehesten das katholische Madrid, alle Kirchen sind festlich geschmückt. Zudem bietet das Festival de Arte sacro (Festival der religiösen Kunst) einen Zyklus an Kirchenkonzerten. Ab ca. Ende April gibt es zum Frühlingsbeginn zahlreiche Kulturveranstaltungen und Konzerte. Und der Mai ist mit dem Stadtfest zur Erinnerung an den 2. Mai 1808 und dem Fest des Stadtpatrons San Isidro (s. S. 56) insgesamt ein Festmonat. Meist Anfang Juni findet das Festival Summa Flamenca statt (s. S. 99).

… im Hochsommer

Madrids Klima ist kontinental geprägt. In den Monaten Juli und August kann es extrem heiß werden. Wenn sich die Meseta, die zentralspanische Hochebene, unter der sengenden Sommersonne in eine glühende, trockene Platte verwandelt, sind Temperaturen von 40 °C und mehr keine Seltenheit. Meist regnet es über Wochen und Monate keinen Tropfen. In der Mittagszeit, während der *siesta* zwischen 13 und 17 Uhr, wirkt die Stadt wie von der Hitze lahmgelegt. Alle Madrilenen, die eine Möglichkeit dazu haben, fliehen in diesen Wochen ans Meer.

Der Vorteil ist eindeutig: weniger Verkehrschaos, weniger Hektik – sowie niedrigere Preise und Sonderangebote in den Hotels, da weniger Geschäftsreisende kommen. Es gibt auch Nachteile: Im August machen zahlreiche Restaurants Betriebsferien, sogar manche Museen schließen ihre Türen oder bieten eine verkürzte Besichtigungszeit an. Stadtbesichtigungen und überhaupt die Fortbewegung –

das gilt etwa auch für Bus- und Metrofahrten, trotz Klimaanlagen – werden recht anstrengend.

Schön sind im Sommer die Nächte. Alle Welt zieht es nach draußen, auf die Straßen und Plätze der Stadt, in Grünanlagen und in die Terrassenlokale. Wer Wärme liebt und lange Nächte dazu, wird sich im Hochsommer in Madrid wohlfühlen!

Was ist los?

Im Juli/August tröstet die Stadt all diejenigen, die nicht in die Ferien fliehen können, mit den Veranos de la Villa (s. S. 58), den Madrider Kultursommern, die sich durch ein buntes Kultur- und Unterhaltungsprogramm auszeichnen. In der ersten Augusthälfte findet in den Altstadtvierteln eine Woche lang das größte und interessanteste Stadtfest statt, die Fiestas de San Cayetano, San Lorenzo und La Paloma (s. S. 56).

... im Spätsommer und Herbst

Nach den großen Ferien kehrt im September das Leben in die Stadt zurück, die wirtschaftliche Aktivität – und das Verkehrschaos – nehmen deutlich zu. Das Wetter bleibt jedoch längere Zeit noch sehr angenehm. So kann man im September meist sogar abends und nachts sommerlich leicht gekleidet sein. Dennoch gehört etwas Wärmeres für den Abend ins Gepäck. Ab Oktober werden die Nächte dann kühler, obwohl selbst im November die Tage sonnig und recht warm sein können.

Was ist los?

Anfang Oktober werden eine Woche lang viele historische Gebäude für das Publikum geöffnet. Im November gibt es das Tanzfestival Madrid en Danza.

Wasser – essenziell!

Madrid ist eine Stadt der Brunnen, mit Wasser scheint man recht verschwenderisch umzugehen. Doch der Eindruck täuscht. Wasser ist in Spanien ein extrem knappes und kostbares Gut – seien Sie damit also ein wenig sparsam. Viele Hotels machen zu Recht darauf aufmerksam, dass man beim Duschen, Klospülen und beim Handtuchverbrauch umweltbewusst handeln kann.

... im Winter

Bedingt durch die Temperaturextreme, die ein Kontinentalklima mit sich bringt, kann der Winter zwischen Dezember und Ende Februar bitterkalte Tage mit sich bringen. Regen fällt – wenn überhaupt – ebenfalls in diesen Monaten bis in den April hinein, im Dezember und Januar kann es auch einmal schneien. Meist aber sind die Tage klar und sonnig.

Was ist los?

Rund um Weihnachten lädt Madrid im Festgewand zum Shoppen ein, u. a. auf den Weihnachtsmärkten. Silvester und das Dreikönigsfest werden intensiv gefeiert.

Anreise und Verkehrsmittel

Einreisebestimmungen

Ausweispapiere: EU-Bürger müssen grundsätzlich einen gültigen Personalausweis oder Reisepass dabeihaben, und das gilt auch für mitreisende Kinder.
Aufenthaltsdauer: Für EU-Bürger unbegrenzt. Schweizer, die länger als drei Monate bleiben wollen, sollten sich wegen einer Aufenthaltserlaubnis mit der spanischen Botschaft in der Schweiz in Verbindung setzen.
Ein- und Ausfuhr: EU-Bürger können Waren für den persönlichen Bedarf ohne Begrenzung ein- und ausführen. Für Nicht-EU-Bürger sind die zollfreien Mengen auf 200 Zigaretten und 1 l Spirituosen begrenzt. Die Ein- und Ausfuhr von Waffen (auch Verteidigungssprays u. Ä.) und Rauschgift sind strikt verboten.
Haustiere: Für mitreisende Haustiere wird ein EU-Gesundheitspass benötigt. Konsultieren Sie dazu unbedingt Ihren Tierarzt.

Anreise

Flugverbindungen

Das Netz an Flugverbindungen nach Madrid ist dicht, bei Nutzung von Billigtarifen ist der Luftweg in der Regel zugleich der preiswerteste Anreiseweg.

Aeropuerto de Barajas
Madrids Flughafen liegt rund 13 km nordöstlich des Zentrums.
Information: Tel. 902 40 47 04, www.aena.es
Terminals: Es gibt vier Terminals, die verschiedenen Fluggesellschaften und ihren Partnern zugeordnet sind. Flüge von Austrian Airlines, Easy Jet und Ryanair werden in Terminal 1 (T-1) abgewickelt, die von Lufthansa, Germanwings, Swiss Air, Air France und KLM (Sky Team) in Terminal 2 (T-2). Air Europa nutzt für Ziele im Schengen-Raum ebenfalls T-2, für alle anderen Ziele T-1. Das noch recht neue Terminal 4 (T-4) ist für Iberia, British Airways, Vueling und die Partner von One World reserviert.
Per Metro in die Stadt: Im Flughafen gibt es zwei Metrobahnhöfe der rosafarbenen Linie 8. Die Station ›Aeropuerto T-1, T-2, T-3‹ liegt zwischen Terminal 2 und 3, die Station ›Aeropuerto T-4‹ im Terminal 4. Start- und Endpunkt der Linie 8 ist in der Stadt die Station Nuevos Ministerios (▶ K 7–8). Sie liegt an der Strecke der Nahverkehrszüge zwischen den Bahnhöfen Chamartín und Atocha und bietet Anschluss an die Metrolinien 6 und 10. Zu den Fahrtkosten (s. Metro, s. S. 24) kommen 3 € Flughafenaufschlag.
Flughafenbusse: Die gelben ›Exprés aeropuerto‹-Busse (Ticket: 5 €) verkehren 6–23.30 Uhr alle 30 Min. zwischen den Terminals T-1/T-2 (*Salidas*, Abflug) und T-4 (*Llegadas*, Ankunft) sowie dem Atocha-Bahnhof (▶ L 16, ab/bis Atocha-Renfe, ca. 40 Min. Fahrzeit). Zwischenstopps sind O'Donnell (▶ O 13, Metrostation) und Plaza de la Cibeles (▶ K13). Zwischen 23.30 und 6 Uhr fährt der Bus zur/ab Plaza de la Cibeles (die Haltestelle zur Abfahrt befindet sich vor der Post im Rathaus, Ecke Paseo del Prado). Stadtbusse der Linie 200 verkehren zwischen ca. 5 und 23.30 Uhr im 15- bis 20-Minutentakt zum Normaltarif (Ende 2017: 1,50 €) von den Terminals T-1, T-2, T-4 bis zur Avenida de América, Ecke Calle Francisco Silvela, wo man direkten Metroanschluss hat (Station: Avenida de América, ▶ N 9).

Der Stolz des Madrider Flughafens – Terminal 4, entworfen vom britischen Stararchitekten Richard Rogers

Nahverkehrszüge: Es gibt eine Direktverbindung vom Terminal T-4 zu den Bahnhöfen Chamartín, Atocha, Méndez Álvaro und Príncipe Pío; Preis der Einzelfahrt: 2,60 €.
Taxifahrt ins Zentrum: Fahrten vom Flughafen ins Stadtgebiet innerhalb des Straßenringes M-30 haben einen Festtarif von 30 € (Tarif 4), zwischen Flughafen und Zielen außerhalb des Ringes M-30 kostet die Beförderung ab 20 € (= Minimum) je nach Entfernungskilometern (Tarif 5).

Am Flughafen sind auch ›schwarze‹ Taxen unterwegs. Lassen Sie sich stets eine Quittung geben *(factura, ticket;* s. S. 25)!

Anreise auf dem Landweg

Internationale Züge enden in Madrid an der Estación de Chamartín, Europabusse steuern die Estación Sur de Autobuses an (s. S. 26).

Öffentliche Verkehrsmittel

So geht's ...

Der erste Schritt zur Nutzung von Metro und Stadtbussen ist der Erwerb einer Plastikkarte (2,50 €), auf die Fahrten in den gewünschten Mengen und Formaten aufgebucht werden. Erhältlich sind die Karten, die als *Tarjeta Multi* bezeichnet werden, an den Kassenautomaten in allen Metrostationen, an Zeitungskiosken und in Tabakläden (Achtung: Man kann sie nicht in den Stadtbussen kaufen).

Bei Fahrten mit Metro oder einem Linienbus nutzen Sie diese Karte zur Abbuchung der jeweiligen Fahrt.

Abono Turístico

Das **Touristenticket** zur Nutzung aller öffentlichen Verkehrsmittel gibt es wahlweise für 1, 2, 3, 4, 5 oder 7 Tage. Es wird wie andere Fahrkartenformate auf die Tarjeta Multi gebucht. Für 1 Tag in Zone A (Stadtgebiet) kostet es 8,40 €, für 2 Tage 14,20 €, 3 Tage 18,40 €, in Zone T (Region inkl. Toledo) 17, 28,40 bzw. 35,40 €. Kinder unter 11 Jahren zahlen die Hälfte. Erhältlich sind die Tickets in Metrostationen, Touristeninformationen und an Kiosken.

Sind Sie zu zweit oder als Gruppe unterwegs, genügt eine Karte für alle, wenn die entsprechende Anzahl an Fahrten aufgeladen wurde. Die Plastikkarte ist wie eine Geldkarte wieder aufladbar.

Einzelfahrten *(sencillo)* im Stadtgebiet kosten je nach Ziel 1,50–2 € (Zieleingabe am Automaten), Kombitickets für Metro und Metro Ligero (Stadtrandzonen) 3 €. Der Preis für 10er-Karten liegt bei 12,20 €, 10er-Tickets für die Nutzung von Umsteigeverbindungen kosten 18,30 €.

Die Fahrscheine entwertet man an den Zugangsschranken.

Metro

Das schnellste Fortbewegungsmittel ist die Metro. Nicht nur zur Rushhour, den *horas punta* (7–10, 14–16, 18–21 Uhr), füllen sich die Waggons bis auf den letzten Zentimeter, denn die Metro ist das Madrider Verkehrsmittel schlechthin. Betriebszeit ist von 6 Uhr bis 1.30 Uhr (letzte Abfahrt). Das Netz umfasst zwölf Linien plus drei Linien der Metro Ligero (ML) sowie eine mit ›R‹ gekennzeichnete Verbindung zwischen den Stationen Ópera und Príncipe Pío. In diesem Buch sind die Metrolinien mit einem ›L‹ plus Liniennummer oder einem ›R‹ angegeben (s. Metroplan auf der Rückseite der Reisekarte).

Fahrscheine: Fahrscheine erhält man an Automaten der Metrostationen, an Zeitungskiosken und in Tabakläden. Einzelfahrscheine *(sencillo)* kosten je nach Ziel 1,50–2 € (Zieleingabe am Automaten), Kombitickets für Metro/ Metro Ligero (Stadtrandzonen) 3 €. Der Preis für 10er-Karten liegt bei 12,20 €. Die Fahrscheine entwertet man an den Zugangsschranken.

Infos: Tel. 917 79 63 99, www.metromadrid.es; Consorcio Regional de Transportes: Tel. 915 80 19 80, www.ctm-madrid.es: Fahrpläne und Tarifsysteme von Metro und Stadtbussen.

Stadtbusse

Die EMT-Busse befahren 175 Linien. Damit der Fahrer an der jeweiligen *parada* hält, geben Zusteigewillige ein Handzeichen. Praktisch für Besucher ist die Linie 27, die auf der Stadtachse Paseo del Prado–Recoletos–Castellana verkehrt. Die Busse sind tgl. 6–23 Uhr im Einsatz, danach werden Nachtbusse eingesetzt *(buhos),* die bis 3 Uhr alle 30 Min. und danach bis 5 Uhr im Stundentakt verkehren (Fr, Sa alle 20 Min.). Sie starten alle an der Plaza de Cibeles.

Fahrscheine: Nur Einzelfahrscheine (immer 1,50 €) kann man im Bus lösen, die Metrobús-Tickets (s. oben) können ebenfalls zum Busfahren benutzt werden. 10er-Tickets für die Nutzung von Umsteigeverbindungen kosten 18,30 €.

EMT-Information: 7–21 Uhr, Tel. 914 06 88 10, www.emtmadrid.es

Regionalbusse

Busse in die Region Madrid erkennt man an ihrer grünen Farbe. Sie starten von den Bahnhöfen Moncloa (▶ F 9/10, nach El Escorial sowie nach Segovia und La Granja), Plaza de Castilla (▶ Karte 2, L 3, Richtung Norden), Avenida de América (▶ N 9, nach Alcalá de Henares), Estación Sur de Autobuses (▶ N 18, nach Aranjuez) und Plaza Elíptica (südlich H 19, Metro L 6 bis Plaza Elíptica, nach Toledo).

Taxis

Freie Taxis, erkennbar an der grünen Pilotlampe auf dem Dach und dem Schild *libre* (frei) an der Windschutzscheibe, winkt man durch Handzeichen heran. Achten Sie darauf, dass der Fahrer den Taxameter einschaltet und den richtigen Tarif ansetzt; lassen Sie sich eventuell eine Rechnung mit Taxinummer, Streckenangabe und Autokennzeichen geben.

Grundgebühr: Mo–Fr 7–21 Uhr 2,40 €, zu anderen Zeiten 2,90 €.

Zuschläge: für Fahrten vom/zum Messegelände 3 €; ab (Achtung: nicht zu!) Zug- und Busbahnhöfen 3 €. Am 25. Dez. und Silvester 21–6 Uhr 6,70 €. Bei mehr als 5 Personen im Großraumtaxi für jede weitere Person je 1 €. Telefonische Taxibestellung 2,40–2,90 € (Fahrtantritt) zzgl. 5 €.

Festtarife für Flughafenfahrten: Der Festtarif von 30 € vom/zum Flughafen entspricht Tarif 4, Tarif 5 dagegen ist entfernungsabhängig (s. S. 23).

Reklamationsstelle: Oficina Municipal del Taxi, Albarracín 31, 3° (3. Stock), 28037 Madrid, Tel. 914 80 46 13, Fax 915 88 96 35, Mo–Sa 9–13 Uhr. Unbedingt die Rechnung vorlegen!

Telefonische Taxibestellung:
Tel. 914 47 51 80, 914 05 12 13,
915 47 82 00, 913 71 21 31,
915 47 86 00 (auch Wagen für Rollstuhlfahrer).

Nahverkehrszüge

Cercanías (durch ein C plus Nummer gekennzeichnet) verkehren alle 10 Min. zwischen den Bahnhöfen Atocha (im Süden) und Chamartín (im Norden) über die Zwischenstationen Recoletos (nahe Plaza de Cibeles) und Nuevos Ministerios oder über die

Schnell, effizient und daher ein probates Verkehrsmittel in Madrid – die Metro

Verkehrsknotenpunkt Puerta del Sol – Eingang zu Metro und Nahverkehrszügen

zentrale Puerta del Sol. Von diesen Bahnhöfen sowie von der Estación del Príncipe Pío und der Estación Méndez Álvaro fahren die Züge in die Umgebung Madrids (ca. 6–ca. 24/1 Uhr).

Züge

Information und Reservierung: Tel. 912 32 03 20, www.renfe.es. Oder an den Schaltern der Bahnhöfe.

Estación de Chamartín: ▶ Karte 2, M 1, Agustín de Foxá s/n, Metro: L 3, 10 Chamartín. Hauptbahnhof im Norden der Stadt, Züge nach Nord- und Ostspanien sowie internationale Verbindungen. Ein Hochgeschwindigkeitszug fährt u. a. nach Segovia.

Estación de Atocha: ▶ L 16, Züge Richtung Süden, Hochgeschwindigkeitszüge (AVE, AVANT) nach Zaragoza–Lleida–Barcelona, Valencia, Málaga, Córdoba–Sevilla sowie Toledo.

Überlandbusse

Estación Sur de Autobuses: ▶ N 18, Méndez Álvaro/Ecke Retama im Süden der Stadt, www.estacionautobusesmadrid.com, Metro: L 6 Méndez Álvaro (mit direktem Zugang); oder: Nahverkehrszug ab Atocha-Renfe. In Madrids wichtigstem Busbahnhof starten die meisten Überlandbusse. Die Busgesellschaften unterhalten hier eigene Schalter (Information und Fahrkartenverkauf). Auskunft: Tel. 914 68 42 00.

Busgesellschaft Avanza: ▶ N 18, Estación Sur de Autobuses, Tel. 902 02 00 52, www.avanzabus.com. Busse nach Ávila, Salamanca, León, Cáceres.

Busgesellschaft Continental Auto-Alsa: ▶ N 9, Busterminal Avenida de América, Metro: L 4, 6, 7, 9 Avenida de América, Tel. 902 42 22 42, www.alsa.es. Busse nach San Sebastián, Bilbao, Logroño, Pamplona, Burgos, Soria, Santander.

Busgesellschaft La Sepulvedana: ▶ F 9/10, Busbahnhof Moncloa (Intercambiador), Terminal/Isla 1, Bussteig *(dársena/puerta)* 8/9, Metro: L 3, 6, Moncloa, Tickets an Schalter 27, 2. Stock, Tel. 902 11 96 99, www.lasepulvedana.es. Busse nach Segovia (ab 8 €), dort besteht Anschluss nach La Granja (s. S. 276). Ende 2017 war offen, ob eine andere Busgesellschaft die Segovia-Verbindung übernimmt.

Leihwagen

Leihwagen kann man schon vor der Reise buchen (Internet, Reisebüros), in Madrid helfen dabei auch die Hotels. Die Bezahlung erfolgt per Kreditkarte. Die internationalen Agenturen wie Avis (www.avis.de), Europcar (www.europcar.de) und Hertz (www.hertz.de) haben in Madrid u. a. Niederlassungen im Flughafen sowie in den Bahnhöfen Atocha und Chamartín.

Führungen und Stadtrundfahrten

Stadtführungen

Madrid para todos (Madrid für alle): Unter diesem Motto werden kostenlose Stadtführungen angeboten, eine Anmeldung im Centro de Turismo (▶ H 14, Plaza Mayor, Casa de la Panadería, s. S. 155), wo die meisten Touren auch starten, ist erforderlich. Leider finden die Führungen nur in spanischer Sprache statt.

Do 18, im Winter 16 Uhr: Madrid und die Plaza Mayor (Casa de la Panadería)

Fr 18, im Winter 16 Uhr: Madrid Monumental

Sa 12, im Sommer 10 Uhr: Cervantes-Grab und Barrio de las Letras

So 12, im Sommer 10 Uhr: Bedeutende Frauen in der Geschichte Madrids.

Private Führungen

Madrid auf Deutsch S.L.: Valderribas 17B 6° dcha., Tel. 914 33 44 90, 648 66 52 88, www.madridaufdeutsch.net. Das Team bietet verschiedene Stadttouren, thematische Touren und zum Beispiel auch Führungen durch den Prado oder die Stierkampfarena an, außerdem Hilfestellungen bei der Reiseorganisation.

Trixi Triciclos S.L.: Adresse s. S. 151. Neben Radverleih organisiert Trixi Madrid auch geführte Touren per Bike.

Stadtrundfahrten

Zwischen Prado-Museum und Hotel Ritz starten alle 10–20 Min. die offenen Doppeldeckerbusse von **Madrid City Tour** zu Rundfahrten. **Route 1** führt durch das historische Zentrum (Madrid Histórico), **Route 2** macht mit dem modernen Madrid bekannt (Madrid Moderno). Auskunft über den Kurs und die Haltestellen, an denen man beliebig aus- und wieder zusteigen kann, gibt ein Infoblatt, das man ebenso wie Audioguides im Bus erhält.

Betriebszeiten: März–Okt. 9–22, Nov.–Febr. 10–18 Uhr, Mitte Juni bis Mitte Sept. Nachtfahrten um 22 Uhr.

Preise: Tageskarte 21 €, Zweitageskarte 25 €; Jugendliche (7–15 Jahre) und Senioren ab 65 Jahren 10 € bzw. 13 €, Familienkarte (2 Erw., 2 Kinder) 53 €. Fahrkarten erhält man direkt im Bus sowie am Infokiosk zwischen Hotel Ritz und Prado, www.madridcitytour.es.

Organisierte Ausflüge

Ausflüge in die Umgebung, z. B. nach El Escorial oder zu den Bourbonenschlössern, bieten folgende Unternehmen an, die auch in den Hotels Prospekte auslegen:

Trapsatur: San Bernardo 7, Tel. 915 41 63 21, www.trapsatur.com, Metro: L 2 Santo Domingo

Juliá Travel: Plaza de España 7, Tel. 915 59 96 05, www.juliatravel.com, Metro: L 3, 10 Plaza de España

Pullmantur: Plaza de Oriente 8, Tel. 915 41 18 07, www.pullmantur.es, Metro: L 2, 5, R Ópera

Übernachten

Schöner wohnen in Madrid: Dazu bietet die Palette relativ junger Hotels, in denen modernes Design großgeschrieben wird, beste Gelegenheit. Gleichzeitig sind die Preise, gerade der besseren (Ketten-) Hotels, in Bewegung geraten, das einst starre Preissystem ist aufgebrochen. Es lohnt sich zu verhandeln oder aktuelle Angebote auf den Websites der Hotels oder auf professionellen Hotelbuchungsseiten zu suchen (s. u.). Eine Alternative zu den mit bis zu fünf Sternen klassifizierten Hotels sind die *hostales* (Pensionen), oft Familienpensionen in ehemaligen Etagenwohnungen – meist ohne Frühstück und Restaurantbetrieb. Doch auch hier findet man komfortable Zimmer. WLAN, und zwar inklusive, gehört inzwischen immer dazu.

Preisangaben in diesem Buch: Preise für DZ (Doppelzimmer) inkl. IVA (10 % MwSt.), EZ kosten ca. 60–70 % eines DZ.

Hotelsuche im Internet
www.hrs.de: sehr professionell
www.expedia.de: mit Kundenwertung
www.booking.com/madrid
www.de.hotels.com oder über die Websites der Reiseveranstalter.

Hotelketten mit Häusern in Madrid
www.petitpalace.com
www.hoteles-catalonia.es
www.room-matehotels.com
www.nh-hoteles.es
www.rafaelhoteles.es
www.melia.es
www.parador.es: Infos zu staatlichen *paradores*, u. a. in Alcalá de Henares, Chinchón, La Granja de San Ildefonso, Toledo.

Das ›eleganteste Hotel der Welt‹
www.ritzmadrid.com

Jugendherbergen
www.madrid.org, www.reaj.com

Edel und teuer

Oase betuchter Intellektueller – **AC Santo Mauro:** ■ K 10, Zurbano 36, Tel. 913 19 69 00, www.espanol.marriott.com, Metro: L 5 Rubén Darío, DZ ab ca. 205 €, Suiten 1200 €, Frühstück 33 €. 5-Sterne-Luxus im renovierten Stadtpalast des Duque de Santo Mauro, 1884/95 erbaut. Viele Medienmenschen steigen hier ab. Man schätzt die Diskretion und Intimität, die schicken Räumlichkeiten, das exzellente Restaurant, Garten, Schwimmbad, Türkisches Bad und Sauna. Und direkt gegenüber kocht der Sternekoch Sergi Arola.

Luxus im Adelspalast – **NH Palacio de Tepa:** ■ Karte 3, J 14, San Sebastián 2, Tel. 913 89 64 90, www.nh-hoteles.es/nh/es/hoteles/espana/madrid.html, DZ 170–450 €. Im mächtigen Adelspalast im Literatenviertel Huertas residiert ein Fünfsterner der NH-Kette, in dem der Gast König ist. 85 Zimmer und Suiten beherbergt der neoklassizistische Bau aus dem Jahr 1797, den einst der Graf von Tepa bewohnte und der von Grund auf renoviert wurde. Unten im Haus gibt es auch eine Tapas-Bar von Sternekoch Paco Roncero.

Der Luxus des 19. Jh. – **Orfila:** ■ K 11, Orfila 6, Tel. 917 02 77 70, www.hotelorfila.com, Metro: L 4 Colón, DZ 250–350 €, Suite ca. 550 €, Frühstück ca. 33 €. Geräumige Zimmer, Intimität und eine fast familiäre Atmosphäre prägen das Relais-&-Châteaux-Haus in einem Stadtpalais des 19. Jh. Die Dekoration erinnert an diese Zeit. Mehrere Salons, darunter ein Teesalon mit Blick in den zauberhaften Garten, in dem der Abend bei bester mediterraner Küche ausklingen kann. Das Restaurant **El Jardín de Orfila** ist öffentlich zugänglich.

Komfortabel und stilvoll

Kleinod in Lavapiés – **Artrip Hotel:** ■ J 16, Valencia 11, Tel. 915 39 32 82, www.artriphotel.com, Metro: L 3 Lavapiés, DZ ca. 100–150 €, Frühstück 6 €, Frühbucherrabatt. Reizende Unterkunft im Szeneviertel Lavapiés, der Besitzer hat das Haus seiner Großeltern aus dem Jahr 1900 liebevoll zu einem kleinen Hotel mit dem gewissen Etwas umgebaut. Jedes der Zimmer hat eine individuelle Handschrift. Zur Ausstattung gehört immer ein Wasserkocher und Trinkwasser gibt es flaschenweise gratis. Kleiner Frühstücksraum.

Für Literaturliebhaber – **Iberostar De las Letras:** ■ Karte 3, J 13, Gran Vía 11, Tel. 915 23 79 80, 902 42 24 82, www.hoteldelasletras.com, Metro: L 1, 5, R Gran Vía, DZ 200–320 €, Frühstück 20 €. Der Name ist Programm: Jedes Zimmer ziert ein Dichterspruch, eine Bibliothek gibt es im Souterrain. Die stilvollen Habitat-Interieurs der Zimmer stehen dem Palais ebenso gut wie Parkettboden, alte Holztüren und Wandkacheln oder das originale Treppenhaus. Sauna, Pool, Fitnessraum, nettes Restaurant sowie Tapas- und Cocktail-Lounge.

Bibliophil – **Mercure Madrid Centro:** ■ Karte 3, K 14, Lope de Vega 49, Tel. 913 60 00 11, www.hotellopedevega.com, www.mercure.com, Metro: L 1 Antón Martín, Atocha, DZ 70–250 €, Frühstück ab 10 €, Sonderpreise auf der Website. Der Dichter Lope de Vega wohnte um die Ecke und ist in der Hotelbibliothek präsent. Das gediegene Haus mit 59 Zimmern und zwei Suiten, teils mit Balkon, liegt am Rand von Huertas, günstig zu den Museen und recht ruhig. Aufmerksamer Service, die Cafetería ist bis ca. 23 Uhr geöffnet.

Eleganz mit Geschichte – **Palacio San Martín:** ■ Karte 3, H 13, Plaza de San Martín 5, Tel. 917 01 50 00, www.hotelpalaciosanmartin.com, Metro: L 3, 5 Callao, DZ ab 86 €, Frühstück 31 €. Das Palais aus dem 18. Jh., einst die Adresse der ersten US-Botschaft in Spanien, liegt neben dem Descalzas-Reales-Kloster. Vier Sterne und edel möblierte Zimmer, teils mit Terrasse, *bar-cafetería,* ein überdachter Innenhof und das **Restaurant Antigua Embajada** im 6. Stock mit Blick über die Dächer der Madrider Altstadt.

Hightech in alten Mauern – **Petit Palace Santa Bárbara:** ■ K 11, Plaza Santa Bárbara 10, Tel. 913 91 44 21, www.petitpalacesantabarbara.com, Metro: L 4, 10 Alonso Martínez, DZ ab ca. 110 €, Frühstück ab 15 €, Sonderangebote unter 100 €. Ein recht neu eingerichtetes Hotel der für ihr modernes Design bekannten Kette der Petit-Palace-Hotels, Zimmer mit iPod-Dockingstation, Laptop, WLAN, kostenloser Radverleih. Das alte Treppenhaus im historischen Gebäude ist eine Augenweide, der Innenhof bietet eine angenehme Ruhezone. Auch Raucherzimmer.

Neuer Stil in einer alten Posada – **Posada del León de Oro:** ■ Karte 3, H 14, Cava Baja 12, Tel. 911 19 14 94, www.posadadelleondeoro.com, Metro: L 1 Tirso de Molina, L 5 La Latina, DZ 75–268 €, Frühstück 15 €. Die charmanten Gemäuer der einstigen Altstadtherberge trumpfen nun mit pfiffig-modernem Design in den 17 stilvollen, individuellen Zimmern auf. Ob in der *enotaberna* unten im Haus oder in der Restaurantmeile Cava Baja – für das leibliche Wohl ist rundherum gesorgt.

Etagenhotel im Vintage-Look – **Praktik Metropol:** ■ Karte 3, J 13, Montera 47, Tel. 915 21 29 35, www.praktikmetropol.com, DZ 65–175 €, Frühstück 5 €. Der große Loungebereich im 1. Stock mit seiner wunderbaren Interieurmischung aus Neu und Vintage wirkt wohnlich und einladend und die 71 Zimmer, die sich über mehrere Stockwerke verteilen, können mithalten. Besonders schön sind die geräumigen Skyline-Zimmer im 9. Stock. Eine Terrasse mit Sonnenliegen zeigt zur Calle Montera.

Neues Wohnen in einer alten Fabrik – **Room Mate Alicia:** ■ Karte 3, J 14, Prado 2, Tel. 913 89 60 95, www.room-matehoteles.com, Metro: L 1 Antón Martín, DZ ab ca. 100 €, Junior Suite ab 182 € inkl. Frühstück. Die Passion für Design wird schon beim Betreten der Eingangshalle klar. Die schöne Fassade der ehemaligen Schuhfabrik vom Beginn des 20. Jh. zeigt zur Plaza de Santa Ana. Pascua Ortega renovierte das Haus: Minimalistisches Design und viel Weiß geben ihm Charakter. 34 Zimmer, darunter Suiten mit großer Terrasse und Minipool. WLAN gratis.

Stylish – **Room Mate Mario:** ■ Karte 3, G 13, Campomanes 4, Tel. 915 48 85 48, www.room-matehoteles.com, Metro: L 2, 5, R Ópera, DZ 100–180 € inkl. Frühstück. Jedes der Häuser der kleinen Room-Mate-Kette hat einen Vornamen. ›Großstadtmenschen‹ werden das nette 54-Zimmer-Hotel hinter der unaufgeregten Fassade eines Stadthauses mögen. Ein frisches, modernes Raum- und Designkonzept, zu dem die ungezwungene Atmosphäre passt.

Designtempel – **Silken Puerta de América Design Hotel:** ■ O 8, Avda. de América, Tel. 917 44 54 00, www.puertamerica.com, Metro: L 7 Carta gena, DZ je nach Saison ca. 110–265 €, Frühstück ca. 18 €. Das Designhotel schlechthin, mit 350-Zimmern hinter einer regenbogenbunten Fassade. Namen wie Zaha Hadid, Norman Foster, Victorio & Lucchino, Arata Isozaki oder Jean Nouvel stehen stockwerkweise für gestaltete Fantasie. Lohnend: Der Besuch der **Bar Skynight** im Dachgeschoss – und sei es wegen des Blicks auf die Stadt.

Anspruchsvolle Modernität – **Vincci Soho:** ■ Karte 3, J 14, Prado 18, Tel. 902 45 45 85, www.vinccihoteles.com, Metro: L 1 Antón Martín, variable Preise, meist ab ca. 130 €, Frühstück ca. 15 €. 2006 in einem Komplex historischer Stadthäuser des Literatenviertels eröffnet. Stilvoll designt in Schwarz und Schlammtönen, mit einem Hauch Rot und viel Holz. Großer Barbereich, Restaurant und eine beschauliche Terrasse.

Einfach und günstig

Familienpension – **Hostal Barrera:** ■ Karte 3, K 15, Atocha 96, Tel. 915 27 53 81, www.hostalbarrera.com, Metro: L 11 Atocha, DZ ca. 75 €. Schon seit mehr als einer Generation wird diese familiäre Pension betrieben, und sogar der durch »Apocalypse Now« bekannt gewordene Schauspieler Martin Sheen checkte hier schon ein. Freundlich, sauber, ökonomisch und mit Aufzug. Zum Centro de Arte Reina Sofía sind es nur ein paar Schritte.

Junges Wohnen – **Hostal Cruz Sol:** ■ Karte 3, H 14, Plaza de Santa Cruz 6, 1., 3. Stock, Tel. 915 32 71 97, www.hostalcruzsol.com, Metro: L 1, 2, 3 Sol, DZ 50–65 €, 3-Bett-Zimmer 65–95 €. Aurora bietet 34 Zimmer in Toplage.

Zimmer mit Charme – Room Mate Mario

Kleine, kompakte Räume, anständig ausgestattet: Bad, Fliesenboden, AC, Heizung, Safe, TV, Telefon.

Zentral und praktisch – **Hotel Europa:** ■ Karte 3, H 13, Carmen 4, Tel. 915 21 29 00, www.hoteleuropa.eu, Metro: L 1, 2, 3 Sol, DZ ab ca. 100 €, Frühstück ca. 15 €. Hotelklassiker in einem Stadthaus des 19. Jh. mit 100 funktionalen 1- bis 4-Bett-Zimmern, die größeren Räume mit Balkon sind teurer. Parkettboden, WLAN, kleines Restaurant, ordentlicher Service.

Frisch und freundlich – **Flat5madrid:** ■ H 11, San Bernardo 55, 5° (5. Stock), Tel. 911 27 24 00, www.flat5madrid.com, Metro: L 2 Noviciado, DZ mit Bad 63–145 €, Frühstück 3,50 €. Im 5. Stock (Gepäckaufzug) wohnt man relativ ruhig. Neun kleine Zimmer (sieben mit Mini-Bad), modern, farbenfroh, im Design teils mit einem Faible für die Op-Art der 1970er-Jahre. Angenehm.

Einfach mit Stil – **Hostal Gala:** ■ Karte 3, H 13, Costanilla de los Ángeles 15, 2° (2. Stock), Tel. 915 41 96 92, www.hostalgala.com, Metro: L 2 Santo Domingo, L 3, 5 Callao, DZ ab 60 €, 3-Bett-Zimmer ab 80 €, Apartments (oben im Haus) für bis zu 5 Pers. ab 160 €. Ein Stadthaus mit hohen Räumen und Balkonen, die Zimmer sind angenehm in Schwarz und Weiß gehalten, die Bäder klein, aber funktional. Sehr angenehme, junge Crew und eine 24-Stunden-Rezeption.

In der Obhut der Brüder González – **Hostal Gonzalo:** ■ Karte 3, K 14, Cervantes 34, 3° (3. Stock), Tel. 914 29 27 14, www.hostalgonzalo.com, Metro: L 1 Antón Martín, DZ 50–70 €, 3-Bett-Zimmer 65–85 €. Sauberes *hostal* in einem alten Wohnhaus mit Fahrstuhl, zentral im Literatenviertel gelegen, aber recht ruhig. Alle Zimmer mit Bad, TV, Heizung. Angenehme Atmosphäre.

Altstadtflair – **Hostal Madrid:** ■ Karte 3, H 14, Esparteros 6, 2° (2. Stock), Tel. 915 22 00 60, www.hostal-madrid.info, Metro: L 1, 2, 3 Sol, DZ ab 50 €, 3-Bett-Zimmer ab 60 €. Altstadthaus in

Unser Tipp

U Hostels – eine preiswerte Unterkunft der neuen Generation!
Preiswerte Übernachtungen für Menschen aus aller Welt und jeden Alters, für Paare, Familien und Kleingruppen anzubieten, und zwar in einem modernen, gepflegten Ambiente, das ist den weltreisenden Gründern dieses Hostels im fünfstöckigen Altstadthaus nahe der Szenegegend Chueca gelungen. Es bietet Zimmer für 2, 4, 6, 8 und 12 Personen und gemeinsame Aufenthaltsbereiche. Großzügige Räume, meist mit Balkon, WLAN gratis.
U Hostels: ■ J 11, Sagasta 22, Tel. 914 45 03 00, www.uhostels.com, Metro: L 4, 5, 10 Alonso Martínez, L 1, 4 Bilbao, DZ 60 €, im Mehrbettzimmer 14–24 € pro Pers. inkl. Frühstück.

bester Lage mit Holztreppe und altem Aufzug. Zimmer mit Bad und Parkettboden.

Tradition am Atocha-Bahnhof – **Hotel Mediodía:** ■ K 15, Plaza del Emperador Carlos V 8, Tel. 915 27 30 60, www.mediodiahotel.com, Metro: L 1 Atocha, DZ ab ca. 68 €, Frühstück ab 8 €. Ein Madrider Traditionshotel mit Schmuckfassade, schmiedeeisernen Balkonen und einer Eingangshalle mit Teppichen, Stuck und Lüstern. 165 Zimmer mit Parkett und großen Bädern. Gutes Preis-Leistungs-Verhältnis. Die Zimmer zum Innenhof oder zum Vorplatz des Centro de Arte Reina Sofía sind ruhiger.

Entspanntes Wohnen – **Hostal Tijcal:** ■ Karte 3, H 14, Zaragoza 6, Tel. 913 65 59 10, www.hostaltijcal.com, Metro: L 1, 2, 3 Sol, DZ 54–69 €, Frühstück 3,50 €. 30 Zimmer für 1–3 Pers. Ein freundlicher Argentinier, der auch Deutsch spricht, leitet das *hostal* im 3. und 4. Stock eines Altstadthauses. Die kleinen Räume mit Bad, teils mit Balkon zur Straße, sind fröhlich bunt getüncht. Ableger des *hostal* gibt es in den benachbarten Altstadtgassen.

Boutique-Hostal – **Vitium Urban Suites:** ■ G 12, Gran Vía 61, 5° (5. Stock), Tel. 911 16 41 44, www.vitium.es, Metro: L 3, 10 Plaza de España, DZ 100–121 € inkl. kleinem Frühstück, WLAN gratis. 12 helle Zimmer hoch über Madrids Boulevard, in ansprechendem modernem Design. Die Kategorien Standard, Deluxe und Premium unterscheiden sich vornehmlich durch ihre Größe und durch zusätzliche Sofas oder Sitzbereiche. Gute touristische Hilfestellungen: Vermittlung von Leihrädern, Stadtführungen, Eintrittskarten, Ausflügen …

Apartment-Hotels

Im Literatenviertel – **Apartamentos Turísticos Matute 11:** ■ Karte 3, J 14, Plaza Matute 11, 1° (1. Stock), Tel. 609 35 49 82, www.matute11.com, Metro: L 1 Antón Martín, Apartment für 2–4 Pers. ab 90 €. In dem zentral und recht ruhig gelegenen Altstadthaus hat man die nur 6 Apartments 2011 hergerichtet. Holzböden, freundliche Einrichtung.

Wie in einem Landhaus – **En Busca del Tiempo:** ■ Karte 3, H 14, Barcelona 4, Tel. 915 23 08 18, www.enbuscadeltiempo.com, Metro: L 1, 2, 3 Sol, 2 Pers. ca. 88 €, 3 Pers. ca. 125 €, 4 Pers. ca. 140 € inkl. Frühstück. Ein bisschen Landhausatmosphäre hat das runde Dutzend Apartments mit Kochmöglichkeit im 3. und 4. Stock eines Altstadthauses mit Aufzug. Gefrühstückt wird unten im Bar-Restaurant.

Essen und Trinken

Wie Sie das richtige Restaurant finden …

Mit diesem Buch

Auf den folgenden Seiten finden Sie eine Auswahl der Restaurants, die zu den besten der Stadt zählen, zu den alteingesessenen Klassikern der Madrider Küche gehören oder gerade in aller Munde sind. Dazu eine Auswahl wirklich guter Tapas-Lokale. Das ergibt einen repräsentativen Querschnitt der Madrider Gastronomie. Sofern Sie vor allem keine allzu langen Wege zurücklegen möchten, helfen die Karten zu den einzelnen Vierteln im Buch und die bei den Vierteln gelisteten Lokale weiter, darunter zusätzlich auch gute und günstige Viertelrestaurants (s. u.).

Szenemagazine und Internet

s. Wo ist was los, S. 10.

Hier können Sie sich selbst umsehen …

Cava Baja: ▶ G/H 14/15. In dieser hübschen Altstadtgasse reiht sich ein Lokal an das andere. Ob Tapas oder Gourmetküche, ein Imbiss im Stehen oder eine Pizza beim Italiener: Hier verhungert niemand.

Calle Argumosa: ▶ J 15. Eher etwas für Tapas und einfache Gerichte, dafür kann man draußen sitzen und sich abends unter (junges) Madrider Volk mischen.

Plaza de Santa Ana, Huertas: ▶ J 14. Rund um das Herz des Literatenviertels, des Madrider Ausgehviertels schlechthin, häufen sich die Tapas-Lokale, darunter einige der schönsten und bekanntesten der Stadt. In den Parallelstraßen **Echegaray** und **Ventura de la Vega** finden sich außerdem zahlreiche Restaurants mit unterschiedlicher Küche.

Gastronomie in den Madrider Vierteln

Paseo del Prado
Stadtviertelkarte s. S. 113
Restaurantbeschreibung s. S. 135

Puerta del Sol, Calle de Alcalá und Gran Vía
Stadtviertelkarte s. S. 139
Restaurantbeschreibung s. S. 150

Das historische Zentrum
Stadtviertelkarte s. S. 157
Restaurantbeschreibung s. S. 177

Lavapiés
Stadtviertelkarte s. S. 188
Restaurantbeschreibung s. S. 193

Huertas
Stadtviertelkarte s. S. 204
Restaurantbeschreibung s. S. 210

Chueca und Malasaña
Stadtviertelkarte s. S. 221
Restaurantbeschreibung s. S. 226

Plaza de España, Argüelles, Univiertel
Stadtviertelkarte s. S. 234
Restaurantbeschreibung s. S. 246

Salamanca und die Castellana
Stadtviertelkarte s. S. 253
Restaurantbeschreibung s. S. 261

Madrids Gastronomie

Madrid ist eine Kapitale spanischer Kochkunst, denn sämtliche **Regionalküchen** des Landes sind hier vertreten und haben im Spezialitätenwettstreit eine niveauvolle Gastronomie geschaffen. Die baskische, asturische und galicische Küche genießen mit ihrer variantenreichen Zubereitung von Fisch einen guten Ruf, und aus der Gegend um Valencia stammen so beliebte Reisgerichte wie die *paella,* die auf keiner spanischen Speisekarte fehlen darf.

Einige **Spitzenköche** stehen in der Stadt am Herd. Die Liste der Gourmettempel führen u. a. das DiverXo, das Dstage von Diego Guerrero, BiBo von Dani García, das Viridiana oder La Terraza del Casino (■ Karte 3, J 13) an.

Madrid ist auch die Hauptstadt der **Tapas-Kultur.** In allen Tavernen erhält man Tapas, eine Vielfalt unterschiedlichster Speisen in kleinen Portionen. Diesen Appetithäppchen ist es wohl zu verdanken, dass Fast-Food-Lokale die traditionelle Gastronomielandschaft nicht nachhaltig verändern konnten.

Vom Desayuno zur Cena

Das Frühstück *(desayuno)* fällt eher genügsam aus, der Tag beginnt mit einem *café solo* (Espresso), *cortado* (Espresso mit einem Schuss Milch) oder *café con leche* (Milchkaffee). Dazu isst man süße Küchlein wie die *madalenas, tostada* (Toast) oder *churros* und *porras,* in Öl ausgebackene Teigkringel oder -stangen, die frisch zubereitet werden. Gegen 11 Uhr schlägt dann jedoch die Stunde einer kleinen Zwischenmahlzeit *(almuerzo),* es ist Zeit für eine erste Tapa. Die Hauptmahlzeit des Tages wird meist während der *siesta* eingenommen. Zwischen 13 und 16 Uhr herrscht in den Restaurants Hochbetrieb. In den Abendstunden zieht es die Madrilenen in eine Bar, ein *mesón* oder eine Taverne *(taberna),* um zu Wein oder Bier Tapas zu essen. Und in den ›langen‹ Nächten (Mi–Sa) verabredet man sich gern zu später Stunde mit Freunden und Bekannten zu einem Abendessen *(cena).* Viele Lokale öffnen abends erst um 20.30 Uhr, doch inzwischen gibt es immer mehr, die ab morgens durchgehend geöffnet haben.

Madrider Spezialitäten

Charakteristisch für die spanische Küche ist, dass man auf den ureigenen Geschmack der Produkte setzt, ihn herausarbeitet und verfeinert. Olivenöl und Knoblauch sind dabei elementar. Fisch und Meeresfrüchte erfreuen sich im Speiseplan so großer Beliebtheit, dass der Madrider Fischmarkt weltweit zu den bedeutendsten zählt.

Ebenso beliebt ist die kastilische Landküche: Lamm *(cordero)* und Rind *(ternera),* gegrillt, geschmort oder im Ofen gegart, Spanferkel oder *estofado,* ein Fleischragout vom Rind, das lange mit Knoblauch, Tomaten, Zwiebeln, Kartoffeln, Salz und Petersilie köchelt – und *rabo de toro* (Stierschwanz). Andererseits sind auch in Madrid vegetarische und vegane Restaurants auf dem Vormarsch! Salate und Gemüse werden übrigens häufig als separate Vorspeisengerichte angeboten.

Spitzengastronomie

Junger Wilder mit drei Sternen – **DiverXo:** ■ Karte 2, L 4, Padre Damián 23 (im Hotel NH Collection Madrid Eurobuilding), Tel. 915 70 07 66, www.diverxo.com, Metro: L10 Cuzco, Di–Sa ab 14 und 21 Uhr, Menüs 195/250 € (ohne Getränke), Reservierung erforderlich. Der noch junge David Muñoz ist radikal innovativ, eigenwillig und ehrgeizig. Das brachte ihm 2014 drei Michelin-Sterne und das Prädikat »kulinarischer Botschafter Madrids« ein. Sogar Mark Zuckerberg hat hier schon gegessen und die geflügelten Schweine der Dekoration bestaunt … So etwas wie die bezahlbare ›Straßenvariante‹ des Hochkaräters ist **StreetXo** (■ L 11), in der Gourmet Experience des Corte Inglés, 7. Stock, Serrano 52, tgl. 13–17, 20.30–24, Fr/Sa bis 2 Uhr, ca. 25–35 €.

Höchste Kochkunst im Fabrikambiente – **Dstage:** ■ J/K 12, Regueros 8, www.dstageconcept.com, Reservierungen: via Website bzw. reservas@dstageconcept.com, Metro: L 5 Chueca, Mo–Sa 13.30–16, 21–23.30 Uhr, Aug. 15 Tage geschl., Menüs 90/148 € (ohne Getränke), keine Karte! Der Baske Diego Guerrero, der für den renommierten Madrider Club Allard zwei Michelin-Sterne erkochte, eröffnete Mitte 2014 sein Restaurant Dstage, so etwas wie Diegos Bühne (engl.: *stage*) für gastronomische Experimente der höheren Art. Die Räumlichkeiten sind angenehm informell, haben mit Ziegelwänden und Metalllampen etwas von Fabrik, Kochfabrik eben. Avangardistische Fusionküche.

Kutteln für Feinschmecker – **La Tasquita de Enfrente:** ■ H 12, Ballesta 6, Tel. 915 32 54 49, www.latasquitadeenfrente.com, Metro: L 5 Gran Vía, Mo–Sa 13.30–16.30, 20.30–24 Uhr, Menü 50/65 €, Hauptgerichte ab 22 €. Klein, stilvoll, persönlich – Juanjo López scheint irgendwie gleichzeitig am Herd und bei seinen Gästen zu stehen. Ein Standardgericht sind Kutteln, so fein, so delikat, so ungewöhnlich, dass man in aller Zukunft nur noch Kutteln essen möchte. Frische Marktküche mit Fantasie.

Beim Rundfunk-Starkoch zu Gast – **Viridiana:** ■ L 13, Juan de Mena 14, Tel. 915 31 10 39, www.restauranteviridiana.com, Metro: L 2 Banco de España, Retiro, tgl. 13.30–16, 20.30–24 Uhr, Karwoche geschl., à la carte ca. 90–110 €. Sehr sympathisch! Das liegt u. a. an Abraham García, Radio-Kochstar und Kochbuchautor. Gutes Essen und Wohlbefinden geben in dem kleinen Lokal den Ton an. Die Karte wechselt je nach Saison und Marktangebot, die kreative Küche enttäuscht selbst anspruchsvollste Gaumen nicht. Weinliebhaber wählen zwischen 23 000 (!) Flaschen aus aller Welt.

Avantgarde aus Málaga – **BiBo:** ■ L 9, Paseo de la Castellana 52, Tel. 918 05 25 56, www.grupodanigarcia.com, Metro: L 7, 10 Gregorio Marañón, tgl. 12/13–24 Uhr, ab 35 €. Der aus Malaga stammende Küchenchef Dani García (2 Michelin-Sterne) hat im August 2016 mit dem BiBo ein lässiges Lokal eröffnet. Neue und neu interpretierte *raciones* und Tapas, oft mit andalusischen Einflüssen, werden hier auf den Tisch gebracht. Das attraktiv gestaltete BiBo erfreut sich bereits großer Beliebtheit.

Gut zu wissen

Öffnungszeiten: ca. 13–16, 20/21–ca. 24 Uhr, Ruhetag ist meist So oder Mo, im August finden oft Betriebsferien statt.
Preise: Gut zu essen ist nicht billig. Aber fast alle Lokale, auch die Gourmettempel, bieten mittags ein günstiges *menú del día* (Tagesmenü) an, das in einfacheren Restaurants teils sogar unter 12 € kostet. Das zum Essen gereichte Brot *(pan)* wird meist mit einem kleinen Extrabetrag berechnet. Wenn nicht anders angegeben, beziehen sich die Preise in diesem Buch auf ein À-la-carte-Menü bzw. drei Gänge (ohne Getränke).
Bezahlen: Restaurants akzeptieren meist Kreditkarten, einfache Lokale verlangen oft Bargeld. Einzeln bezahlen gibt es in Madrid nicht. Wenn die Rechnung kommt, wird sie von einer Person übernommen, oder die am Tisch versammelten Gäste legen zusammen.

Szenegastronomie und gestyltes Ambiente

Trendgastronomie im Trenddesign – **Bazaar:** ■ J 12, Libertad 21, Tel. 915 23 39 05, www.restaurantbazaar.com, Metro: L 5 Chueca, L 2 Banco de España, So–Mi 13.15–23.30, Do–Sa 13–24 Uhr, ab ca. 25 €, Mittagsmenü ca. 12 €. Ein funktionaler Speisesaal mit großen Fenstern zur Straße, mit Holzfußboden und trendigem Design. Serviert wird mediterrane Küche in kreativen Variationen: Salate, Pasta, Crêpes, Schmorgerichte, Fisch.

Die Tapas schmecken Almodóvar – **El Bocaíto:** ■ Karte 3, J 13, Libertad 6, Tel. 915 32 12 19, www.bocaito.com, Metro: L 2 Banco de España, L 5 Chueca, Mo–Sa 12.30–16, 20–24, So 12.30–16 Uhr, Aug. geschl., ab 40 €, Degustationsmenü ab 30 €. Seit über 40 Jahren ein Klassiker. Künstler, Schauspieler, Filmemacher wie Almodóvar (für ihn ist es eines der besten Tapas-Lokale Madrids) zieht es hierher. Auf der Karte stehen die Klassiker des *tapeo,* dazu belegte *bocaítos* (kleine Brötchen). Im Restaurantbereich isst man auch gegrillten Fisch oder Lamm.

Menüs zwischen Buchseiten – **Ex Libris:** ■ Karte 3, J 13, Infantas 29, Tel. 915 21 28 28, www.restauranteexlibris.com, Metro: L 2 Banco de España, tgl. 13.30–16, 20.30–23.30 Uhr, Menüs ab 12 €, Degustationsmenü ab 27 €. Verfeinerte spanische Traditionsküche, es gibt gegrilltes Gemüse, Mini-Tintenfischchen, Salate, Fleischgerichte. Die Wanddekoration, Seiten aus Büchern *(ex libris),* ist namengebend.

Den Koch im Blick – **Gastroteca de Santiago:** ■ Karte 3, G 14, Plaza de Santiago 1, Tel. 915 48 07 07, www.lagastrotecadesantiago.es, Metro: L 1, 2, 3 Sol, L 2, 5 Ópera, Di–Sa 13–23, So 13–16 Uhr, Degustationsmenü 50 €, Flasche Wein um 20 €. Ein intimes Lokal mit gerade einmal sechs Tischen – und direktem Blick in die Küche, in der Juan Carlos Ramos am Herd steht. Die tagesaktuelle Karte, ein rundes Dutzend Gerichte je nach Saison, ist mit Kreide auf eine fast wandfüllende Tafel gemalt. Am Sonntag gibt es Reisgerichte. Im Sommer auch Außentische.

Japanisch inspiriert – **99 Sushi Bar:** ■ L 11, Hermosilla 4, Tel. 914 31 27 15, www.99suchibar.com, Metro: L 4 Serrano, Mo–Sa 9.30–16, 21–24 Uhr, ca. 50 €, Degustationsmenü 65 €. Hier wird japanisch-spanische Fusionküche geboten. So bekommen Sie z. B. Gunkan-(Schiffchen-)Sushi mit Alaska-Königskrabbe, Thunfisch-Maki, Sardellen-Nigiri oder Gyoza (Teigtäschchen) mit Wildschweinfüllung, Thunfischtatar mit Kimchi oder Tempura von der Tigergarnele.

Der Weinspezialist – **Taberna Matritum:** ■ Karte 3, G/H 14, Cava Alta 17, Tel. 91 365 82 37, www.matritum.es, Metro: L 1, 2, 3 Sol, L 5 La Latina, Di 20–24, Mi–So 13.30–16, 20–24 Uhr, Mitte bis Ende Aug. geschl., 30–35 €, Mittagsmenü 16–18 €. Weinregale prägen den Raum, und die Weinkarte listet ca. 200 Tropfen aus aller Welt (die Besitzer geben gerne Rat). Dazu gibt es frische, experimentierfreudige Marktküche mit manch kulinarischer Überraschung.

Kulinarischer Volltreffer – **Triciclo:** ■ Karte 3, J 14, Santa María 28, Tel. 910 24 47 98, www.eltriciclo.es, Metro: L 1 Antón Martín, Mo–Sa 13.30–16, 20.30–24 Uhr, Gerichte oder *raciones* ab 15 €, à la carte um 40 €. Das ›Dreirad‹ überzeugt nicht nur durch liebevoll gestaltete Räumlichkeiten und Interieurs – übrigens werden dabei Minidreiräder dekorativ in Szene gesetzt –, sondern durch eine mediterra-

In der Casa González im Literatenviertel (s. S. 212) geht beides: spanische Lebensmittel und Weine einkaufen oder an Ort und Stelle verzehren.

ne Küche mit neuen Geschmacksnoten und exzellente spanische Weine. Wer keinen Platz bekommt (reservieren!), kann in den Thekenbereich ausweichen und Tapas probieren.

Typisch spanisch

Der Klassiker beim Senat – **Casa Jacinto:** ■ G 12, Reloj 20, Tel. 915 42 67 25, www.restaurantecasajacinto.com, Metro: L 3, 10 Plaza de España, Mo–Sa 13.30–16.30, 20.30–24, So 13.30–16 Uhr, Aug. geschl., ca. 35 €. Kastilisch-rustikal wirkt das Lokal, das traditionelle Madrider Küche serviert: Patés, Kutteln, Stierschwanz, rotes Fleisch, Fischgerichte. Samstagmittag – außer im Hochsommer – gibt es Madrider Eintopf.

Pilze und mehr – **Cisne Azul:** ■ J/K 12, Gravina 19 (Filiale: Gravina 27, ■ K 12.), Tel. 915 21 37 99, Metro: L 5 Chueca, Mo–Sa 12–17, 20–24, So 12–17 Uhr, Karwoche und Aug. geschl., ca. 35–40 €. Nur wenige Tische hat dieses unprätentiöse Lokal in Chueca; an denen sitzen auch schon mal stadtbekannte (Medien-)Menschen. Julián, leidenschaftlicher Pilzesammler, und sein Sohn Miguel tischen Gerichte aus Wildpilzen auf, aber auch Rinderfilet, Ziegenkoteletts, Stierschwanz sowie Salate. Weine aus La Rioja und Ribera del Duero.

Exzellente Kroketten – **Casa Julio:** ■ H 12, Madera 13, Tel. 915 22 72 74, www.barcasajulio.com, Metro: L 1, 10 Tribunal, Mo–Sa 9.30–15.30, 18.30–24 Uhr, Aug. geschl. Kleine, historische Taverne in Malasaña. Hier schmecken die Kroketten (*ración* 12 €) besonders gut. Auch gibt es *albóndigas* (Fleischbällchen), pikante *patatas bravas* etc. Das Lokal wurde im Jahr 2000 bekannt, als U2 hier eine Fotosession veranstaltete und sich dabei an Omelettes und viel Kaffee gütlich tat.

Rustikales auf die feine Art – **Julián de Tolosa:** ■ Karte 3, G 14, Cava Baja 18, Tel. 913 65 82 10, www.casajuliandetolosa.com, Metro: L 5 La Latina, L 1, 2, 3 Sol, Mo–Sa 13.30–16, 21–24, So 13.30–16 Uhr, ca. 50 €. Rustikales Altstadtrestaurant mit Ziegelgewölben im Souterrain, das mit riesigen *tinajas* (Tonfässern) dekoriert ist. Eine gute Adresse für Steaks, genauer: riesige Rinderkoteletts (eins reicht für zwei), und *pimientos del piquillo* (rote Paprika). Die erstklassigen Produkte aus Navarra (dort liegt die namengebende Stadt Tolosa) werden wahlweise oben oder in den Gewölben serviert.

Reisgerichte in der Bauernkate – **La Barraca:** ■ Karte 3, J 13, Reina 29, Tel. 915 32 71 54, www.labarraca.es, Metro: L 2 Banco de España, tgl. 13.30–16.30, 20–24 Uhr, ca. 40 €, Reisgerichte 15–25 €. Zwischen den Interieurs fühlt man sich in eine valencianische Bauernkate der Reisbauregion rund um den Al-bufera-See versetzt. Es gibt Reisgerichte: *paella, arroz negro* (Schwarzer Reis), *arroz a banda* mit getrennt serviertem Fisch und Meeresfrüchten, Reis mit Gemüse. Sehr empfehlenswert!

Madrider Eintopf für Gourmets – **La Bola:** ■ Karte 3, G 13, Bola 5, Tel. 915 47 69 30, www.labola.es, Metro: L 2, 5, R Ópera, Mo–Sa 13.30–16, 20.30–23, So 13.30–16 Uhr, Juli bis Mitte Sept. Sa abends und So geschl., ca. 35 €, keine Kreditkarten. Gehoben-rustikales Altstadtlokal mit Madrid-Flair: Seit über 130 Jahren bereitet man hier deftigen *cocido madrileño* auf einem Feuer aus Eichenholzkohle zu und serviert ihn in Tontöpfen. Er mundet anspruchsvollen Gaumen. Kastilische und mediterrane Küche.

Baskische Sidrería – **Zerain:** ■ Karte 3, J 14, Quevedo 3, Tel. 914 29 79 09, www.restaurante-vasco-zerain-sidrería.es, Metro: L 1 Antón Martín, Mo–Sa 13.30–16, 19.30–24, So 13.30–16 Uhr, Aug. geschl., ab ca. 40 €. Eine exquisite baskische *sidrería* mit rustikalen Souterrainräumen, in denen man den Apfelwein *(sidra)* aus großen Fässern (bask.: *kupelas*) abzapft. Es gibt deftig-köstliche Speisen wie *chuletón de buey* (Rinderkotelett), *bacalao* (Stockfisch), *merluza* (Seehecht), *pimientos del piquillo* (würzige rote Paprika), *alubias de Tolosa* (Bohnen aus Tolosa).

Aus aller Welt

Zum Durchprobieren gut – **Mercado de Vallehermoso:** ■ H 10, Vallehermoso 36, Mo–Do 9–23, Fr/Sa 9–1, So 9–18 Uhr, Metro: L 2 Quevedo. In einer kleinen Markthalle von 1931 haben sich traditionelle Tavernen und Restaurants mit Küchen aus aller Herren Länder angesiedelt. Bei Graciana bekommen Sie argentinische Empanadas, bei Washoku (www.washoku.es, Di–Fr 11–16.30, 18.30–23, Sa 11–17, 20–23, So 12–17 Uhr) japanische Speisen, und wenn Sie scharf Gewürztes mögen, stoppen Sie an der Kitchen 154. Darüber hinaus verkaufen Stände handwerklich erzeugte Produkte wie Käse, Wurst oder Wein aus Madrid. Auch Schnecken sind im Angebot.

Köstlich arabisch – **Arabia:** ■ K 12, Piamonte 12, Tel. 915 32 53 21, Metro: L 5 Chueca, Mi–Fr 21–24, Sa/So 13.30–16, 21–24 Uhr, Aug. geschl., ab 25 €. Ein morgenländisch dekoriertes Lokal, in dem man zu Ethnomusik nordafrikanische, ägyptische und libanesische Küche isst: Kichererbsen- und Auberginenpüree *(crema de garbanzos, de berenjenas),* Falafel, Lamm und Couscous.

Afrikanisch – **Baobab:** ■ Karte 3, H 15, Calle Cabestreros 1, Tel. 915 27 27 32,

Mo, Mi–So 13.30–17, 20–24 Uhr, ab 15 €, Tellergerichte unter 10 €. Ein Senegalese im Multikulti-Viertel Lavapiés, klein, beliebt, oft voll, mit einigen Außentischen auf dem kleinen Platz. Würzige Reisgerichte, Couscous, Eintöpfe und auch leckere Säfte.

Die Küche der Anden – **El Inti de Oro:** ■ Karte 3, J 14, Ventura de la Vega 12, Tel. 914 29 67 03, www.intideoro.com, Metro: L 1, 2, 3 Sol, tgl. 13.30–23.30 Uhr, ca. 30 €. Hinein ins Inkareich, die Küche ist kompromisslos peruanisch. So der *ceviche de pescado,* in Zitronensaft marinierter roher Fisch, oder Kaninchen in Erdnusssauce.

Mexiko für Feinschmecker – **Entre Suspiro y Suspiro:** ■ Karte 3, G 13, Caños del Peral 3, Ecke Plaza Isabel II, Tel. 915 42 06 44, www.entresuspiroysuspiro.com, Metro: L 2, 5, R Ópera, Mo–Sa 14–16, 21–23.30 Uhr, Aug. teils geschl., ab ca. 45 €. Das hübsche mexikanische Restaurant ist mit vom Großvater gemalten Bildern dekoriert. Chili und Koriander geben dem Essen die Würze: Fisch in Chilisauce, Huhn mit *mole*-Sauce *(pollo al mole)* oder einfach *tortillas,* Maisfladen. Lecker!

Vegetarisch

Fantasievoll – **Artemisa:** ■ Karte 3, J 14, Ventura de la Vega 4, Tel. 914 29 50 92, Metro: L 1, 2, 3 Sol, Filiale ■ Karte 3, H 13, Tres Cruces 4, Tel. 915 21 87 21, Metro: L1, 5 Gran Vía, www.restaurantesvegetarianosartemisa.com, tgl. 13.30–16, 21–24 Uhr, ab 25 €, Mittagsmenüs ca. 13 €. Beliebt sind die gefüllten Auberginen und die Pastete Farah Diba. Man wählt zwischen Suppen, Salaten und Pizza oder lässt sich ein Degustationsmenü mit den Spezialitäten des Hauses zusammenstellen.

Schmeckt auch Nicht-Vegetariern – **El Estragón:** ■ Karte 3, G 14, Plaza de la Paja 10, Tel. 913 65 89 82, www.elestragonvegetariano.com, Metro: L 5 La Latina, tgl. 13–23 Uhr, Gerichte ab 8/9 €. Kleines Lokal mit vegetarischen Tapas und Tagesmenus.

Makrobiotisch – **La Biotika:** ■ Karte 3, J 14, Amor de Dios 3, Tel. 914 29 07 80, www.labiotika.com, Metro: L 1 Antón Martín, tgl. 13–16.30, 20–23.30 Uhr, Mo–Fr Mittagsmenü 12 €, Abend- und Wochenendmenü ab 15 €. Ein Klassiker der vegetarischen, veganen und makrobiotischen Küche in Madrid. In dem kleinen reizenden Lokal kann man auch Bio-Lebensmittel kaufen.

Tapas-Lokale

Zum Schauen und Genießen – **Casa Alberto:** ■ Karte 3, J 14, Huertas 18, Tel. 914 29 93 56, www.casaalberto.es, Metro: L 1 Antón Martín, Di–Sa 12–1.30, So 12–16 Uhr, Aug. drei Wochen geschl., Stockfisch auf Madrider Art 11 €. Stilvolles, 1827 gegründetes Lokal, das klassische Beispiel einer Madrider Taverne, heute fast museumsreif. Wein vom Fass und große Tapas-Auswahl. Die Taverne ist auch ein Restaurant.

Pur genießen – **Estado Puro:** ■ Karte 3, J 14 und K 14, Plaza de Cánovas del Castillo 4 (im Hotel NH Paseo del Prado), Tel. 917 79 30 36, www.tapasenestadopuro.com, tgl. 12–24 Uhr, ab 15 €. Die Tapas-Bar von Starkoch Paco Roncero lohnt schon wegen der Dekoration mit folkloristischen Imitationen spanischer Frauenhaarkämme einen Blick. Und auch die Tapas sind ein bisschen kultiger als andernorts: traditionell, aber mit einem Hauch Experimentierfreude.

Madrids älteste Taverne – **Taberna de Antonio Sánchez:** ■ Karte 3, H 15, Me són de Paredes 13, www.tabernaantoniosanchez.com, Metro: L 1 Tirso de Molina, Mo–Sa 12–16, 20–24, So 12–16.30 Uhr, Tapas in allen Preislagen, à la carte ca. 20–30 €, Mittagsmenü Mo–Fr ab 11 €. Die wohl älteste Taverne der Stadt ist Pflichtprogramm. Vorn sitzt man auf alten Holzbänken an Marmortischchen, die Deko der Wände ist Reminiszenz an den Stierkampf. Serviert werden Wein (oder Bier) und Tapas, im kleinen Restaurant kann man ›richtig‹ speisen.

Andalusische Taverne – **Taberna Sanlúcar:** ■ Karte 3, G 15, San Isidro Labrador 14, Metro: L 5 La Latina, Puerta de Toledo, Tel. 913 54 00 52, Di–Sa 13–17, 20.30–0.30, So 13–17 Uhr. An der Decke hängen andalusische Gebirgsschinken und man nippt hier trockenen *manzanilla,* den Sherry aus Sanlúcar de Barrameda. Dazu gibt es Gambas, *gazpacho,* Garnelen-*tortilla* oder Kartoffeln mit Stockfisch. Günstiger Mittagstisch, *raciones* ab 13 €.

Sterne-Tapas – **Vi Cool:** ■ Karte 3, J 14, Huertas 12, Metro: L 1 Antón Martín, Tirso de Molina, und ■ Karte 1, L 12, Lagasca 32, Metro: L 2 Retiro, L 4 Serrano, Velázquez, Tel. 914 29 49 13, www.vi-cool.com, Di–So 13–16, 20–24 Uhr, ab 15 €, klassisches Tapas-Menü 22 €, mit Meeresfrüchten 35 €. Tapas-Lokal, Restaurant, Bar: Zum dezent avantgardistischen Design passen die Avantgarde-Tapas und *raciones* (warm und kalt) von Starkoch Sergi Arola. Die Riesengarnelen mit Curry und Minze überzeugen anspruchsvolle Gaumen ebenso wie die Hamburger für Feinschmecker. Mittagsmenü.

Spanischer Käse – **Taberna Casa Gerardo:** ■ G 15, Calatrava 21, Metro: L 5 La Latina, Tel. 912 21 96 60, auf Facebook, Mo–Do 13–16, 19.30–24, Fr 13–16, 20.30–1, Sa 13-–17.30, 20.30–1, So 13–17.30 Uhr, Käseplatten ab 10 €. Seit über 60 Jahren gibt es diese Ta-

Jamón Serrano – der spanische Gebirgsschinken ist als Tapa beliebt

verne, die früher eine Weinhandlung war – Almacén de Vinos steht bis heute über der Eingangsfront. Und auch die Inneneinrichtung erinnert an alte kastilische Weingüter. Hier können Sie exzellente Käse verkosten, etwa Idiazabal, Manchego, Gamoneu oder Cabrales. Dazu sind Tapas im Angebot, viele offene Weine, Wermut vom Fass und Bier.

Cafés

Schaufenster zur Gran Vía – **Café del Círculo de Bellas Artes:** ■ Karte 3, K 13, s. Lieblingsort S. 146.

Zwischen Spiegeln und Glas – **Café del Espejo:** ■ K 12, Paseo de Recoletos 31, Tel. 913 08 23 47, Metro: L 4 Colón, L 2 Banco de España, Mo–Fr 8–24, Sa/So 9–24, Pavillon Winter So–Do bis 21 Uhr, Menüs 11–27 €. Jugendstilinterieur mit vielen Spiegeln – daher der Name. Zum Espejo gehören ein Restaurant und eine Terrasse auf der Flanierzone des Paseo de Recoletos – mit schönem Pavillon aus Eisen und Glas.

Der Treff der Literaten – **Gran Café Gijón:** ■ K 12, Paseo de Recoletos 21, Tel. 915 21 54 25, www.cafegijon.com, Metro: L 4 Colón, L 2 Banco de España, tgl. 7.30–1 Uhr, Menüs ab 22 €. Eine über 100-jährige Institution der Madrider Kaffeehaus-Kultur. Generationen spanischer Intellektueller haben hier die Stühle blankgesessen: Salvador Dalí, Luis Buñuel, García Lorca oder Literaturnobelpreisträger Camilo José Cela. Schöne Terrasse auf dem Paseo de Recoletos (teuer!).

Das Operncafé – **Café de Oriente:** ■ Karte 3, G 13, Plaza de Oriente 2, Tel. 915 41 39 74, www.cafedeoriente.es, Metro: L 2, 5, R Ópera, Mo–Do 8.30–1.30, Fr/Sa bis 2.30, So, Fei 9–1.30 Uhr. Traditionscafé neben der Oper, in dem Sie *chocolate con churros* (Kakao mit frittierten Teigkringeln) und die leckeren Kuchen oder die guten Mittagsmenüs probieren sollten. Das Restaurant im Keller ist ausgezeichnet. Ein wahrer Genuss: auf der Außenterrasse den Blick über die Plaza de Oriente und auf den Königspalast schweifen zu lassen!

Ein Abend mit Tapas

Tapas bekommt man im Prinzip in jeder spanischen Bar, *cervecería, taberna* oder Eckkneipe. Hier listen wir einige Tavernen, die u. a. wegen ihrer Tapas einen guten Ruf haben. Ein Tapas-Abend endet nicht unbedingt billiger als ein Menü im Restaurant. Ein Tellerchen Oliven gibt es schon für 2,50 €, aber eine Portion echter Iberischer Schinken kann 18–22 € kosten. Es ist die Lust am Probieren verschiedener Häppchen – möglichst in mehreren Lokalen –, die das Tapas-Essen so reizvoll macht (s. auch Cervecerías und Tabernas S. 50).

Schokolade im Morgengrauen – **Chocolatería San Ginés:** ■ Karte 3, H 13, Pasadizo de San Ginés, www.chocolateriasangines.com, Metro: L 1, 2, 3 Sol, tgl. 24 Std., s. Unser Tipp S. 96.

Auf der Marktterrasse – **Azotea Forus Barceló:** ■ J 11, Barceló 6, Tel. 915 30 17 61, www.azoteaforus.com, tgl. 10–24/1 Uhr. Schöne Terrasse im hochgelegenen Patio des neuen, hypermodernen Mercado de Barceló. In entspannter Atmosphäre (Pflanzen, Liegestühle) können Sie hier, angefangen mit einem Frühstück bis hin zum Abendessen, gesunde Kost genießen. Auch gibt es Kaffee und Cocktails.

Einkaufen

Was gibt es Besonderes in Madrid? Wo macht Einkaufen Spaß? Die Autoren dieses Buches möchten drei Dinge nennen: Erstens gibt es unter den *centenarios,* den ›100-Jährigen‹, kuriose, alte Traditionsläden. Zweitens ist die Gegend um den Sonntagsflohmarkt eine Fundgrube für alte Stücke. Und drittens verströmen die Markthallen und Fischläden Madrids das Flair des Südens und den Geruch des Meeres.

Ansonsten sind folgende Gegenden gut für den Shoppingbummel: Recht günstig einkaufen, vor allem Schuhe und Kleidung, kann man rund um die **Puerta del Sol** und in den Geschäften der vom Platz abzweigenden Straßen Arenal, Mayor, Preciados – wo sich auch eine Filiale der Kaufhauskette Corte Inglés und Zara-Filialen befinden – und Carmen. An der nahen Gran Vía haben auch Nobelgeschäfte ihre Adresse.

In den Szenevierteln **Chueca** und **Malasaña** findet man Hippes, Flippiges und Mode von Nachwuchsdesignern in der Calle de Fuencarral und rund um die Plaza de Chueca. Für Schuhe geht man in die Augusto Figueroa (beides s. Entdeckungstour S. 224).

Edel shoppt man in **Salamanca.** Zwischen die Filialen der internationalen Haute Couturiers mischen sich hier die spanischen Nobelmarken und Schöner-Wohnen-Spezialisten. Einmal muss man einfach durch die **Calle de Serrano** bummeln (s. S. 254)!

Öffnungszeiten

Madrid hat die Öffnungszeiten für Läden vollkommen liberalisiert, wer will, öffnet täglich und rund um die Uhr. Übliche Öffnungszeiten sind: Mo–Fr 9.30/10–13.30/14 sowie 16.30/17–20/20.30 Uhr. Kleinere Geschäfte in den Vierteln öffnen am Samstag häufig nur vormittags. Insbesondere die Läden an den ›touristischen Laufstrecken‹, Modegeschäfte, Kaufhäuser und Einkaufsgalerien haben tagsüber quasi pausenlos von 10 bis 20 Uhr oder länger geöffnet, viele Läden rund um die Puerta del Sol auch am Sonntag.

Bücher, CDs, Medien

Das Haus des Buches – **Casa del Libro – Espasa Calpe:** ■ Karte 3, H 13, Gran Vía 29, www.casadellibro.com, Metro: L 1, 5 Gran Vía, L 3, 5 Callao, Mo–Sa 9.30–21.30, So, Fei 11–21 Uhr. Madrids wichtigste Buchhandlung mit riesigem Angebot. Auch Deutschsprachiges, umfangreiche Reiseabteilung.

Für Flamencofans – **El Flamenco vive:** ■ Karte 3, G 14, Conde de Lemos 7, www.elflamencovive.es, Metro: L 2, 5, R Ópera, Mo–Fr 10–14, 17–20.30, Sa 10–14 Uhr. Der Flamenco lebt: Der Name ist Programm des kleinen, auf Flamenco spezialisierten Ladens. CDs und Bücher.

Kulturkaufhaus – **FNAC:** ■ Karte 3, H 13, Plaza del Callao s/n, www.fnac.es, Metro: L 3, 5 Callao, Mo–Sa 10–21.30, So, Fei 11.30–21.30 Uhr. Eine Riesenauswahl an Musik aller Richtungen, Filmen, Lesestoff (Bücher, internationale Presse) und vieles mehr – ein Kultur-Supermarkt.

Der Fotoladen – **Fotocasión:** ■ H 16, Ribera de Curtidores 22, www.fotocasión.es, Metro: L 3 Lavapiés, Embajadores, Mo–Fr 10–14, 16.30–20.30, Sa/So 10–14 Uhr, im Aug. So geschl. Der wohl beste Fotoladen Madrids. Neues und Gebrauchtes, gutes Preis-Leistungs-Verhältnis und hervorragender Service.

Fundgruben rund um den Rastro ▶ Karte 3, H 15
Der **Rastro** (s. Entdeckungstour S. 194) zählt zu den berühmtesten Flohmärkten der Welt, und er lohnt am Sonntag den Besuch, obwohl es inzwischen mehr Billigprodukte aus China als echten Trödel zu kaufen gibt. Auch oder sogar gerade wochentags lohnt ein Blick in die **Antiquitätenläden der Rastro-Gegend,** etwa die Galerías Piquer und die Nuevas Galerías (s. Entdeckungstour S. 194). Parallel zum Rastro und an Feiertagen treffen sich unter den Arkaden der Plaza Mayor (▶ Karte 3, H 14,) die Briefmarken- und Münzsammler zum **Mercado del Sello,** noch immer ein Hobby älterer Männer. Auf dem **Mercado de Pintores** (Plaza del Conde de Barajas, ▶ Karte 3, G/H 14) bieten Hobbymaler und Künstler ihre Werke an (beide Metro: L 1, 2, 3 Sol, L 5 La Latina, So, Fei 8–15 Uhr).
Galerías Piquer: ■ H 15, Ribera de Curtidores 29, Metro: L 5 La Latina, L 1 Tirso de Molina, Mo–Fr ca. 10.30–14, 17.30–20, Sa/So 10–14 Uhr.
Nuevas Galerías: ■ H 15, Ribera de Curtidores 12, Metro: L 5 La Latina, L 1 Tirso de Molina, Mo–Fr 10–14, 16.30/17–20.30, Sa/So 10–14 Uhr.

Delikatessen und Lebensmittel

Süßes aus Nonnenhand – **El Jardín del Convento:** ▶ Karte 3, G 14, Cordón 1, Tel. 915 41 22 99, www.eljardindelconvento.net, Metro: L 1, 2, 3 Sol, Di–So 11–14.30, 17.30–20.30 Uhr, Sommer So nur 11–14.30 Uhr. Seit jeher sind die spanischen Nonnenklöster für ihre traditionelle Herstellung von Keksen, Marmeladen, *turrón* oder *madalenas* bekannt. Man bekommt sie in dem kleinen Laden bei der Plaza de la Villa, der zum Corpus-Christi-Kloster aus dem 17. Jh. gehört.

Schinken, Wurst, Käse – **Ferpal:** ■ Karte 3, H 13, Arenal 7, www.ferpalmadrid.com, Metro: L 1, 2, 3 Sol, Mo–Sa 9.45–20.45 Uhr. Man zieht eine Nummer und wird dann persönlich bedient, mit Käse und Wurstwaren aus ganz Spanien und bestem spanischem Schinken. Der allerbeste und teuerste ist der *Jamón Ibérico de bellota*. Lecker belegte Sandwiches bekommt man an der Café-Bar.

Veilchenbonbons – **La Violeta:** ■ Karte 3, J 14, Plaza de Canalejas 6, Metro: L 1, 2, 3 Sol, Mo–Sa 10–14, 16.30–20.30 Uhr. Ein nettes Lädchen, dessen Spezialität Veilchenbonbons sind – in Form einer Veilchenblüte. Das klassische Souvenir gibt es hübsch verpackt.

Der beste Weinhändler Madrids – **Lavinia:** ■ M 11, José Ortega y Gasset 16, www.lavinia.es, Metro: L 5 Núñez de Balboa, Mo–Sa 10–21, jeden 1. So im Monat 12–20 Uhr. Über 4000 Weine finden sich in der als beste Madrids gerühmten Weinhandlung. Im 1. Stock, im *espacio gastronómico,* gibt es von 13–21, Fr/Sa bis 23 Uhr Tapas, das Restaurant im Haus öffnet Mo–Sa 13–16 Uhr.

Feine Delikatessen – **Lhardy:** ■ Karte 3, J 13/14, Carrera de San Jerónimo 8, www.lhardy.com, Metro: L 1, 2, 3 Sol, Mo–Sa 9–22, So, Fei (teils) 10–15 Uhr. Großes Delikatessenangebot des stadtbekannten Gastronomiebetriebs, ein bisschen im Stil eines alten Kolonialwarenhändlers.

Treffpunkt der Gourmets – **Mercado de San Miguel:** ■ Karte 3, G 14, s. Unser Tipp S. 159.

Alles aus Olivenöl – **Oleoteca Gourmet La Chinata:** ■ Karte 3, G 14, Mayor 44, www.lachinata.es, Metro: L 1, 2, 3 Sol, Mo–Sa 10–21, So, Fei 12–15.30, 16.30–20 Uhr. Feines Olivenöl aus der Extremadura, Patés, Weinessig, Honig, Marmelade, Gewürze und viele Kosmetika aus Olivenöl.

Die besten Olivenöle Spaniens – **Patrimonio Comunal Olivarero:** ■ J 11, Mejía Lequerica 1, www.pco.es, Metro: L 4, 5, 10 Alonso Martínez, L 1, 10 Tribunal, Mo–Fr 10–14, 17–20, Sa 10–14 Uhr, Juli nur vormittags, Aug. geschl. Ein Laden mit feinsten spanischen Olivenölen *(virgen extra)*, großartige Auswahl. Der Inhaber schwört auf Öle aus Katalonien.

Geschenke und Souvenirs

Für die Liebhaber schöner Küchen – **Alambique:** ■ Karte 3, G 13, Plaza Encarnación 2, www.alambique.com, Metro: L 2, 5, R Ópera, Mo–Fr 10–20, Sa 10–14, Dez. bis 20 Uhr, Aug. zwei Wochen geschl. Porzellan, Tongeschirr, Gläser, Messer, Töpfe – alles, was Kochkünstler und Gourmets brauchen und eine Küche dekorativ macht. Auch Kochkurse werden angeboten.

Kunsthandwerk und Accessoires – **El Arco Artesanía:** ■ Karte 3, H 14, Plaza Mayor 9, Metro: L 1, 2, 3 Sol, tgl. 11–21/23 Uhr. Ein geschmackvolles, ausgewähltes Sortiment an Kunsthandwerk aus Keramik, Glas, Leder, Seide, auch Taschen, Schals, Schmuck.

Accessoires aus eigener Werkstatt – **Casa Peseta:** ■ Karte 3, J 14, Huertas 37, www.peseta.org, Metro: L 1 Antón Martín, L 2 Sevilla, L 1, 2, 3 Sol, Mo–Sa 11–21, So 11–19 Uhr. Ausgefallene, individuell designte Taschen, Brieftaschen, Portemonnaies, Rucksäcke, Etuis etc. aus farbenprächtigen Stoffen. Alles ist handgemacht, aus eigener Produktion oder von anderen Kunsthandwerkern.

Zum Kostümieren – **Maty:** ■ Karte 3, H 13, Maestro Victoria 2, www.maty.es, Metro: L 1, 2, 3 Sol, Mo–Fr 10–13.45, 16.30/17–20/20.30, Sa und 1. So im Monat 10/11–14/14.30, 16.30/17–20/20.30 Uhr. Kleidung und Schuhe für Flamencokünstler und Balletttänzer, Kostüme, Theaterbedarf – Geschenkideen.

Die ›Hundertjährigen‹

Alles aus Hanf – **Alpargatería Casa Hernanz:** ■ Karte 3, H 14, Toledo 18, www.alpargateriahernanz.com, Metro: L 1, 2, 3 Sol, L 5 La Latina, Mo–Fr 9–13.30, 16.30–20, Sa 10–14 Uhr. Seit 1840 verkauft die Casa Hernanz *alpargatas,* spanische Stoffschuhe mit Hanfsohle, die sich als Sommer-, Strand- oder Hausschuhe tragen lassen. Große Auswahl an Farben und Modellen, ab 6 €.

Edle Uhrwerke – **Antigua Relojería de la Calle de la Sal:** ■ Karte 3, H 14, Sal 2, www.antiguarelojeria.com, Metro: L 1, 2, 3 Sol, Mo–Fr 10–14, 17–20, Sa 10–14 Uhr. 1880 gegründetes Uhrengeschäft – mit bestem Ruf bis heute.

Spanische Alpargatas – **Calzados Lobo:** ■ Karte 3, H 14, Toledo 30, www.calzadoslobo.com, Metro: L 5 La Latina, L 1 Tirso de Molina, L1, 2, 3 Sol, Mo–Fr 9.45–13.35, 16.30/17–20/20.30, Sa (nicht Mitte Juni–Mitte Sept.) 9.45–13.45 Uhr. Hinter der alten Holzfassade eines der traditionsreichsten Madrider Familienläden ist es noch ein bisschen wie Ende des 19. Jh. In dem kleinen Raum werden Hanfschuhe und Tanzschuhe aus spanischer Fabrikation verkauft.

Schon Picasso kaufte hier – **Capas Seseña:** ■ Karte 3, J 14, Cruz 23, www.sesena.com, Metro: L 1, 2, 3 Sol, Mo–Fr

Traditionsladen an der Puerta del Sol: Die Fächer der Casa de Diego sind stadtbekannt

10–14, 17–20, Sa 10–14 Uhr. Laden und Schneiderei, bekannt für Capes, die bis in die 1950er-Jahre hinein zur Madrider Wintergarderobe gehörten und heute wieder beliebt sind. Auch Schultertücher, *mantones de Manila.*

Handschuhe hundertfach – **Carlos Luque:** ■ Karte 3, J 14, Espoz y Mina 3, Metro: L 1, 2, 3 Sol, Mo–Fr 10–13.30, 17–20, Sa 10.30–13.30 Uhr. In diesem Laden gibt es *guantes* für wirklich jeden Zweck und Anlass.

Spanische Fächer – **Casa de Diego:** ■ Karte 3, H 13, Puerta del Sol 12, www.casadediego.net, Metro: L 1, 2, 3 Sol, Mo–Sa 9.30–20 Uhr. Die Madrider Adresse für Fächer in allen Farben, Formen und Preisklassen bis hin zur handbemalten Kostbarkeit. Seit 1858 stammen sie, ebenso wie Schirme und Spazierstöcke, aus eigener Fabrikation.

Turrón – **Casa Mira:** ■ Karte 3, J 14, Carrera de San Jerónimo 30, www.casamira.es, Metro: L 1, 2, 3 Sol, L 2 Sevilla, Mo–Sa 10–14, 17–21, So (außer im Hochsommer) 10.30–14.30, 17.30–21 Uhr. 1855 gründete Luis Mira aus Alicante diesen Laden, der u. a. *turrón* aus eigener Herstellung anbietet, eine traditionelle spanische Süßigkeit aus Mandeln, Eiweiß und Zucker.

Hundertjähriger Spirituosenhändler – **Licorería Madrueño:** ■ Karte 3, H 13, Postigo de San Martín 6, www.marianomadrueno.es, Metro: L 3, 5 Callao, Mo–Sa 10–14, 17.30–20.30 Uhr. Die betagten Räumlichkeiten und Interieurs, wo jeder Zentimeter ausgenutzt ist, bergen ein feines Weinsortiment, edle Liköre und Brandys aus ganz Spanien. Eine **Filiale** befindet sich in der Calle Calatrava 19, ▶ G 15.

Spanische Profi-Gitarren – **José Ramírez:** ■ Karte 3, H 14, Paz 8, www.guitarrasramirez.com, Metro: L 1, 2, 3 Sol, Mo–Fr 10–14, 16.30–20, Sa 10.30–14 Uhr. Seit Generationen als exzellenter Gitarrenbauer bekannt. Hier kaufte bereits Andrés Segovia ein, einer der bekanntesten klassisch-spanischen Gitarristen.

Kaufhäuser, Ladengalerien

Neue Mode in altem Verlagshaus – **ABC Serrano:** ■ L 10, Serrano 61, www.abcserrano.com, Metro: L 5 Rubén Darío, Mo–Sa 10–21 Uhr. Im ehemaligen Verlagsgebäude der Zeitung ABC mit Schaufassade im Neomudéjarstil bieten kleine Läden Mode, Schuhe und Geschenkartikel.

Die spanische Kaufhauskette – **El Corte Inglés:** www.elcorteingles.es, zahlreiche Filialen in ganz Madrid, u. a. Plaza del Callao 2 und Preciados 3 (■ Karte 3, H 13), Metro: L 1, 2, 3 Sol, L 3, 5 Callao, Mo–Sa 10–22, So, Fei 11–21 Uhr. Die große spanische Kaufhauskette mit umfassendem Angebot. Große Lebensmittelabteilung mit spanischen Produkten und Delikatessen aus aller Welt.

Shoppinggalerie im Stadtpalais – **El Jardín de Serrano:** ■ L 12, Goya 6–8, www.jardindeserrano.es, Metro: L 2 Serrano, Mo–Sa 9.30–21.30 Uhr. Boutiquen über mehrere Stockwerke: Mode, Schuhe, Accessoires, Schmuck. Für das leibliche Wohl sorgt das **Café Mallorca** mit einem reichen Angebot an Canapés und Gebäck.

60 Läden unter einem Dach – **Centro Comercial Moda Shopping:** ■ Karte 2, K 6, Paseo de la Castellana 95, Avda. General Perón 40, www.modashopping.com, Metro: L 10 Santiago Bernabéu, Bus 27, Mo–Sa 10–21, So, Fei 11–20 Uhr. Zig Läden, u. a. Filialen spanischer Designer wie Purificación García, Adolfo Domínguez oder Roberto Verino, verkaufen Mode, Accessoires, Geschenkartikel, Schmuck und Deko-Objekte.

Unterhaltsame Straßenmärkte

Mercado de Pintores: Plaza del Conde de Barajas, ▶ Karte 3, G/H 14, Metro: L 1, 2, 3 Sol, So 10–14 Uhr. Der Künstlermarkt findet auf einem schattigen, fast versteckt liegenden Altstadtplatz unterhalb der Plaza Mayor statt.
Mercado de Motores: Retromode, neue Designstücke, Musik, Kunst, Gastronomie an jedem 2. Wochenende im Monat 11–22 Uhr rund um das Museo del Ferrocarril ▶ K 17/18, s. S. 64).
Mercado de las Ranas: ▶ Karte 3, J 14. Laden- und Essensstände in den Gassen des Literatenviertels (Huertas) an jedem 1. Sa im Monat ab 10 Uhr.

Mode und Schmuck

Citymode für Sie und Ihn – **Adolfo Domínguez:** ■ L 12, Serrano 5, www.adolfo-dominguez.com, Metro: L 4 Serrano, L 2 Retiro, Mo–Sa 10–21, So 12–20 Uhr. Weitere Läden: ■ L 11, Ortega y Gasset 4 und ■ L 10, Serrano 96. In der Calle de Serrano 5 präsentiert der Galicier Adolfo Domínguez in einem wunderbar designten Stadthaus auf mehreren Etagen seine Kreationen: ein minimalistisches Modekonzept klarer Linien und vornehmer Schlichtheit, teils ungewöhnliche Texturen. Ganz oben im Haus kann man zwischen den Anproben sogar frühstücken oder lunchen. Neben einer gehobenen, teuren Kollektion auch Mode für jedermann.

Made in Barcelona – **Custo Barcelona:** ■ L 10, Claudio Coello 91, Metro: L 5 Núñez de Balboa; ■ J 12, Fuencarral 29, Metro: L 1, 5 Gran Vía; ■ Karte 3, H 14, Mayor 37, Metro: L 1, 2, 3 Sol, Mo–Sa 10–20/21, So, Fei 12–20 Uhr. Die katalanischen Designer Ángel und David Dalmau produzieren

Jungdesignerinnen und -designer machen Madrid zur spannenden Modestadt

originelle Stücke, u. a. farbenfrohe Hemden und Oberteile.

Edle Steine – **De Piedra:** ■ Karte 3, H 15, Ruda 19, www.depiedracreaciones.com, Mo–Sa 11–14, 17.30–20.30, So 12–15 Uhr. Ein kleiner Laden mit einem großen Angebot an Ketten, Armbändern oder Ohrringen aus Bernstein, Amethyst, Türkis, Lapislazuli und anderen Edelsteinen oder aus Gold und Silber. Auch hübsche Dekoartikel.

Schmuck – **Helena Rohner:** ■ Karte 3, G 14, Almendro 4, www.helenarohner.com, Metro: L 1, 2, 3 Sol, L 5 La Latina, Mo–Fr 9.30–20, Sa 12–14.30, 15.30–20, So 12–15 Uhr. Der Laden (Hauseingang benutzen und an der Tür rechts klingeln) der renommierten kanarischen Schmuckdesignerin ist Werkstatt, Showroom und Schmuckboutique in einem. Sehr hochwertiger Silberschmuck!

Für Sie – **Intropia:** ■ L 12, Serrano 18, Metro: L 4 Serrano; ■ J 12, Fuencarral 16, Metro: L 1, 5 Gran Vía; ■ Karte 3, H 13, Tetuán 19, Metro: L 1, 2, 3 Sol, Mo–Sa 10–20.30, So, Fei 12–20 Uhr. Madrider Modemarke, die auf Frauenkleidung aus Naturtextilien spezialisiert ist. Moderne, kosmopolitische Outfits mit einem Hauch Retro.

Spanische Luxusmode – **Loewe:** ■ Karte 3, J 13, Gran Vía 8, Metro: L 1, 5 Gran Vía; weiterer Laden in der Calle Serrano 34 (■ L 12), Metro: L 4 Serrano, www.loewe.com, Mo–Sa 10–20.30, So, Fei 11–20 Uhr. Ein Klassiker des spanischen Designs, international bekannt. Kleidung und Accessoires, oft aus Wildleder oder Leder – und Loewe-Parfüm.

Handbemalte Seide – **Lola Fonseca:** ■ Karte 3, J 14, Cervantes 20, Tel. 913 69 15 43, www.lolafonseca.com, Metro: L 1 Antón Martín, Mo–Sa 10–14,

17–20.30, Sommer bis 21.30 Uhr. Schals, Umschlagtücher, Foulards, Fächer, Krawatten – alles ist aus Seide und mit kreativen Mustern handbemalt. Die Stücke sind nicht billig, aber etwas Besonderes und vielfach Unikate. Man kann Lola Fonseca in ihrer Ladenwerkstatt bei der Arbeit über die Schulter schauen.

Keramik und mehr – **Guille García-Hoz:** ■ J 12, Pelayo 43, Metro: L 5 Chueca, Tel. 910 22 47 45, www.guillegarciahoz.com, Mo–Fr 10.30–14, 17–21 Uhr. Teekannen, Kettenanhänger, Broschen, kleine Dekoartikel und mehr aus Keramik findet man hier in Chueca – und auch Tapeten (natürlich aus Papier). Der kleine Laden erinnert ein wenig an die Porzellangeschäfte von früher.

Schicke Taschen etc. – **Piamonte:** ■ K 12, Marqués de Monasterio 5, Metro: L 5 Chueca, Mo–Sa 11–14.30, 17–20.30 Uhr. Moderner Schmuck, feine Tücher, ungewöhnliche Handtaschen, Schuhe und Kleidung mit Pfiff.

Junge Trendkreationen – **Purificación García:** ■ L 12, Serrano 28, www.purificaciongarcia.es, Metro: L 4 Serrano, Mo–Sa 10–20.30, So 12–20.30 Uhr. In stilvollen Räumlichkeiten präsentiert die Galicierin ihre Damen- und Herrenmode aus ungewöhnlichen Materialien wie Glasfaser oder Neopren.

Mode und Minimalismus – **Roberto Verino:** ■ L 13, Serrano 33, www.robertoverino.com, Metro: L 4 Serrano, Mo–Sa 10–20.30, So 12–20 Uhr. Der Galicier zählt zu den bekanntesten spanischen Designern und gilt als Minimalist. Mode für Sie und Ihn.

Preiswert und universell – **Zara:** ■ K 7, Castellana 79 (größter Laden), www.zara.com, Metro: L 6, 8, 10 Nuevos Ministerios; L 11, Serrano 23, Metro: L 4 Serrano; ▶ Karte 3, H 14 und H 13, Carretas 6, Gran Vía 34 sowie Preciados 14 und 18, Metro: L 1, 2, 3 Sol, L 1, 5 Callao (plus weitere Filialen), Mo–Sa 10–22, So, Fei 12–21 Uhr. International bekannte spanische Modekette, die mit aktuellsten Trends zu günstigen Preisen auf Erfolgskurs bleibt.

Schuhe und Lederwaren

Schuhmode sportiv – **Camper:** ■ Karte 3, H 13, Preciados 23 und Arenal 3, www.camper.com, Metro: L 1, 2, 3 Sol, (zahlreiche weitere Filialen in der Stadt), Mo–Sa 10–21, So 11–20 Uhr. Eine mallorquinische Schuhmarke mit internationalem Erfolg: pfiffig-sportlich.

Unverwüstlich – **Hípica El Valenciano Curtidos Román:** ■ H 15, Ribera de Curtidores 16 und 37, www.tiendahipicaelvalenciano.com, Metro: L 3 Lavapiés, Mo–Fr 9–14, 16.30–20, Sa 9–14, So 9–15 Uhr. Stiefel und Reitstiefel aus bester spanischer Handwerkstradition. Einen guten Ruf genießt das robuste Schuhwerk aus Valverde del Camino in Andalusien. Auch maßgeschneiderte Auftragsarbeiten.

Lederjacken – **Jacinto Rodríguez:** ■ H 12, Gran Vía 49, Metro: L 2 Santo Domingo, L 5 Callao; Mayor 12, Metro: L 1, 2, 3 Sol, www.jacintorodriguez.com, tgl. 10.30–20.30 Uhr. Große Auswahl an Lederjacken und -mänteln, oft zu Outlet-Preisen.

Alles aus Leder – **Taller Puntera:** ■ Karte 3, G 14, Plaza Conde de Barajas 4, www.puntera.com, Metro: L 1, 2, 3 Sol, Mo–Sa 10–15, 17–20.30 Uhr. Laden und Werkstatt mit handgefertigten Lederwaren: Taschen, Rucksäcken, Geldbörsen, lederbezogenen Notizblöcken sowie Schuhen und Stiefeln.

Ausgehen – Abends und Nachts

An Wochenenden scheint ganz Madrid auf Tour durch *bares de copas* (Kneipen), Diskotheken, sogenannte *disco-bares* oder *cafés* zu gehen, man lauscht einer Latino- oder Afroband oder erlebt irgendwo eine Flamencosession. Bei Livekonzerten in Musikbars und DJ-Nächten mit Tanz wird meist eine Eintrittsgebühr erhoben, oder der Preis der Getränke wird generell erhöht.

Wer Madrider Nachtleben als Konzentrat erfahren möchte, steuere die Viertel **Huertas, Malasaña** und **Chueca** an, genauer gesagt die Plätze Plaza de Santa Ana, Dos de Mayo und Plaza de Chueca und deren Umgebung. Hier beginnt man den Abend in Kneipen und zieht dann weiter in die Disco-Bars und Discos, von denen viele erst um 23 oder 24 Uhr aufschließen. Jugendliche zieht es vor allem nach Malasaña, Gays nach Chueca. Auch das Viertel **Lavapiés** ist beliebt, in der warmen Jahreszeit ist die Calle de Argumosa ein Treffpunkt.

Die **Gran Vía** und die von ihr abzweigenden Gassen sind ebenso ein Zentrum des Nachtlebens wie die Stadtachse **Paseo de Recoletos–Paseo de la Castellana** (s. S. 95: Madrid schläft nie).

Schwulen- und Lesbenszene

Chueca – rund um den gleichnamigen Platz – ist das von Gays bevorzugte Viertel Madrids. Entsprechend viele Bars, Disco-Bars, Cafés, Restaurants und Saunen gehören hier zur Szene. Eine Institution ist das **Berkana** (■ J 12, Hortaleza 64), Café und Buchhandlung.

Weitere Infos: COGAM (Verein der Lesben, Gays, Transsexuellen und Bisexuellen Madrids), ▶ H 12, Puebla 9, Tel. 915 23 00 70, www.cogam.org, Metro: L 3, 5 Callao, L 1, 5 Gran Vía, Mo–Fr 17–21 Uhr.

Veranstaltungen

Ob Ausstellung, Lesung, Konzert, Theater oder Filmpremiere – in Madrid jagt ein Kulturevent das andere. Zahlreiche Kultur- und Ausstellungszentren, oft 100-jährige Einrichtungen, verteilen sich über die Stadt, darunter diejenigen der Stiftungen von Banken. Sie organisieren ein vielfältiges Kulturprogramm, darunter auch Themenabende mit öffentlicher Diskussion *(tertulias)*, die in Madrid eine lange Tradition haben.

Wichtige Kulturzentren sind das **Centro Cultural Matadero Madrid** (s. S. 154), das **Centro Cultural Conde Duque** (s. S. 236) und das **CentroCentro** an der Plaza de la Cibeles (s. S. 131); außerdem: **Círculo de Bellas Artes** (s. Lieblingsort S. 146), **Teatro Fernán Gómez/Centro Cultural de la Villa, Casa de América** (s. S. 131), **Casa Encendida** (s. S. 188) und **Ateneo de Madrid** (s. S. 208). Unter den Stiftungen der Sparkassen ragen das **CaixaForum** (s. Lieblingsort S. 121) oder die **Fundación Juan March** (s. S. 255) hervor.

Programmübersicht und Kartenvorverkauf

Zeitungen, Programmhefte und verschiedene Websites (s. S. 18) informieren über aktuelle Events ebenso wie über angesagte Bars und Clubs.

El Corte Inglés: Konzert- und Theaterkarten, Tel. 902 40 02 22, www.elcorteingles.es

FNAC: Konzertkarten, s. S. 42

Ticketmaster: Musik, Theater, Sport, Tel. 902 15 00 25, www.ticketmaster.es

Entradas.com: Tel. 902 48 84 88, 902 22 14 24, www.entradas.com

Telentrada: Tel. 902 10 12 12, www.telentrada.com

Ein Klassiker unter den Lokalen des Literatenviertels: Casa Alberto

Die Begeisterung der Madrilenen fürs **Theater** hat eine lange Tradition – sie reicht bis zu den Dramatikern des Goldenen Zeitalters zurück. Neben den staatlich subventionierten gibt es Dutzende privater Bühnen bzw. sogenannter *salas alternativas,* die viel experimentelles Theater inszenieren.

Cervecerías und Tabernas

Wo schon die Großväter einkehrten – **Ángel Sierra:** ■ J 12, Gravina 11, Plaza de Chueca, Metro: L 5 Chueca, tgl. 11–2.30/3 Uhr; s. Lieblingsort S. 218.

Guinness vom Fass – **Bodega La Ardosa:** ■ J 12, Colón 13, Metro: L 1, 10 Fuencarral, L 1, 4 Bilbao, Mo–Fr 8.30–2, Sa/So 12–2.30 Uhr. Ende des 19. Jh. eröffnete kleine Taverne, die Wermut vom Fass und verschiedene Biere, darunter irisches Guinness, ausschenkt. Die historische Stehkneipe ist ein fester Anlaufpunkt in der nächtlichen *movida.* Als Tapas und *raciones* zum Bier gibt es Kroketten mit Cabrales-Käse oder Bohnen mit *calamares* (Tintenfisch).

100-jähriges Bierlokal – **Cervecería Alemana:** ■ Karte 3, J 14, Plaza de Santa Ana 6, Metro: L 1, 2, 3 Sol, L 1 Antón Martín, Mo, Mi, Do, So 11–1, Fr, Sa 11–2 Uhr. Seit 1904 kehrten in der Deutschen Bierkneipe Poeten, Maler, Politiker und Stierkämpfer ein, heute trifft sich hier ein polyglottes, junges Publikum zu Bier vom Fass und Fisch-Tapas. Begehrt sind die Außenplätze mit Blick auf das Theater und das Hotel ME Madrid.

Kühles, frisch gezapftes Bier – **Cervecería Santa Ana:** ■ Karte 3, J 14, Santa Ana 10, Metro: L 1, 2, 3 Sol, L 1 Antón Martín, Mo–Do 11–1.30, Fr–So 11–2.30 Uhr. Die zweite stadtbekannte Kneipe am Platz, ihre *cañas* gelten als besonders gut. Man steht am Tresen oder ergattert einen der Tische im Salon oder auf der Außenterrasse. Gute Weine, dazu gibt es iberische Wurst, Schinken oder geräucherte Fischhäppchen. Junge, ungezwungene Atmosphäre.

Historische Bilderbuchtaverne – **La Venencia:** ■ Karte 3, J 14, Echegaray 7, Tel. 914 29 73 13, Metro: L 2 Sevilla,

L 1, 2, 3 Sol, tgl. 12.30–15.30, 19–1 Uhr. Mit uralten Holzinterieurs und vergilbten Stierkampfplakaten an den Wänden mutet die alte Bilderbuchtaverne im Literatenviertel wie ein Museum der Madrider Tavernenkultur an. Sherry vom Fass *(fino, manzanilla)* und Oliven sind hier ein unzertrennliches Duo. Sehr authentisch!

Kosmopolitisch – **Viva Madrid:** ■ Karte 3, J 14, Manuel Fernández González 7, www.restaurantevivamadrid.com, Metro: L 1, 2, 3 Sol, L 2 Sevilla, Tel. 914 20 35 96, So–Do 12–1, Fr/Sa 13–2 Uhr. Eine der schönsten Kneipen der Stadt, nahe der Plaza de Santa Ana. Die kachelgeschmückte Fassade und die Interieurs mit alten *azulejos* und Bildern von Brassai mit Motiven der 1930er-Jahre ziehen Jung und Alt aus Madrid und aller Welt an. ›Es lebe Madrid‹ – so der Name – ist eine Institution des Nachtlebens, eine beliebte Kneipe mit guter Musik. Tagsüber bzw. zu den Hauptessenszeiten ist sie inzwischen mehr ein Restaurant, auch mit Tapas oder Eintopf (*cocido madrileño* 17,50 €) und Getränken.

Cocktailbars

Die Bar für Nachteulen – **Bar Cock:** ■ Karte 3, J 13, Reina 16, www.barcock.com, Metro: L 1, 5 Gran Vía, L 2 Banco de España, tgl. 16–3 Uhr. Seit 1921 geht man ins Le Cock, um gesehen zu werden. Die Cocktailbar ist ein Treffpunkt der Schönen *(gente guapa)* und der Kunstszene der Stadt: ein Klassiker der Madrider Nachtschwärmer. Die Sammlung originaler Kunstwerke mit dem namengebenden Hahn stammt von Künstlern, die sich hier wohlfühlten.

Cocktails mit Stil – **Del Diego:** ■ Karte 3, J 13, Reina 12, www.deldiego.com, Metro: L 1, 5 Gran Vía, L 2 Banco de España, Mo–Do 19–3, Fr/Sa 19–3.30 Uhr. Fernando del Diego schüttelt schon seit seinem 14. Lebensjahr Cocktails, er mixt Rum, Gin, Whisky, Tequila, Brandy und Sekt so gut wie kaum ein anderer in Madrid. Ruhige Cocktailbar im Art-déco-Stil mit dezenter Hintergrundmusik.

Wo schon Hemingway zechte – **Museo Chicote:** ■ Karte 3, J 13, Gran Vía 12, www.museo-chicote.com, Metro: L 1, 5 Gran Vía, L 2 Banco de España, tgl. 19–2.30/3.30 Uhr, Aug. So geschl. Die Cocktails sind nicht billig, aber schon Hemingway ließ sie sich in dieser Cocktailbar von 1931 mixen. Über die Jahrzehnte schlürften in den Art-déco-Nischen viele Stars ihren Drink, wie die Fotos an den Wänden beweisen. Auch Restaurant, nachts Livekonzerte.

Ultraschicke Verführung in Glas – **Glass Bar:** ■ Karte 3, J 14, Carrera de San Jerónimo 34, Tel. 917 87 77 70, www.hotelurban.com, Metro: L 2 Sevilla, L 1, 2, 3 Sol, tgl. 10.30–2, Do–Sa bis 3 Uhr. Glas und Transparenz geben im Luxushotel Urban den Ton an: von den Riesenfenstern über Kronleuchter und transparente Sitzmöbel bis zu den Gläsern, aus denen die neue Madrider Bohème – umgeben von Philippe-Starck-Design – ihre Aperitifs und Cocktails schlürft. Champagner mit Austern bekommt man hier auch! Die Dachterrasse öffnet von Mai bis September.

Cocktails à la americana – **Josealfredo:** ■ H 12, Silva 22, Metro: L 3, 5 Callao, www.josealfredobar.com, tgl. 19–3/3.30 Uhr. Die Madrider Kultband Marlango betreibt das Josealfredo im Stil einer amerikanischen Whisky-Bar der 1970er-Jahre. Großes Cocktailangebot, Spezialität des Hauses ist der Cocktail Josealfredo mit Tequila, Triple Sec, Limette, Orangensaft, Ananas und Grenadine.

Diskotheken

Die beste Disco – **Joy Eslava:** ■ Karte 3, H 13, Arenal 11, www.joy-eslava.com, Metro: L 1, 2, 3 Sol, L 2, 5 Ópera, Mo–Mi, Sa/So 23.45–6, Do/Fr bei Konzerten ab 20, Disco light (Jugenddisco) Sa 17.30–22 Uhr, Eintritt inkl. einem Getränk 18–22 €. Ein kunterbunt gemischtes Publikum tanzt in den schick durchgestylten Räumlichkeiten eines ehemaligen Theaters unweit der Puerta del Sol.

Junges Publikum – **Kapital:** ■ Karte 3, K 15, Atocha 125, www.grupo-kapital.com, Metro: L 1 Atocha, Do–Sa 24–6 Uhr, ca. 15 € Eintritt. Riesendisco über mehrere Stockwerke, viele Tanzflächen und eine Karaoke-Sektion.

Eine Nacht am Fluss – **La Riviera:** ■ E 14, Paseo de la Virgen del Puerto s/n, www.salariviera.com, Metro: L 6 Puerta del Ángel, Bus 31 ab Plaza Puerta Cerrada, Fr/Sa und vor Fei 0–6 Uhr Disco, bei Konzerten unter der Woche ab 22 Uhr, 15–30 €. Fast schon ein Klassiker der Madrider Nächte, unweit des Río Manzanares gelegen. Livekonzerte, Musik und Tanz aller aktuellen Stilrichtungen, mehrere Barbereiche und unterschiedliche Ambientes.

Flamenco

Treffpunkt der jungen Gitano-Szene – **Cardamomo:** ■ Karte 3, J 14, Echegaray 15, Reservierung Tel. 918 05 10 38, www.cardamomo.es, Metro: L 1, 2, 3 Sol, L 2 Sevilla, tgl. 18–3/3.30, Flamencokonzerte 18, 20, 22 Uhr, Eintritt 39 € inkl. Getränk. Ein langer Schlauch mit langer Theke und Bretterboden. Die kleine Bühne im hinteren Bereich ist ein Treffpunkt der jungen Flamencoszene. Nette, entspannte Stimmung.

Kathedrale des Flamenco – **Casa Patas:** ■ Karte 3, J 14, Cañizares 10, www.conservatorioflamenco.org, Metro: L 1 Tirso de Molina, Antón Martín, Restaurant ab 19/19.30 Uhr; Shows Mo–Do 22/22.30, Fr/Sa 20 oder 21, 22.30 oder 24 Uhr, Eintritt 38 € inkl. Getränk. Ein Restaurant-*tablao,* in dem man zum Nachtmahl wirklich guten Flamenco erlebt. Seit den 1980er-Jahren gilt die Casa Patas als Kultort des Flamenco, die besten Künstler des Genres traten hier auf, von Camarón de la Isla bis zu Pepe Habichuela, Rancapino, Remedios Amaya, Niña Pastori, José Mercé oder Paco de Lucía. Die Taverne im vorderen Bereich zieren entsprechende Fotos. Zum Haus gehört die **Fundación Conservatorio Flamenco Casa Patas,** die Gesangs-, Gitarren- und Tanzunterricht gibt.

Flamenco im Adelspalast – **Las Carboneras:** ■ Karte 3, G 14, Plaza del Conde de Miranda 1, www.tablaolascarboneras.com, Metro: L 1, 2, 3 Sol, Mo–Do 20.30, 22.30, Fr/Sa 20.30, 23 Uhr, Eintritt 36 € inkl. Getränk. In der Altstadt, im Souterrain eines ehemaligen Adelspalastes, befindet sich dieser *tablao,* der im Stil ein wenig an die alten *cafés-cantantes* (Musikcafés) erinnert. Zum Menü gibt es Flamenco live, oft mit bekannten Künstlern des Genres.

Der Klassiker unter den Tablaos – **Corral de la Morería:** ■ Karte 3, G 14, Morería 17, www.corraldelamoreria.com, Metro: L 5 La Latina, tgl. 20.30–2 Uhr, Auftritte 20.30–22.30 Uhr, Eintritt 50 € inkl. Getränk. Im klassischen Restaurant-*tablao* kommt seit 1956 Flamenco auf die Bühne, Gesang, Tanz, Gitarre. Berühmtheiten aus aller Welt waren schon zu Gast.

Neuer Flamenco – **Las Tablas:** ■ G 12, Plaza de España 9 (Ecke Cuesta San Vicente), www.lastablasmadrid.com, Metro: L 3, 10 Plaza de España, tgl.

20–1, Flamenco live um 20 und 22 Uhr, ca. 29 € inkl. Getränk. Die von den Tänzerinnen Antonia Moya und Marisol Navarro gegründete Bühne pflegt in den Flamencosessions den puren, authentischen Stil. Im Café lauscht man Fusion mit Jazz, Blues, Soul oder Latin.

Auf der Suche nach dem Duende – **El Candela:** ■ Karte 3, J 15, Olmo 2, Metro: L 1 Tirso de Molina, Antón Martín, So–Do 22.30–5.30, Fr/Sa 23–6 Uhr, 15 € inkl. Getränk. Die Taverne zieht Flamencofans und Interpreten magisch an, spätnachts bzw. frühmorgens kommt es häufiger zu spontanen Sessions von Interpreten, die hier eigentlich nur ein letztes Gläschen trinken wollten. Mit Glück bekommt man hier die besten Flamencokünstler der Gegenwart zu Gesicht. Ab und an Konzerte. Authentische Flamenco-Atmosphäre.

Wo Almodóvar drehte – **Villa Rosa:** ■ Karte 3, J 14, Plaza de Santa Ana 15, Lieblingsort s. S. 202.

Musikclubs und Livemusik

Berlin in den 1930er-Jahren – **Berlín Cabaret:** ■ Karte 3, G 14, Costanilla de San Pedro 11, www.berlincabaret.com, Metro: L 5 La Latina, Di–Sa 23–5/6 Uhr. Das Altstadtlokal lässt das Berlin der 1930er-Jahre wiederauferstehen – mit Musik, Revuegirls, Kabarett und Shows. Meist herrscht hier eine gute Stimmung, am Wochenende gibt es Party bis zum Morgengrauen.

Jazz hören und abtanzen – **Bogui Jazz:** ■ K 12, Barquillo 29, www.boguijazz.com, Metro: L 5 Chueca, L 2 Banco de España, Mi–So 20–5/6, Livekonzerte 20.30 oder 22 Uhr, Eintritt 8–15 €. Als Jazzclub ist das Bogui längst eine feste Größe im Madrider Nachtleben. Doch findet in den loftartigen Räumlichkeiten mehr statt: Do–Sa ab 1 Uhr legt ein DJ auf, Tanz bis in den frühen Morgen.

Top-Jazz und Autorenmusik – **Clamores:** ■ J 10, Alburquerque 14, www.sa

Jazz gehört zum Madrider Kulturprogramm – hier im Círculo de Bellas Artes

laclamores.com. Metro: L 1, 4 Bilbao, tgl. 18–3/4 Uhr, Konzerte meist 22 Uhr, 8–15 €. Der stadtbekannte Jazzclub mit regelmäßigen Livedarbietungen hat zum 25-jährigen Bestehen eine Doppel-CD mit Buch herausgebracht, die Kostproben der besten Jazzinterpreten und anderer Musiker zusammenfasst.

Tempel der Livemusik – **Galileo Galilei:** ■ G 9, Galileo 100, www.salagalileo galilei.com, Metro: L 3, 6 Argüelles, L 2 Canal, tgl. 18–4.30 Uhr, Eintritt bei Konzerten und Kulturevents 10–25 €. Seit ca. 25 Jahren bereichert das Galileo Galilei das Nachtleben mit einem ambitionierten Programm. Was hier an Livemusik geboten wird, gehört zum Besten in Madrid. Auch Theater und Kabarett.

Rock, Blues, Country – **Honky Tonk:** ■ J 11, Covarrubias 24, www.club honky.com, Metro: L 4, 5, 10 Alonso Martínez, tgl. 21.30–5.30 Uhr. Honky Tonk bietet 365 Livekonzerte im Jahr. Es ist nach einem Song der Rolling Stones benannt, doch außer Rock stehen auch Blues und Country auf dem Programm.

Jazztempel – **Café Central:** ■ Karte 3, J 14, Plaza del Ángel 10, www.cafecent ralmadrid.com, Metro: L 1, 2, 3 Sol, L 1 Antón Martín, tgl. 13.30–2.30, Fr/Sa bis 3.30 Uhr, Eintritt bei Konzerten 12–20 €. Ein altes Café voller Spiegel – Relikte des früher hier ansässigen Geschäfts für Spiegel und Bilderrahmen. Das Central mit seiner kleinen Bühne ist eine der Madrider Jazz-Institutionen. Nächtliche Sets von 22 bis 24 Uhr in intimer Atmosphäre. Mit Restaurantbetrieb.

Im Rhythmus der Karibik – **Larios Café:** ■ H 13, Silva 4, www.larioscafe.com, Metro: L 3, 5 Callao, L 2 Santo Domingo, So–Do 20–24, Fr/Sa 20–6, Restaurant tgl. 20–2 Uhr, Fr/Sa 10 € Eintritt inkl. Getränk. In avantgardistisch gestylten Räumlichkeiten nippt man im Larios an karibischen Cocktails oder sättigt sich mit kubanischer und Fusionküche. Nach Lust und Laune wechselt man dann zum Tanzen und zu den Livekonzerten in ein separates Stockwerk.

Kalifornische Musik-Bar – **Templo del Gato:** ■ Karte 3, H 13, Trujillos 7, Metro: L 3, 5 Callao, L 2, 5, R Ópera, Di–Do 21–3, Fr/Sa 21–3.30 Uhr. Ein bunt gemischtes Publikum trinkt, raucht, hört Musik, ganz so wie in alten kalifornischen Filmen, denn das dem Kater *(gato)* als Quasi-Hausmaskottchen gewidmete Lokal nennt sich auch California Music Bar. Viel Rock, Punk und Heavy Metal.

Schwul und lesbisch

Der Frauentreff in Chueca – **El Truco:** ■ J 12, Plaza de Chueca/Gravina 10, Metro: L 5 Chueca, tgl. 21–2.30, Fr/Sa 21–5 Uhr. Bei Lesben besonders beliebt ist diese Bar bzw. dieser Disco-Pub mitten in Chueca, gleich neben dem Café Acuarela (s. u.). Ein großes Plus: die Open-Air-Terrasse an der Plaza de Chueca.

Männer unter sich – **Café Acuarela:** ■ J 12, Gravina 8, Metro: L 5 Chueca, tgl. 14–24 Uhr. Kleines, kurios dekoriertes Männercafé – mit einem Hauch Nostalgie. Der richtige Ort für einen intimen Drink, an dem man den Abend in Chueca einläutet.

Tanztreff – **IndependanceClub:** ■ Karte 3, H 13, Plaza de Callao 4, www. independanceclub.com, Metro: L 3, 5 Callao, F/Sa 22.30–6 Uhr, Eintritt 12–15 €. In dieser Männerdisco sind auch Heteros und Frauen willkommen. Partys, Livemusik, DJ-Sessions, vor allem elektronische Musik.

Konzerte, Opern, Ballett

Dem Nationalorchester lauschen – **Auditorio Nacional de Música:** ▶ N 7, Príncipe de Vergara 146, www.auditorionacional.mcu.es, Metro: L 9 Cruz de Rayo. Hier gibt das spanische Nationalorchester fast täglich Sinfonie- und Kammerkonzerte in der Sala Sinfónica und in der Sala de Cámara. Das aktuelle Programm findet sich auf der Website.

Klassische Musik als schöne Kunst – **Real Academia de Bellas Artes de San Fernando:** ▶ Karte 3, J 13, Alcalá 13, Metro: L 1, 2, 3 Sol. In der Königlichen Kunstakademie (s. S. 139) hört man Sa um 12 Uhr Konzerte, meist klassische Musik.

Königliches Opernhaus – **Teatro Real:** ▶ Karte 3, G 13, Plaza de Oriente 4, www.teatro-real.com, Kartenvorverkauf: Tel. 902 24 48 48, Metro: L 2, 5, R Ópera. Das Königliche Opernhaus – direkt gegenüber dem Schloss – wird Teatro Real oder Teatro de la Ópera genannt. Hier traten u. a. Plácido Domingo und José Carreras auf. Außer Opern und Operetten stehen Ballettvorstellungen und Konzerte auf dem Programm. Mit Café und Restaurant.

Volkstümlich – **Teatro de La Zarzuela:** ▶ Karte 3, J/K 13, Jovellanos 4, http://teatrodelazarzuela.mcu.es, Metro: L 2 Banco de España, Sevilla. Das Theater von 1856 mit seinem schönen Saal für 1300 Zuschauer ist eine Institution im Madrider Kulturleben. Hier werden *zarzuelas* aufgeführt, jene urspanische Form des Musiktheaters, die gern auch als Operette des kleinen Mannes bezeichnet wird. *Zarzuelas* kommen in dieser Spielstätte in der zweiten Jahreshälfte auf die Bühne. In der ersten Jahreshälfte bestimmen Opern, Tanztheater und Ballett das Programm.

Sonntagskonzerte im Retiro

Was gibt es Schöneres, als an einem Sonntag unter dem blauen Himmel von Madrid in den Stadtpark zu gehen? Um 12 Uhr spielt an der Nordseite des Parks, im **Templete de Música** (▶ L 13, Musikpavillon), das Stadtorchester zu einem klassischen Konzert unter freiem Himmel auf (Mitte Mai bis Anfang Okt., außer Aug., Metro: L 2 Retiro).

Theater

Alternativ angehaucht – **Teatro Alfil:** ▶ H 12, Pez 10, www.teatroalfil.es, Metro: L 2, 10 Noviciado. Hier werden Avantgardestücke und Musicals aufgeführt. Im Frühjahr findet hier das Festival del Teatro de Humor statt, das Festival des humoristischen Theaters.

Spanisches Theater – **Teatro Español:** ▶ Karte 3, J 14, Príncipe 25, www.teatroespanol.es, Metro: L 1, 2, 3 Sol, Sevilla. Das schöne Haus an der Plaza de Santa Ana inszeniert spanische Bühnenstücke von klassisch bis modern. Immer wieder stehen hier, mitten im Literatenviertel Huertas, die spanischen Klassiker auf dem Programm.

Bühnen des Nationalen Dramatischen Zentrums – **Teatro María Guerrero:** ▶ K 12, Tamayo y Baus 4, http://cdn.mcu.es, Metro: L 4 Colón, L 2 Banco de España; **Teatro Valle-Inclán:** ▶ J 15, Plaza de Lavapiés, L 3 Lavapiés. Der Centro Dramático Nacional ist die im Grunde landesweit wichtigste Theatergruppe Spaniens. Sie verfügt über zwei Spielstätten – den Teatro María Guerrero, die größte Bühne Madrids, und das 2006 eröffnete Theater in Lavapiés, Teatro Valle-Inclan.

Feste und Festivals

Das Leben – ein Fest. Feste sind in Madrid ein Grund mehr, die Nacht nicht zu verschlafen. Das Festjahr beginnt mit dem **Umzug der Heiligen Drei Könige** am 5. Januar und endet an **Silvester** auf der Puerta del Sol, wo jeder zu den zwölf Glockenschlägen, die das alte Jahr beenden, zwölf Trauben verzehrt.

Fiesta de la Comunidad de Madrid

Am 2. Mai, einer Art Nationalfeiertag der Comunidad, findet mit der **Fiesta del Dos de Mayo** ein großes Stadtfest statt. Die Madrilenen feiern den heldenhaften Einsatz ihrer Ahnen gegen die napoleonischen Okkupanten 1808, bei dem viele Menschen starben. Es gibt Livekonzerte und Tanz unter freiem Himmel. Rund um die Plaza del Dos de Mayo in Malasaña, wo die Erinnerung an die damaligen Helden besonders lebendig geblieben ist, haben die Feierlichkeiten eine volkstümliche Note.

Heiligenfeste

Spanien ist – immer noch – ein katholisches Land. Dies wird auch in Madrid deutlich: Rund 30 Kirchen und Klöster existieren allein in den Altstadtvierteln. Unabhängig vom verordneten Dogmatismus haben die Spanier ihre Religion im Zweifelsfall schon immer nach eigener Manier gelebt. So bedeutet vielen Madrilenen, vor allem den hier lebenden Andalusiern, Maria mehr als Christus. Bei den Jüngeren ist zwar der Atheismus auf dem Vormarsch, doch hindert sie das nicht daran, die Feste mit ihren zugleich ländlichen und kirchlichen Traditionen hingebungsvoll mitzufeiern.

Die jährlichen Patronatsfeste beginnen mit dem Fest des Schutzpatrons der Tiere, der **Fiesta de San Antón** (Jan.), zu der die Madrilenen ihre Haustiere segnen lassen, und enden mit dem Fest der Stadtpatronin Madrids, der **Fiesta de la Virgen de la Almudena**. Die wichtigsten Feste sind im Mai die **Fiesta de San Isidro** und im August die **Fiestas de San Cayetano, San Lorenzo y La Paloma** (s. u.). Interessant sind auch die **Semana Santa** mit den Karwochenprozessionen, die **Fiesta de San Antonio de la Florida,** zu dem die Madrileninnen den Heiligen um Hilfe beim Finden eines Bräutigams bitten (mit Glück taucht dieser beim nächtlichen Volksfest auf), oder die **Fiestas del Carmen,** der Patronin der Seeleute, mit einem Stadtteilfest in Chamberí und Wasserschlachten in Vallecas. Anfang September locken die **Fiestas de la Melonera** zu den Musikveranstaltungen am Manzanares nahe der Einsiedelei der Melonen-Jungfrau, der Virgen del Puerto.

San Isidro

Im Mai findet die Festwoche zu Ehren des Stadtpatrons San Isidro statt. Die Einsiedelei des Heiligen auf der anderen Manzanares-Seite – hier hat er, so heißt es, Heilwasser aus dem Boden sprudeln lassen – wird am 15. Mai zum Schauplatz einer *romería* (Wallfahrt), die als Volksfest endet. Abends gibt es Livekonzerte in der Stadt, etwa auf der Plaza Mayor und bei den Vistillas. Die Feria de San Isidro unterhält jene, die noch daran hängen, auch mit täglichen Stierkämpfen.

Fiestas de San Cayetano, San Lorenzo y La Paloma

Das Fest der Madrider Altstadtviertel (7.–15. Aug.) ist ein Höhepunkt im Fest-

Feste im Jahresablauf

Januar
Reyes Magos: 5./6. Jan. Umzug der Heiligen Drei Könige und Bescherung der Kinder
San Antón: 17. Jan. Tag des Schutzheiligen der Tiere

Februar
Karneval: Er endet am Aschermittwoch mit der Beerdigung der Sardine in der Casa de Campo.
ARCO: Madrids international renommierte Kunstmesse

Ostern
Semana Santa: Karwoche und Festival de Arte Sacro (Festival der religiösen Kunst) mit zahlreichen Kirchenkonzerten

April/Mai
Festival de Otoño a Primavera: ab Ende April, Frühjahrsfestival
Festimad: ca. Mitte April–Anfang Mai, www.festimad.es. 15 Tage lang Musikevents in Madrid und Umgebung.

Mai
Fiesta de la Comunidad de Madrid: 2. Mai. Fest der Autonomen Gemeinschaft, auch als Fiesta del Dos de Mayo bekannt, s. S. 56
Documentamadrid: erste Maihälfte. Internationales Festival des Dokumentarfilms, s. S. 103
San Isidro: 15. Mai. Fest des Stadtpatrons, s. S. 56
Feria del Libro: ab Ende Mai zweiwöchiger Buchmarkt im Retiro-Park

Juni
San Antonio: 13. Juni. San Antonio mit nächtlichem Volksfest
Día del Orgullo LGBT: ab 28. Juni. Fest der Schwulenszene, vor allem in Chueca
PhotoEspaña: ab Mitte Juni, www.phe.es. Ausstellungen mit Fotokunst.

Juli
Mulafest: www.mulafest.com, Festival urbaner und kultureller Trends

Juli/August
Veranos de la Villa: Madrider Kultursommer, s. S. 58

August
San Cayetano, San Lorenzo y La Paloma: 7.–15. Aug., Fest der Altstadtviertel, s. S. 56

September
Fiestas de la Melonera: 9.–13. Sept., s. S. 56

Oktober
Semana de la Arquitectura: erste Okt.-Woche. Historische Gebäude öffnen ihre Pforten für das Publikum

November
Virgen de la Almudena: 9. Nov., Fest der Stadtpatronin Madrids
Madrid en Danza: Tanztheater, Ballett
Festival de Cine de Madrid. Plataforma Nuevos Realizadores: www.festivalcinemadrid.es. Internationale Filmwoche, Experimentalfilme, s. S. 103
JazzMadrid: www.festivaldejazzmadrid.com. Jazzfestival mit Konzerten an verschiedenen Spielstätten

Dezember
Weihnachtsmarkt: auf der Plaza Mayor
Silvester: auf der Puerta del Sol

Erstklassige Tanzdarbietungen stehen vor allem im Winter auf dem Programm

jahr. Die Straßen werden mit Blumen, Girlanden und Tüchern herausgeputzt. Die einwöchigen *fiestas* von Lavapiés bzw. Embajadores sind Madrids beliebteste Stadtteil- bzw. Patronatsfeste, mit Prozessionen, bei denen die Heiligenbilder durch die Straßen getragen werden, mit Konzerten, gastronomischen Ständen und allerlei Volksbelustigung. Plötzlich versteht man, warum Lavapiés als *barrio castizo,* als ur-madrilenisches Viertel gilt: Frauen legen die Trachten des 18. Jh. an, Männer geben sich das Outfit kecker Landburschen, und alle tanzen den *chotis,* einen der Polka ähnlichen Tanz.

San Cayetano feiert man in der Calle San Cayetano und rund um die Plaza de Cascorro. Im Viertel Lavapiés (Kirche San Lorenzo) kommen die Anwohner der Calle de Argumosa erst morgens um 4 oder 5 Uhr zur Ruhe. Festlich gestimmt geben sich auch Las Vistillas – unweit der Kathedrale –, die Calle de Calatrava und die Calle de la Paloma. Zehntausende Teilnehmer und Zaungäste begleiten am 15. August die Prozession mit dem Bildnis der Virgen de la Paloma (Jungfrau von der Taube).

Kultur- und Musikevents

Rund ums Jahr bietet Madrid ein Kulturprogramm mit zahlreichen Musikevents und Festivals. So stehen ab Ende April das **Festival de Otoño a Primavera** mit Theater, Tanz, Ausstellungen und etlichen Livekonzerten sowie das **Festimad** (www.festimad.es) mit 15 Tagen Livemusik, das Jugendliche aus Spanien und aller Welt in die Stadt zieht, auf dem Programm. Der Kultursommer **Veranos de la Villa** (Juli/Aug.) bietet Theater und Konzerte, mit Jazz, Flamenco und viel World Music. Im Winter dominieren – besonders während des Tanzfestivals **Madrid en Danza** (Nov.) – Tanz, Tanztheater und Ballett.

Aktiv sein, Sport, Wellness

Fahrrad/Segway fahren

Inzwischen kann man in Madrid einiges auf Rädern unternehmen, *bicis*, Fahrräder, kommen in Mode. Schön ist eine Tour am Fluss entlang (Madrid Río, s. S. 180). Der Radtransport in Nahverkehrszügen und Metro ist kostenlos, außer zu Hochbetriebszeiten (Mo–Fr 7.30–9.30, 14–16, 18–20 Uhr). Unter www.bicimad.com findet man unter ›Plano & Estaciones‹ eine Stadtkarte mit Radwegen (rot) sowie ruhigen Straßen (grün).

Städtische Räder

Die ca. 2000 E-Bikes von BiciMad gibt es an mehr als 120 Parkstationen: an Metrostationen des Zentrums wie Sol, Callao, Sevilla, Ópera, Banco de España sowie u. a. auch in der Calle Mayor, am Mercado de San Miguel, auf der Plaza de Santa Ana in Huertas oder der Plaza del Dos de Mayo in Malasaña. In der Karte von BiciMad (s. o.) sind alle Parkstationen verzeichnet. Und so geht's: Sie wählen ein Rad aus und lassen an der Parkstation Ihre Kreditkarte mit einem Pfandbetrag von 150 € belasten. Die ersten zwei Stunden kosten je 2 €, Folgestunden 4 €. Oder man wählt eine *tarjeta* für 1, 3 oder 5 Tage. Der Pfandbetrag minus Leihgebühr wird bei Abgabe des Rads gutgeschrieben.

Leihräder und Segways

27 Bikes: ■ N 13/14, Alcalde Sainz de Baranda 16, Tel. 915 73 06 92, www.27bikes.com, Metro: L 9 Ibiza, tgl. ca. 10/10.30–14/14.30, 16/16.30–20/20.30 Uhr.

Pangea: ■ G 17, Paseo Yeserías 15, Ecke Arganda, Tel. 915 17 28 39, 680 49 21 59, www.rutaspangea.com, tgl. 10–14, 16–20, im Winter bis 19 Uhr.

Trixi Madrid S.L.: ■ Karte 3, J 13, Jardines 12, Tel. 915 23 15 47, 660 09 16 44, www.trixi.com, Metro: L 1, 5 Gran Vía, März–Okt. Mo–Fr 10–14, 16–20, Sa/So, Fei 10–20 Uhr, Nov./Dez., Febr. 10–15 Uhr, Jan. geschl. Gute Räder, auch E-Bikes. Auch geführte Stadttouren.

Urbanmóvil: ■ Karte 3, G 14, Plaza de San Miguel, Tel. 910 17 98 56, 637 26 38 86, www.urbanmovil.com, Metro: L 1, 2, 3 Sol, tgl. 10–20 Uhr. Fahrräder, Segways, Elektroräder.

Ausleihgebühren: Fahrrad ca. 15–20 €/Tag (je länger, desto günstiger), Helme meist 2 €, Segway ca. 35 €/Std. Alle aufgeführten Firmen bieten auch geführte Touren an.

Fitness und Wellness

Fit und schön – Metropolitan **Palacio Santa Ana:** ■ Karte 3, J 14, Plaza del Ángel 6, Tel. 915 23 92 06, www.clubmetropolitan.net, Metro: L 1, 2, 3 Sol, Mo–Fr 7.30–23, Sa, So 9–22 Uhr. Fitness-, Wassergymnastik, Dampfbad, Sauna, verschiedene Therapien.

Arabisches Bad – **Hammam Al Ándalus:** ■ Karte 3, H 14, Atocha 14, Tel. 914 29 90 20, www.hammamalandalus.com, Metro: L 1, 2, 3 Sol, ab 10 Uhr, 33 €, inkl. Massage 47 €. Arabische Bäder, wie es sie in der Kalifenzeit gab, erleben in Spanien eine Renaissance. In einer alten Zisternenanlage wurde dieser Hammam eingerichtet. Ein Durchgang dauert ca. 1,5 Std. Anmeldung sinnvoll!

Fitness und mehr – **Urban Fitness:** ■ H 11, Alberto Aguilera 1, Tel. 914 45 32 00, www.urbanfitness.es, Metro: L 4 San Bernardo, Mo–Fr 7.30–23.30, Sa/So 10–15, 17–22, Fei 10–15 Uhr. Fitness, Yoga, Pilates, Sauna etc. Mit Café.

Joggen

Ideal zum Joggen sind der Stadtpark **El Retiro** (▶ L/M 13–15, Metro: L 2 Retiro), die **Manzanares-Ufer** (Madrid Río, ▶ E 13–16, Metro: L 6, 10, R Príncipe Pío), der **Parque del Oeste** (▶ D–F 9–12, Metro: L 3, 6 Moncloa, Argüelles, L 3, 10 Plaza de España) und die **Casa de Campo** (▶ A–C 9–13, Metro: L 10 Lago oder Batán).

Schwimmen

Freibad – **Canal de Isabel II:** ▶ H 8, Avda. de Filipinas 54a, Tel. 915 33 96 42, Juni–Aug. tgl. 11–20 Uhr, Metro: L 4 Canal, L 1 Ríos Rosas, ca. 6 €. Städtisches Freibad mit zwei Becken, Liegewiese, Bar und Restaurant.

Pool mit Aussicht – **Hotel Emperador:** ■ H 12, Gran Vía 53, Tel. 915 47 28 00, tgl. 11–20 Uhr, Metro: L 3, 5 Callao, 48–63 €, nur im Sommer. Auf der Dachterrasse eines Hotels mit Blick über die Altstadtdächer schwimmen, s. S. 138.

Zuschauersport

Fußball

Die Fußballfans der Stadt teilen sich in die Anhänger von Real Madrid (Estadio de Santiago Bernabéu) und die Fans von Atlético de Madrid (Estadio Vicente Calderón). Die ›Königlichen‹, einer der erfolgreichsten und stolzesten Vereine der Welt, tragen weiße, die Kicker von Atlético rot-weiß gestreifte Hemden. Nationale Ligaspiele meist So, seltener Sa, internationale Spiele Di oder Mi. **Tickets** auf den Websites der Vereine bzw. unter www.servicaixa.com, www.ticketmaster.es.

Estadio Santiago Bernabéu: ▶ Karte 2, L 5/6, Paseo de la Castellana s/n, Tel. 913 98 43 00, www.realmadrid.es, Mo–Sa 10–19.30, So, Fei 10.30–18.30 Uhr, an Spieltagen kürzer, 25. Dez.–1. Jan. geschl.; Metro: L 10 Santiago Bernabéu, Besichtigung/Tour del Bernabéu 23 €, Kinder unter 14 Jahren 18 €, Tickets gibt es an Schalter 10 *(taquilla 10)*, s. S. 260.

Estadio Wanda Metropolitano: ▶ Karte 4, D 3, Avda. de Arcentales s/n, Tel. 913 66 47 07, www.clubatleticodemadrid.com, Metro: L 7 Estadio Metropolitano. Seit 2017 spielt Atlético Madrid in diesem neuen Stadion.

Stierkampf

An Ostern wird die Stierkampfsaison eröffnet, zur Freude der vielen *aficionados,* die es in der Stadt noch immer gibt. Sie verfolgen aufmerksam jede *corrida* – bevorzugt natürlich live in der 1931 eingeweihten Arena – und werten das Geschehen in enthusiastischen Debatten in ihren Stammlokalen aus. Der Stierkampf ist ein uraltes Ritual. Doch obwohl sich längst in ganz Spanien viele kritische Stimmen gegen das blutige Schauspiel melden, sind die ca. 23 000 Plätze in der neomudéjaren ›Stierkampfkathedrale‹ zu den *corridas* oft besetzt.

Stierkampfarena – **Plaza de Toros Monumental de Las Ventas:** ▶ P 10, Alcalá 233, www.las-ventas.com, Metro: L 2, 5 Ventas. Karten direkt an der Arena, So 10–14, 16–19 Uhr, Vorverkauf unter Tel. 912 35 23 43 oder über die Website sowie in der Calle de la Victoria. *Corridas* an Wochenenden, während der Feria de San Isidro (s. S. 56, Mitte Mai–Mitte Juni) und der Feria de Otoño (Ende Sept.–Okt.) auch unter der Woche. Platzbesuch/Tour de las Ventas: Tel. 687 73 90 32, www.lasventastour.com, tgl. 10–18 Uhr, an Stierkampftagen (So April–Anfang Okt., 10. Mai–10. Juni, erste Okt.-Woche) 10–14 Uhr, 12,90/9,90 €, Kinder unter 12 Jahren 5,90 € (s. S. 261).

Museen im Überblick

Archäologie und Geschichte

Bücher mit Geschichte – **Museo de la Biblioteca Nacional:** ▶ L 12, Paseo de Recoletos 20, www.bne.es, Metro: L 4 Colón, L 2 Banco de España, Di–Sa 10–20, So 10–14 Uhr, Eintritt frei. Museum der Nationalbibliothek, alte Handschriften u. historische Dokumente, s. S. 251.

Archäologie und Kulturgeschichte – **Museo Arqueológico Nacional:** ▶ L 12, Serrano 13, www.man.es, Metro: L 4 Colón, Serrano, L 2 Retiro, Di–Sa 9.30–20, So, Fei, 9.30–15 Uhr, 1.1., 6.1., 1.5., 24./25.12. geschl., 3/1,50 €, Sa ab 14 Uhr und So Eintritt frei. 2014 wiedereröffnet, s. S. 251.

Der Schatz der Quimbaya – **Museo de América:** ▶ E 9, Avda. de los Reyes Católicos 6, www.mecd.gob.es/museodeamerica, Metro: L 3, 6 Moncloa, Di/Mi, Fr/Sa 9.30–15, Do 9.30–19, So, Fei 10–15 Uhr, 3/1,50 €, So Eintritt frei. Entdeckungsgeschichte und präkolumbische Kulturen, s. S. 243.

Madrid im 19. Jh. – **Museo de Artes y Tradiciones Populares de Madrid/Centro Cultural la Corrala:** ▶ H 15, Carlos Arniches 3–5, Metro: L 5 La Latina, Puerta de Toledo, Mo–Fr 10–20, Sa 10–14 Uhr. Ein typisches Gebäude von 1860 in der Rastro-Gegend. Im Erdgeschoss arbeiteten Handwerker und kleine Betriebe, darüber befanden sich winzige Wohnungen. Ein repräsentatives Beispiel für Wohnen und Leben im 19. Jh.

Madrids Anfänge – **Museo de San Isidro – Los Orígenes de Madrid:** ▶ Karte 3, G 14/15, Plaza de San Andrés s/n, www.madrid.es/museosanisidro, Metro: L 5 La Latina, Di–So, Fei 9.30–20, 16.6.–15.9.

Tipps zur Planung von Museumsbesuchen

Eintrittsfreie Tage: Fast alle Museen haben eintrittsfreie Tage (nur für EU-Bürger, Ausweis mitbringen). Im Folgenden die wichtigsten im Überblick: **Mo–Sa ab 18, So, Fei ab 17 Uhr** Museo Nacional del Prado; **Mo, Mi–Sa ab 19, So ab 14.30 Uhr** Centro de Arte Reina Sofía; **Mo 12–16 Uhr** Museo Thyssen-Bornemisza; **Mi 10–15 Uhr** Real Academia de Bellas Artes de San Fernando. **Mi nachmittags** Monasterio de la Encarnación, Monasterio de las Descalzas Reales. **Do nachmittags** Monasterio de la Encarnación, Monasterio de las Descalzas Reales, Museo de América, Museo Nacional de Artes Decorativas, Museo Cerralbo. **Sa nachmittags** Museo Arqueológico Nacional, Museo Sorolla; **Sa 14–15 Uhr** Museo Nacional de Artes Decorativas, Museo Cerralbo; **So:** Museo Arqueológico Nacional, Museo Cerralbo, Museo de América, Museo Nacional de Artes Decorativas, Museo Sorolla.
Kombiticket: ›*Paseo del Arte*‹, das Kombiticket für Museo del Prado, Museo Thyssen-Bornemisza und Centro de Arte Reina Sofía kostet 29,60 €.
Ermäßigungen: Rentner, Studenten, Jugendliche, teils auch Arbeitslose und Behinderte erhalten Ermäßigungen von 50 % oder mehr (Ausweise vorlegen).
Ruhetage: Viele Museen haben am Montag geschlossen. Generell sind auch der 1. Januar, Karfreitag, der 1. Mai sowie der 25. Dezember Ruhetage.

Di–So 10–19 Uhr, Eintritt frei. Frühe Stadtgeschichte und Erinnerungen an den Stadtpatron, s. S. 161.

Völkerkunde – **Museo Nacional de Antropología:** ▶ L 15, Alfonso XII 68, www.mnantropologia.mcu.es, Metro: L 1 Atocha, Atocha-Renfe, Di–Sa 9.30–20, So, Fei 10–15 Uhr, 3/1,50 €, Sa nachmittags, So Eintritt frei, s. S. 111.

Dekoratives – **Museo Nacional de Artes Decorativas:** ▶ L 13, Montalbán 12, http://mnartesdecorativas.mcu.es, Metro: L 2 Banco de España, Di–Sa 9.30–15, Do (außer Juli/Aug.) auch 17–20, So, Fei 10–15, 3/1,50 €, Sa ab 14 Uhr, So Eintritt frei. Spanische Wohnkultur, Dekorationskunst und Kunsthandwerk des 15.–19. Jh., s. S. 130.

Stadtgeschichte – **Museo de Historia:** ▶ J 11/12, Fuencarral 78, www.madrid.es/museodehistoria, Metro: L 1, 10 Tribunal. Di–So 10–19 Uhr, Eintritt frei, s. S. 86, 222.

Seefahrtsgeschichte – **Museo Naval:** ▶ K 13, Paseo del Prado 5, www.armada.mde.es, Metro: L 2 Banco de España, Di–So 10–19, Aug. 10–14 Uhr, Fei geschl. 3 € (freiwillig, Personalausweis vorlegen!). Schifffahrtsmuseum, historische Modelle und die erste Weltkarte von Juan de la Cosa, s. S. 130.

Die Zeit der Romantik – **Museo del Romanticismo:** ▶ J 11/12, San Mateo 13, www.mecd.gob.es/mromanticismo, Metro: L 1, 10 Tribunal, L 4, 5, 10 Alonso Martínez, Di–Sa 9.30–18.30/20.30, So, Fei 10–15 Uhr, 3/1,50 €, Sa ab 14 Uhr und So gratis, s. S. 222.

Kunst

Kunst im Kloster – **Monasterio de las Descalzas Reales:** ▶ H 13, Plaza de las Descalzas 3, www.patrimonionacional.es, Metro: L 1, 2, 3 Sol, L 2, 5, R Ópera, Führung Di–Sa 10–14, 16–18.30, So, Fei 10–15 Uhr, 6 €, Mi und Do nachmittags für EU-Bürger Eintritt frei, s. Entdeckungstour S. 174.

Reliquien und Gemälde – **Monasterio de la Encarnación:** ▶ G 13, Plaza de la Encarnación 1, www.patrimonionacional.es, Metro: L 2, 5, R Ópera, Di–Sa 10–14, 16–18.30, So, Fei 10–15 Uhr, 6 €, Mi und Do nachmittags für EU-Bürger Eintritt frei, s. Entdeckungstour S. 174.

Die Sammlung des Markgrafen – **Museo Cerralbo:** ▶ G 12, Ventura Rodríguez 17, www.mecd.gob.es/mcerralbo, Metro: L 3 Ventura Rodríguez, L 3, 10 Plaza de España, Di–Sa 9.30–15, Do auch 17–20, So, Fei 10–15 Uhr, 3/1,50 €, Do ab 17, Sa ab 14 und So Eintritt für EU-Bürger frei. Reiche Gemäldekollektion in einem beeindruckenden Stadtpalais, s. S. 235.

Picasso und Co. – **Museo Nacional Centro de Arte Reina Sofía:** ▶ K 15/16, Santa Isabel 52, www.museoreinasofia.es, Metro: L 1 Atocha, Mo, Mi–Sa 10–21, So 10–19 Uhr, 1. Jan., Karfreitag, 1.5., 25.12. geschl., 10 €, ab 19, So ab 14.30 Uhr Eintritt frei. Ambitioniertes Kunstzentrum, Kunst des 20. Jh., darunter Picassos »Guernica«, s. S. 114.

Tempel der spanischen Kunst – **Museo Nacional del Prado:** ▶ L 14, Paseo del Prado s/n, Tel. 913 30 28 00, www.museodelprado.es, Metro: L 1 Atocha, L 2 Banco de España, Mo–Sa 10–20, So 10–19 Uhr, 1.1., 1.5., 25.12. geschl., 15 €, reduziert 7,50 € (Jugendliche mit Ausweis und EU-Bürger ab 65), inkl. Prado-Führer 24 €; Vorverkauf unter www.entradasprado.com oder Tel. 902 10 70 77, zusätzlich 0,50 €; Mo–Sa

Eine Skulptur von Alberto Sánchez begrüßt die Besucher des Kunstzentrums Reina Sofía

18–20, So, Fei 17–19 Uhr sowie für Jugendliche unter 18 und Studenten der EU unter 25 Jahren Eintritt frei. Bedeutendste Pinakothek Spaniens, Maler des Goldenen Zeitalters, s. S. 118.

Die Bilder Sorollas – **Museo Sorolla:** ▶ K 9, Paseo General Martínez Campos 37, Tel. 913 10 15 84, www.mecd.gob.es/msorolla, Metro: L 5 Rubén Darío, Gregorio Marañón, Di–Sa 9.30–20, So, Fei 10–15 Uhr, 3/1,50 €, Sa ab 14 Uhr, So Eintritt frei. Haus und Atelier des valencianischen Malers, s. S. 256.

Sammlung Thyssen – **Museo Thyssen-Bornemisza:** ▶ K 14, Paseo del Prado 8, www.museothyssen.org, Metro: L 2 Banco de España, Mo 12–16 (Eintritt frei), Di–So 10–19 Uhr, 1.1., 1.5., 25.12. geschl., 12/8 €, Ausstellungen extra, Kinder bis 12 Jahre gratis. Gemäldekollektion des Barons Hans Heinrich Thyssen-Bornemisza, von frühen italienischen und flämischen Meistern bis zur Avantgarde des 20. Jh., Eintritt frei, s. S. 128.

Goya authentisch – **Panteón de Goya:** ▶ E 12, Glorieta de San Antonio de la Florida 5, www.madrid.es/ermita, Metro: L 6, 10, R Príncipe Pío, Di–So, Fei 9.30–20, Eintritt frei. Francisco de Goya, der hier begraben liegt, malte die Kapelle 1798 mit Fresken aus, s. Entdeckungstour S. 241.

Historische Kunstakademie – **Real Academia de Bellas Artes de San Fernando:** ▶ J 13, Alcalá 13, www.realacademiabellasartessanfernando.com, Metro: L 1, 2, 3 Sol, L 2 Sevilla, Di–So, Fei 10–15, Führungen Di, Do, Fr 11 Uhr, 8/4 €, Mi außer Fei Eintritt frei. Spanische Malerei des 16.–20. Jh., zahlreiche Werke der Künstler des Goldenen Zeitalters, s. S. 139.

Privatsammlungen

Zu Gast im Adelspalast – **Fundación Casa de Alba/Palacio de Liria:** ▶ G 11, Princesa 20, Palacio de Liria, Tel. 915 48 15 50, www.fundacioncasadealba.com, Metro: L 3, 10 Plaza de España, L 3 Ventura Rodríguez, Besichtigung nur nach Voranmeldung (Personalausweisnummer angeben) Fr 10, 11, 12 Uhr, Eintritt frei. Im Palacio hängt die Gemäldesammlung der Herzöge von Alba. Spanische und europäische Malerei seit dem 15. Jh., s. S. 236.

Im Palast eines Verlegers – **Fundación Lázaro Galdiano:** ▶ L 9, Serrano 122, Tel. 915 61 60 84, www.flg.es, Metro: L 5 Rubén Darío, L 7, 10 Gregorio Marañón, Mo, Mi–Sa 10–16.30, So 10–15 Uhr, 6/3 €, 15.30–16.30, So 14–15 Uhr Eintritt für EU-Bürger frei. Eine der landesweit bedeutendsten Privatsammlungen – Malerei, Skulptur, Archäologie, Schmuck, s. Entdeckungstour S. 258.

Telekommunikation und Kunst – **Espacio Fundación Telefónica:** ▶ J 13, Fuencarral 3, www.espacio.fundaciontelefonica.com, Metro: L 1, 5 Gran Vía, Di–So 10–20 Uhr, Eintritt frei. Geschichte der Telekommunikation, Kunstausstellungen, Werke von Juan Gris, s. S. 148.

Sonstiges

Wo der Dichter wohnte – **Casa Museo Lope de Vega:** ▶ J 14, Cervantes 11, Tel. 914 29 92 16, www.casamuseolopedevega.org, Metro: L 1 Antón Martín, Führung Di–So 10–18, Eintritt frei. Anfang des 17. Jh. lebte hier Lope de Vega, s. S. 207.

Steine und Fossilien – **Museo Geominero:** ▶ J 8, Ríos Rosas 23, www.igme.es/museo, Metro: L 6, 8, 10 Nuevos Ministerios, L 1 Ríos Rosas, tgl. 9–14 Uhr. Mineralien, Steine und Fossilien aus Spanien und den ehemaligen Kolonien im Instituto Geológico y Minero de España. In Nr. 21 derselben Straße, dem Sitz der Escuela de Minas (Bergbauschule), präsentiert der **Museo Don Felipe de Borbón y Grecia** ebenfalls Fossilien und Mineralien, dazu archäologische Exponate sowie die Nachbildung einer Mine zu Ausbildungszwecken; s. auch www.mercadillominerales.com.

Naturwissenschaften – **Museo Nacional de Ciencias Naturales:** ▶ L 8, José Gutiérrez Abascal 2, www.mncn.csic.es, Metro: L 6, 8, 10 Nuevos Ministerios, L 6 República Argentina, Di–Fr 10–17, Sa/So, Fei 10–20 (Juli/Aug. bis 15), 6/3 €. Bedeutendste naturhistorische Sammlung Spaniens, s. S. 256.

Historische Lokomotiven – **Museo del Ferrocarril:** ▶ K 17/18, Paseo de las Delicias 61, www.museodelferrocarril.org, Metro: L 3 Delicias, Juli–Sept. tgl. 10–15, sonst Mo–Do 9.30–15, Fr–So, Fei 10–20 (2. Fr im Monat nur bis 18) Uhr, 6/4 €, So 2,50 €. Eisenbahnmuseum im stillgelegten Bahnhof Estación de Delicias.

Dem Stier zu Ehren – **Museo Taurino:** ▶ P 10, Alcalá s/n, www.las-ventas.com, Metro: L 2, 5 Ventas, März bis Okt. Di–Fr 10–18, So, Fei und an Stierkampftagen 10–16 Uhr, Eintritt frei. Stierkampftrophäen und Erinnerungen an berühmte Stierkämpfer, s. S. 261.

Königliche Teppichfabrik – **Real Fábrica de Tapices:** ▶ M 16, Fuenterrabía 2, Tel. 914 34 05 50, www.realfabricadetapices.com, Metro: L 1 Atocha-Renfe, Mo–Fr 10–14 Uhr, 5 €. Von Philipp V. gegründete Teppichfabrik, s. S. 111.

Reiseinfos von A bis Z

Adressen

Namen am Klingelschild findet man in Madrid nicht. Daher gehören zur Adresse einer Person neben Straße und Hausnummer Angaben zu Stockwerk und Lage der Wohnung. 2° *ext. drcha.* heißt 2. Stock zur Straße *(exterior)* rechts *(derecha)*. *6° int. izqda.* wäre 6. Stock innen *(interior)* links *(izquierda)*. Diese Angaben stehen auch auf dem Klingelschild.

Apotheken

Erkennungszeichen von Apotheken *(farmacias)* ist ein grünes Kreuz auf weißem Grund. Der Notdienstplan der *farmacias* wird täglich in den Tageszeitungen bekannt gegeben und ist auch unter Tel. 010 zu erfahren. An jeder Apotheke ist die nächstgelegene Notapotheke ausgewiesen.

Apotheken mit 24-Stunden-Service: ▶ H 14, Calle Mayor 13; ▶ N 12, Calle de Goya 89.

Ärztliche Versorgung

Wer bei einer gesetzlichen Krankenkasse versichert ist, kann die European Health Insurance Card (EHIC) für die Behandlung im Ausland beantragen, um in Madrid kostenlos in Krankenhäusern versorgt zu werden. Private Arztrechnungen bezahlt man selbst, die Versicherungen erstatten die Kosten normalerweise gegen Vorlage der Rechnungen. Wer sich gegen jedes Risiko einer eventuellen Zuzahlung versichern will, schließt am besten eine Reisekrankenversicherung ab (in Reisebüros oder bei Automobilclubs). Adressen deutschsprachiger Ärzte können bei der Botschaft erfragt werden (s. Diplomatische Vertretungen).

Im **Notfall** wende man sich an das nächstgelegene Krankenhaus mit Notaufnahme *(urgencias)*. Auf **Kinder** spezialisiert ist das **Hospital Niño Jesús,** Avda. de Menéndez Pelayo 65 (▶ J 6), Tel. 915 03 59 00, Metro: L 9 Ibiza.

Diplomatische Vertretungen

Deutsche Botschaft: ▶ K 11, Fortuny 8, Tel. 915 57 90 00, www.spanien.diplo.de, Mo–Fr 9–12 Uhr, Metro: L 5 Rubén Darío.
Österreichische Botschaft: ▶ K 6, Paseo de la Castellana 91, Tel. 915 56 53 15, www.aussenministerium.at/madrid, Mo–Fr 10–13 Uhr, Metro: L 10 Santiago Bernabéu.
Schweizer Botschaft: ▶ M 12, Núñez de Balboa 35 A, 7. Stock, Tel. 914 36 39 60, www.eda.admin.ch/madrid, Mo–Fr 9–13 Uhr, Metro: L 4 Velázquez.

Feiertage

1. Januar: Neujahr
6. Januar: Dreikönigstag
Ostern: Gründonnerstag, Karfreitag
1. Mai: Tag der Arbeit
2. Mai: Fest der Comunidad de Madrid, Fiesta del Dos de Mayo, s. S. 56.
15. Mai: San Isidro, s. S. 56.
7.–15. August: Mariä Himmelfahrt; Fiestas de San Cayetano, San Lorenzo y La Paloma, s. S. 56.
12. Oktober: Fest der Virgen del Pilar und Fiesta Nacional
1. November: Allerheiligen
9. November: Fest der Stadtpatronin
6. Dezember: Tag der Verfassung
8. Dezember: Unbefleckte Empfängnis
25. Dezember: Weihnachten

Fundbüro

Oficina de Objetos Perdidos: ▶ südl. K 19, Paseo del Molino 7, Tel. 915 27 95 90, objetosperdidos@madrid.es, Metro: L 3, 6 Legazpi, Mo–Fr 8.30/9–13.30/14 Uhr. Hat man etwas in der Metro vergessen, wendet man sich an die Station der Plaza de Castilla, Mo–Fr 7–22, Sa, So, Fei 10–22 Uhr, https://www.redtransporte.com/madrid/objetos-perdidos.html.

Geld

Geldautomaten sind in Madrid allgegenwärtig. Das Zahlen mit Kreditkarten – ob in Restaurants, beim Shoppen oder an Automaten der Verkehrsbetriebe – ist weit verbreitet, am gängigsten sind MasterCard und Visa.

Internetzugang

Praktisch alle Unterkünfte bieten gratis Internetzugang an (WLAN; WiFi). Dasselbe gilt für viele Cafés, Tavernen oder Restaurants. Schließlich ermöglichen öffentliche Plätze vielfach den ungehinderten Netzzugang mit dem eigenen Notebook oder Handy, so die Plaza Mayor (▶ H 14), Plaza Callao (▶ H 13) oder Plaza de Santa Ana (▶ J 14). Das Gleiche gilt für Märkte und Kulturzentren. PCs mit Gratis-Surfmöglichkeit findet man im **Centro de Turismo,** Plaza Mayor (▶ H 14).

Kinder

Ein Großstadtbesuch mit Kindern will immer gut überlegt sein. Metro und Busse nutzen – das ist mit Kinderwagen kein leichtes Spiel, vor allem da es oft keine Aufzüge gibt. Der Madrider Verkehr ist rasant und verlangt ständiges Aufpassen. Und Kinderteller sind in Restaurants keine Selbstverständlichkeit. Andererseits ist jedermann Eltern gegenüber hilfsbereit, jeder Koch wird gern etwas zaubern, was den Kleinen schmeckt. Und man kann so manches unternehmen, das Groß und Klein gleichermaßen Spaß macht.

Parque del Retiro ▶ L/M 13–15
Metro: L 1 Atocha, L 2 Retiro, L 9 Ibiza. Im weitläufigen Stadtpark ist immer etwas los, man trifft Clowns, Akrobaten, Musikgruppen. Der Park eignet sich wunderbar für ein Picknick, und der große See lädt zu Bootspartien ein (Bootsvermietung). Im Park wird auch Puppentheater geboten (**Teatro de Títeres,** ▶ L 13), es gibt regelmäßig unterhaltsame Aufführungen für Kinder und Erwachsene. Programm auf www.esmadrid.es.

Casa de Campo ▶ A–C 9–15
Auf dem weiten Areal der Casa de Campo (s. S. 180) jenseits des Río Manzanares kann man das Madrider Zoo-Aquarium und den Parque de Atracciones sehr gut mit Kindern besuchen. Und es gibt die Möglichkeit, mit den Kabinenliften einer Seilbahn (*teleférico,* s. S. 247) vom Parque del Oeste (s. S. 240) hinüberzuschweben.
Parque de Atracciones: ▶ A 14/15, www.parquedeatracciones.es, Metro: L 10 Batán, Okt. bis März Sa/So, Fei ab 12, April–Sept. tgl. ab 12 Uhr, inkl. Nutzung der Geräte/Vergnügungsangebote für Erwachsene 31,90 €, Kinder (bis 140 cm Größe) 24,90 €, Senioren 19,20 €, bei Vorabbuchung im Internet oft günstiger. Kirmesartiges Vergnügungsangebot.
Zoo-Aquarium: unweit des Parque de Atracciones, www.zoomadrid.com, Metro: L 10 Batán, L 5, 10 Casa de Campo, tgl. 10/11 Uhr bis Sonnenuntergang, Erwachsene 23,30 €, Kinder und Senioren zahlen 18,90 €. Madrids Zoo präsentiert rund 3000 Tiere aus

Eines der beliebtesten Terrassen-Restaurants der Altstadt: El Madroño

fünf Kontinenten und ein Aquarium mit tropischen Fischen.

Messen

Madrid ist eine Messestadt. Das Messegelände IFEMA bzw. Parque Ferial Juan Carlos I. liegt nur 3 km vom Flughafen entfernt (Metro: L 8 Feria de Madrid). Die wichtigsten jährlichen Messen sind: die Internationale Tourismusmesse **Fitur** (Ende Januar), die Internationale Kunstmesse **Arco** (1. Febr.-Hälfte); die Internationale Modewoche **Mercedes Benz Fashionweek Madrid** (Pasarela Cibeles, 2. Febr.-Hälfte, 1. Sept.-Hälfte) sowie die Kunstmesse **Feriarte** (Nov.).

Notruf

Allgemeine Notrufnummer: Tel. 112
Ambulanz: Tel. 915 22 22 22
Feuerwehr: Tel. 080
Polizei: Tel. 091 oder 092
Vergiftungen: Tel. 915 62 04 20
Erste Hilfe/Notfallaufnahme: in allen Hospitälern sowie in den Centros de Salud (Gesundheitszentren), die es in jedem Stadtviertel gibt.
Sperrung von Handys, Geld- und Kreditkarten: Tel. 0049 116 116

Öffnungszeiten

Faustregel: Allgemein gilt Mo–Fr 10–13.30/14, 16/17–19.30/20, Sa 10–13.30/14 Uhr; im Winter verkürzt sich die mittägliche *siesta*-Pause, im Sommer wird sie evtl. ausgedehnt. Viele Läden schließen dann abends erst gegen 21 Uhr.
Banken: Mo–Fr 9–14, Winter teils auch Do nachmittags.
Geschäfte: Generell gelten für Läden liberalisierte Öffnungszeiten. Kaufhäuser, Ladengalerien und die Modeläden

im Zentrum rund um die Puerta del Sol sowie in der Calle Serrano öffnen meist Mo–Sa 10–21 Uhr sowie So ca. 11/12–20/21 Uhr; s. auch Tipp S. 42.
Post: s. u.
Restaurants: 13–16, 20/21–23/24 Uhr. 20–21, einige durchgehend 11–23/24 Uhr.

Post

Die Hauptpost befindet sich im Gebäude des Rathauses an der Plaza de la Cibeles (▶ K 13, Eingang rechts neben den Postkästen und in der Calle de Montalbán, Metro: L 2 Banco de España, Mo–Fr 8.30–21.30, Sa 8.30–14 Uhr, Fei geschl.). Briefmarken *(sellos)* bekommt man auch in Tabakläden *(estancos).*

Rauchen

Es gilt ein recht striktes Rauchverbot. Restaurants müssen Raucher- und Nichtraucherzonen separieren, das Gleiche gilt für Cafés und Kneipen. Raucher müssen also im Allgemeinen an die frische Luft gehen. Einige wenige Hotels, vor allem die größeren, bieten Raucherzimmer an.

Reisekasse und Spartipps

Das Preisniveau in den Euroländern hat sich angeglichen. Auch Lebensmittel wie Brot, Obst, Gemüse, Salat und sogar Fisch sind kaum noch preiswerter als bei uns. Viele **Restaurants** bieten Tagesmenüs an, die im Preis um 10–15 € liegen, à la carte muss man jedoch je nach Lokal mit 30–35 € und mehr rechnen. Eine Flasche Wein im Restaurant kostet ab ca. 15 €, der Hauswein ist günstiger. Ein Glas gezapftes Bier oder ein *café* schlagen je nach Lage des Lokals mit 1,10–3 € zu Buche. In *hostales* kann man schon für weniger als 50 € **übernachten**, und bei den teuren Hotels lohnt es sich, vorher im Internet günstige Angebote zu ermitteln. Trotz starker Preiserhöhungen ist die Nutzung **öffentlicher Verkehrsmittel** immer noch günstig. **Museen** lassen sich kostenbewusst besuchen, wenn man die Ermäßigungen und eintrittsfreien Tage/Zeiten nutzt (s. S. 61).

Reisen mit Handicap

Die spanischen Fremdenverkehrsämter helfen mit Auskünften und einem Hotelführer, der behindertengerechte Häuser listet. Die Website www.esmadrid.com führt die Rubrik ›Barrierefreies Madrid‹.

Auskunft und Hilfe

FAMMA (Federación de Asociaciones de Minusválidos Físicos de Madrid): ▶ G 9, Galileo 69, Tel. 915 93 35 50, www.famma.org
Centro de Turismo: ▶ H 14, Plaza Mayor 27. Hier gibt es am Schalter von ›Descubre Madrid‹ auch Infos zu den behindertengerechten Stadtführungen, sogar für Blinde, die in Madrid angeboten werden.

Sicherheit

Madrid ist eine leutselige Stadt. Vor spannungsgeladenen Situationen, aggressiven Stimmungen oder gar Gewaltkriminalität, wie sie viele Großstädte prägen, braucht man sich nicht zu fürchten, wohl aber vor **Taschendieben.** *Chorizos,* wörtl.: Würstchen, gehen ihrem Handwerk am liebsten im dichten Gedränge nach und dort, wo sich viele Touristen treffen. Besonders aufpassen sollte man also am Atocha-Bahnhof, rund um die Museen Prado, Thyssen-Bornemisza und Centro de Arte Reina Sofía, auf der

Plaza Mayor, in den Einkaufsstraßen rund um die Puerta del Sol, auf dem sonntäglichen Flohmarkt El Rastro (hier wirklich ganz besonders!) sowie generell im Viertel Lavapiés, in Metros und Bussen (das gilt gerade auch in der Metro vom/zum Flughafen und immer während der Rushhour). Achten Sie also auf Handtaschen, Portemonnaies u. Ä.

Diebstahlsmeldung: Tel. 902 10 21 12 (rund um die Uhr, auch auf Deutsch und Englisch). Touristen, die einen Diebstahl anzeigen möchten, sollten dies zuerst unter dieser eigens dafür eingerichteten Nummer tun. Danach wende man sich wegen der Schadensmeldung an den **Servicio de Atención al Turista Extranjero** (SATE) der Polizeidienststelle *(comisaría)* in der Calle Leganitos 19 (▶ G 12, satemadrid@esmadrid.com, tgl. 9–24 Uhr, Metro: L 3, 5 Callao, L 2 Santo Domingo, L 3, 10 Plaza de España).

Telefonieren

Es gibt in Spanien weder Ortsvorwahlen noch Netzvorwahlen für den Mobilfunk. Alle Telefonnummern bestehen aus neun Ziffern, Festnetznummern beginnen jeweils mit einer 9, Handynummern mit einer 6.

Fernsprechkabinen: Öffentliche Telefone können mit Münzen wie mit Telefonkarten und/oder Kreditkarten bedient werden. Für Cityverbindungen muss man mindestens 30 Cent einwerfen, für Spanienverbindungen 50 Cent und für Mobilfunkverbindungen 1 €. Telefonkarten erwirbt man in Tabakläden *(estanco)* oder an Zeitungskiosken.

Vorwahlen

Deutschland: 0049
Österreich: 0043
Schweiz: 0041
Spanien: 0034

Bei Auslandsgesprächen folgt nach der Landesvorwahl – sofern vorhanden – die Ortsvorwahl ohne die 0 und dann die Teilnehmernummer.

Mobil: Wer eine spanische *móvil*-Nummer vom Handy anwählt, kann in Spanien die Landesvorwahl 0034 weglassen. Alle gängigen Handys funktionieren in Spanien einwandfrei. Beim Anrufen deutscher Netzteilnehmer ist in der Regel 0049 vorzuwählen. Da seit 2017 die Roaming-Gebühren innerhalb der EU weggefallen sind, ist eine spanische Prepaid-Karte für EU-Handys nicht mehr nötig.

Trinkgeld

Bedienungsgelder sind in Restaurants, Bars und *cafeterías* im Rechnungsbetrag enthalten. Mit den Münzen, die man nach dem Bezahlen der Rechnung dezent auf dem Tresen oder Tisch liegen lässt, drückt man seine Zufriedenheit aus. Bei Dienstleistungen wie Taxifahren werden Beträge oft aufgerundet.

Zeit

In Spanien gilt die Mitteleuropäische Zeit (MEZ), Sommerzeit ist vom letzten Sonntag im März bis zum letzten Sonntag im Oktober.

Zeitungen, Stadtmagazine

Viele spanische Tageszeitungen – El País, ABC, El Mundo – werden in Madrid verlegt und erscheinen dort mit einem Lokalteil und Informationen zum aktuellen Kulturprogramm. Eine gute Übersicht über alles, was in der Stadt los ist, bietet das Magazin Guía del Ocio, das der Freitagsausgabe von El País beiliegt und an Zeitungskiosken verkauft wird. Deutschsprachige Zeitungen führen die Kioske im Zentrum Madrids (Gran Vía, Puerta del Sol).

Panorama – Daten, Essays, Hintergründe

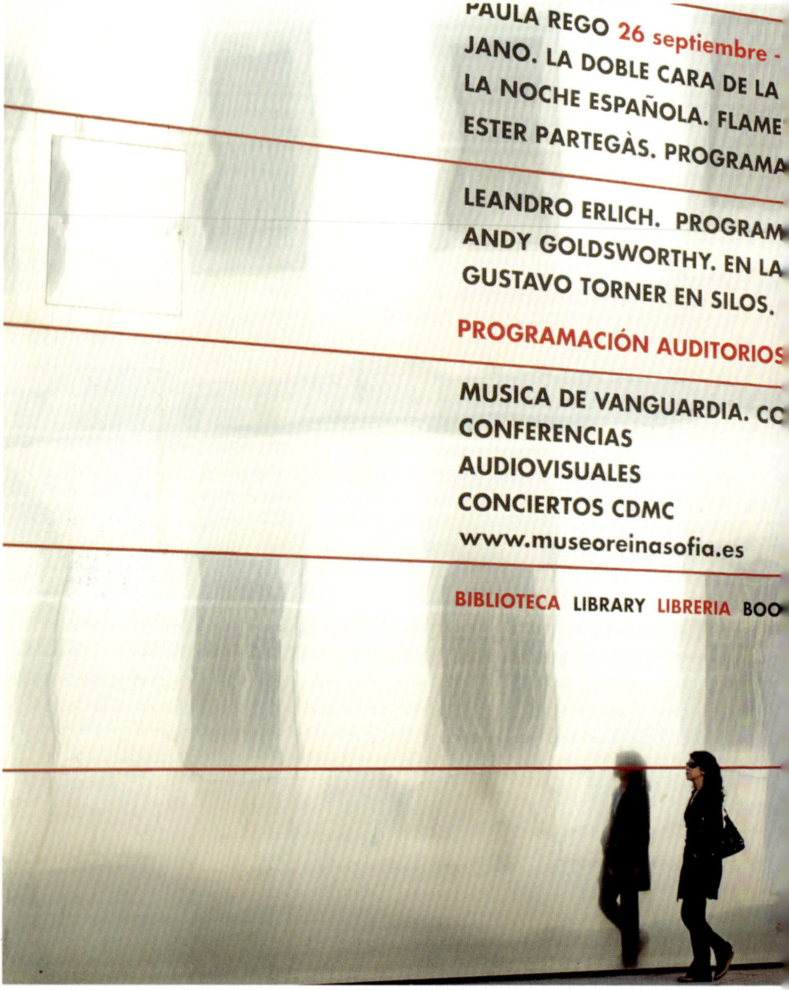

Ambitioniertes Kunst- und Ausstellungszentrum – im Centro de Arte Reina Sofía

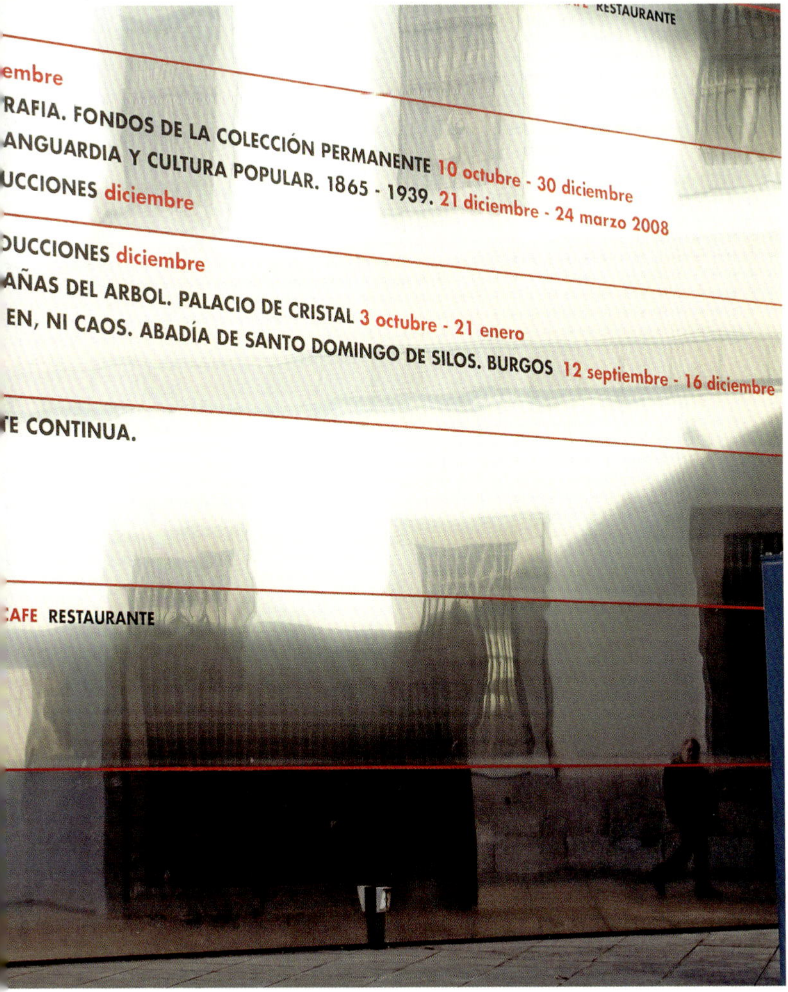

RESTAURANTE
embre
RAFIA. FONDOS DE LA COLECCIÓN PERMANENTE 10 octubre - 30 diciembre
ANGUARDIA Y CULTURA POPULAR. 1865 - 1939. 21 diciembre - 24 marzo 2008
UCCIONES diciembre
DUCCIONES diciembre
AÑAS DEL ARBOL. PALACIO DE CRISTAL 3 octubre - 21 enero
EN, NI CAOS. ABADÍA DE SANTO DOMINGO DE SILOS. BURGOS 12 septiembre - 16 diciembre
TE CONTINUA.
CAFE RESTAURANTE

Steckbrief Madrid

Daten und Fakten

Lage: im Zentrum der Iberischen Halbinsel, 667 m über dem Meer.
Verwaltung: Hauptstadt Spaniens, Sitz des Parlaments und des Königs sowie Hauptstadt der Autonomen Region Madrid (Comunidad Autónoma de Madrid).
Einwohner: fast 3,2 Mio. (Stadt), ca. 6 Mio. in der Comunidad.
Ausländeranteil: ca. 12 % (Stadt), die Immigranten kommen vor allem aus Lateinamerika, aus Nordafrika (insbesondere Marokko) sowie Rumänien.
Zeitzone: MEZ, im Sommer MESZ
Stadtwappen: Ein Bär richtet sich am Erdbeerbaum auf. Dies symbolisiert die mittelalterliche Symbiose von Adel und Klerus.

Geografie

Madrid liegt mitten in der zentralspanischen Hochebene, in der historischen Landschaft Kastilien, und ist Europas höchstgelegene Hauptstadt. Die Comunidad Autónoma de Madrid (Autonome Gemeinschaft) umfasst zusammen mit dem eigentlichen Stadtgebiet ein Areal von rund 8000 km², das sich dreiecksförmig um die Stadt schließt. Zur Dreiecksspitze Richtung Norden und Richtung Nordwesten steigt die Landschaft der Comunidad Autónoma de Madrid zum Gebirgszug der Sierra de Guadarrama auf. An der Westseite der Altstadtviertel durchfließt der nicht schiffbare, unbedeutende Río Manzanares die Stadt.

Staat und Verwaltung

Als Landeshauptstadt ist Madrid Residenz des spanischen Königs, seit 2014 Felipe VI., sowie Sitz von Regierung und Parlament. Die bedeutendsten Parteien auf Landesebene sind die konservative Volkspartei PP (Partido Popular, Parlamentswahlen 2015: 28,71 % der Stimmen), der sozialdemokratisch orientierte PSOE (Partido Socialista Obrero Español 2015: 22,01 %), En Común–Podemos (2015: 20,68 %) und Ciudadanos (Bürger; 2015: 13,94 %). Ministerpräsident des Landes ist Mariano Rajoy (PP). Die nächsten Wahlen finden 2019 statt.

Die Volkspartei hat eine Minderheitsregierung mit parlamentarischer Unterstützung von Ciudadanos gebildet. Diese in Katalonien entstandene Bewegung steht für die Einheit Spaniens und hat sich landesweit als neue Rechte etabliert.

In der Autonomen Gemeinschaft Madrid, deren Status mit dem der deutschen Bundesländer verglichen werden kann, regiert seit 2015 eine Linkskoalition unter Beteiligung des PSOE. Bürgermeisterin ist die kämpferische

Richterin und Franco-Gegnerin Manuela Carmena. Madrid gliedert sich in 21 Verwaltungsbezirke, deren Namen und Gliederung nicht mit den gängigen Viertelnamen übereinstimmen.

Wirtschaft

Madrid ist vor allem eine Dienstleistungsstadt, ca. 80 % der arbeitenden Bevölkerung sind in diesem Sektor beschäftigt. In der Stadt konzentrieren sich Verwaltungsbehörden und als Handels- und Finanzzentrum hat sie auch internationale Bedeutung. Bauwirtschaft und Industrie (insbesondere Druckgewerbe, Energie, Chemie, Flugzeug- und Fahrzeugbau sowie Nahrungsmittelverarbeitung) tragen 18 % zum Bruttosozialprodukt bei. In der Region um Madrid gedeihen zwar Wein und Oliven, doch Landwirtschaft spielt nur eine marginale Rolle. Die letzte Finanz- und Wirtschaftskrise ließ die Arbeitslosigkeit sprunghaft steigen, trotz eines leichten Rückgangs liegt sie immer noch bei ca. 18,75 % (Madrid: 14,23 %), besonders dramatisch ist die Jugendarbeitslosigkeit (41,66 %, Madrid: 35,81 %). Für die wirtschaftliche Dynamik der Stadt spricht die nach wie vor relativ große Zahl an Start-ups.

Forschung und Lehre

Etwa 230 000 Studierende sind an den sieben staatlichen und acht privaten Universitäten Madrids eingeschrieben. Die Universidad Complutense de Madrid (UCM), eine der ältesten in Spanien, wurde schon 1508 in Alcalá de Henares gegründet und zog 1836 in die Hauptstadt um. Bedeutend sind auch die Polytechnische Universität (Universidad Politécnica de Madrid, UPM) oder die Universidad Autónoma (UAM). Hinzu kommen zahlreiche Forschungsinstitute, die von Gesundheit bis Raumfahrttechnik eine große Bandbreite an Wissenschaftsgebieten abdecken.

Tourismus

Der Fremdenverkehr trägt ca. 6 % zum Bruttosozialprodukt bei. Etwa 9 Mio. Gäste empfängt Madrid im Jahr. Die Beherbergungsbetriebe (743 Hotels, Pensionen etc.) bieten knapp 81 000 Betten, und 40 000 Lokale und Geschäfte freuen sich über Kundschaft. Neben Touristen kommen viele Messegäste und Geschäftsreisende.

Verkehr

Die vier Terminals des internationalen Flughafens Madrid-Barajas (MAD), rund 13 km vom Zentrum entfernt nordöstlich der Stadt, sind Dreh- und Angelpunkt des internationalen und nationalen Flugverkehrs. Er zählt mit fast 50 Mio. Passagieren (2016) zu den größten Europas.

Dem überregionalen Schienenverkehr dienen zwei Bahnhöfe: Madrid-Chamartín im Norden der Stadt und Madrid-Atocha im Süden. AVE-Schnellzüge verbinden Madrid Richtung Nordosten mit Zaragoza–Barcelona, Richtung Osten mit Valencia und Alicante und Richtung Südwesten mit Córdoba–Sevilla, AVANT-Züge bedienen die Strecken Madrid–Toledo, Madrid–Segovia und Madrid-Málaga. Die Hauptstadt ist durch sechs Nationalstraßen bzw. *autopistas* oder *autovías* gut mit allen Landesteilen verbunden.

Den öffentlichen Transport in der Stadt schultert ein dichtes Netz an Buslinien, vor allem aber die Metro, deren Netz zu den weltweit größten und effizientesten zählt.

Geschichte im Überblick

Von den Anfängen der Stadt bis zum Mittelalter

8.–9. Jh. Nachdem arabische und berberische Reiterheere – aus Nordafrika kommend – ab 712 die Iberische Halbinsel bis zu den Flüssen Duero und Ebro nördlich des heutigen Madrid erobert haben, lässt Mohammed I., fünfter Emir von Córdoba, um 850 auf dem heutigen Schlosshügel oberhalb des Río Manzanares einen *alcázar* errichten. Er gehört zu einer Kette befestigter Grenzposten, die das muslimische Reich und insbesondere die Stadt Toledo gegen die Vorstöße der christlichen Könige aus dem Norden schützen sollen. In der Nähe der Burg entsteht eine kleine Siedlung. Der Name Madrids soll sich vom arabischen Mayrit ableiten, was so viel wie Ort der vielen Wasser bedeutet.

ab 1085 Nachdem das muslimische Reich 1031 in Kleinkönigreiche *(taifas)* zerfallen ist, erobert Alfons VI., König von Kastilien und León, die arabische Siedlung.

13. Jh. Alfons VIII. sichert der Siedlung 1202 im sogenannten Fuero de Madrid Rechte und Privilegien zu, durch die sie in den Rang eines Marktfleckens erhoben wird. Im Gegenzug beteiligen sich die Milizen Madrids an den Kriegen gegen die Muslime im Süden. Ein Madrilene tut sich dabei besonders hervor, der später seliggesprochene Schutzpatron der Stadt San Isidro Labrador.

14.–15. Jh. Ferdinand IV. beruft 1309 die kastilischen *cortes* (Landstände, ständisches Parlament) erstmals nach Madrid ein. Alfons XI. veranlasst, dass die Stadt ab 1346 von einem Rat Weiser Männer regiert wird. Immer wieder einmal residieren die kastilischen Könige in Madrid, das in dieser Zeit der Wanderhöfe im Schatten anderer spanischer Städte steht.

1479–1492 Die Ehe von Isabella von Kastilien mit dem aragonischen Kronprinzen Ferdinand führt 1479 zur Zusammenführung der Kronen beider Königreiche. Als Katholische Könige regieren Isabella und Ferdinand in Personalunion das Land. Die Zeit des tolerierenden Zusammenlebens der christlichen, jüdischen und muslimischen Kultur endet. Mit dem Ziel der ›Reinhaltung‹ des christlichen Glaubens spürt die 1478 gegründete Inquisition Ketzer auf, verurteilt und vernichtet sie. 1492 erobern die Katholischen Könige das islamische Restreich von Granada. Im selben Jahr entdeckt Christoph Kolumbus, der von den Katholischen Königen Unterstützung für seine Expeditionen nach Übersee erhalten hat, den Kontinent Amerika.

Unter der Herrschaft der Habsburger

1516–1556 Da der einzige Sohn der Katholischen Könige vorzeitig stirbt, erbt deren Tochter Johanna die Wahnsinnige die Krone. Doch gibt sie nur ein kurzes Gastspiel, bis ihr Sohn mit Philipp dem Schönen aus dem Hause Habsburg die Regierungsgeschäfte übernimmt: Karl I., der 1519 als Karl V. zugleich zum Kaiser des Heiligen Römischen Reiches Deutscher Nation gekrönt wird. Unter Karl V. erobert Spanien ein riesiges Kolonialreich in Übersee, verstrickt sich aber in ermüdende Religionskriege gegen die Protestanten in den Niederlanden und Deutschland.

1556–1598 Karl V. dankt ab und übergibt Spanien, die Niederlande, die italienischen Besitzungen und die Kolonialgebiete an seinen Sohn Philipp II. Dieser verlegt seinen Hof von Toledo nach Madrid. Zu dieser Zeit besteht der Ort aus ca. 2500 Lehmhäusern und es heißt, dass die Nachttöpfe mangels anderer Möglichkeiten noch auf die Straße entleert werden – nicht ohne den Warnruf *»agua va«* (Wasser kommt) für Passanten. Nun muss die kleine Stadt Staatsbeamte, Hofbedienstete, Diplomaten, Händler, Handwerker und Künstler aufnehmen. Bis zum Jahrhundertende erlebt Madrid ein rasches Wachstum. In der Nähe lässt Philipp II. den Klosterpalast El Escorial errichten. Außenpolitisch kündigt sich 1588 mit dem Untergang der als unbesiegbar geltenden Armada, deren Geschwader vor England geschlagen und im Sturm zerblasen werden, der beginnende Machtverlust an.

1598–1621 Philipp III. lässt die Plaza Mayor anlegen, die 1620 mit einem Fest anlässlich der Seligsprechung des Stadtpatrons San Isidro eingeweiht wird. In der Folgezeit sind es weniger freudige Anlässe, die neugierige Zuschauer auf den schönen Stadtplatz locken, denn er ist Schauplatz zahlreicher Exekutionen. Der Roman »Don Quijote« (Originaltitel »El Ingenioso Hidalgo Don Quixote de La Mancha«) von Miguel de Cervantes, der in Madrid lebt, wird 1605 gedruckt.

1621–1665 Philipp IV. lässt auf dem Gelände des Retiro 1631–35 ein Lust- und Vergnügungsschloss errichten, den später weitgehend zerstörten Palacio del Buen Retiro. Im Jahr seiner Fertigstellung stirbt im nahen Literatenviertel Lope de Vega. Er hinterlässt der theaterbegeisterten Stadt rund 1500 Bühnenstücke.

1700 Der debile und verwirrte Karl II., letzter habsburgischer Herrscher über Spanien, stirbt ohne Erben. Um seine Nachfolge entbrennt der Spanische Erbfolgekrieg, weil sowohl Österreich als auch Frankreich Ansprüche auf die Thronfolge erheben. Die Auseinandersetzung endet im Frieden von Utrecht 1713/14 zugunsten der Franzosen.

Die Ära der Bourbonen

1700–1746 Mit Philipp V., einem Enkel des französischen Sonnenkönigs, besteigt ein Bourbone den spanischen Thron. Stärker noch als die Habsburger prägen die Bourbonen das Gesicht der Stadt. In der Silvesternacht des Jahres 1734 brennt der Madrider *alcázar* ab, doch Philipp – auch Bauherr der Sommerresidenz La Granja de San Ildefonso – lässt in der Stadt ein neues Schloss errichten.

1759–1788 Karl III. leitet Maßnahmen zur wirtschaftlichen Gesundung des Landes ein. Der aufgeklärte Reformkönig schränkt die Macht der Inquisition ein und verweist den Jesuitenorden, der sich intensiv an der Ketzerjagd beteiligt hat, des Landes. Der Bourbone geht zugleich als ›bester Bürgermeister Madrids‹ in die Annalen ein: Die Stadt verdankt ihm eine Kanalisation und die erste Straßenbeleuchtung, dazu die königliche Flaniermeile Paseo del Prado.

1788–1808 Karl IV. überlässt das Regieren Manuel Godoy, zugleich Liebhaber seiner Gemahlin Marie Louise von Parma. Spanien wird zum Spielball Napoleons, der – als er einen Feldzug gegen das mit England verbündete Portugal plant – 1808 kurzerhand mehrere spanische Städte besetzt. Am 2. Mai 1808 bricht in Madrid ein Volksaufstand gegen die französischen Okkupanten aus. Doch unterliegt die mit Küchenmessern und Scheren bewaffnete Volksmenge den napoleonischen Truppen unter General Murat. Einige der 1500 Madrilenen, die in den blutigen Straßenschlachten ihr Leben lassen, werden bis heute als Helden gefeiert, auch Manuela Malasaña (s. S. 216). Am 3. Mai erschießen die Franzosen zahlreiche Aufständische. Napoleon setzt seinen Bruder Joseph Bonaparte auf den spanischen Thron, der während seiner kurzen Regentschaft Kirchen und Klöster abreißen und durch Stadtplätze ersetzen lässt. Erst 1813 ziehen die Franzosen aus der Stadt ab.

1814–1833 Kurz nachdem Ferdinand VII., Sohn Karls IV. und Hoffnungsträger der Liberalen, aus französischer Gefangenschaft auf den spanischen Thron zurückgekehrt ist, hebt er die von den *cortes* erarbeitete liberale Verfassung auf. Der kurze Frühling des Liberalismus endet jäh in der absolutistischen Gebärde eines Monarchen, der die Universitäten schließt und jegliche liberale Bestrebung im Keim erstickt. In Madrid lässt Ferdinand VII. den Prado als Gemäldegalerie eröffnen.

1821–1824 Die Kolonien Mexiko, Venezuela und Peru lösen sich vom Mutterland, das eine wirtschaftliche Talfahrt erlebt.

1833–1839 Madrid wird Schauplatz des ersten Karlistenkriegs im Streit um die Thronfolge Ferdinands VII. Die Karlisten, eine gleichermaßen antiliberale wie antizentralistische Bewegung, favorisieren Don Carlos, einen Bruder Ferdinands VII., anstelle von dessen Tochter Isabel II. Der Krieg flammt 1847–49 und 1872–76 erneut auf.

Napoleons Soldaten erschießen aufständische Madrilenen: Gemälde von Francisco de Goya y Lucientes

1835 Die *desamortización,* die Veräußerung von Kirchengütern, soll die leeren Staatskassen füllen helfen. Viele Kunstwerke aus aufgelassenen Klöstern gelangen in den Prado.

um 1850 Beginn der Industrialisierung: 1851 fährt die erste Eisenbahn von Madrid nach Aranjuez. Die Stadtmauer wird geschleift, Madrid expandiert und zieht viele Landflüchtige in der Hoffnung auf Arbeit und Brot an.

1868 Liberale Militärs unter General Serrano erheben sich gegen Isabel II. und ihren korrupten Ministerpräsidenten. Die Königin flieht.

1873/1874 Ausrufung der Ersten Republik. Ihre schnell wechselnden Präsidenten werden nicht Herr der Lage, da sich der Unmut der Landarbeiter in immer neuen Aufständen entlädt.

1874 Die Monarchisten holen Alfons XII., Sohn Isabels II., aus dem französischen Exil zurück. 1876 beendet er die Karlistenkriege.

1879 Gründung der Sozialistischen Arbeiterpartei PSOE in Madrid. Die Arbeiterbewegung formiert sich, die Landarbeiteraufstände nehmen zu.

1898 Spanien verliert seine letzten Kolonien. Darunter leiden Wirtschaft und Nationalstolz. In den Madrider Cafés räsonieren die Intellektuellen über Auswege aus der politischen und moralischen Krise.

um 1900 Die Stadt ist auf 1 Mio. Einwohner angewachsen.

bis 1931 Unter Alfons XIII., seit 1886 König, beginnt 1910 der Ausbau der Gran Vía zum großbürgerlichen Stadtboulevard. Ab 1919 verbindet eine Fluglinie Madrid und Barcelona, 1921 wird die Metro eingeweiht. Doch die politische Situation spitzt sich zu. General Primo de Rivera reißt die Macht an sich und geht radikal gegen aufständische Landarbeiter und die republikanische Bewegung vor.

Bürgerkrieg und Transición

1931–1933 Die Republikaner gewinnen die Gemeindewahlen im April 1931, Alfons XIII. geht ins Ausland. Alcalá Zamora ruft an der Puerta del Sol die Zweite Republik aus und leitet ein Reformprogramm ein. Da Agrarreform und Enteignung von Großgrundbesitz nur schleppend vorankommen, gehen die Linksparteien – Sozialisten, Kommunisten und Anarchisten – 1933 gespalten in die Wahlen und verlieren sie. Eine Koalition von Rechtsparteien macht die Reformen rückgängig. Zunahme der politischen Polarisierung, Gründung der faschistischen Falange Española, Straßenschlachten zwischen Rechten und Linken in Madrid.

1936 Die zur Volksfront verbundenen Linksparteien erhalten in den Februarwahlen die Mehrheit und setzen zügig Reformen um, deren Radikalität Großgrundbesitzer, Militärs und Klerus als Bedrohung empfinden.

1936–1939 Die Generäle Franco und Mola putschen am 18. Juli 1936 gegen die Republik und lösen den Spanischen Bürgerkrieg aus, der ca. 1 Mio. Menschen das Leben kostet. Madrid fällt 1939.

1939–1975 Die Zeit der Diktatur: In den 1960er-Jahren kommt es in Madrid zu ersten Streiks und Studentenprotesten. Ende 1973 fällt Luis Carrero Blanco, designierter Nachfolger Francos, in Madrid einem Bombenattentat der ETA zum Opfer.

1975 Kurz nachdem Franco die letzten Todesurteile gegen Regimegegner hat vollstrecken lassen, stirbt er im November des Jahres und wird im Valle de los Caídos begraben. Aufgrund einer Verfügung Francos wird König Juan Carlos I. das neue Staatsoberhaupt des Landes. Der Übergang von der Diktatur zur Demokratie, die *transición,* gelingt auf friedlichem Wege, wenngleich es in Madrid zu Straßenschlachten zwischen Rechten und Linken kommt.

1979–1986 Nach den ersten freien Gemeindewahlen wird Enrique Tierno Galván, ein Linkssozialist, dem Franco die Professur entzog, Bürgermeister.

1981 Ein Putschversuch von Oberstleutnant Antonio Tejero am 23. Februar bedroht die junge Demokratie.

ab 1982 Der PSOE (Sozialistische Arbeiterpartei Spaniens) gewinnt die Wahlen und stellt mit Felipe González 14 Jahre lang den Ministerpräsidenten. Madrid profitiert vom Wirtschaftsaufschwung der 1980er-Jahre.

1992 Die Gemäldekollektion des Barons Hans Heinrich Thyssen-Bornemisza zieht in die Kulturhauptstadt Europas.

1998 Alcalá de Henares, Geburtsstadt des Dichters Miguel de Cervantes vor den Toren Madrids, wird zum Weltkulturerbe erhoben.

Madrid im 21. Jahrhundert

2004 Am 11. März sprengen die Bombenanschläge islamischer Fundamentalisten mehrere Vorortzüge, die Bilanz sind 191 Tote und 5000 Verletzte. In den Parlamentswahlen am 14. März wählen die Spanier die konservative Aznar-Regierung ab, der PSOE gewinnt die Wahlen.

2007–2008 Die drei großen Kunstmuseen am Paseo del Prado erhalten durch Erweiterungsbauten zusätzliche Ausstellungsflächen.

2008 Der Partido Socialista Obrero Español unter Ministerpräsident José Luis Rodríguez Zapatero gewinnt wieder die Parlamentswahlen. Unter ihm tritt ein Gesetz in Kraft, das die Opfer der Franco-Diktatur offiziell anerkennt. In Madrid entstehen am Nordende des Paseo de la Castellana die mit 250 m höchsten Bürotürme der Stadt.

2011–2014 Seit Ende 2011 regiert der konservative PP (Partido Popular) unter Ministerpräsident Mariano Rajoy das Land. Spanien erlebt die ganze Wucht der Wirtschafts- und Finanzkrise, die Arbeitslosigkeit schnellt auf 25 % hoch, jeder zweite Jugendliche findet keinen Job. Gewerkschaften und die Bürgerbewegung 15-M (seit 2011/12) protestieren mit Demonstrationen und Sit-ins gegen die Banken, die Wirtschaftspolitik und die Regierung, deren Mitgliedern Korruption und Bestechlichkeit vorgeworfen werden. Auch die Monarchie ist zunehmend umstritten. König Juan Carlos I. dankt zugunsten seines Sohnes Felipe VI. ab. Die Protesthaltung vieler Spanier bündelt sich in der neuen Partei Podemos, die 2014 bei den Europawahlen 7,97 % der Stimmen erhielt.

2015–2017 Nach den Wahlen 2015 führt Mariano Rajoy (PP) das Land mit einer Minderheitsregierung. Die Arbeitslosenzahlen gehen leicht zurück. Im Juni 2017 feiert Madrid mit über 2 Mio. Besuchern die World Pride Parade. Im Sommer entscheidet der Stadtrat unter Manuela Carmena, 50 Straßen, die bis dahin noch Persönlichkeiten des Franco-Regimes würdigten, umzubenennen. Im Herbst 2017 eskaliert der Streit um die Autonomie Kataloniens.

Erste Annäherung – aus der Vogelperspektive

Es gibt viele Arten, sich Madrid von oben zu nähern: beim Landeanflug, der im Nordosten auf dem Aeropuerto de Madrid Barajas endet, über einen Stadtplan gebeugt oder – dank Google Maps und Google Earth – virtuell am Computerbildschirm. Die Annäherung von oben bringt manch spannenden Einblick in die Madrider Stadtlandschaft.

Im Landeanflug ...

Unser Ziel bringt uns haargenau zum Mittelpunkt der Iberischen Halbinsel. Dort liegt Madrid auf ca. 650 m Höhe inmitten der Meseta, der Hochebene von Kastilien. Aus dem Hochplateau, zweieinhalbmal so groß wie Österreich, weit wie ein Meer, bäumt sich wie eine Riesenwelle das Kastilische Scheidegebirge nördlich von Madrid auf. Beim Anflug taucht die Stadt unvermittelt in einer eintönig, je nach Jahreszeit fast wüstenhaft anmutenden Landschaft auf, dem erdigen Bauernland Kastiliens. Dann fällt der Blick auf die Vorstädte am Stadtrand, die Heimat der Zugezogenen aus allen Teilen des Landes, die Madrid in den letzten 50 Jahren in rasendem Wildwuchs zum heutigen 3,2-Mio.-Koloss expandieren ließen. Während der Franco-Zeit legte sich ein Kranz schnell errichteter Trabantenstädte unkoordiniert und unkontrolliert um Madrid, denn die Einwohnerzahl stieg ab 1950 durch die Landflucht der Bauern dramatisch an. Andalusier, Extremeños, Galicier, Asturer, Basken, Kastilier, Menschen aus den ärmeren spanischen Regionen – und mit verschiedenen Kulturen – zog es in die Hauptstadt: Madrid als Schmelztie-

gel Spaniens, als Pforte zum Paradies für alle, die hofften, hier zu überleben, Geld zu verdienen oder sogar Karriere zu machen. Für die meisten endete die ›Karriere‹ in einem dieser Viertel, vor allem im Süden: in Alcorcón und Móstoles, Leganés und Getafe, die heute die Zuwanderer aus aller Welt aufnehmen.

Richtung Norden dominieren dagegen neuere *urbanizaciones*. Ländliche Ruhe in Reihenhaussiedlungen, so lautet ihr Programm. Deren Bewohner tragen ihren Teil zum morgendlichen Ansturm der Autokolonnen auf die Stadt bei. Von oben betrachtet, zeigt sich besseres Wohnen in diesen Siedlungen nicht zuletzt an den blauen Swimmingpools und mehr Grün. In der letzten Flugschleife abwärts erhascht man mit Glück noch einen Blick auf die neuen Ikonen der Architektur: die hohen Bürotürme im Norden Madrids.

Richtung Zentrum

Die kartografische Gesamtschau auf Google Maps oder auf einem Überblicksplan zeigt das dichte Geflecht der Ringautobahnen M-30, M-40 und M-50 rund um Madrid, das – wie die Fäden eines Spinnennetzes – die aus der Stadt in alle Richtungen strebenden Straßen zusammenhält. Verfolgt man den Verlauf der Straßen in die Stadt, so wird man feststellen: Sie enden alle am selben Punkt, nämlich mitten in der Metropole auf dem Platz Puerta del Sol. Er ist das Zentrum Madrids und im Grunde sogar des ganzen Landes. Denn er ist nicht nur der Inbegriff der Madrider City und das Herzstück der älteren Viertel, sondern gilt auch als Kilometer null für die Nationalstraßen, die von hier aus strahlenförmig in alle Landesteile führen.

Altstadt mit Patina

Die Altstadtviertel rund um die Puerta del Sol sind auf einem Stadtplan leicht am unregelmäßigen Gassengewirr zu identifizieren. Sie reichen vom Königspalast im Westen bis zur Kunstmeile Paseo del Prado im Osten und entsprechen der Ausdehnung Madrids zum Ende der Habsburgerzeit gegen Ende des 17. Jh. Als Barrio de los Austrias, Viertel der Habsburger, bezeichnet man jedoch nur den Altstadtkern zwischen Königspalast und Puerta del Sol, deren Name noch an die einstige Randposition des Platzes und an das mittelalterliche Sonnentor erinnert. Damals war die von Laubengängen eingefasste Plaza Mayor, nur einen Katzensprung entfernt, das Zentrum des mittelalterlichen Madrid.

Rund um den Barrio de los Austrias mit seinen Adelspalästen, Kirchen und Klöstern gruppieren sich die Viertel der einfachen Leute. Hier gibt es noch viel Hausbestand aus dem 17.–19. Jh., Mietwohnungen rund um enge Licht-Luft-Höfe, teils mit EU-Geldern renoviert, teils eng, muffig und dörflich wirkend wie anno dazumal. Malasaña und Chueca, Huertas und Lavapiés – so lauten die historisch-volkstümlichen Namen der *barrios*, die als Stadtbezirke Centro, Justicia, Cortes und Embajadores heißen (im Uhrzeigersinn) – repräsentieren ein liebenswertes, altes Stück Madrid, das in anderen Städten längst der Bodenspekulation und Abrissbaggern zum Opfer gefallen wäre.

Vornehme Quartiere

Eine Reise mit Google Earth durch Madrid zeigt eindrucksvoll den Kontrast zwischen den dichten Terrakottadächern der Altstadt und den luftige-

Typisch Altstadt – sonnig-erdige Fassadenfarben, hölzerne Fensterläden, schmiedeeiserne Gitter am Balkonaustritt

ren Strukturen der späteren Bebauung drumherum. Das Madrider Bürgertum wollte sich mit so wenig Komfort nicht zufriedengeben und schuf modernere Wohnquartiere: Salamanca, Chamartín, Chamberí, Argüelles oder Moncloa. Bauen nach Plan: Ein gitterförmiges Straßennetz mit großzügigen Wohnblocks kennzeichnet diese Ensanche-Viertel (*ensanche* = Ausdehnung). Salamanca ist der Vorzeige-*barrio* dieser Zeit: schmucke Fassaden und schmiedeeiserne Balkone, ganz in der Tradition spanischen Kunsthandwerks. Das Viertel der besser Betuchten glänzt heute mit den Nobelläden der Haute Couturiers.

Virtueller Flug über die Stadtachse

Madrid, Paseo del Prado – wer diese Adresse bei Google Earth eingibt, kann zum virtuellen Flug über die Stadtachse ansetzen. Ihr ältester Teil ist der Südabschnitt, der Paseo del Prado, der bereits unter Karl III. angelegt wurde. Er ist Madrids Kunstmeile, hier liegen die großen Gemäldemuseen: Prado, Museo Thyssen-Bornemisza und Centro de Arte Reina Sofía. Der Prachtboulevard endet an der Plaza de la Cibeles mit dem berühmten Brunnen bzw. an der Kreuzung mit der Calle de Alcalá, deren zur Puerta del Sol führender Abschnitt um die Wende zum 20. Jh. zur Belle-Époque-Vorzeigemeile der Banken ausgebaut wurde. Und kurz darauf entstand der erste richtige Stadtboulevard, die teils nach Pariser, teils nach amerikanischem Vorbild gestaltete Gran Vía mit ihren Prachtbauten: Madrids ›Broadway‹. Heute liegt er im Schatten des zwölfspurig ausgebauten Paseo de la Castellana, der Verlängerung von Paseo del Prado und Paseo de Recoletos, dem wir am Bildschirm leicht folgen können, denn er strebt strikt nach Norden und hat einen begrünten, mit Bäumen bepflanzten Mittelstreifen. Vorbei geht es am Fußballstadion zu den neuen futuristischen Wolkenkratzern an und hinter der Plaza de Castilla.

Aussichtspunkte in Madrid

Círculo de Bellas Artes: Dachterrasse, s. Abb. S. 81, 145.
Centro Cultural CentroCentro (Ayuntamiento): Mirador im Turm des Rathausgebäudes, s. S. 131.
Centro de Arte Reina Sofía: Dachterrasse des Neubaus, s. S. 114, 118.
Catedral de la Almudena: Blick vom Kathedralenturm, s. S. 165.

Madrids grüne Seiten

Ein letzter Blick auf den Stadtplan und auf die sprichwörtlichen grünen Seiten von Madrid. Im Süden, rechts des Paseo del Prado, liegt ein von Karl III. angelegter Botanischer Garten, ein Pflanzenparadies mit exotischen Bäumen, und dahinter der riesige Madrider Stadtpark El Retiro, der ebenfalls durch königliche Hand entstand. An der Westseite begrenzt der Schlosspark die Altstadt. An ihn schließen sich Richtung Norden die Parkareale der Manzanares-Ebene an. Mit Google Earth schwebt man von hier weiter Richtung Westen über den Stadtfluss hinweg in das ehemalige Jagdgebiet der spanischen Könige: die riesige grüne Casa de Campo. Wer Realitäten den virtuellen Welten vorzieht, nimmt für den Schwebeflug in die Casa de Campo die Kabinen der Seilbahn *(teleférico),* die Besucher vom Parque del Oeste hinüberbringen …

Bei Streifzügen durch die Altstadt sind sie nicht zu übersehen, sie drängen sich dem Auge nachgerade auf: Überbordende Barockportale sind das Markenzeichen Pedro de Riberas, aufwendig skulptierte Rahmen mit bewegten, kraftvollen Bildhauerarbeiten.

Gegen Ende der Barockzeit, bereits unter den Bourbonen-Königen, schuf Pedro de Ribera in der ersten Hälfte des 18. Jh. eine stattliche Anzahl von Barockbauten. Ihre Portalzonen werden ganz von Ornamentik überwuchert.

Adelspalästen. Die Blütezeit des Barock in Madrid manifestierte sich im Spiel mit Formen und kostbaren Materialien, darunter Gold und Silber aus den amerikanischen Kolonien.

Madrids bedeutendster Barockarchitekt war zweifelsohne Juan Gómez de Mora. Noch unter der Dynastie der Habsburger errichtete er den repräsentativen Stadtplatz Plaza Mayor, das benachbarte Hofgefängnis (heute Außenministerium), das alte Rathaus sowie den Monasterio de la Encarnación. De Mora prägte das Gesicht der Stadt bzw. seiner Repräsentationsbauten Ende des 16. und Anfang des 17. Jh.

Der Meister der Barockportale – Pedro de Ribera

Stilprägend für die Stadt

Der Barock gehört zu den Architektur- und Kunststilen, die Madrid nachhaltig prägten. Er fällt in die Zeit des *Siglo de Oro,* des Goldenen Jahrhunderts der Kunst und Literatur – und auch der Architektur. Die Entwicklung einer einzigartigen Blüte im künstlerischen Schaffen setzte bereits im 16. Jh. ein. Aus seinen immensen Besitzungen in Übersee und in Europa schöpfte das Land Macht und Reichtum, der es gestattete, Maler, Bildhauer und Architekten mit Aufträgen zu bedenken, mit dem Bau und der Ausstattung von Kirchen und

Barockes Meisterstück – Portal des stadtgeschichtlichen Museo de Historia

Fast ein Jahrhundert später, bereits unter dem ersten Bourbonenherrscher Philipp V., ist es der Madrilene Pedro de Ribera, der mit seinen Kirchen und Adelspalästen und vor allem mit seinen Barockportalen ein neues Markenzeichen setzt. Der Einfluss seines Lehrers José Benito de Churriguera, dessen ›churrigueresker‹ Stil in Spanien eine eigene Architektur- und Dekorationsgattung begründete, wird in der Vorliebe für eine nachgerade überbordende Dekorationslust deutlich. Wirtschaftlich ging es dem Hof noch gut, er erfreute sich noch des Reichtums seiner Kolonien. Zudem war Philipp V. ein Förderer der Kunst. Dies waren die Rahmenbedingungen, um die habsburgische Strenge hinter sich zu lassen und in Dekorationslust zu schwelgen.

Zwei Meisterwerke

Geradlinig, fast streng wirkt der Baukörper des heutigen **Museo de Historia,** das Madrids umfangreiche Sammlung zur Stadtgeschichte beherbergt. Pedro de Ribera errichtete dieses ehemalige Hospiz, den Antiguo Real Hospicio de San Fernando, ab 1721. Die Formensprache der Architektur selbst lässt sich jedoch nur schwer als barock einordnen. Sie folgt noch immer den strengen Formen, die Juan de Herrera, der letzte große Renaissancearchitekt Spaniens, in dem für Philipp II. errichteten Klosterpalast El Escorial eingeführt hatte. Dem stilprägenden Meisterstück Herreras konnten sich die spanischen Architekten auch 150 Jahre später nicht entziehen. Als Zierwerk beliebt blieben die Türmchen mit Gaden und spitzen Helmen, für die Herrera in El Escorial das Vorbild geschaffen hatte. Doch im Spätbarock werden nun die architektonischen Akzentuierungen durch Pilaster und Balustraden, durch Fenster- und Türrahmungen aus Granit teils kunstvoller.

Pedro de Ribera
Zur Person: geb. 1681, gest. 1742 in Madrid, begraben in der von ihm errichteten Iglesia de San Cayetano im Viertel Lavapiés. Architekt unter dem ersten König der Bourbonendynastie, Philipp V.
Sehenswerte Barockportale:
Casa de la Aduana: s. S. 139
Palacio del Marqués de Perales: s. S. 193.
Palacio del Príncipe Negro: s. S. 205.
Palacio de Miraflores: s. S. 210.
Museo de Historia: s. S. 222.
Centro Cult. Conde Duque: S. 236.

Pedro de Ribera war als Vertreter des dekorativen Barocks ein absoluter Meister seines Fachs, er brachte die Ornamentik der Türrahmungen zu höchster Entfaltung und schuf darüber hinaus Retabel-Fassaden, so genannt, weil sie an barocke, aus Holz geschnitzte Kirchenaltäre der Zeit erinnen: Ornamente aus Stein überwuchern die Portalzone.

Dafür bietet das heutige Museo de Historia das beste Beispiel. In einer Nische steht der hl. Ferdinand mit erhobenem Schwert, mit dem er tapfer die Mauren bekämpft hatte. Ein dichter Ornamentteppich aus Figuren und szenischen Darstellungen, durchmischt mit Blumenmotiven und Girlanden, imitierten gefältelten Vorhängen mit Kordeln und Troddeln, dazwischen ein Wappen.

Ein ähnlich repräsentatives Portal von Pedro de Ribera schmückt das ab 1717 errichtete **Cuartel del Conde Duque.** Der imposante rational-strenge Bau, der um drei Innenhöfe angelegt ist, beherbergte einst die Königliche Leibgarde Philipps V. Heute zählt er zu den wichtigsten Kulturzentren der Stadt.

Riberas Kirchen

An ihren Portalen erkennt man sie: die Barockkirchen, für deren Errichtung Pedro de Ribera verantwortlich zeichnete. So die Iglesia de San José an der Ecke von Calle de Alcalá und Gran Vía. Oder die Kirchen, in denen sein Auftraggeber, der am Hof Philipps V. arbeitende Marqués de Vadillo, und der Meister selbst ihre letzte Ruhe fanden: die Ermita de Nuestra Señora del Puerto in der Nähe des Manzanares-Ufers und die Iglesia de San Cayetano in Lavapiés.

Dauerbaustelle mit Zukunftsvisionen

Alt und Neu unter einem Dach – Museo Nacional Centro de Arte Reina Sofía

Ein geflügeltes Wort lautet: Madrid wird schön, wenn es mal fertig ist. Doch scheint es nicht fertig zu werden. Die Bürgermeister kommen und gehen. Nur die Baustellen bleiben irgendwie. Und die Zukunftsvisionen und Wünsche nach der einen oder anderen neuen Architekturikone fügen ständig neue Baustellen hinzu …

Baustellen überall

Es ist wie mit einem alten Haus: Es hat Charme, vielleicht Patina, auf ihm liegt der Zauber einer langen Geschichte, aber es gibt immer etwas zu reparieren, zu erneuern, zu modernisieren. So auch in den Altstadtvierteln Madrids, in Lavapiés, Chueca, Malasaña oder im Barrio de los Austrias, deren Baubestand teils auf das 16. und 17. Jh. zurückgeht und deren Gassen noch nicht für den motorisierten Verkehr ausgelegt wurden. Die Anpassung dieser Quartiere an moderne Lebensstandards macht sie zur Dauerbaustelle: Irgendwo gibt es immer eine Baugrube, aufgerissene Bürgersteige, eine gesperrte Straße, Fassaden verhüllende Arbeitsplanen. Man steht vor einem geschlossenen Museum, hält sich in Anbetracht eines ohrenbetäubenden Presslufthammers die Gehörgänge zu, wechselt im Zickzackkurs zwischen den Autos hindurch die Straßenseite und liest im Vorübergehen all die Verbotsschilder, die mit derlei städtischen Maßnahmen verbunden sind.

In Madrids Altstadt ist dieses Werkeln Teil des Alltags. Der ersten Aufregung und dem lauten Schimpfen über

Puerta de Europa – die schiefen Türme an der Plaza de Castilla

Madrider Architekturikonen
Centro de Arte Reina Sofía: Anbau von Jean Nouvel, s. S. 114.
CaixaForum: www.caixaforum.com, s. Lieblingsort S. 121.
Torre Picasso: im AZCA-Zentrum, s. S. 257.
Puerta de Europa: Plaza de Castilla, s. S. 260.
Eurostars Madrid Tower und CTBA: Paseo de la Castellana 261, www.EurostarsMadridTower.com, s. S. 261.

das, was man als Anwohner zu ertragen hat, folgt die langsame Gewöhnung und dann – u. U. Jahre später – die Überraschung über den Abschluss eines Sanierungsprojekts, darüber dass ein Haus, eine Straße oder ein Platz ein neues Gesicht erhalten hat, an das man sich wiederum erst einmal gewöhnen muss, versteht sich.

Beschwerliche Wege zur Fußgängerfreundlichkeit

Ein Umdenken findet statt: Der Auto-Machismo ist auf dem Rückzug. Im alten Zentrum mit seinen schmalen Gassen entstehen immer mehr Fußgängerzonen, werden alte Teerbeläge gegen neue Pflastersteine ausgetauscht. Vorübergehend bedeutet dies: Baustellen! Doch die Aussichten sind rosig: bessere Luft, weniger Verkehrslärm, Flanieren in romantischen Gässchen. Bis vor wenigen Jahren undenkbar! Man war doch stolz darauf, Auto zu fahren – bis vor die Haustür oder einen Laden. Schon macht man sich sogar an Radfahrwege entlang der Boulevards und in den Grünarealen im Stadtrandbereich – an jahrelange Bauarbeiten also …

Eine neue ›gute Stube‹

Neben tausend kleinen schreibt sich die Stadt immer wieder ganz große Gestaltungsprojekte auf ihre Fahnen. Seit Jahren kontrovers diskutiert, begann 2009 die Erneuerung des Paseo del Prado und des sich anschließenden Paseo de Recoletos, also von Madrids Kunstmeile mit den weltberühmten Museen. Die Architekten Álvaro Siza und Juan Miguel Hernández de León sollen ihr ein neues Gesicht verpassen, sie fußgängerfreundlicher machen und in die ›gute Stube‹ Madrids zurückverwandeln, die sie einst – in der autolosen Zeit – war. Die ersten Pläne der Stadt stießen auf heftigen Widerstand, vor allem, weil die 100-jährigen Bäume des Boulevards bedroht schienen. Anführerin der Protestbewegung war niemand Geringeres als Baronin Carmen Thyssen-Bornemisza, alias Tita Cervera: Sie kettete sich an die historischen Baumriesen, kämpfte furios für deren Rettung und hatte Erfolg. Trotzdem soll es mehr Raum zum Flanieren geben. Allerdings wird es noch dauern, bis sich die Madrilenen wieder – wie einst – an Wochenenden in ihrer guten Stube versammeln. Die Kassen der Stadt sind leer.

Wiederentdeckung eines Flusses

Madrid besitzt einen Fluss, doch kaum jemand nahm ihn als Teil der Stadtlandschaft wahr. Er war sogar Gegenstand des Spotts der Dichter, er eigne sich nicht einmal zum Suizid, hieß es. Seine Ufer waren in ein Korsett aus Beton und Asphalt gezwängt, über die Stadtautobahn brausten die Autos zu beiden Seiten des schmalen Río Manzanares dahin. Jetzt ist ein neues Freizeitareal an den nunmehr autofreien Ufern entstanden: baumbeschattete Wege, Parkanlagen, Spielplätze, verbunden durch alte und neue Brücken, auf denen nur noch Fußgänger spazieren. Eine Ikone des Fußballs, der Estadio Vicente Calderón, bis 2017 das Stadion von Atlético de Madrid, wird 2018 abgerissen, erst dann kann das Projekt ›Madrid Río‹ vollendet werden. Dafür gibt es am Manzanares in den historischen Schlachthöfen von Legazpi ein neues Kulturzentrum: Matadero Madrid. Madrid Río, das sind kilometerlange Radelstrecken und Spazierwege, ein gelungenes Projekt.

Neue Architekturikonen

Wo einst die Fußballer von Real Madrid trainierten, an der oberen Castellana, entstanden die jüngsten Beispiele von Avantgarde-Architektur, Zeugnisse des Bedeutungswillens der Stadt zu Beginn des 21. Jh.: Jenseits der schiefen Türme der Puerta de Europa (Europator; Abb. S. 88) an der Plaza de Castilla streben seit 2008 phallisch die vier bis zu 250 m hohen Wolkenkratzer der Cuatro Torres Business Area (CTBA) in die Höhe. In einem befindet sich das zu den Sternen greifende Luxushotel Eurostars Madrid Tower.

Wenige Kilometer Luftlinie entfernt Richtung Messegelände ist im Viertel Valdebebas, in dem sich auch das neue Trainingscamp von Real Madrid befindet, für 5000 Justizangestellte die neue Ciudad de la Justicia geplant. Der Grundstein ist gelegt, doch vorerst fehlt das Geld für Weiteres.

Geht es um die Architektur des 21. Jh. in Madrid, dann dürfen die sämtlich gelungenen Erweiterungsbauten der Museen am Paseo del Prado ebenso wenig unerwähnt bleiben wie das dortige Kulturzentrum CaixaForum, das einen alten Industriebau in eine architektonisch einmalige Zukunft hob (s. Lieblingsort S. 121) oder auch der neue Flughafenterminal und die Beton-Glas-Pentagone des im Herbst 2014 neu eröffneten Mercado de Barceló im Viertel Chueca (Calle Barceló 6).

Unser Tipp

Radtour am Fluss entlang
Bei einer Tour mit dem Rad entlang des Río Manzanares entdeckt man die Metropole aus einer neuen Perspektive. Von der Puente del Rey (▶ E 13), über die man auch in das Grünareal der Casa de Campo kommt, gelangt man auf einen Radweg nach Süden bis zum Kulturzentrum Matadero Madrid (s. S. 180).

Der König lebt nicht im Schloss

Seit dem Ende des 19. Jh., mit der Verbreitung republikanischer und anarchistischer Ideen, ging es mit der spanischen Monarchie auf und ab. Nach Francos Tod arrangierten sich die Spanier irgendwie mit ihrem König, denn er war eine Art erster ›republikanischer König‹ des Landes. Heute ist die Monarchie wieder recht umstritten …

Ein schwieriger Anfang

1931 floh Alfons XIII., der Großvater des letzten Königs Juan Carlos I., ins Exil. Radikale politische und soziale Änderungen bahnten sich mit der Zweiten Republik an, die ihre Ideale jedoch am Ende eines blutigen Bürgerkriegs begraben musste. Franco, der Spanien unter das Joch einer fast 40-jährigen Diktatur presste, war es, der die Monarchie wieder installierte: Er berief Juan Carlos I. de Borbón zu seinem Nachfolger – statt des in Rom lebenden Vaters, der die Diktatur kritisiert hatte. So war es nach Francos Tod kein einfacher Start für den jungen Monarchen. Nach seiner Inthronisation am 22. November 1975 machte er jedoch den Weg frei für eine sich neu zu erfindende und gegen die Altvorderen der Diktatur zu behauptende Demokratie, die 1978 in der neuen Verfassung verankert wurde. Sie legte die Macht in die Hände einer Regierung und des demokratisch gewählten Parlaments.

Die Plaza de Oriente gewährt einen freien Blick auf das Schloss

Wenige Jahre später, 1981, hing diese Demokratie am seidenen Faden, als General Antonio Tejero von der paramilitärischen Guardia Civil mit weiteren Militärs den Aufstand probte. Juan Carlos I., zugleich Oberbefehlshaber der Armee, stellte sich in dieser Zitterpartie klar auf die Seite der Demokratie – gegen das Militär. Seither wurde er als König im Allgemeinen nicht mehr in Frage gestellt.

Beliebt und beargwöhnt

Als Staatsoberhaupt hat ein spanischer König vor allem repräsentative Aufgaben, ähnlich denen eines deutschen Bundespräsidenten. Er unterzeichnet Gesetze, ist Oberbefehlshaber des Heeres und vertritt das Land nach außen. In seiner Amtsführung zeigte sich Juan Carlos I. ebenso seriös wie bescheiden. Privat galt er als spontan und ungezwungen, als Mensch zum Anfassen – und ein bisschen als Lebemann.

Doch in den letzten Jahren machten der König und seine Familie nicht nur positive Schlagzeilen. Unter anderem seine eigenen königlichen Jagdvergnügen in Botswana und Korruptionsvorwürfe gegen einen Schwiegersohn schadeten dem Image des Königshauses. Anfang Juni 2014 dankte Juan Carlos I. überraschend ab, um das Amt an seinen Sohn zu übergeben. Seit dem 19. Juni 2014 ist Felipe VI., verheiratet mit der nichtadeligen ehemaligen Journalistin Letizia Órtiz Rocasolano, Spaniens neuer König. Die Monarchie als Staatsform ist unter den Spaniern inzwischen wieder recht umstritten, die Zustimmung ist unter 50 % gefallen. Und auch sonst warten auf Felipe VI., der ohne jeden Pomp und ohne kirchliche Krönungsfeierlichkeiten inthronisiert wurde, Herausforderungen: Das Land hat seine tiefe Rezession noch lange nicht überwunden, die Arbeitslosigkeit, insbesondere unter Jugendlichen, ist extrem hoch, die Katalanen streben nach Unabhängigkeit vom spanischen Staat …

Zeremonien und Infos
Wachablösung: Juli–Sept. Mi, Sa 10–12, sonst 11–14 Uhr an der Plaza de Oriente, am 1. Mi jeden Monats auf dem Waffenplatz außer im Jan., Aug. und Sept.
Botschafterempfang: Ein besonderes Schauspiel ist der Transport von Botschaftern vom Außenministerium (Palacio de Santa Cruz) über die Plaza Mayor zum Schloss, in königlichen Kutschen, begleitet von der königlichen Reitergarde.
Website: www.casareal.es

Wo wohnt der König?

Wer vor dem Madrider Schloss steht, wird sich diese Frage stellen. Alfons XIII., der Urgroßvater des heutigen Königs, lebte hier bis 1931, dem Beginn der Zweiten Republik. Heute ist das Schloss zwar noch die offizielle Residenz und Sitz des Staatsoberhaupts und wird gelegentlich für offizielle Empfänge und die Akkreditierung von Botschaftern genutzt. Im Wesentlichen residiert (und arbeitet) der König jedoch im Palacio de la Zarzuela in einem ausgedehnten Waldstück im Nordwesten der Stadt (Real Sitio de El Pardo). Das ursprünglich im 17. Jh. unter Philipp V. errichtete Jagdschloss gehört dem Staat.

So ist das Madrider Schloss heute vor allem eins: ein Museum der spanischen Monarchie und der Monarchen, die einst in ihm gelebt haben.

No pasarán – die Schlacht um Madrid

Madrid im Februar 1936: Die Freude über den Wahlsieg der Volksfront ist groß

Bis heute haben sie Narben hinterlassen, sichtbare und unsichtbare: der Spanische Bürgerkrieg und die Franco-Diktatur. Das 2008 verabschiedete Gesetz der Historischen Erinnerung sollte die Wunden schließen helfen.

Madrid ist republikanisch

Auf der Puerta del Sol rief Alcalá Zamora 1931 die Zweite Republik aus. Große Ideen von einer gerechteren und freieren Gesellschaft standen im Raum, wollten sich nicht mehr von Soldatenstiefeln niedertrampeln lassen. Doch sie polarisierten die Gesellschaft in rechts und links, Madrid erlebte bald die Vorboten des Krieges: Straßenschlachten zwischen faschistischer Falange Española und gewählten Republikanern.

Gegen den Putsch der Generäle Franco und Mola zur Beendigung der Republik brach noch am Abend des 18. Juli 1936 ein Generalstreik aus. In Madrid bewaffnete man zügig die Bevölkerung, die zum Sturm auf die Kasernen antrat. So behielten hier die Republikaner die Oberhand. Franco, der seine Afrikaarmee aus Marokko auf das Festland übergesetzt hatte, und der von Navarra aus agierende General Mola brachten recht rasch den Südwesten, Zentralspanien und Galicien unter ihre Kontrolle, doch das entscheidende strategische Ziel der Putschgeneräle war Madrid.

No pasarán!

No pasarán, sie werden nicht durchkommen, so lautete in Madrid die Parole. Die

Republiktreuen konnten kaum auf ausgebildete Soldaten zählen. Sie bildeten Milizen und organisierten sich in Straßen- und Betriebskomitees. Im Oktober 1936 stand Franco mit seinen Truppen 40 km vor Madrid. Wären nicht in letzter Minute Panzer und Waffen aus der UdSSR eingetroffen – Frankreich hatte die Grenzen für den Waffennachschub nach dem Nichteinmischungspakt der Westmächte kurz zuvor geschlossen –, hätte die Stadt dem Ansturm der Nationalen kaum standhalten können: Am 7. November begann die blutige Schlacht um Madrid, Universitätsstadt und Parque del Oeste wurden von Granaten in eine Kraterlandschaft verwandelt. Zur Unterstützung Francos flogen deutsche und italienische Militärmaschinen Luftangriffe. Madrids Milizen wurden von der XI. und XII. Internationalen Brigade unterstützt, freiwilligen Bataillonen aus dem Ausland: Die deutschen, französischen, britischen, polnischen, jugoslawischen, österreichischen und amerikanischen Idealisten, eine ›Armee von Intellektuellen‹, fochten unter Einsatz ihres Lebens in Madrid und andernorts mit.

Ein Ende mit Schrecken

Ein schneller Durchmarsch war Franco nicht vergönnt, obwohl die Linke gespalten und schlecht bewaffnet war. Nach einem jahrelangen, zermürbenden Stellungskrieg mussten die Verteidiger Madrids aufgeben. Ihr Waffennachschub versiegte, während Franco von Deutschland und Italien unterstützt wurde. Am 26. April 1937 bombardierte die deutsche Legion Condor die baskische Stadt Guernica, ein Ereignis, das Picasso zu seinem furiosen Bild veranlasste (s. Kasten). Danach rollten die Faschisten den gesamten Norden auf, dann den Osten. Die Schlinge um Madrid zog sich zu. Nach der Entscheidung von Oberst Casado, mit Franco zu verhandeln, hatte dieser leichtes Spiel: Nach ihrer bedingungslosen Kapitulation zog Franco am 1. April 1939 in die Hauptstadt ein.

Historische Erinnerung

Die innerlich tief gespaltene Nation wurde für fast 40 Jahre unter der Herrschaft eines Generals begraben, der seine Gegner in Kerker werfen, foltern oder hinrichten ließ, Zigtausende endeten namenlos in Massengräbern. Nach Francos Tod war es der ›Pakt‹ aller politischen Gruppen, an dieser dunklen Vergangenheit nicht zu rühren, der den friedlichen Übergang zur Demokratie mitermöglichte. Doch eine Generation später wurde die Forderung nach Aufarbeitung der Vergangenheit, Öffnung der Massengräber und Rehabilitierung der Regimegegner unüberhörbar. Das unter Zapatero beschlossene Gesetz der Historischen Erinnerung wird allerdings von der neuen Regierung nicht mehr mit Verve weiterverfolgt.

Zum Lesen und Schauen

Antonio Muñoz Molina: Die Nacht der Erinnerungen, s. S. 18

Ernest Heminway: Wem die Stunde schlägt. Bürgerkriegsroman, auch verfilmt; Hemingway erlebte den Krieg als Reporter vor Ort.

Rafael Chirbes: Der lange Marsch; Der Fall von Madrid, s. S. 19

Isaac Rosa: Das Leben in Rot. Frankfurt/M. 2008

Pablo Picasso: Guernica. Gemälde im Centro de Arte Reina Sofía, s. S. 114.

Madrid schläft nie

Madrid ist rund ums Jahr 24 Stunden am Tag geöffnet. Zahlreichen Stadtbewohnern – und vielen Reisenden – ist die Nacht wichtiger als der Tag. Sie gehört gerade am Wochenende denjenigen, die den Vergnügungsmarathon des Trasnochar (Durchmachen) überstehen. Im Sommer vibrieren die Straßen und Plätze geradezu von nächtlicher Energie.

Das Madrider Nachtprogramm hält für jeden etwas bereit: vom Kulturerlebnis in Theatern, Kinos und Konzerten oder bei Literaturveranstaltungen und Vernissagen bis hin zum Disco-Amüsement. Aber auch eine Tour durch die Bars und Kneipen mit *copas* (Gläschen) und Tapas (Häppchen) kann ein nachtfüllendes Programm werden. Zu den Prinzipien der Nachtschwärmerei gehört es, in Bewegung zu bleiben, die Lokalitäten zu wechseln und in verschiedene Ambiente einzutauchen.

Die Aufwärmphase

Der Abend beginnt meist gemächlich nach dem Feierabend mit einem Aperitif in einer Taverne oder Bar oder auf einer Café-Terrasse, wo man mit Kollegen oder Freunden den Tag ausklingen lässt und sich für die Nacht rüstet. Etwas zu essen gehört dazu. Dies ist die Stunde der Tapas und *raciones,* der kleinen Häppchen zu einem Bier oder Wein, denen viele den Vorzug vor einem Abendessen im Restaurant geben. Bis gegen 24 Uhr oder am Wochenende bis 1.30 Uhr wird in den Küchen der Tavernen laufend kulinarischer Nachschub produziert. Je später der Abend, umso mehr wechselt der Charakter der Madrider Tavernen vom Tapas-Lokal zur Kneipe. Selbst diejenigen, die bereits am späten Vormittag öffnen, schließen erst gegen 2.30 Uhr, an Wochenenden oft später. Besonders beliebt für die Aufwärmphase sind die Cava Baja und die Plaza de Santa Ana, die auch gern von Gästen aus aller Welt frequentiert werden. Von hier zieht man weiter in die Musikkneipen der Calle de las Huertas oder in den anderen Gassen des Literatenviertels.

Die Vergnügungsphase

Gegen 23 Uhr beginnt dann die eigentliche *marcha nocturna,* das nächtliche Schieben und Drängen an die Tresen der Bars und *garitos* (Madrider Slang für Kneipe) und in die Musikclubs. Die *copas* werden nun mit musikalischem oder kulturellem Erleben gemischt, mit Musik aus der Konserve, von einem DJ inszeniert oder live. Das nächtliche Angebot an Livekonzerten ist so groß, dass jeder etwas nach seinem Geschmack fin-

Madrider Altstadtgasse bei Nacht

Unser Tipp

Schokolade im Morgengrauen
Letzte Station einer langen Madrider Nacht ist seit Jahrzehnten die fast rund um die Uhr geöffnete Chocolatería San Ginés. Sie liegt nur ein paar Schritte von der Puerta del Sol entfernt, hinter der Iglesia de San Ginés. Leckeren Kakao erhält man in fast allen Cafés, aber keine *chocolate* ist so bekannt wie die von San Ginés. In den dickflüssigen Kakao tunkt man *churros,* frittierte Teigkringel. Das bringt wieder auf die Beine!
Chocolatería San Ginés: Karte 3, H 13, Pasadizo de San Ginés, Metro: L 1, 2, 3 Sol, tgl. 24 Std. offen, *chocolate* und *churros* ca. 4 €.

det: Flamenco, Jazz, Indie, Rock, Pop, Heavy Metal, nicht zu vergessen die Latinomusik, die in Madrid eine bedeutende Rolle spielt. Wer es ruhiger mag, wählt eher ein Café; auch viele Cafés tragen nachts das Ihrige zum Madrider Kulturprogramm bei, mit Café-Theater, Lesungen oder kleinen Konzerten. Ab 23 Uhr beginnen sich langsam die Diskotheken zu füllen, in denen bis morgens um 5 oder 6 Uhr getanzt wird. Kurz darauf öffnen wieder die ersten Bars und werfen die Espressomaschinen an.

Locker, leger, alternativ

Zu den Zentren des Nachtlebens zählen die Altstadtviertel. In Malasaña kommt ein heterogenes Publikum zusammen, junge Leute zwischen 18 und 25 Jahren und Studenten ebenso wie die Generation 40 plus. Was sie verbindet, ist die Vorliebe für alternative Szenen. Musikalisch dominieren hier Indie, also Independent-Label-Rock, Pop Rock und Underground mit dem Anspruch einer alternativen Gegenkultur. Eine stattliche Anzahl an Bars und Clubs umgibt die zentrale Plaza del Dos de Mayo, aber auch die Straßen Velarde, La Palma, Espíritu Santo sind nachts belebt. Im an Malasaña angrenzenden Viertel Chueca gibt es die meisten Lokale mit homosexuellem Ambiente, wobei hier de facto ein recht gemischtes Publikum verkehrt.

Jung, multikulturell und linksalternativ angehaucht gibt sich die Szene im Altstadtviertel Lavapiés, in dem zahlreiche Latinos, Marokkaner, Schwarzafrikaner und Asiaten leben. Hier sind die Tavernen und Bürgersteige der Calle de Argumosa bis tief in die Nacht rappelvoll (s. Lieblingsort S. 190). Doch gibt es auch gemütliche Orte wie das herrlich angestaubt wirkende Nuevo Café Barbieri.

Gehobenes Niveau …

Als Gegenstück dazu sind die Gegend um die Metrostation Alonso Martínez und Argüelles Treffpunkt der Söhne und Töchter aus gutem Hause und der Schickimickis, die im Madrider Jargon *pijos* genannt werden. Hier geht es weit formaler zu als in Malasaña. Studentisch geprägt ist ebenso die Zone um die Metrostation Metropolitano bei der Ciudad Universitaria, zumal sich hier viele Studentenwohnheime befinden.

In die Nachtlokale, Musikclubs und Diskotheken der Gegend um das AZCA-Zentrum an der oberen Castellana und der Avenida de Brasil zieht es zu später Stunde die gutsituierten 30-

bis 45-Jährigen. Durchmachen bis zum Sonnenaufgang ist hier angesagt.

… oder Hauptsache billig: El Botellón

Man kann es sich vorstellen: Eine Nacht durchzumachen ist nicht ganz billig. Für Getränke, Tapas, Eintritt in Musikclubs und Discos kann man leicht 50–60 € ausgeben. Summen, die insbesondere für Jugendliche in den Sternen stehen. Also hat sich eine junge Alternativszene gebildet. Man trifft sich auf Plätzen wie der Plaza del Dos de Mayo und der Plaza de Barceló oder in Parks wie dem Parque del Oeste und der Zone rund um den Templo de Debod und hat flaschenweise Cola, Hochprozentiges und Bier dabei. *El botellón* heißt diese Gegenkultur, *botellones* sind große Flaschen. Zwar untersagt die Stadt diese Form des Alkoholkonsums in der Öffentlichkeit und die Wochenendsessions mit immer neuen Mixturen gegen die Nüchternheit, viel Lärm und Müll, doch gänzlich unterbinden lässt sie sich nicht.

Terrazas und Costas

Wenn der Frühling kommt, zieht es Jung und Alt nach draußen, die Saison der Terrassen-Bars beginnt. Im Stadtjargon ist von *terraceo* die Rede. Wenn danach der heiße Sommer Einzug hält, von Juni bis August, sehnen sich alle Madrilenen nach einem luftigen Plätzchen am weit entfernten Meer, an einer der spanischen *costas.* Und daher füllen sich kurzerhand nach dem Motto »Unter dem Pflaster liegt der Strand« die Bürgersteige ganzer Straßenzüge mit Tischen und Stühlen im Freien. Die Daheimgebliebenen treffen sich nachts, wie sie ironisch formulieren, an ihrer Costa Castellana oder der Costa Argumosa. Ob auf Plaza Mayor und Plaza de Oriente, auf den Plätzen rund um die Kirche San Andrés oder auf der Plaza de Santa Ana: Alle suchen nachts einen Ort im Freien. Beliebt sind auch die Plaza de San Ildefonso in Malasaña oder die Markthallen, etwa der Mercado de San Antón, de Barceló oder de San Miguel.

Kein Kleiderzwang

In die Madrider Nacht steigt man kleidungstechnisch so ein, wie man von der Arbeit kommt – es sei denn, es gibt Anlass zu besonderer Etikette. Meist geht es recht informell zu. Jeans und Hemd oder T-Shirt, Lederjacke und Sportschuhe sind ein beliebtes Outfit der Nachtschwärmer. Natürlich gibt es auch die *gente guapa,* die *hipsters* und Schönen, die sich für die Nacht stylen, denn es geht ja auch um Sehen und Gesehenwerden – und ums Liebeswerben.

Hotelterrassen
Einige Madrider Hotels haben Dachterrassen mit Barbetrieb bis in den frühen Morgen, in heißen Sommernächten sind dies wunderbare Orte für einen nächtlichen Drink – zu guter Musik und mit Blick über die Dächer der Stadt. Besonders schön sind die Dachterrassen folgender Hotels.
Iberostar De las Letras: s. S. 29.
Hotel ME Madrid: Plaza de Santa Ana 14, Metro: L 1, 2, 3 Sol, s. S. 200.
Room Mate Óscar: Plaza Vázquez de Mella 12, Metro: L 5 Chueca, L 1, 5 Gran Vía, s. S. 228.
Silken Puerta de América: s. S. 30.
Hotel Urban: s. S. 51

Flamenco pa tós – für alle!

Dass eine königliche Metropole ein attraktives Programm an Konzerten, Opern und Ballett zu bieten hat, versteht sich von selbst. Aber dass Madrid eine Hochburg des Flamenco ist, einer Musikrichtung, die ihre Wurzeln in der Kultur der Zigeuner hat und eigentlich im spanischen Süden beheimatet ist?

Der Flamenco ist die Musik der spanischen Zigeuner, der *gitanos.* Er ist wild und traurig, schwermütig und zornig: Ausdruck von Gemütsverfassungen, die von Liebeskummer, der Misere eines Außenseiterlebens, ungerechter Behandlung sprechen. Eine heisere, kehlige Stimme schreit heraus, was dem Vortragenden auf der Seele liegt – eine extrem expressive Kunst. Flamenco kann man nicht erlernen, so heißt es, man hat ihn im Blut. Tatsächlich sind bis heute viele Sänger und Gitarristen Autodidakten. Wann und wo genau der Flamenco entstand, nicht einmal, woher der Name stammt, hat die Forschung bisher eindeutig belegt. Auf jeden Fall haben die Gesangs- und choreografischen Traditionen ihre Ursprünge in Andalusien, einem Schmelztiegel der Kulturen.

Gesang, Gitarre, Tanz

Ursprünglich war der Flamenco eine reine Gesangskunst, die in intimen Zirkeln gepflegt wurde. Metaphernreiche, poetische Texte wurden oft spontan vorgetragen – genauer: mit Inbrunst vorgesungen! In einer Gesangsform, die zu Recht dem Genre der Kunst zugerechnet wird, denn Rhythmuswechsel und Melismatik bedingen eine komplizierte musikalische Struktur. Im Prinzip haben sich zwei Grundtypen des *cante* herausgebildet: der inbrünstige, ernste, große Gesang *(cante jondo)* und die leichtere und unterhaltsamere Form *(cante chico* = kleiner Gesang).

Seit 1881 in Sevilla das erste Flamencocafé aufmachte und der Flamenco damit sozusagen an die Öffentlichkeit trat, professionalisierte sich diese Musikkunst. *Tablaos* entstanden, Nachtlokale, in denen die Gäste trinken und essen und dazu Flamenco genießen. Und der *cuadro flamenco* wurde ins Leben gerufen, mit den vier Säulen *cante* (Gesang), *toque* (Instrumentalbegleitung, Gitarre), *palmas* (Händeklatschen, ›Percussion‹), *baile* (Tanz). Immer wichtiger, je mehr sich der Flamenco zur Bühnenkunst entwickelte, wurde die Choreografie, also das Repertoire einstudierter Tanzbewegungen. Beim Flamencotanz übernehmen alle Teile des Körpers eine Rolle: Arme, Hände und Finger mit komplizierten Drehungen, der stolz aufgerichtete Oberkörper, die den Rhythmus stampfenden Füße in nagelbeschlagenen Schuhen bis hin zu Mimik und Blick. Ein Beispiel tänzerischen Könnens gibt in Madrid nicht zuletzt die von Antonio Gades (1936–2004) gegründete Compañía de Danza.

Pur und experimentell

Heute trifft man die Crème de la Crème der spanischen Flamencokünstler – Sänger, Gitarristen, Tänzer – in Madrid, wo viele *gitanos* und Andalusier leben. Außerdem gilt für den Flamenco, was für andere Kunstformen gilt: Wer sich einen Namen machen will, muss in die spanische Hauptstadt gehen. Sie bietet Flamenco für alle, für diejenigen, der ihn pur und klassisch mögen, wie für diejenigen, die Fusion-Flamenco und die experimentelle Vermischung mit Pop, Rock oder Jazz bevorzugen. Das 2010 verliehene UNESCO-Prädikat des Kulturerbes der Menschheit wird die Pflege des Flamenco in Madrid weiter beflügeln.

Tipps und Infos

Festival: Zu Summa Flamenca kommen im Juni die besten Interpreten des Landes in der Hauptstadt zusammen.

Klassische Restaurant-Tablaos: Die *tablaos* bieten Flamenco als nächtliche Bühnenshows an, wobei in der Regel eine größere Gruppe von Tänzern, Gitarristen und Sängern auftritt – gute, seriöse Unterhaltung für Anfänger wie für Fortgeschrittene. In der Regel zahlt man einen Festpreis für Eintritt inklusive Getränk oder Essen und kann in geselliger Runde am Tisch sitzend Flamenco hören und sehen (Adressen s. S. 52).

Alternatives Flair, Szenetreffs: Die junge Flamenco- und *gitano*-Szene gibt regelmäßig Livekonzerte im **Cardamomo** in Huertas (s. S. 52). In der Bar El Candela in Lavapiés läuft die Szene spätnachts zum Absacker auf (s. S. 53). Besten Flamenco in intimer Runde gibt es in der **Sala García Lorca** der Fundación Conservatorio Flamenco Casa Patas (s. S. 52) und im **Villa Rosa** (s. S. 202).

Tanzkurse: Estudio Amor de Dios, Santa Isabel 5, 1°, www.amordedios.com (Flamencoschule mit bestem Ruf), und Conservatorio Flamenco Casa Patas (s. S. 52).

Website mit Infos zu Flamencokursen: www.deflamenco.com

Die Dichter von Madrid

Spätestens seit dem Goldenen Zeitalter – seit hier Cervantes, Lope de Vega, Tirso de Molina und Calderón de la Barca lebten und dichteten – behauptet sich Madrid auch auf literarischem und journalistischem Feld als intellektueller und künstlerischer Mittelpunkt Spaniens.

Nicht zuletzt erscheint die Mehrzahl aller spanischen Zeitungen in der Hauptstadt, und zusammen mit Barcelona ist Madrid wichtigster Verlagsstandort des Landes. Kein Wunder also, dass hier seit jeher die bedeutendsten Schriftsteller Spaniens leben und arbeiten – oder dass sie zumindest Madrid als intellektuellen Bezugspunkt akzeptieren.

Ob Benito Pérez Galdós, der in seinen Werken um die Wende zum 20. Jh. ein Bild der zeitgenössischen Mittelschichten in Madrid zeichnete, ob der 1916 geborene Nobelpreisträger Camilo José Cela, der mit seinen krass realistischen Romanen »Pascual Duartes Familie« und »Der Bienenkorb« international bekannt wurde, oder die heutige Generation der schreibenden Zunft wie Javier Marías, Antonio Muñoz Molina, Arturo Pérez-Reverte, Benjamín Prado oder Juan Madrid – Spaniens Hauptstadt bietet ihnen als Literaturschaffende eine Heimat.

Juan Madrid ...

Der Schriftsteller und Journalist Juan Madrid, 1947 in Málaga geboren und in Deutschland als Krimiautor bekannt geworden, lebt im Altstadtviertel Malasaña. Hier findet er den Stoff für seine Krimis wie »Der Schein trügt nicht« oder für seine Großstadtgeschichten (»Dschungel«) förmlich auf der Straße. Er steigt mit Vorliebe in die Unterwelt hinab, beschäftigt sich mit Huren und Betrügern *(chorizos)*, Vagabunden, Immigranten, Drogenhändlern, Polizisten, Hausfrauen, Mördern. Juan Madrid zeigt die finsteren Seiten des Großstadtlebens. Er liebt Malasaña, sein Viertel, das seinen Geschichten Nahrung gibt. Hier hat er seine Cafés, seine Plätze, die billigen Viertelrestaurants, die er zuweilen aufsucht, seine Freunde. Malasaña ist für ihn ein Flecken, auf dem es sich mitten in der Großstadt noch menschlich leben lässt, wo er inspiriert wird.

... und weitere Literaten

Auch Javier Marías lebt in Madrid, er schreibt zeitweilig nebenher als Kolumnist für die Zeitung El País und lehrt an der Universität Complutense. Marcel Reich-Ranicki verhalf Marías' ins Deutsche übersetzten Romanen zu einem durchschlagenden Erfolg: »Mein Herz so weiß« oder »Morgen in der Schlacht denk an mich« sind spannend zu lesende Romane, in denen Madrid als Kulisse des Geschehens stets ein wenig durchschimmert.

Ebenfalls auf Deutsch erhältlich sind Werke eines der meistgelesenen Autoren in Spanien, zugleich einer der meistübersetzten: Arturo Pérez-Reverte arbeitete als Journalist und Korrespondent und machte sich u. a. als TV-Krisenberichterstatter einen Namen. Als Romancier hat er eine Vorliebe für historische Stoffe mit einer Tendenz zu Mantel-Degen-Geschichten, die sich offenbar auch als Filmvorlagen bestens eignen. Dazu zählen seine Romane über den Hauptmann Alatriste oder das 1999 von Roman Polanski verfilmte Werk »Der Club Dumas«. Spannend zu lesen sind desgleichen »Der Fechtmeister« oder »Das Geheimnis der Schwarzen Dame«, ebenfalls von Arturo Pérez-Reverte.

Für literarisch Interessierte

Literatencafés: Die Kaffeehauskultur der Stadt ist historisch eng mit dem dichterischen Schaffen in Madrid verbunden und bezieht daraus einen Teil ihres Charmes. Man traf und trifft sich zur *tertulia*, den berühmten Debattierzirkeln der Intellektuellen, in einem Café. Die ältesten und bekanntesten Literatencafés der Stadt sind **Café Gijón** und **Café del Espejo** (beide s. S. 41, Unser Tipp S. 251) sowie das **Café del Círculo de Bellas Artes** (s. Lieblingsort S. 146).
Erkundung des Literatenviertels: Huertas ist heute ein insgesamt recht touristisches Viertel der Kneipen, der Restaurants und des Nachtlebens. Doch tagsüber lassen sich die jahrhundertealten literarischen Traditionen entdecken: In der Calle de las Huertas und der Calle de Cervantes läuft man über Dichternamen und Dichterzitate, die in das Pflaster eingelassen sind (Abb. links). In der **Casa Museo Lope de Vega** kann man ein wenig dem Leben des ›spanischen Shakespeare‹ nachspüren und in der **Iglesia de las Trinitarias Descalzas** des Quijote-Autors Miguel de Cervantes gedenken, dessen Grab mit hoher Wahrscheinlichkeit 2015 hier gefunden wurde (s. Entdeckungstour S. 206). Oder man schaut sich im **Teatro Español** (s. S. 55) ein Stück der Klassiker der spanischen Literatur an.
Literaturtipps: s. S. 19.

Almodóvar und Co. – Filmstadt Madrid

Madrid und Almodóvar gehören unzertrennlich zusammen. Stets fand er in dieser Stadt die perfekte Kulisse und die passende ›Fauna‹ für seine Produktionen, sagte der Meister des spanischen Kinos einmal. Madrid – ein Labyrinth der Passionen, schrill, chaotisch, derb …

Cineasten zieht es in der Stadt zu den originalen Schauplätzen der Almodóvar-Filme: Im Villa Rosa an der Plaza de Santa Ana wurden ebenso Szenen für »High Heels« gedreht wie an der Plaza del Alamillo in der Altstadt, wo Becky del Páramo (gespielt von Marisa Paredes) sterben möchte, oder im Theater María Guerrero, in dem dieselbe Becky inbrünstig ihr »*Piensa en mí*« (Denk an mich) singt. Das Hotel Room Mate Alicia, einen Steinwurf vom Villa Rosa an der Plaza de Santa Ana entfernt, benannte sich nach eben jener Alicia aus dem Film »Sprich mit ihr«, für den das Haus als Ballettschule der Katarina Biloba diente (Geraldine Chaplin). Und in »Live Flesh – Mit Haut und Haar« (»Carne trémula«) presst Penélope Cruz während der weihnachtlichen Busfahrt durch die leere Stadt ihr Baby heraus – im Hintergrund ziehen der Palacio de Santa Cruz, das Metrópolis-Gebäude und die Puerta de Alcalá vorbei.

Ein Selfmademan

Er war siebzehn, als er nach Madrid kam. Mit Gelegenheitsjobs hielt sich der kinoverliebte Junge aus der Pro-

Filmemacher Pedro Almodóvar

vinz über Wasser. Sein Ziel: Filme machen. Durch die Arbeit als Telefonist bei der spanischen Telefónica habe er gelernt, Dialoge zu schreiben, konstatierte er später. Im fröhlichen, feiernden, freien Madrid während der nachfranquistischen ›Kulturrevolution‹ der *Movida Madrileña* begann er als Underground-Künstler und Filmemacher seinen Platz zu finden. »Pepi, Luci, Bom und andere Mädchen der Bande« (1980) fand spontan Anerkennung in der Stadt. Schlag auf Schlag folgte ein Kinohit dem anderen. Und Almodóvar wandelte sich vom ›Punk‹-Regisseur satirisch-komischer und schriller Streifen zum Meister des Melodrams. Mit »Frauen am Rande des Nervenzusammenbruchs«, »Fessle mich« oder »Matador«, »Alles über meine Mutter« und »Sprich mit ihr« wurde er zum international gefeierten Star.

Unser Tipp

Manzana del Cine
Im **Kino-Karree** zwischen Plaza de España, Plaza de los Cubos und Calle Martín de los Heros liegen die besten Kinos der Stadt und an der Calle Martín de los Heros – mit in den Boden eingelassenen ›Film-Sternchen‹ – der Filmladen **Ocho y Medio** mit Café (Nr. 11, www.ochoymedio.com, Mo–Do 10–23.30, Fr 10–1, Sa 12–0.30, s. S. 236).
Der Cineastentempel der Stadt schlechthin ist das Jugendstilkino **Cine Doré** (s. S. 187), in dem viele Uraufführungen gezeigt werden.

Kino, made in Spain

Madrid ist Spaniens wichtigste Filmproduktionsstätte. Jedes Jahr trifft sich hier die Szene zu zwei Filmfestivals, im Mai zum Internationalen Festival des Dokumentarfilms, im November zum Festival de Cine de Madrid. Neben Almodóvar dürfen nicht unerwähnt bleiben: die Oscar-Preisträger Fernando Trueba und José Luis Garci sowie Fernando Colomo, Alex de la Iglesia (»El día de la Bestia«, »Tag der Bestie«) und Fernando León, dessen sozial engagierte Streifen »Barrio« (»Viertel«, ein Madrid-Porträt) 1998 und »Montags in der Sonne« 2002 beim Filmfestival von San Sebastián Preise holten, sowie Alejandro Amenábar und Iciar Bollaín. Juan Antonio Bayona wurde 2012 mit »The Impossible« (Melodram, spielt in Thailand während des Tsunamis) international bekannt.

Zurück zu den Anfängen

Zu den geistigen Vätern der spanischen Filmemacher zählt Luis Buñuel. Wir begegnen ihm im Centro de Arte Reina Sofía: in einem Saal mit Werken des Surrealisten Salvador Dalí, darunter ein Porträt von Buñuel, und bei einem Schwarz-Weiß-Film, der hier gezeigt wird, ein Film wie aus den Anfängen der Kinogeschichte. Das Drehbuch zu »Ein andalusischer Hund« hatten Buñuel und Dalí, die eine Zeit lang zusammen im Madrider Studentenwohnheim lebten (s. S. 257), 1929 binnen einer Woche geschrieben. Mit diesem surrealistischen Streifen begann die Karriere eines Mannes, der im Laufe des 20. Jh. mehrfach in Cannes prämiert und mit Werken wie »Der diskrete Charme der Bourgeoisie« oder »Belle de Jour – Schöne des Tages« international berühmt wurde.

Azulejos – Kachelbilder als Wandschmuck und Werbemittel

Azulejos, glasierte Keramikfliesen, sind in Madrid fester Bestandteil des Stadtbilds. Die ursprünglich von den Arabern in Iberien eingeführte Fayenceindustrie wurde zu einem typisch spanischen Kunsthandwerk weiterentwickelt. Farbig glasierte Keramiken blieben bis ins 20. Jh. hinein fester Bestandteil der Dekorationskunst, innen wie an den Gebäudefassaden, und immer häufiger entstanden aus Azulejos auch kunstvolle Wandbilder.

Sie sind ein nettes Detail in den Madrider Altstadtgassen: Keramiktafeln mit Straßennamen, die an die einst hier ansässigen Zünfte und Gewerbe erinnern. Man muss die spanische Sprache nicht beherrschen, um zu rekonstruieren, welches Gewerbe in welcher Gasse dominierte, denn die Stadtverwaltung hat die Straßenschilder mit Kachelbildern kombiniert, die bei der historischen Spurensuche helfen. Die Calle de Botoneras gehörte den Knopfmacherinnen, in der Calle de Cuchilleros konnte man Messer oder Degen wetzen lassen, in der Calle de Latoneros saßen die Messingwarenhändler, in der Calle de Esparteros gab es Körbe und Hanfschuhe, die Färber bevölkerten die Straßen Colores und Tintoreros. Im Literatenviertel sind die Keramikschilder entsprechend mit Abbildungen der Dichterköpfe kombiniert. Diese kleinen dekorativen Tafeln erinnern an einen Kunsthandwerkszweig mit großer Geschichte: die Produktion von *azulejos.*

Gerade Ende des 19. und Anfang des 20. Jh. erlebten die *azulejos* als Dekoration eine Renaissance. Viele Läden, Friseure, Apotheken und Tavernen ließen fantasievolle Fassadenbilder gestalten und ihre Räume kunstvoll kacheln. Oftmals werben die Bilder für das, was im Haus angeboten wird: Haareschneiden, ein Medikament, das Wunder wirkt, oder eben Weine …

Tavernen mit Azulejos

Viele ältere Tavernen präsentieren sich bis heute als Bilderbuch der spanischen Kachelkunst. Besonders zahlreich finden sich Beispiele der Fassadendekoration mit *azulejos* im Literatenviertel. Dazu zählen das außen wie innen eindrucksvoll geflieste Viva Madrid, ein Klassiker der Madrider Nächte nahe der Plaza de Santa Ana, oder – am Platz selbst – das Flamencolokal Villa Rosa. Andalusische Stadtansichten schmücken die *azulejos*-Fassade dieser früheren andalusischen Fischbraterei, die ehemalige Stierkampfhelfer 1928 eröffnet hatten. Mit den Kachelarbeiten wurde übrigens der Sevillaner Alfonso Romero beauftragt, der in Madrid weitere Dekorationsaufträge annahm. Haus und Räumlichkeiten haben so viel alten Stil und Charme, dass Almodóvar sie für Filmszenen nutzte. Die Taberna La Alhambra in der nahen Calle de la Victoria 9 präsentiert auf ihren 100-jährigen Kachelbildern ebenfalls die typisch andalusische Vorliebe für *azulejos* und einen Blick auf die Alhambra von Granada.

Die Sixtinische Kapelle der Keramikkunst

Der Sevillaner Alfonso Romero (1882–1940) schuf zusammen mit seinem andalusischen Landsmann Enrique Guijo (1871–1944) Anfang des 20. Jh. die Sixtinische Kapelle der madrilenischen *azulejos*-Kunst: Los Gabrieles heißt die stadtbekannte Institution, ebenfalls nur einen Katzensprung von der Plaza de Santa Ana entfernt. Auf zwei Stockwerken, unterteilt in mehrere Separées, sind die Wände über und über mit Motiven der spanischen Folklore und Landschaften geschmückt. Genau betrachtet handelt es sich bei diesen Kachelbildern um ›schlichte‹ Werbung für spanische Wein- und Likörmarken, also für den Alkoholkonsum – mit dem sich die beiden Künstler durchaus ironisch auseinandergesetzt haben: So sieht man Skelette und düstere Gestalten über die Wände tanzen. Einst bevorzugten Stierkämpfer – ebenso wie hohe Generäle – dieses pittoreske Ambiente für ihre Rendezvous mit ›sündigen‹ Damen, bevor sich hier seit den 1980er-Jahren Madrids intellektuelle Bohème traf. Heute hofft sie darauf, das seit mehreren Jahren geschlossene Lokal möge bald wieder öffnen: Bild für Bild wurde das denkmalgeschützte Interieur in mehrjähriger Arbeit sorgsam von Hand restauriert.

Unterwegs in Madrid

Emblematisches Gebäude – das Metrópolis am Entree zur Gran Vía

Das Beste auf einen Blick

Paseo del Prado

Highlights!

Museo Nacional Centro de Arte Reina Sofía: Das Kunstzentrum unter der Schirmherrschaft der spanischen Königin präsentiert die besten spanischen Künstler des 20. Jh. und als Highlight Picassos »Guernica«. 7 S. 114

Museo Nacional del Prado: Spaniens beste ist eine der berühmtesten Pinakotheken der Welt. Sie birgt die königlichen Gemäldesammlungen, die Werke der Alten Meister Velázquez, Goya, El Greco, Rubens und Tizian. 10 S. 118

Museo Thyssen-Bornemisza: Die private Gemäldesammlung von Baron Hans-Heinrich Thyssen zählt zu den bedeutendsten der Welt. An Madrids Kunstmeile hat sie einen würdigen Platz gefunden. 20 S. 128

Auf Entdeckungstour

Velázquez und »Las Meninas« – Bildbetrachtungen im Prado: Das Schaffen von Diego Velázquez, Hofmaler des Habsburgers Philipp IV., markiert einen Höhepunkt der Malerei des Goldenen Zeitalters. Zu den berühmtesten Bildern gehört das vielschichtige Werk »Las Meninas«, die Hofdamen. S. 124

Parque del Retiro – Madrids Stadtgarten: Der schönste aller Gärten sei der Retiro, meinte der Madrider Dichter Gómez de la Serna. Wer wollte ihm widersprechen? Die einst den spanischen Königen vorbehaltenen Anlagen übergab die republikanische Regierung 1873 dem Volk. Dieses nutzt und genießt seinen Stadtgarten, der allerlei Raritäten birgt, intensiv. S. 132

Kultur & Sehenswertes

CaixaForum: Die spanische Sparkassenstiftung verwandelte ein Industriedenkmal in ein ungewöhnliches Kunst- und Ausstellungszentrum. 8 S. 121

Museo Nacional de Artes Decorativas: Spanisches Kunsthandwerk aus mehreren Jahrhunderten schmückt das mehrstöckige Stadtpalais. 23 S. 130

Brunnen am Paseo del Prado: Neptun, Apollo, Kybele – diesen mythologischen Figuren sind Brunnen am Kunstboulevard gewidmet. 19, 21, 24 S. 128, 130

Aktiv unterwegs

Jardín Botánico: Spazieren und tropische Pflanzen kennenlernen – der Botanische Garten ist nicht nur für Pflanzenkundler ein Genuss. 9 S. 118

Bootspartie im Retiro: Auf dem künstlichen See im Stadtpark trifft man sich zu Ruderpartien. 1 S. 135

Genießen & Atmosphäre

Bodegas Rosell: Eine Taverne wie in alten Zeiten, abseits der touristischen Trampelpfade. Die Tapas-Auswahl ist riesig, der offene Wein gut. Im Sommer stehen ein paar Tische auf dem Bürgersteig. 1 S. 111

Sonnenbad mit Blick auf den See: Es gibt kaum einen schöneren Platz als die Treppenstufen zu Füßen des Monuments für Alfons XII., direkt am See im Stadtgarten, um die Sonne zu genießen, ein Buch zu lesen oder Löcher in den Himmel zu gucken. 31 S. 133

Abends & Nachts

Azúcar: Zwischen Mitternacht und Morgengrauen schwingt man hier die Hüften zu den heißen Rhythmen Südamerikas. Eine Adresse, zu der es die – nicht gerade kleine Zahl – der begeisterten Salsa-Tänzer der Stadt zieht. 2 S. 135

Kunst und nochmals Kunst

Der Paseo del Prado ist auch als Paseo del Arte, als Kunstmeile, bekannt: Museo Nacional Centro de Arte Reina Sofía, Museo Nacional del Prado und Museo Thyssen-Bornemisza heißen die musealen Meilensteine an der schönen Stadtpromenade, die trotz des mehrspurig rauschenden Autoverkehrs zum Flanieren einlädt. Der Name *prado* (Aue, Weide) erinnert noch an die Auen am Rand der mittelalterlichen Stadt. Der heutige Boulevard wurde unter dem aufgeklärten Karl III. zur Flaniermeile ausgebaut. Die aufwendigen Brunnenanlagen und Wasserspiele machen den Paseo del Prado zur schönsten Promenade der Stadt; geradezu emblematischen Charakter hat das Brunnentrio, das Neptun, Apollo und Kybele geweiht ist. Nicht zu vergessen die 100-jährigen Baumriesen, die angenehmen Schatten spenden. Überhaupt repräsentiert diese Gegend Madrids grüne Seite – mit dem von Karl III. angelegten Botanischen Garten und dem Stadtpark El Retiro, Grünareale, nach denen eine dicht bebaute Millionenmetropole wie Madrid geradezu lechzt. Sie verdienen einen Besuch, der in jedem Fall Entspannung verspricht.

Infobox

Reisekarte: ▶ K–M 13–15

Infos

Ein Info-Kiosk der Stadt befindet sich direkt beim Centro de Arte Reina Sofía.

Metroverbindung

Das untere Ende des Paseo del Prado erreichen Sie mit der Metro L 1, Station Atocha bzw. Atocha-RENFE, das obere Ende an der Plaza de la Cibeles mit der Metro L 2, Station Banco de España. Zu Fuß benötigt man für den Weg zwischen den beiden Stationen ohne Besichtigungen ca. 15–20 Min.

Besuch der großen Kunstmuseen

Man sollte möglichst nicht versuchen, die drei großen Kunstmuseen an einem Tag zu besuchen. Bei wenig Zeit kann man gezielt die wichtigsten Werke ansteuern: Picassos »Guernica« im Reina Sofía, Werke von Velázquez, El Greco und Goya im Prado, die Expressionisten im Thyssen-Bornemisza-Museum.

Rund um den Atocha-Bahnhof

Estación de Atocha 1

Markant steht am Südende des Paseo del Prado der um die Wende zum 20. Jh. errichtete **Atocha-Bahnhof,** ein langer Ziegelsteintunnel mit Jugendstilfassade aus Gusseisen und Glas. Als Bahnhof hat er ausgedient, er birgt nun einen tropischen Wintergarten, den Reisende als ›grünen‹ Wartesaal nutzen. Hinter dem alten liegt der vom Spanier Rafael Moneo geschaffene neue Säulenbahnhof, der 2011 noch einmal erweitert wurde. Am Ausgang stellt die Skulptur »Día y noche« (Tag und Nacht) von Antonio López die Enkelin des spanischen Künstlers dar, einmal mit offenen und einmal mit geschlossenen Augen.

Im Betriebsbereich der Nahverkehrszüge *(cercanías)* erinnert eine **Gedenkstätte** an die Opfer des 11. März 2004, als der Bahnhof Schauplatz eines

Unser Tipp

Ganz so wie anno dazumal – Bodegas Rosell

Schon die mit romantischen *azulejo*-Motiven geschmückte Fassade zeigt: Das Lokal hat Geschichte. Vater Rosell betrieb hier einen Weinhandel mit Ausschank, den seine Söhne zur Taverne weiterentwickelten. Zu Wein oder gezapftem Bier (Cruzcampo) bekommt der Gast eine erste Tapa. Danach kann er sich durch ein überzeugendes Speiseangebot ›arbeiten‹: Denn nicht nur ist in diesem Haus die Weinauswahl gut, die über 50 verschiedenen Tapas und *raciones* sind es ebenso.

Bodegas Rosell 1: General Lacy 14, Tel. 914 67 84 58, www.bodegasrosell.es, Metro: L 1 Atocha-Renfe, Mo (außer im Winter) 19–24, Di–Sa 12–16, 19–24, So 12–16 Uhr, Karwoche und Aug. geschl., Toasts ab ca. 3 €, Salate ab 6 €, *raciones* ab 10 €.

Bombenattentats muslimischer Fundamentalisten wurde: Sie sprengten voll besetzte Vorortzüge in die Luft. Der transparente Zylinder **Homenaje a las Víctimas del 11 de Marzo** 2 (Di–So 11–14, 17–19 Uhr), der gegenüber der Eingangsrotunde 11 m hoch aus dem Paseo de la Infanta Isabel ragt, ist innen mit einer Folie voller Abschieds- und Trauerworte ausgeschlagen.

Basílica de Nuestra Señora de Atocha 3

Avda. de la Ciudad de Barcelona 1, Kirche tgl. 7.30–13, 18.30–21, Panteón Di–Sa 10–14, 16–18.30, So, Fei 10–15 Uhr, Eintritt frei

Seit Jahrhunderten wird in der nach ihr benannten **Basilika** Unsere Jungfrau von Atocha verehrt. Der Ursprung der Kirche, seit jeher Taufkirche der spanischen Prinzen, geht auf das Jahr 1523 zurück, doch musste sie nach dem Bürgerkrieg neu aufgebaut werden. Man beachte das Grab des Mönches Fray Bartolomé de las Casas, der als Fürsprecher der Indios in die Geschichte einging.

1892 bis 1899 errichtete man neben der Kirche den **Panteón de Hombres Ilustres,** in dem die Gebeine berühmter Spanier letzte Ruhe finden sollten. Das Monument im neobyzantinischen Stil birgt aufwendige Grabmäler.

Real Fábrica de Tapices 4

Fuenterrabía 2, Mo–Fr 10–14 Uhr, 4 €

Als nach der Unabhängigkeit der spanischen Niederlande die Versorgung des spanischen Hofes mit kostbaren flandrischen Gobelins schwieriger wurde, gründete Philipp V. 1721 die Königliche Teppichfabrik. Er rief eine flämische Familie nach Madrid, deren Erben die Firma bis heute führen. An Knüpfstühlen des 18. Jh. entstehen Teppiche – oft nach alten Kartons, wie sie der Hofmaler Goya schuf. Man kann an Führungen teilnehmen und Teppiche bestellen.

Museo Nacional de Antropología 5

Alfonso XII 68, www.mecd.gob.es/mnantropologia, Di–Sa 9.30–20, So, Fei 10–15 Uhr, 3/1,50 €, Sa nachmittags, So Eintritt frei

Die interessante Sammlung des Völkerkundemuseums stammt aus dem ehemaligen spanischen Kolonialreich – Philippinen, Ozeanien, Westafrika, Lateinamerika.

Cuartel General del Ejército
Palacio de Buenavista
26
C. Barquillo
Paseo de Recoletos
C. Salustiano Olozaga
C. Marqués del Duero
C. Pedro Muñoz Seca
C. Columela
Retiro
Metro
Calle de Alcalá
Plaza de la Independencia
29
27
Banco de España
Plaza de la Cibeles
24
C. de Alcalá
28
Ayuntamiento
C. Alfonso XI
C. Valenzuela
Puerta de Hernani
Pl. Galicia
Puerta de la Independencia
Pl. Maestro Villa
Paseo Bolivia
Av. México
Templete de Música
Calle de Alfonso XII
Glorieta de la Sardana
Paseo de Colombia
32
Paseo de la Rep. Dominicana
Pl. de Nicaragua
1
25
Paseo del Prado
C. Ruiz de Alarcón
C. Montalbán
C. Marqués de Cubas
C. de los Madrazo
22
23
Parque
30
Paseo Salón del Estanque
Estanque
31
Paseo de Chile
21
C. Juan de Mena
4
C. Alfonso XI
16
C. Zorrilla
Paseo de la Argentina
Plaza de la Lealtad
15
Calle Antonio Maura
Puerta de España
del
5
20
C. Méndez Núñez
14
17
35
Paseo del Paraguay
Paseo del
Plaza Cánovas del Castillo
18
19
C. Felipe IV
13
Paseo Parterre
33
Pl. de Honduras
36
12
C. de la Academia
Puerta de Felipe IV
Buen
C. Duque de Medinaceli
3
11
Iglesia Jésus de Medinaceli
10
C. del Casado del Alisal
Paseo de la República de Cuba
C. Lope de Vega
Paseo del Marqués de Pontejos
37
C. Alberto Bosch
C. del Moreto
C. Huertas
C. Jesús
Pl. Platería Martínez
Pl. de Murillo
C. Espalter
Puerta de Murillo
La Chopera
Sportanlagen
JERÓNIMOS
C. Alameda
C. Verónica
38
C. Gobernador
Jardín
9
Botánico
8
C. Almadén
C. San Pedro
C. San Blas
C. Alameda
C. Cenicero
34
2
Calle Atocha
C. Santa Inés
Paseo del Duque de Fernán Núñez
Noria del Huerto del Francés
39
Conservatorio de Música
1
C. Claudio Moyano
Atocha
Puerta del Ángel Caído
Santa Isabel
C. Dr. Mata
C. Hospital
Plaza Emperador Carlos V
6
C. Doctor Velasco
C. Poeta Esteban Villegas
7
Observatorio Astronómico
C. Julián Gayarre
C. Juan Valera
C. Luis Camoens
C. de Andrés Torrejón
Ronda de Atocha
C. Argumosa
Paseo de la Infanta Isabel
Avenida de la Ciudad de Barcelona
C. Juan Valera
C. Agustín Querol
C. de
Jardín Tropical
Paseo de la
Atocha Renfe
Taxi
Panteón de Hombres Ilustres
C. Fuenterrabía
Paseo de Sta. María de la Cabeza
Paseo de las Delicias
C. Tortosa
Atocha
Calle de Méndez Álvaro
Estación de Atocha
Estación de Cercanías
C. Vandergote
C. Murcia
C. Rafael de Riega
Atocha AVE
C. General Lacy
C. las Delicias

Paseo del Prado

Sehenswert

1 Estación de Atocha
2 Homenaje a las Víctimas del 11 de Marzo
3 Basílica de Nuestra Señora de Atocha/Panteón de Hombres Ilustres
4 Real Fábrica de Tapices
5 Museo Nacional de Antropología
6 Umwelt- und Landwirtschaftsministerium
7 Centro de Arte Reina Sofía (Museo Nacional)
8 CaixaForum
9 Jardín Botánico
10 Museo Nacional del Prado
11 Iglesia de San Jerónimo el Real
12 Real Academia de la Lengua
13 Casón del Buen Retiro
14 Palacio del Buen Retiro/Salón de Reinos
15 Plaza de la Lealtad
16 Börse
17 Hotel Ritz
18 Hotel Palace
19 Neptunbrunnen
20 Museo Thyssen-Bornemisza
21 Fuente de Apolo
22 Museo Naval
23 Museo Nacional de Artes Decorativas
24 Fuente de Cibeles
25 Banco de España
26 Cuartel General del Ejército
27 Casa de América
28 Rathaus und Kulturzentrum CentroCentro
29 Puerta de Alcalá
30 Estanque
31 Monument für Alfons XII.
32 Fuente de los Galápagos
33 Fuente de las Alcachofas
34 Fuente del Ángel Caído
35 Ahuehuete-Baum
36 Palacio de Velázquez
37 Palacio de Cristal
38 Bosque del Recuerdo
39 Noria

Essen & Trinken

1 Bodegas Rosell
2 El Brillante
3 Estado Puro
4 Viridiana
5 Kioskos im Retiro
6 La Castela

Einkaufen

1 Cuesta de Claudio Moyano (Buchmarkt)

Aktiv

1 Ruderbootverleih/Barco Solar
2 27 Bikes

Abends & Nachts

1 Kapital
2 Azúcar

Umwelt- und Landwirtschaftsministerium 6
Das Gebäude von 1897 bekrönen gewaltige allegorische Bronzeskulpturen – typisch für die Madrider Belle-Époque-Architektur, die mit den Hotels Ritz und Palace am Paseo del Prado oder in der Calle de Atocha ihren Höhepunkt feiert. Schmiedeeiserne Gitter, spanisches Kunsthandwerk vom Feinsten, schirmen das Ministeriumsgelände von der Öffentlichkeit ab. Die zur Fußgängerzone umgestaltete **Cuesta de Claudio Moyano** mit ihren **Buchständen** 1 führt am Zaun entlang.

Centro de Arte Reina Sofía ! 7

Santa Isabel 52, www.museoreinasofia.es, Mo, Mi–Sa 10–21, So 10–19 Uhr (ab 14.30 Uhr nur Colección 1 und Ausstellungen), 1. Jan., Karfreitag, 1. Mai, 25. Dez. geschl., 10/4 €, Paseo-del-Arte-Ticket 29,60 €, Audioguide 4,50/5,50 €, immer ab 19, So ab 14.30 Uhr Eintritt frei, für Jugendliche generell Eintritt frei
Streng und abweisend, die Fenster mit robusten Eisenstäben vergittert, gibt sich der Hauptbau des **MNCARS** (Museo Nacional Centro de Arte Reina Sofía), eines der großen Madrider Kunstmuseen, das nach seiner Schirmherrin Königin Sofía benannt ist. Seine Mauern hüten spanische Jahrhundertkünstler wie Picasso, darunter sein bewegendes Monumentalwerk »Guernica«, Dalí, Miró, Juan Gris oder Tàpies ebenso wie internationale Kunst des 20. und 21. Jh.

Das Museum nimmt einen ganzen Häuserblock ein, den sich ein bemerkenswertes architektonisches Duo teilt: Der Hauptbau ist das ehemalige Madrider Stadthospital, das Karl III. von seinem italienischen Architekten Francesco Sabatini 1781 errichten ließ, eine Vierflügelanlage rund um einen Innenhof, die noch bis 1965 als Krankenhaus diente. In den schlichten Sälen und weißen ›Krankenhausfluren‹ des historischen Baus lenkt heute nichts von der puren Kunstbetrachtung ab. Einen modernen Akzent setzen nur die transparenten, gläsernen Aufzugsschächte, die vor der Fassade angebracht wurden. Das architektonische Gegenstück ist der von Stararchitekt Jean Nouvel hochgezogene **Erweiterungsbau,** der mit seinem Formen- und Materialspiel neben dem strengen Altbau fast wie ein modernes Kunstobjekt wirkt. Die zwei neuen Flügel, die einen Innenhof mit einer Skulptur von Roy Lichtenstein einfassen, haben die Ausstellungsfläche des Reina Sofía nahezu verdoppelt.

Die *plaza dura* (harter Platz) vor dem Haupteingang ziert eine Skulptur von Alberto Sánchez, deren Original wie Picassos »Guernica« 1937, zur Zeit des Spanischen Bürgerkriegs, für die Pariser Weltausstellung geschaffen wurde: »*El pueblo español tiene un camino que conduce a una estrella*«, »Das spanische Volk hat einen Weg, der zu einem Stern führt«, lautet ihr Titel, eine Anspielung auf die damaligen Visionen der Republikaner für die Zukunft des Landes. Der Platz ist besonders in den späten Nachmittagsstunden belebt, wenn sich die Anwohner der nahen Altstadtgassen unter die Touristen mischen.

Zur ständigen Ausstellung im 2. und 4. Stock des Sabatini-Baus (Colección 1, 2) sowie in Saal 001 und 104 im Nouvel-Bau (Colección 3) gehören rund 1000 Objekte. In der Museumsdramaturgie wird die Idee sichtbar, Kunst nicht chronologisch, sondern in Form von ›Erzählräumen‹ zu präsentieren und dabei Genres wie die Fotografie oder den Film einzubeziehen – Kunst im Kontext soziokultureller Parameter.

Bekannt für die Inszenierung junger Kunst – der Centro de Arte Reina Sofía

Kunst von 1900 bis 1945 (2. Stock)

Im Zentrum der Präsentation, beginnend mit **Saal 201,** stehen spanische Maler, die für die Entwicklung der Kunst in der ersten Hälfte des 20. Jh. grundlegende Bedeutung hatten. Wegbereiter dieser Moderne war ein Mann, der 100 Jahre zuvor gelebt hatte: **Francisco de Goya y Lucientes,** dessen Radierungen eine neue Form der freien künstlerischen Auseinandersetzung mit der Realität dokumentieren. Mancher spanische Künstler hatte zu Beginn des 20. Jh. ähnlich dunkle Visionen, wie sie Goyas Radierungen offenbaren. Das dokumentieren etwa die düster-expressionistischen Sozialporträts von **José Gutiérrez Solana** (1886–1945). Die romantische Gegenströmung dazu zeigen u. a. die lichtdurchfluteten Gemälde des Valencianers **Joaquín Sorolla.**

Bewegt man sich im Uhrzeigersinn durch die Säle um den Innenhof, also nach links, so nähert man sich den Anfängen des spanischen Surrealismus und den Künstlern der sogenannten *Generación del 27,* einer Literaturströmung, die in einer Zeit der Aufbruchsstimmung zwischen den Kriegen entstand. Gemälde und Grafiken von **Joan Miró** aus den Jahren 1925–28 sowie Werke von Alberto Sánchez, Salvador Dalí, Juan Gris, Maruja Mallo und Picasso finden sich in den Sälen 202–205.

Eine Erinnerung an **Dalís** Madrider Studienjahre ist das Porträt des Filmemachers Luis Buñuel (1924). Beide hatten mit dem andalusischen Dichter Federico García Lorca im Madrider Studentenwohnheim zusammengewohnt und Freundschaft geschlossen (s. S. 257). Mit Buñuel drehte Dalí den Film »Ein andalusischer Hund« **(Saal 203),** der bei seiner Uraufführung in Paris einen Skandal auslöste. Auch von Lorca finden sich zwei Zeichnungen.

Ergreifend – Picassos »Guernica«, eine Anklage gegen den Krieg

In **Saal 205** ist der Surrealist **Salvador Dalí** (1904–89) dann ganz präsent. Dieser eigenwillige Maler vererbte seine Werke dem spanischen Staat. Sie vermitteln Einblicke in dalianische Fantasiewelten und in das vielseitige Schaffen des Katalanen, der international vor allem als Maler der weichen Uhren, der sich zersetzenden Materie und der Verwesung schlechthin bekannt wurde.

Saal 206 bietet mit **Pablo Ruiz Picassos** (1881–1973) Jahrhundertwerk **»Guernica«** und vorbereitenden Detailstudien den Höhepunkt des Kunstzentrums. Der in Málaga geborene Künstler schuf »Guernica« als Auftragsarbeit für den Spanischen Pavillon auf der Pariser Weltausstellung von 1937. Bis 1981 hing das Bild im Museum of Modern Art in New York, denn Picasso hatte testamentarisch verfügt, es solle erst unter demokratischen Verhältnissen nach Spanien zurückgeführt werden.

Das 3,49 x 7,76 m große Bild bewertete Picasso selbst als sein einziges Werk mit bewusst propagandistischer Absicht. Man schaue genau hin: Im Licht einer Deckenglühbirne präsentiert sich ein schwarz-weißes Schreckensszenario, als hätte eine Bombe eingeschlagen. Picassos dramatische Komposition entstand unter dem Eindruck der erbitterten Bürgerkriegsschlachten in Spanien, des Vordringens der Franco-Truppen und der Schützenhilfe, welche die deutsche Legion Condor dem Caudillo

gab, indem sie am 26. April 1937 die baskische Kleinstadt Guernica binnen weniger Stunden zu einem Trümmerfeld zerbombte. »Guernica« nannte der erschütterte Picasso sein Bild, auf dem keinerlei Kriegsgerät abgebildet ist. Mit Stier und Pferd werden zwei wichtige Akteure des spanischen Stierkampfs aufgenommen. Der Stier fungiert als Symbol des spanischen Nationalismus, während das misshandelte, tödlich verwundete Pferd ebenso als schreiendes Opfer erscheint wie einige im Schmerz zerrissene Figuren, unter denen die Mutter mit totem Kind – unter dem Stier – am stärksten erschüttert.

In räumlicher Nähe laufen Filmbilder der Bombardierung von Guernica über die Leinwand. Kunst unter dem Eindruck von Kriegserlebnissen ist das Thema weiterer Arbeiten rundherum. Die Fotos, die **Robert Capa,** ein Amerikaner ungarischer Herkunft, im Spanischen Bürgerkrieg als Kriegsfotograf geschossen hatte, wurden weltberühmt. Auch die Metallskulptur »Der große Prophet« von **Julio González** (1876–1942), der in Paris das Schweißen gelernt hatte, spiegelt die Zeit. Im Übrigen lassen González' Masken, Köpfe, Figuren und Akte, ›aus Eisen gewachsen‹, zuweilen die urwüchsige Ausstrahlung afrikanischer Kunstobjekte erkennen.

Die letzten Räume der Etage (207–210) gehören noch einmal Dalí sowie **Juan Gris** (1887–1927), einem frühen, eigenwilligen Kubisten, der sich durch einen geometrisch gestaffelten Bildaufbau auszeichnet. Auch andere Werke des Kubismus sind zu sehen, die mit Perspektivenwechsel, der Zerlegung von Objekten in mehrere Flächen und Blickwinkel und ihrer Neufügung auf einer Bildfläche experimentieren.

1945–1968 (4. Stock)

Die Colección 2 widmet sich der Nachkriegszeit, als sich die Kunstwelt neu ordnete und Paris seine Vorreiterrolle an New York als neues Zentrum der Avantgarde abgab – Spiegel einer neuen Weltordnung. Die Zusammenschau von Malerei, Skulptur, Fotokunst und Filmschaffen zeigt die Vielgestaltigkeit avantgardistischer Experimente, abstrakter Malerei oder neorealistischer Fotografie bis hin zur Politisierung der Kunst in der Aura der 1968er-Bewegung. Antifranquistische Plakatkunst steht hier ebenso auf dem Programm wie Alfred Hitchcocks »Fenster zum Hof«. Neben einem guten Fundus an Kunst aus Nord- und Südamerika finden sich auch Werke von Francis Bacon, Jean Dubuffet, Vassily Kandinsky oder Paul Klee.

Der späte **Picasso** kommt hier u. a. mit seinem Maler-und-Modell-Zyklus zum Zuge und der Katalane **Joan Miró** (1893–1983) mit den für ihn so typischen ›Meditationsfeldern‹, in denen die Motive zu symbolischen Kürzeln und Elementarteilchen geschrumpft sind. Weitere bemerkenswerte spanische Künstler sind **Antonio Saura** und **Antonio Tàpies.** Letzterer wurde berühmt für seine ›Materialgemälde‹ – aus Sackleinen, Holz, Draht, Sand und Ölfarbe. International bekannt wurde auch der baskische Bildhauer **Chillida,** von dem zahlreiche Eisenskulpturen ausgestellt sind.

Postmoderne

Zwei großräumige Säle im Nouvel-Bau widmen sich der Zeit der Revolten und der Postmoderne ab 1962. In der Kunst spiegeln sich politische und soziale Bewegungen wie die Studentenrevolten der 1968-Jahre oder der Feminismus. Ebenso gab es junge alternative Experimente von Straßenkunst bis Underground.

Ruhezonen und Aussichtspunkte

Der Garten im alten Trakt des Centro de Arte Reina Sofía, mit einer Skulptur von Alexander Calder, ist eine Oase der Ruhe und eignet sich mit seinen Bänken ideal zum Lesen, während man im schattigen Innenhof des Nouvel-Baus mit Blick auf die Skulptur von Roy Lichtenstein pausiert. Dieser Bereich – mit einem Café-Restaurant und der Bibliothek – ist auch ohne Eintrittskarte von der Straße aus zugänglich.

Ein Tipp: fahren Sie hoch zur Terrasse des 4. Stocks. Dort hat man einen tollen Ausblick auf die Umgebung.

Unterer Paseo del Prado

CaixaForum 8

s. Lieblingsort S. 121

Jardín Botánico 9

www.rjb.csic.es, 10–18/19, Sommer bis 20/21 Uhr, 4/2 €, Senioren 0,50 €, Kinder unter 10 Jahren Eintritt frei

Gegenüber fasst ein schmiedeeisernes Gitter den **Botanischen Garten** ein, den Karl III. von Francesco Sabatini und Juan de Villanueva bis 1781 realisieren ließ. Jahrhundertealte Riesenbäume und die Pflanzenvielfalt aus dem mediterranen und lateinamerikanischen Raum bilden einen Garten Eden für Pflanzenliebhaber. Im Sommer tun der Schatten, das frischere Mikroklima und die Ruhe gut. Man betritt den Garten gegenüber dem Murillo-Eingang des Prado-Museums. Man folge dem *itinerario aconsejado* (empfohlener Rundweg) oder lasse sich nach Lust und Laune treiben.

Museo Nacional del Prado ! 10

Paseo del Prado s/n, www.museodel prado.es, Kassen am Goya-Eingang (Nordseite), Besucher mit Reservierung und Gruppen nehmen die Puerta de Murillo (Südseite), Mo–Sa 10–20, So 10–19 Uhr, 1.1., 1.5., 25.12. geschl., 15 €, reduziert 7,50 € (Jugendliche mit Ausweis, EU-Bürger ab 65), inkl. Prado-Führer 24 €, Audioguide 4/3,50 €, Vorverkauf: www.entradasprado. com oder Tel. 902 10 70 77 plus 0,50 €; Kombiticket ›Paseo del Arte‹ 29,60 €, Eintritt frei bzw. Sonderausstellungen –50 % Mo–Sa 18–20, So, Fei 17–19 Uhr sowie für Jugendliche unter 18 und Studenten der EU unter 25 Jahren

Der Prado, eine der bedeutendsten Pinakotheken der Welt, ist allein schon eine Reise nach Madrid wert. Das Gebäude hatte bereits Karl III. geplant, es sollte direkt neben dem Botanischen Garten eine naturwissenschaftliche Akademie beherbergen. Juan de Villanueva gab dem 1785 begonnenen Bau sein ebenmäßiges neoklassizistisches Design und seine dreigliedrige Grundstruktur mit zurückversetztem Zentralkörper. Doch statt der geplanten Akademie zogen hier zu Beginn des 19. Jh. – unter Karl IV. – Napoleons berittene Soldaten ein. Sein Nachfolger, der nicht sonderlich kunstsinnige Ferdinand VII., ließ die heutige Galerie einrichten und am 19. November 1819 einweihen, um die umfangreichen königlichen Gemäldesammlungen der Öffentlichkeit zugänglich zu machen. Seither sind die Bestände des Museums auf weit über 15 000 Gemälde, Zeichnungen und Skulpturen angewachsen. Um die evidenten Raumprobleme zu lösen, gliederte der Architekt Rafael Moneo an die Ostseite des Hauptgebäudes das auf einem Hügel gelegene **Edificio Jerónimos** an, in dem vor allem die großen Ausstellungen präsentiert werden.

Die Sammlungen des Prado

Sie spiegeln den Geschmack der spanischen Könige wieder, die weltbekannte Künstler wie Tizian, Velázquez oder Goya für sich arbeiten sowie Kunstwerke aus Flandern und Italien beschaffen ließen. Neben der Porträtmalerei bildet die Sakralkunst einen zweiten Schwerpunkt des Museums, denn nach der Säkularisierung des Kirchenbesitzes 1835 wurden ihm Werke aus Kirchen und Klöstern zugeführt. Die Bilder sind nach historischen Gesichtspunkten sowie nach Herkunft und Schulen geordnet – vor allem italienische, flämische und spanische Malerei bis zum 17./18. Jh.

Aktueller Prado-Plan

Nehmen Sie sich auf jeden Fall das stets aktualisierte Faltblatt, das im Eingangsbereich des Prado in mehreren Sprachen, auch in Deutsch, ausliegt. Es informiert über die aktuelle Anordnung der Kunst und die Zuordnung von Malern bzw. Schulen zu den einzelnen Sälen, ein roter Faden für die Besichtigung. Die Saalzuordnungen in diesem Text geben eine Grundkonstellation wieder, die sich kurzfristig ändern kann.

Die Publikumsmagneten im Hauptgeschoss

Nicht nur weil die Saalzählung im Hauptgeschoss des Edificio de Villanueva beginnt, sondern auch weil hier ›oben‹ im 1. Stock die großen Meister des *Siglo de Oro,* des Goldenen Zeitalters der spanischen Malerei, zu finden sind, macht es Sinn, dort den Rundgang von der Nordseite her zu beginnen.

Die Abteilung der **italienischen Malerei** präsentiert in den Sälen 40–44 sowie in der schönen, schlauchartigen Galerie etliche Werke von Tintoretto und von **Tizian,** dem Lieblingsmaler Karls V. So groß soll die Verehrung für den Venezianer gewesen sein, dass sich der Herrscher sogar einmal bückte, um ihm den Pinsel aufzuheben. Sein Werk »Kaiser Karl V. in Mühlberg« ist das vielleicht berühmteste Porträt des Herrschers, der – in Ritterrüstung zu Pferd, die Lanze in Angriffsposition – doch gealtert und müde wirkt. Lebensfreude und Sinnlichkeit, kraftvolle Farben und ein geradezu vibrierendes Licht, Elemente, die Tizian zum Vorbild der Barockmaler werden ließen, kommen eher in seinen Bildern mit allegorisch-mythologischen Anspielungen zum Tragen, so in »Danae, den Goldregen empfangend« und in »Bacchanal«, seinem Jugendwerk, in dem eine fröh-

CaixaFor m

Lieblingsort

CaixaForum mit ›hängendem‹ Garten

Er ist ein Blickfang: der vertikale Garten, der die Hauswand am Vorplatz grünen und blühen lässt. Wie mag er wohl bewässert werden? Die Augen wollen sich nicht lösen vom Pflanzenteppich. Doch auch das CaixaForum selbst zieht uns magisch an. Jahrzehntelang dümpelte das ehemalige Elektrizitätswerk vor sich hin, ein zweischiffiger Ziegelsteinbau, die Fenster vermauert. Bis die Schweizer Architekten Herzog & de Meuron ihn entkernten, auf Sockel stellten, die Aufzüge und Treppen enthalten, die alte Fabrik also quasi in einen Schwebezustand versetzten. Und sie verpassten ihr eine rostige Stahlhaube. Innen sind die Kunstausstellungen der Stiftung der katalanischen Bank La Caixa ein Genuss. Ebenso der Aufenthalt im Café ganz oben – mit Blick durch das filigrane Rostgewebe auf den Paseo del Prado.

CaixaForum 8 : Paseo del Prado 36, www.caixaforum.es, tgl. 10–20 Uhr, Ausstellungen 4 €.

Hauptgalerie des Prado im Villanueva-Gebäude

lich-trunkene Menschenmenge die Ankunft des Weingottes Dionysos feiert.

Spanische Barockkunst, etwa der Valencianer **Francisco Ribalta** und **Jusepe (José) de Ribera,** des aus Extremadura stammenden **Francisco de Zurbarán** (1598–1664), der durch seine Mönchsbilder und strengen Heiligengestalten bekannt wurde, sowie von El Greco und Velázquez bergen die Säle 7 bis 11.

El Greco, der aus Kreta stammende Domenikus Theotokopoulos, kam nach Aufenthalten in Venedig und Rom 1577 nach Spanien, wohl in der Hoffnung, von Philipp II. beschäftigt zu werden, doch der fand an der Malweise des ›Griechen‹ wenig Gefallen. In der Bischofsstadt Toledo war ihm mehr Erfolg beschieden (s. S. 280). El Greco war strenggläubiger Katholik, der als Maler der Gegenreformation durchaus den religiösen Geist des Goldenen Zeitalters spiegelt. Religiöse Inbrunst strahlen seine pathetischen Szenen mit ihren entrückt, ja entmaterialisiert wirkenden Figuren aus, die in ein geradezu übernatürliches Licht getaucht sind. Künstlerisch indes weisen seine Arbeiten bereits in die Moderne: Die gestreckten Proportionen seiner Gestalten lassen El Greco manchem als Vorläufer des Expressionismus erscheinen.

Rund um den Polygon (Saal 12) findet sich die weltweit einzigartige Werkschau des Hofmalers **Diego de Velázquez y Silva** (1599–1660). Vor »Las Meninas« (Hofdamen) halten Kunstfans besonders lange inne (s. Entdeckungstour S. 124).

Als weitere Künstler des spanischen *Siglo de Oro* werden im Hauptgeschoss **Bartolomé Esteban Murillo** (1617–82), der sich in zartfarbigen Variationen den Themen der Verkündigung und unbefleckten Empfängnis widmete, sowie Valdés Leal, Alonso Cano, Claudio Coello, **Juan Carreño de Miranda** – man beachte seine Variationen eines dickleibigen Kindes »Monstrua vestida« und »Monstrua desnuda« – und Pedro de Mena vorgestellt.

Die holländische und flämische Malerei im 1. Stock zeigt das Schaffen von Rembrandt, Peter Paul Rubens und Anton van Dyck. Ein Meisterwerk von **Rubens** ist das üppig-barocke »Drei Grazien«, und »Artemisia«, welche die aufgelöste Asche ihres Gatten Mausolus trinkt, ist das großartigste und ausdrucksstärkste der **Rembrandt-Bilder.**

Goya-Trakt

Nach dem Tod des letzten Habsburgers und dem Spanischen Erbfolgekrieg herrschten ab 1714 die Bourbonen im Land. Sie holten ausländische Künstler an den Hof, die das neue Königsschloss ausschmücken halfen. Zu ihnen gehörte Francisco Bayeu, künstlerischer Berater Karls III. Und Bayeu war es, der seinem Schwager Einlass bei der Madrider Gesellschaft verschaffte: dem spanischen Malergenie **Francisco de Goya y Lucientes** (1746–1828), geboren im aragonischen Dorf Fuentetodos.

Am Hof malte Goya 1775 seine ersten Wandteppichentwürfe. In der Hauptstadt befreundete er sich bald mit den spanischen Aufklärern *(ilustrados),* er erlebte den Beginn dieser Bewegung und bald danach ihren Zusammenbruch im Kampf gegen Napoleons Soldaten. Goya gelang der gesellschaftliche Aufstieg, 1799 ernannte ihn Karl IV. zu seinem Hofmaler.

Der **Südtrakt des Prado** bietet über drei Stockwerke eine eindrucksvolle Werkschau des Künstlers: Arbeiten für den Hof, für den Madrider Adel und private Bilder, die teils Goyas pessimistisches Urteil über den Zustand der Gesellschaft zeigen. Das Entrée zur Goya-Sektion ist das Bild der »Familie Karls IV.« in **Saal 32**: In prunkschimmernden Kleidern stecken dumm-derbe Köpfe. Die feinen Gewänder stehen für die zur Schau gestellte Fassade der Monarchie, die Konterfeis ihrer Repräsentanten entlarven ihr faules Wesen. Das Kind zwischen Königin und König ähnele – so spottete man damals – Manuel Godoy, Minister Karls IV. und Liebhaber seiner Gemahlin, mehr als dem König. Nach dem Velázquezschen Vorbild von »Las Meninas« brachte sich Goya links im Hintergrund als Maler mit ins Bild.

Wegen der Doppelbildnisse der liegenden Herzogin von Alba – bekleidet als »Maja vestida« und nackt als »Maja desnuda« – wurde Goya 1814 vor das Inquisitionstribunal zitiert. Das ›unzüchtige‹ Gemälde hatte man nach dem Tod der Herzogin in ihrem Palast am Cibeles-Platz gefunden. Es war wohl eine mehr als flüchtige, wenn auch nicht glückliche Liebe, die den Maler mit der schönen Duquesa verband.

In den **oberen Sälen** sind wiederum Arbeiten für den Hof zu sehen, der Goya der Teppichkartons: fröhlich-bunte Reigen, hübsche Madrider Mädchen *(majas),* spielende Kinder, Picknickszenen, Jahrmärkte der Eitelkeiten. Doch bei genauem Hinsehen finden sich auch hier sozialkritische Akzente, so in der Darstellung der Not der Bauern in »Schneefall«, Teil des Jahreszeitenzyklus für den königlichen Speisesaal.

Goyas *pinturas negras* (Schwarze Gemälde) im Erdgeschoss sind das krasse Gegenteil der fröhlichen Reigen der Teppichkartons. Der ertaubte, abgeschieden in seinem Landhaus Quinta del Sordo am Manzanares lebende Künstler bemalte die häuslichen Wände mit den dämonischen Visionen, die im Prado zu sehen sind: »Im Sand versinkender Hund«, »Zweikampf mit Knüppeln«, »Hexensabbat« und »Saturn verschlingt einen seiner Söhne«. Sie werfen ein Licht auf den Seelenzustand des Malers während der letzten Madrider Jahre und weisen ihn zugleich als Wegbereiter der modernen Kunst aus. ▷ S. 127

Auf Entdeckungstour: Velázquez und »Las Meninas« – Bildbetrachtungen im Prado

Das Schaffen von Diego de Velázquez y Silva, 1599 in Sevilla geboren, 1660 in Madrid gestorben, Hofmaler Philipps IV., markiert einen Höhepunkt der Malerei des spanischen Siglo de Oro. Zu den berühmtesten und meistbewunderten Bildern gehört das vielschichtige Werk »Las Meninas«, die Hofdamen.

Cityplan: s. S. 113
Museo Nacional del Prado 10**:** s. S. 118), Hauptgeschoss, Polygon (Saal 12) und angrenzende Räume
Zeit: 1–2 Std.
Zitat zu »Las Meninas«: aus Cees Nooteboom, Der Umweg nach Santiago, Frankfurt/M. 1992

Maler aller Maler – so nannte der Franzose Édouard Manet Diego Velázquez. Dessen kritisch-subtile Beobachtungsgabe und die schonungslos-realistische Wiedergabe einer Hofwelt, wie er sie zur Zeit Philipps IV. wahrnahm, weisen ihn als einen der genialen Künstler der spanischen Geschichte aus. Vom Herzog von Olivares wurde der in Sevilla geborene Diego Rodríguez de Silva y Velázquez, wie er mit vollständigem Namen heißt, an den Hof geholt. Hier diente er dem vorletzten Glied in der Kette der Habsburgerherrscher, die sich aufgrund inzestuöser Eheverbindungen nicht nur von Generation zu Generation einen extrem vorstehenden Unterkiefer vererbten, sondern von Mal zu Mal auch mehr degenerierten.

Der Maler machte am Hof Karriere. Er lebte in größter Nähe Philipps IV., der ihn als Porträtmaler schätzte. Velázquez bannte manche höfische Extravaganz auf die Leinwand, darunter die vom König geliebten Hofnarren und Zwerge – das närrische Gesinde, das damals zum spanischen Hof gehörte.

Bild aller Bilder …

Das Bild »Die Familie Philipps IV.« oder »Las Meninas« (Hofdamen) erhielt im Prado zu Recht einen Ehrenplatz an der Stirnwand des Polygons (Saal 12). Es entstand 1656 in Velázquez' letzter Schaffensphase, vier Jahre vor seinem Tod. Der Spiegel im Hintergrund des Gemäldes zeigt Philipp IV. und seine zweite Gemahlin Maria Anna von Österreich, denen Velázquez auch eigene Porträts widmete. Sie hängen ebenfalls hier im Prado. Maria Anna von Österreich hätte eigentlich Philipps Sohn Don Carlos (Baltasar Carlos) heiraten sollen, doch da dieser Cousin vorzeitig starb, musste sie im Alter von 15 (!) Jahren ihren Onkel ehelichen, um die habsburgische Thronfolge sicherzustellen. Die Quittung ihrer inzestuösen Heiratspolitik erhielten die Habsburger in der nächsten Generation: Mit dem kranken, geistig verwirrten und zeugungsunfähigen Karl II. endete ihre Herrschaft in Spanien. Als Velázquez »Las Meninas« malte, war dieser Karl II. noch nicht geboren. Das Bild zeigt dessen Schwester, das nach neunjähriger Ehe einzige überlebende Kind des Königspaars: Prinzessin Magarita Teresa mit engelsblondem Haar, fünfjährig, von geradezu ätherischer Zartheit. Das Ganze spielt offenbar im Atelier von Velázquez im königlichen Schloss, und es ist einiges los im Atelier: Der Maler, der sich selbst ins Bild gesetzt hat, quasi wie ein Mitglied der königlichen Familie, hält in seiner Arbeit inne und scheint nachdenklich. Eine der Hofdamen reicht der Prinzessin artig ein Gefäß mit Wasser. Ein kleiner Hofnarr am rechten Bildrand – neben einer Zwergin – tritt einen schlafenden Hund. Im Hintergrund verlässt eine Person den Raum (oder betritt ihn?) – eine Szene wie aus dem wirklichen Leben, filigran und voller Hingabe gemalt.

»Las Meninas« lohnt eine genauere Betrachtung, denn das immer wieder kopierte oder als Vorlage für eigene Werke genutzte Bild – Picasso malte etwa einen ganzen Meninas-Zyklus – bietet ein einziges vielschichtiges Verwirrspiel …

Wie Cees Nooteboom »Las Meninas« sieht

»Es ist und bleibt eine Falle, und ich bin nicht der einzige, der da hineingefallen ist. Foucault ringt damit in Die Ordnung der Dinge, Luca Giordano sagte: ›Dies ist die Theologie der Malerei‹, und Théophile Gautier rief: ›Aber wo ist das Bild?‹. Die Frage ist verständlich, denn was ich sehen, ist ein Maler, der gerade ein Bild malt, das ich nicht sehen kann. Was ich sehen

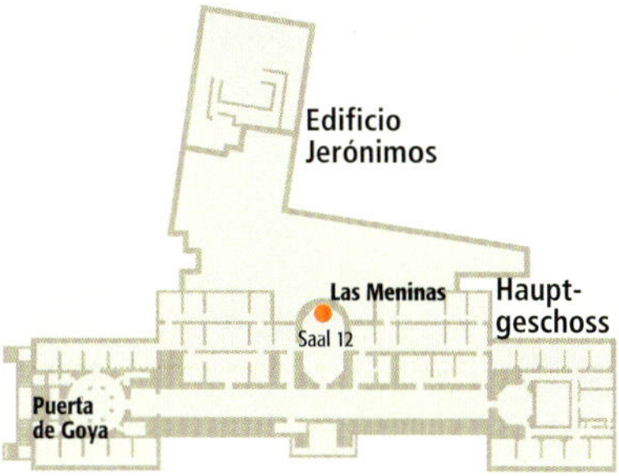

kann, ist das Bild, auf dem dieser Maler ein Bild malt, das ich nicht sehen kann, wobei er mich anschaut, den er nicht sehen kann. Ich will natürlich gern einräumen, daß er nicht mich anschaut (weil er mich nun einmal nicht sehen kann), aber als er das Bild malte, muß er gewußt haben, daß jeder Nooteboom, Foucault oder Gautier, der davorstünde, immer denken würde, der Maler sähe ihn an. Er tritt einen Schritt von dem Gemälde zurück, das er gerade malt (und das wir nie sehen werden, es sei denn, es wäre das Gemälde, das wir sehen), er hat einen langen feinen Pinsel in eine helle Farbe getaucht ..., er schaut noch kurz (auf wen?) und wird gleich weitermalen. Ich weiß das, weil er sich selbst auf dem Bild abgebildet hat, das ich sehe. Aber ist er auch auf dem Bild, das ich nicht sehe? Maler malen ihr Selbstporträt mit Hilfe eines Spiegels. Steht an der Stelle, an der ich jetzt ... stehe, ein Spiegel, in dem er sich malt? Aber er malt doch nicht das Bild, das ich sehe? Auf dem Bild, das ich sehe, malt er doch ein anderes Bild? Aber wer ist darauf zu sehen? Wen sehen außer dem Maler die drei, vielleicht fünf, mit den beiden im Spiegel insgesamt sieben anderen dann an? Nicht mich, obwohl sie doch zu mir schauen. Den König und die Königin, die sich aus der Ferne gespiegelt sehen? Aber wenn der Maler auf dem Bild, das ich nicht sehen kann, den König und die Königin malt, wie kann er sie dann hinter sich in dem Spiegel auf dem Bild gemalt haben, das ich sehen kann?

Drei, vielleicht fünf. Das Gesicht des Mannes, der hinter der wasserköpfigen Zwergin steht, liegt im Halbdunkel, so daß ich nicht genau weiß, wohin er schaut. Das gilt auch für den Mann in der hellerleuchteten Türöffnung, der der Wächter zur geöffneten Außenwelt zu sein scheint (und so zumindest die Möglichkeit eines Auswegs aus dem Labyrinth suggeriert). Aber die strahlende kleine Prinzessin, die Sonne, um die die beiden planetarischen Hofdamen *(meninas)* kreisen, sieht mich, der ich nicht da bin, an oder ihre Eltern (die dem Spiegel zufolge da sind). Was Velázquez hier am Ende seines Lebens malt, ist der Seufzer eines Kindes, ein Flaum, der sich mühelos wegpusten läßt. Und auch wenn er es nicht wußte, er wußte es doch. Mit fünfzehn wird sie Kaiserin von Österreich, und mit zweiundzwanzig ist sie tot. Aber jetzt (!) schaut sie noch, genauso wie der Maler schaut, wie der mächtige Wasserkopf schaut ...«

Trinker, Spinnerinnen, Kriegsgemälde

Neben Porträts von Philipp IV. und dessen Familie – man beachte u. a. »Prinz Baltasar Carlos zu Pferd« – und den feinfühlig gemalten Hofnarren widmete sich Velázquez auch mythologischen Themen, die er als volkstümliche Alltagsszenen darstellte. Zwei der schönsten Beispiele dieser Arbeiten sind »Die Trinker« und »Die Spinnerinnen«. Mag sein, dass sich in ihnen Einflüsse von Rubens zeigen, der sich zweimal am königlichen Hof aufgehalten hatte.

Als eines der ersten Historiengemälde der europäischen Kunstgeschichte gilt Velázquez' »Übergabe von Breda«. Das Bild hält den 5. Juni 1625 fest, als Spinola, spanischer Heerführer im langwierigen Kampf um die Niederlande, von den Holländern die Schlüssel der Stadt Breda überreicht bekommt. Doch nichts von heroischem Gestus, Spinola legt dem Unterlegenen die Hand auf die Schulter.

Den Schlussakkord in der Goya-Ausstellung setzen Darstellungen der Ereignisse des 2. Mai 1808 – des Aufstands der Madrilenen gegen die französischen Okkupanten und des ›Kampfes mit den Mameluken‹ – sowie die Erschießung der Aufständischen am folgenden Tag durch die Franzosen. In diesen Werken kündigt sich bereits eine expressionistische Malweise an.

Untergeschoss

Im Anschluss an den Goya-Trakt wird im südlichen Bereich des Villanueva-Baus spanische Malerei des 19. Jh. präsentiert, vornehmlich Landschafts- und Historienmalerei.

Jenseits des Übergangs in den Edificio de los Jerónimos staffeln sich die Säle mit italienischer, flämischer und deutscher Kunst. In der flämischen Sektion ist **Saal 56 A** einem der rätselhaftesten Maler der Geschichte gewidmet: **Hieronymus Bosch,** in Spanien El Bosco genannt, dessen Werke Philipp II. sammelte. Die spöttisch-ketzerischen Szenen mit lasziven Spukgestalten und fantastischen Unterweltfiguren, die geradezu surrealistische Momente vorwegzunehmen scheinen, beeindrucken am meisten in »Der Garten der Lüste«.

In **Saal 55B** sind aus der deutschen Schule von **Albrecht Dürer** ein »Selbstbildnis« sowie »Adam und Eva« zu sehen, von seinem Schüler **Hans Baldung Grien** »Die Lebensalter und der Tod«.

Zum Bilderkabinett der italienischen Schule gehören Meisterwerke der Renaissance von **Fra Angelico, Mantegna, Botticelli** und **Raffael.** Ein Meisterwerk Raffaels ist in der unteren Galerie »Der Kardinal«.

Der nördliche Bereich im Erdgeschoss zeigt schwerpunktmäßig Kirchenkunst, eine Reihe gotischer Retabeln und Triptychons. Bezaubernd sind die romanischen Fresken aus den kastilischen Einsiedeleien San Baudelio de Berlanga (12. Jh.) und Santa Cruz de Maderuelo (13. Jh.), in denen sich mozarabische und byzantinische Einflüsse zeigen.

Edificio de los Jerónimos

Der Übergang in das schlicht-strenge Ziegelsteingebäude von Architekt Rafael Moneo erfolgt aus dem Mitteltrakt des Villanueva-Baus oder durch den Eingang an der Rückseite des Prado. Der Edifico de los Jerónimos bietet Platz für ein Café, einen Shop und Ausstellungssäle. Fahrstühle und Rolltreppen bringen Besucher nach oben zu **Saal C,** in dem der **Kreuzgang des Jerónimos-Klosters,** dessen Stelle der Neubau einnimmt, Stein für Stein wiederaufgebaut wurde. Die Skulpturen Karls V. und Philipps II. von Leone und Pompeo Leoni kommen hier gut zur Geltung.

Rund um den Prado

Iglesia de San Jerónimo el Real 11

Moreto 4, www.sanjeronimoelreal.es, Mo–Sa 10–13, 17–20, Juli/Aug. 18–20, So 9.30–14.30, 17.30–20, Juli/Aug. 10–13.30, 18–20.30 Uhr

San Jerónimo ist das Relikt eines mittelalterlichen **Hieronymitenklosters,** das 1503, zur Zeit der Katholischen Könige, an den heutigen Platz verlegt wurde. 1808 verwüsteten die Franzosen die Kirche, kurz darauf wurde das Kloster aufgelöst, dessen Kreuzgang sich heute im Prado-Anbau befindet. Im historischen Gotteshaus schworen die kastilischen Könige, die Rechte der mittelalterlichen *cortes* zu respektieren. 1975 fand hier eine Krönungsmesse für Juan Carlos I. statt, sein Nachfolger Felipe VI. verzichtete im Jahr 2014 auf eine solche Zeremonie.

Zum Palacio del Buen Retiro

Hügelaufwärts, vorbei an der 1713 gegründeten Königlichen Sprachakademie **Real Academia de la Lengua** 12 (Felipe IV 4), die den kastilischen ›Duden‹ herausgibt, liegt der **Casón del Buen Retiro** 13 (Alfonso XII 28), eine Außenstelle des Prado mit Bibliothek, Studienzentrum, Restaurierungswerkstätten. Einst gehörte er zum königlichen Sommer- und Vergnügungssitz **Palacio del Buen Retiro,** den sich Philipp IV. ab 1631 bauen ließ, eine Vierflügelanlage, die bis auf wenige Relikte im Unabhängigkeitskrieg von den Franzosen zerstört wurde. Die neoklassizistischen Fassaden des Casón del Buen Retiro stammen aus dem 19. Jh. Die Kuppel über dem Lesesaal der Bibliothek wurde von Luca Giordano ausgemalt (Besichtigung mit Prado-Ticket So 12 Uhr, Anmeldung im Edificio de los Jerónimos, Área de Educación, 30 Min. vorher).

Ein weiterer verbliebener Trakt des Palacio del Buen Retiro, der ehemalige **Salón de Reinos** 14 (Saal der Königreiche), steht als solitäres Gebäude unweit des Casón. Es soll von Architekt Norman Foster renoviert werden.

Plaza de la Lealtad 15

An der rechten Seite des Paseo del Prado buchtet sich der runde, baumüberschattete **Platz der Treue** aus. Der 29 m hohe Obelisk und das immerwährende Feuer erinnern an den Aufstand der Madrilenen gegen Napoleon und an alle für das Vaterland gestorbenen Spanier. Steinurnen bergen die Asche der am 2. Mai 1808 in den blutigen Auseinandersetzungen mit den Franzosen Gefallenen (s. S. 76). Der Platz ist seit 1893 die Adresse der **spanischen Börse** 16, die nach dem Wiener Vorbild einen Säulenportikus hat.

Ritz und Palace

Die Belle-Époque-Paläste Ritz und Palace sind die bekanntesten Hotels der Stadt. Im **Ritz** 17 (Plaza Lealtad 5) einer 1910 von König Alfons XIII. eröffneten Luxusherberge, lassen sich Staatsgäste, Geldadel und Noblesse aus aller Welt verwöhnen. Es zählt zu den Leading Hotels of the World, und wer es kennenlernen möchte, kann gegen 16 Uhr zum Nachmittagstee in den Salon gehen oder am Sonntag zum Brunch für 80 € auf die schöne Gartenterrasse.

Diagonal gegenüber buhlt das 1913 eröffnete **Palace** 18 (Plaza de las Cortes 7) jetzt im Besitz der Hotelkette Westin, um gleichermaßen zahlungskräftige Gäste. Unter der beeindruckenden Jugendstil-Glaskuppel über der Eingangsrotunde zechten bereits Pablo Picasso, Orson Welles, Ava Gardner und Ernest Hemingway. Die Hotels schauen quasi auf den Gott des fließenden Wassers inmitten der Plaza de Cánovas del Castillo: auf den **Neptunbrunnen** 19 aus dem 18. Jh.

Museo Thyssen-Bornemisza ! 20

Paseo del Prado 8, www.museothyssen.org (mit App zum Herunterladen), Mo 12–16 Eintritt frei, Di–So 10–19 Uhr, 12/8 €, Kinder bis 12 Jahre gratis, Paseo-del-Arte-Ticket 29,60 €, Audioguide 4 €, Ausstellungen 9–11 €; im Sommer Terrassenrestaurant Mirador del Museo im 5. Stock, www.elmiradordelthyssen.com, Di–Sa 20.30–1.30 Uhr

Im Palacio de Villahermosa, einem klassizistischen Adelspalast aus dem 18./19. Jh., ist seit 1992 die Sammlung von Baron Hans-Heinrich Thyssen-Bornemisza zu sehen, der wie sein Vater Heinrich Thyssen leidenschaftlicher Kunstsammler war. Mag sein, dass Madrid diese hochdotierte Privatsammlung erhielt, weil Thyssen-Bornemiszas Frau Carmen Cervera Spanierin ist. Wie auch immer: Der Bilderschatz fügt sich bestens in die Kunstmeile Paseo del Prado ein. Die lachsrosa getünchten Räume des einstigen Adelspalasts bilden einen würdigen Rahmen für die Kollektion – die Harmonie von Raum und Kunst fällt auf. Die Sammlung umfasst Werke abendländischer Kunst des 13. bis 20. Jh., mit Schwerpunkt auf französischen Impressionisten und deutschen Expressionisten. Wer den Rundgang in Saal 1 im 2. Stock beginnt und im Erdgeschoss in Saal 48 beendet, erlebt einen didaktisch gut aufbereiteten Gang durch die Geschichte der Malerei.

Sammlung Thyssen (2. Stock)

Beginnend mit frühen italienischen Meistern, präsentieren die **Säle 1–4** vorwiegend mittelalterliche religiöse Kunst. Unter den Porträts der Frührenaissance in **Saal 5** fallen neben Hans Holbeins d. J. »Bildnis des Königs Heinrich VIII. von England« Meisterwerke von Antonello da Messina, Piero della Francesca und Hans Memling auf.

Saal 7 stellt die italienische Malerei der Hochrenaissance vor, **Saal 8 und 9** sind mit Exponaten von Lucas Cranach d. Ä. – darunter ein Porträt Karls V. –, Albrecht Dürer und Hans Baldung Grien der deutschen Malerei des 16. Jh. gewidmet. Die Bilder von Tizian, Jacopo Tintoretto und El Greco in **Saal 11** leiten zum italienischen Frühbarock und zu den spanischen Malern des *Siglo de Oro* über, die mit Jusepe de Ribera, Francisco de Zurbarán sowie Bartolomé Esteban Murillo **(Säle 12, 14, 15)** gut vertreten sind. Canalettos Venedig-Ansichten sind in **Saal 17** zu sehen. Umfangreich ist die Sammlung flämischer und holländischer Malerei des 17. Jh., die im 2. Stock **(Säle 19–21)** mit Porträts und religiösen Themen beginnt.

Sammlung Thyssen (1. Stock)

Im 1. Stock setzt sie sich mit Genreszenen, Landschaften und Stillleben fort **(Säle 22–27).** Es folgen französische, amerikanische und englische Gemälde des 18./19. Jh. In **Saal 31** hängt der »Ostermorgen« von Caspar David Friedrich, einem Vertreter der deutschen Romantik. Die Franzosen sind u. a. durch Gustave Courbet und Camille Corot vertreten, und vom Spanier Francisco de Goya y Lucientes, der als Bindeglied zur modernen Malerei gilt, hängen hier drei Spätwerke.

In der Sammlung impressionistischer und spätimpressionistischer Malerei **(Säle 32, 33)** fehlt kein wichtiger Künstlername: Pierre-Auguste Renoir, Claude Monet, Édouard Manet, Camille Pissarro, Pierre Bonnard, Edgar Degas, Henri de Toulouse-Lautrec, Vincent van Gogh, Paul Gauguin und Paul Cézanne.

Mindestens ebenso bedeutend ist der Bilderschatz, der ins 20. Jh. führt: Werke von Oskar Kokoschka, Henri Matisse, Edvard Munch, Emil Nolde, Egon Schiele, Erich Heckel, Ernst Ludwig Kirchner, Max Pechstein, Karl Schmidt-Rottluff, Otto Müller, Lyonel Feininger, Wassily Kandinsky, August Macke, Franz Marc, Max Beckmann, Otto Dix und George Grosz in den **Sälen 35–40.**

Sammlung Thyssen (Erdgeschoss)

Die **Säle 41–44** zeigen Künstler der experimentellen Avantgarde: russische Gemälde von El Lissitzky, Ljubow Popowa, Ivan Kliun und Ilja Tschaschnik, aber auch Werke von Piet Mondrian, Kurt Schwitters, Georges Braque, Juan Gris, Fernand Léger und nicht zuletzt Pablo Picasso. Den Abschluss bildet die klassische Moderne mit Max Ernst, Wassily Kandinsky, Paul Klee, Marc Chagall, Fernand Léger, René Magritte, Joan Miró, Pablo Picasso und Salvador Dalí sowie den Nordamerikanern Georgia O'Keeffe, Jackson Pollock, Mark Rothko, Arshile Gorky, Mark Tobey, Edward Hopper oder dem niederländisch-amerikanischen Maler Willem de Kooning.

Sammlung Carmen Thyssen-Bornemisza, Säle A–P

Die Privatsammlung von Carmen Cervera, der Witwe des Barons, ergänzt die Thyssen-Kollektion. Im 2. Stock (auch von Saal 18 des Palacio de Villahermosa zu erreichen) beginnt man mit Bildern des 17. Jh. Von der Landschaftsmalerei, Stillleben und Genreszenen des 17. bis 19. Jh. spannt sich der Bogen bis zum Naturalismus und frühen Impressionisten. Die Säle im 1. Stock stellen Spätimpressionismus und Avantgarde vor: Deutsche Expressionisten, Fauvisten, der Kubismus und andere abstrakte Kunstformen sind vertreten.

Oberer Paseo del Prado

Die Wasserspiele mit den mythologischen Gestalten Neptun und Kybele bildeten einst die Endpunkte des sogenannten Salón del Prado, der guten Stube Madrids. Dazwischen wird der **Fuente de Apolo** 21 (Apollobrunnen) gern übersehen – ein Schmuckstück mit aufwendigem Bildprogramm: den Gott des Lichtes und der Musen umgeben Darstellungen der vier Jahreszeiten.

Museo Naval 22

Paseo del Prado 5, www.armada.mde.es/museonaval, Di–So 10–19, Aug. 10–15 Uhr, 3 €, Personalausweis erforderlich

Wirklich beeindruckend sind im **Marinemuseum** die historischen Schiffsmodelle, Galionsfiguren und diversen Navigationskarten. Ein kartografisches Meisterwerk ist die um 1500 angefertigte erste Weltkarte von Juan de la Cosa, der Kolumbus bei dessen zweiter Reise nach Amerika begleitet hatte.

Museo Nacional de Artes Decorativas 23

Montalbán 12, www.mecd.gob.es/mnartesdecorativas, Di–Sa 9.30–15, Do außer Juli/Aug. auch 17–20, So, Fei 10–15 Uhr, 3/1,50 €, Sa ab 14 Uhr, So, Do nachmittags Eintritt frei

Spanische Wohn- und Lebenskultur präsentiert dieses Kunstgewerbemuseum. In einem fünfstöckigen Adelspalast des 19. Jh. wandelt man durch Schlaf-, Wohn- und Küchenräume, die historische Wohnstile verschiedener Regionen und Epochen vorstellen. Die Keramik- und Azulejos-Kollektion dokumentiert das hohe Niveau dieser Kunst auf der Iberischen Halbinsel. Eine valencianische Küche aus dem 18. Jh., im oberen Stock, ist mit Kacheln aus Manises ausgeschlagen, deren Motive Szenen des häuslichen Lebens wiedergeben. Ähnlich kunstvoll wie die Keramik ist das ebenfalls durch maurische Einflüsse geprägte spanische Lederhandwerk. Darüber hinaus sind unzählige Einzelstücke spanischer Dekorkunst versammelt: Glasgefäße, Holzplastiken und *artesonados* – geschnitzte Holzdecken im Mudéjarstil –, Kinderspielzeug, Gobelins, Teppiche, Stickarbeiten, Schmuck und Fächer.

Plaza de la Cibeles

Die Kunstmeile Paseo del Prado endet am Wahrzeichen Madrids, der **Fuente de Cibeles** 24 aus dem 18. Jh. Kybele, die Göttin der Fruchtbarkeit, die große Mutter der Erde, sitzt auf einem Wagen, der von Löwen gezogen wird. Francisco Gutiérrez schuf die weiße Marmordame, der Franzose Robert Michel meißelte das Löwengespann. Sie ist der ruhende Pol inmitten des hektischen Verkehrs rundherum und thront majestätisch über dem rauschenden Wasser. Kybele blickt Richtung Stadtzentrum in die Calle de Alcalá und bildet einen harmonischen Auftakt zur dortigen

Der Cibeles-Brunnen ist eines der Wahrzeichen Madrids

Fassadenphalanx der Belle Époque. Übrigens: Kulturgut hin, Kulturgut her – nach siegreichen Spielen von Real Madrid blasen die Fans zum Sturm auf die Göttin, trotz strikten Verbots.

Ein Kranz prachtvoller Bauwerke umgibt die göttliche Brunnendame: der **Banco de España** 25 (Bank von Spanien), ein Neorenaissancebau vom Ende des 19. Jh.; der 1769 bis 1777 errichtete, in Gartenanlagen versteckte Palacio de Buenavista, einst Besitz der Herzogin von Alba, heute **Cuartel General del Ejército** 26 (Hauptquartier des Heeres); der neobarocke Palacio de Linares aus der zweiten Hälfte des 18. Jh., der Madrids Amerikahaus beherbergt, die der Förderung lateinamerikanischen Kulturschaffens gewidmete **Casa de América** 27 (hauseigenes Restaurant mit schöner Gartenterrasse).

Auffallendstes Gebäude ist jedoch das 1917 eröffnete Post- und Telegrafenamt mit seiner dem Platzrund angepassten Fassade im Zuckerbäckerstil. Mit ironischem Unterton nannten es die Madrilenen früher Nuestra Señora de las Comunicaciones, Unsere Liebe Frau der Kommunikation, denn das Gebäude hat mit seinen Türmchen und der Protzarchitektur tatsächlich etwas von einer ›Kathedrale‹. Nach aufwendiger Renovierung zog in den **Palacio de Cibeles** Madrids Bürgermeister mitsamt **Rathaus** 28 ein. Neben dem flächenmäßig geschrumpften Postamt birgt der Bau das **Kulturzentrum CentroCentro.** Auf mehreren Etagen rund um die beeindruckende Empfangshalle werden Ausstellungen präsentiert, es gibt einen Lesebereich mit internationaler Presse, Restaurants und eine *cafetería*. Im 6. Stock liegt der Zugang zum Aussichtsturm und zur Terrassen-Bar (www.centrocentro.org, Di–So 10–20, Aussichtsturm/Mirador 10.30–13.30, 16–19 Uhr, 2 €, Kinder unter 12 Jahren 0,50 €).

Puerta de Alcalá 29

Die nahe Plaza de la Independencia (Unabhängigkeitsplatz) schmückt ein Triumphbogen von 1779: ▷ S. 135

Auf Entdeckungstour:
Parque del Retiro – Madrids Stadtgarten

Der schönste aller Gärten sei der Retiro, so der Madrider Dichter Gómez de la Serna. Wer wollte ihm widersprechen. Die einst den spanischen Königen vorbehaltenen Anlagen übergab die republikanische Regierung 1873 dem Volk. Und dieses nutzt und genießt seinen Stadtgarten, der allerlei Raritäten birgt, intensiv.

Cityplan: s. S. 113, 30 – 39

Infos: Im Stadtpark befindet sich der Centro de Educación Ambiental El Huerto del Retiro, April–Sept. Di–So 10–14, 17–19.30, Okt.–März Di–Fr 9–14, 15.30–18, Sa/So, Fei 10–14, 15.30–18 Uhr. Hier erhält man einen guten Plan des Areals, in dem die wichtigsten Sehenswürdigkeiten sowie ein botanischer Lehrpfad eingezeichnet sind.

Der Retiro ist eine grüne Naturinsel mitten im Großstadtmuster von Beton, Asphalt, Verkehrschaos und schlechter Luft – und eine feste Institution im Sozialleben der Stadt. Vor allem an Sonntagen scheint sich halb Madrid auf der 120 ha großen Grünfläche ein Stelldichein zu geben: Spaziergänger und Jogger, Sonnenanbeter und Liebespaare, Alt und Jung zieht es in den Park. Rund um den künstlichen See (Estanque) in seiner

Mitte, wo man sich zu Bootspartien trifft, geht es besonders lebhaft zu: Zauberer und Kartenleger, Straßenkünstler und Musikanten mischen sich unters Volk, *gitanas* lesen für ein paar Münzen aus der Hand, und wer auf die Schnelle eine asiatische Massage haben möchte, erhält sie hier auch. Fliegende Händler verkaufen Eis, Chips oder die beliebten *pipas* (Sonnenblumenkerne).

Im Retiro finden alle ihren Platz und ihr Vergnügen. Liebhaber klassischer Konzerte zieht es sonntags zum Musikpavillon (Templete de Música), wo um 12 Uhr das Stadtorchester aufspielt. Für Kinder gibt es im Teatro de Títeres (Puppentheater) samstags, sonntags und feiertags Gratisaufführungen. Schach-, Domino- und Kartenspieler treffen sich am Häuschen des Club de Amigos del Buen Retiro.

Ein Blick zurück ...

Philipp IV. ›retirierte‹ einst gern von den Hofgeschäften in sein königliches Sommerschloss Palacio del Buen Retiro, das sich am Rand des heutigen Parkgeländes befand (s. S. 128). Für den spanischen Adel und ausländische Gäste wurden hier allerlei Feste gegeben und Theaterstücke inszeniert. Auf dem See und einem damals abzweigenden Kanal veranstaltete man Gondelfahrten und das riesige Parkareal diente der Jagd. Doch den königlichen Sommervergnügen bereitete der Unabhängigkeitskrieg gegen Napoleons Soldaten zu Beginn des 19. Jh. ein Ende, das Schloss wurde ebenso ein Opfer der Ereignisse wie die königliche Porzellanmanufaktur Fábrica del Buen Retiro. Seit der Ausrufung der Ersten Republik 1873 ist der Retiro öffentlich zugänglich. Eine Armee von Gärtnern ist mit der ständigen Pflege dieser von einem schmiedeeisernen Zaun eingefassten grünen Insel beschäftigt, damit dieses Stück urbaner Lebensqualität erhalten bleibt. Alle, die sich einen Garten wünschen und keinen haben, finden hier den schönsten aller Gärten überhaupt, so der Dichter Gómez de la Serna. Wie recht er doch hat ...

Auf zum See!

Egal durch welches Tor man das umzäunte Areal betritt – irgendwie führen alle Wege zum **Estanque** 30, dem als Rechteck angelegten künstlichen See. Wer eine Ruderpartie antreten möchte, geht zum *embarcadero* an der Nordseite. Leseratten und Sonnenanbeter steuern die Treppen am **Monument für Alfons XII.** 31 an. Von seinem Podest, umgeben von einer halbkreisförmigen Säulenhalle, von mächtigen Löwen flankiert, beherrscht der König seit dem Jahr 1922 den Estanque. Die Treppenstufen zu seinen Füßen sind immer bevölkert. Begehrt sind auch die Plätze in den Freiluftcafés am See, die im Schatten der Bäume erfrischenden *granizado* (zerstoßenes Eis mit Zitronensirup), *horchata* (Erdmandelmilch) und andere Getränke und Kleinigkeiten servieren.

Drei-Brunnen-Route

Der Retiro ist nicht irgendein Park, er entstand als Erholungsareal für die spanischen Könige. Kein Wunder also, dass allerlei aufwendige Skulpturen und Wasserspiele das Areal schmücken. Entlang der Hauptpromenade durch den Park kommt man an den schönsten vorbei: Galápagos-Brunnen und Artischockenbrunnen markieren die Endpunkte des Paseo Salón del Estanque. Wasserspeiende Kröten und Schildkröten und Putten im Kampf mit Delfinen schmücken die **Fuente de los**

Galápagos 32. Die **Fuente de las Alcachofas** 33 geht auf einen Entwurf des Architekten Ventura Rodríguez zurück, der dem aufgeklärten Herrscher Karl III. diente. Molch und Nereide halten das Stadtwappen, Kinder stützen eine geöffnete Artischocke (span.: *alcachofa)* – die allegorische Lobpreisung des Wassers als Lebensquell, der Kindheit als goldenes Lebensalter und der Heilkraft der Pflanzen. Der berühmteste Brunnen ist zweifellos die **Fuente del Ángel Caído** 34 (Brunnen des Gefallenen Engels) von Ricardo Bellver aus dem Jahr 1885. Er stellt die Vertreibung Luzifers aus dem Paradies dar und ist wohl das einzige dem Teufel gewidmete Monument – in einem katholischen Land.

Botanische Raritäten

Naturliebhaber sollten sich viel Zeit für den Retiro nehmen. Denn die vielen seltenen Pflanzen und teils aus den Kolonien stammenden Baumarten bilden einen regelrechten Paradiesgarten. Ein Botanischer Lehrpfad verbindet die außergewöhnlichsten Gewächse; sie sind jeweils mit Erläuterungstafeln (auf Spanisch und Englisch) versehen.

Dem ältesten Baum des Retiro und der ganzen Stadt gebührt in jedem Fall ein Besuch: Der knapp 400 Jahre alte **Ahuehuete** 35 steht im Parterre, einer unter Philipp V. angelegten, französisch inspirierten Gartenanlage, und ist dank seiner Größe leicht auszumachen. Wie Kandelaber ragen die Stämme vielarmig in die Höhe. Von den Ästen hängen mit weichen Nadeln besetzte dünne Zweige wie Bindfäden herab. Beim Ahuehuete – das Wort stammt aus der Nahuatl-Sprache – handelt es sich um eine Mexikanische Sumpfzypresse *(Taxodium mucronatum),* auch Montezuma-Zypresse genannt. Sie ist der Nationalbaum Mexikos, wo es mehrtausendjährige Exemplare geben soll – einige der ältesten Bäume der Welt–, mit Umfängen von über 50 m.

Kunst im Grünen

Das südlich des großen Sees gelegene Areal wurde Ende des 19. Jh. wie ein Landschaftsgarten gestaltet – mit einem kleinen See und zwei schönen Ausstellungspavillon, die heute dem Museo Nacional Centro de Arte Reina Sofía unterstehen: der **Palacio de Velázquez** 36 aus dem Jahr 1883, der mit seinem Kachelschmuck an andalusische Bauweisen erinnert, und der **Palacio de Cristal** 37 aus dem Jahr 1887. Dessen Glasfassade spiegelt sich romantisch in einem Wasserbecken.

Ein Hügel der Trauer und ein königliches Wasserschöpfrad ...

Der **Bosque del Recuerdo** 38 nahe den städtischen Sportanlagen La Chopera erinnert an die 192 Menschen, die am 11. März 2004 ihre letzte ›Reise‹ in einem der Madrider Vorortzüge unternahmen und Opfer eines Terroranschlags wurden (s. S. 79, 110): ein aufgeschütteter Hügel, umgeben von einem Wassergraben, bepflanzt mit Ölbäumen und Zypressen, zwischen denen sich ein Weg nach oben schraubt.

Von diesem Ort des Gedenkens ist es nicht weit zu einem kargen Relikt der namhaften königlichen Porzellanmanufaktur, deren Produkte heute im Schloss und in verschiedenen Museen zu bewundern sind, der Fábrica del Buen Retiro. Die **Noria** 39 versorgte die Fabrik als hydraulische Anlage mit Wasser.

Die von Sabatini errichtete Puerta de Alcalá, eine Erinnerung an die ersten 20 Jahre Herrschaft des aufgeklärten Königs Karl III., steht über der Ausfallstraße nach Alcalá de Henares inmitten eines Wegekreuzes. Nach Norden zweigt die Nobeleinkaufsmeile Calle de Serrano ab. Am Platz liegt ein Eingang in den Retiro.

Essen & Trinken

Ganz so wie anno dazumal – **Bodegas Rosell** 1: s. Unser Tipp S. 111.
Ein Brötchen auf die Hand – **El Brillante** 2: Plaza del Emperador Carlos V 8, im Hotel Mediodía, Metro: L 1 Atocha, tgl. 6.30–0.30 Uhr. 80 000–100 000 kg *calamares,* in Kichererbsenmehl gewendet und dann in Olivenöl frittiert, werden hier alljährlich zwischen die Brötchen (5,80 €, *mini* 3,30 €) geschoben, für die mancher Madrilene eigens den Weg hierher antritt.
Pur genießen – **Estado Puro** 3: s. S. 39.
Beim Radio-Starkoch zu Gast – **Viridiana** 4: s. S. 35.
Entspannt – **Kioskos im Retiro** 5: ca. 10 Uhr bis Sonnenuntergang. Es sind einfache Kioske mit Außenterrassen, doch sind die Plätze direkt am See beliebt. Zum Café, einem *granizado,* einer *horchata* oder einem Bier schaut man im Schatten der Bäume auf den Estanque, auf dem immer etwas los ist.
Traditions-Tapas und Meeresfrüchte – **La Castela** 6: Doctor Castelo 22, Tel. 915 73 55 90, www.lacastela.com, Metro: L 9 Ibiza, Restaurant Mo–Sa 14–16, 21–24 Uhr, ca. 35 €, Taverne Mo–Sa 12–16, 19.30–0.30, So 12–16 Uhr. In den 1920er-Jahren wurde in diesen Räumlichkeiten Wein verkauft, heute verwöhnt die *bodega* mit leckeren Tapas und *raciones,* Bier und Wein ihre Gäste, denen es nichts ausmacht zu stehen, die wenigen Tische sind meist besetzt. Der Barraum mit alten Kacheln und Zinktheke hat Charme.

Einkaufen

Geschenke mit Kunstmotiven – **Museumsshops** im Centro de Arte Reina Sofía, Prado und Thyssen-Museum: mit Kunstmotiven bedruckte Schals, Tücher, T-Shirts und Krawatten, Schmuck, Gläser, Schalen und Geschirr, Notizblocks, Bleistifte sowie allerlei Postkarten, Poster, Kunstplakate und Bücher.
Nicht nur für Bücherfans – **Cuesta de Claudio Moyano** 1: Auch für Nicht-Leser ist der Spaziergang über diese verkehrsfreie Gasse zwischen Botanischem Garten und Landwirtschaftsministerium entlang der hölzernen *casetas,* der rustikal anmutenden Buchkioske, ein Genuss. Bücher aus zweiter Hand, Raritäten, Neuerscheinungen.

Aktiv

Bötchen fahren – **Ruderbootverleih/Barco Solar** 1: Retiro-See, Tel. 915 74 40 24, tgl. 10–17.30 Uhr bzw. bis Sonnenuntergang, 6 €, Sa/So, Fei 8 € für 45 Min.; Fahrt mit dem solarbetriebenen Barco Solar (Kapazität: 30 Pers.) Di–So 10–14, 16 Uhr bis Sonnenuntergang, ca. 15 Min., 2 €/Pers.
Radverleih – **27 Bikes** 2: s. S. 59 Gut für Touren im Stadtpark.

Abends & Nachts

Junges Publikum – **Kapital** 1: s. S. 52.
Salsa tanzen – **Azúcar** 2: Atocha 107, Tel. 915 01 61 07, Metro: L 1 Atocha, Di–Sa 23.30–5.30/6 Uhr, Eintritt ab 10 €. Die Disco ist bei Liebhabern lateinamerikanischer Musik (Salsa, Bachata und Merengue) angesagt.

Das Beste auf einen Blick

Puerta del Sol, Calle de Alcalá, Gran Vía

Highlight!

Calle de Alcalá: Belle Époque vom Feinsten, die Parade der Banken steht für das Selbstbewusstsein einer reichen bürgerlichen Elite, die der Stadt zu Beginn des 20. Jh. mit Prunkbauten ihren Stempel aufdrückte. S. 138

Auf Entdeckungstour

Puerta del Sol – am Puls der Stadt: Sie ist das Zentrum der Stadt und als berühmter Kilometer Null zugleich das Zentrum des ganzen Landes. Auf diesem Platz, von den Madrilenen kurz Sol genannt, fühlt man von frühmorgens bis zum Sonnenuntergang den Puls der Metropole. Die Puerta del Sol ist Wegstation für Eilige, Magnet für Müßiggänger – und Madrids Platz des politischen Protestes. Besucher sollten diesen Platz nicht einfach links liegen lassen ... S. 140

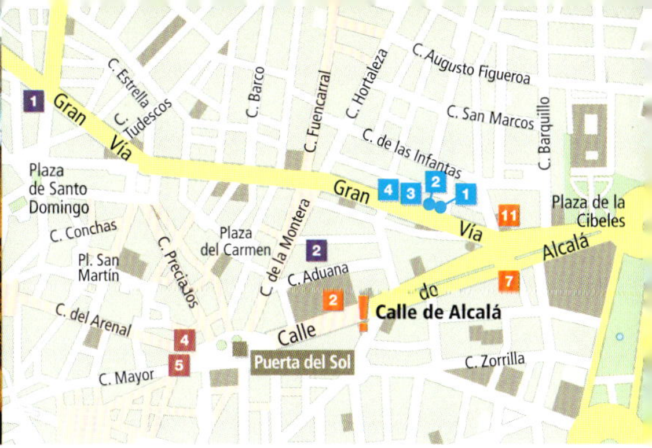

Kultur & Sehenswertes

Real Academia de Bellas Artes de San Fernando: Eine kleine feine Kunstsammlung – im Grunde eine Art Mini-Prado. Denn die Künstler des *Siglo de Oro* sind hier mit spannnenden Werken vertreten. 2 S. 139

Iglesia de San José: Zwischen all den Prunkbauten der Calle de Alcalá mutet die kleine Kirche wie ein Relikt aus einer anderen Zeit an. 11 S. 145

Aktiv unterwegs

Multifunktionale Dachterrasse: Ganz oben auf dem Hotel Emperador hat man die Wahl zwischen einer erfrischenden Runde im Pool oder einem Sonnenbad – und dazu interessante Ausblicke über die Dächer von Madrid. 1 S. 151

Die Stadt erradeln: Bei Trixi bekommt man gepflegte Räder, auf denen man sich davonmacht. Oder Sie schließen sich einer geführten Tour an. 2 S. 151

Genießen & Atmosphäre

Café des Círculo de Bellas Artes: Der stilvolle Café-Salon ist ein Schaufenster zur Gran Vía. Man sollte auch zur Dachterrasse des Vereins der Schönen Künste hinauffahren, schon wegen des tollen Blicks über die Stadt. 7 S. 146

Casa Labra: Der Stockfisch, den man in kleinen Portionen im Stehen am Tresen verzehrt, ist wirklich gut. 4 S. 150

Café La Mallorquina: Von den Fenstern im 1. Stock hat man den besten Blick über die Puerta del Sol. 5 S. 150

Abends & Nachts

Auf einen Cocktail: Das Museo Chicote besuchte schon Hemingway. Nur ein paar Schritte entfernt gibt es drei weitere Cocktailbars, eine von ihnen ist auf dem Dach und serviert wird dort aus einem Foodtruck. 1 – 4 S. 51

Das neue Zentrum: Prachtboulevards und Shoppingmeilen

Der eindeutige Referenzpunkt und Inbegriff der Madrider City ist die Puerta del Sol (s. Entdeckungstour S. 140). Der Platz, ein Halbrund, dem man das architektonische Kleid des 19. Jh. verpasste, liegt am Ostrand des ursprünglichen Stadtkerns, der auch als Madrid der Habsburger bezeichnet wird. Nach Westen zweigen vom Platz die Calle Mayor und die Calle del Arenal ab, sie durchschneiden die ältesten Stadtviertel und führen Richtung Königsschloss am äußeren Westrand der Altstadt. Nach Osten schafft der Prachtboulevard Calle de Alcalá die Verbindung zum Paseo del Prado, der am schönen Cibeles-Brunnen erreicht ist, und führt dann – an Retiro-Park und Madrids ›Stierkampfkathedrale‹ vorbei – stadtauswärts Richtung Alcalá de Henares. Die Gassen nördlich des Platzes bilden als Fußgängerzonen eines der wichtigsten Madrider Einkaufsviertel. Die Geschäfte rund um die Puerta del Sol und auch in den Calles Preciados, Carmen oder Montera haben teils sogar an Sonn- und Feiertagen geöffnet. Letztgenannte Straßen münden in einen zweiten großen Boulevard, die Gran Vía.

Diese Stadtboulevards, seit Ende des 19. Jh. als Geschäfts- und Flaniermeilen angelegt, säumt eine schmucke Fassadenphalanx mit Erkern, Türmchen und Figuren. Ein Stück Vorzeige-Madrid. Doch rundherum taucht man unvermittelt in Altstadtgassen ein, in denen eine andere Welt und eine andere Zeit das Sagen zu haben scheinen. In welche der nördlich von der Gran Vía abzweigenden Gassen man auch einbiegt, das Ambiente wechselt relativ abrupt. Hier findet sich ein Stück altes Madrid, das in den letzten Jahren allerdings stark aufgehübscht wurde. Kaum finden sich noch die früheren zwielichtigen Ecken, kaum noch trifft man die alten Tante-Emma-Läden an.

Infobox

Reisekarte: ▶ H–K 12–13

Erkundung
Es bietet sich an, von der Puerta del Sol (Metro: L 1, 2, 3 Sol) aus die Stadtboulevards Calle de Alcalá und Gran Vía sowie deren Umgebung zu erkunden. Für einen solchen Spaziergang sollte man ohne Besichtigungen/Museumsbesuche ca. 3 Std. einkalkulieren.

Calle de Alcalá!

Dieser Boulevard folgt einem historisch gewachsenen Weg: Aufgrund eines königlichen Dekrets von 1481 diente er als Cañada Real, als Viehtriebsweg der kastilischen Wanderschäfer, die Madrid mit ihren Herden legal und geordnet auf dem Weg zu den Winterweiden im Süden passieren durften. Das Dekret gilt bis heute, einmal im Jahr, Ende Oktober, ziehen Schafe durch die Straße und kacken sie voll. Selbst die luxuriösen Fassaden der Gebäude, die bis zur Finanzkrise überwiegend Banken beherbergten, flößen ihnen keinen Respekt ein.

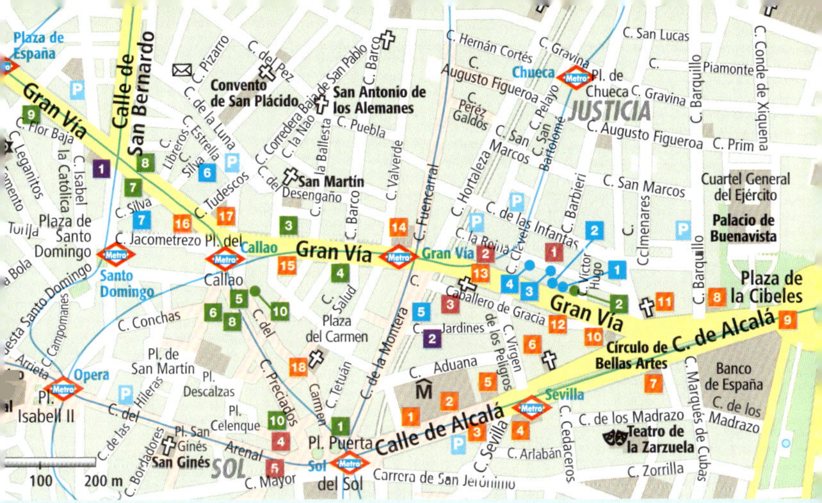

Puerta del Sol, Calle de Alcalá, Gran Vía

Sehenswert

1 Casa de la Aduana
2 Real Academia de Bellas Artes de San Fernando
3 Palacio de la Equitativa
4 Consejería de Medio Ambiente y Ordinación del Territorio
5 Casino de Madrid
6 Iglesia de las Calatravas
7 Círculo de Bellas Artes
8 Instituto Cervantes
9 Plaza de la Cibeles
10 Edificio Metrópolis
11 Iglesia de San José
12 Edificio Grassy
13 Oratorio del Caballero de Gracia
14 Telefónica
15 Palacio de la Música
16 Cine Capitol
17 Palacio de la Prensa
18 Iglesia del Carmen

Essen & Trinken

1 La Barraca
2 Angelita
3 La Gloria de Montera
4 Casa Labra
5 Café La Mallorquina

Einkaufen

1 Casa de Diego
2 Loewe
3 Zara
4 Casa del Libro – Espasa Calpe
5 FNAC
6 La Central
7 Jacinto Rodríguez
8 Camper
9 El Cántaro
10 El Corte Inglés/ Gourmet Experience

Aktiv

1 Hotel Emperador/Pool
2 Trixi Madrid, Radverleih

Abends & Nachts

1 The Mint Roof
2 Museo Chicote
3 Bar Cock
4 Del Diego
5 El Sol
6 Josealfredo
7 Larios Café

Casa de la Aduana 1

Alcalá 5

Das älteste Gebäude der Straße ist die Casa de la Aduana, 1769 vom Italiener Francisco Sabatini errichtet, dem späteren Lieblingsarchitekten Karls III. Heute ist das einstige Zollhaus Sitz des Finanzministeriums. In der schlichten neoklassizistischen Fassade prunkt ein aufwendiger Portalrahmen (Nachbildung) des Barockkünstlers Pedro de Ribera.

Real Academia de Bellas Artes de San Fernando 2

Alcalá 13, www.realacademiabellasartessanfernando.com, ▷ S. 143

Auf Entdeckungstour:
Puerta del Sol – am Puls der Stadt

Sie ist das Zentrum der Stadt und als Kilometer Null auch Zentrum des Landes. Auf diesem Platz, von den Madrilenen kurz Sol genannt, fühlt man von frühmorgens bis zum Sonnenuntergang den Puls der Metropole. Die Puerta del Sol ist Wegstation für Eilige und ein Magnet für Müßiggänger. Sie ist ebenso das Ziel von Demonstrationen, von Jugendprotesten und Sitzstreiks gegen die Folgen der Krise.

Cityplan: s. S. 139
Zeit: ca. 1 Std. einplanen
Anfahrt: Metrostation Sol

Die Puerta del Sol ist der Mittelpunkt Madrids – dies nicht nur verkehrsstrategisch, als Wegekreuz von zehn einmündenden Straßen, als Bushaltestelle und unterirdische Schaltstelle im Geflecht der Metrolinien, sondern auch als historisches, politisches und soziales Ereignisfeld. Einst stand hier das Sonnentor der mittelalterlichen Stadtmauer, das sich zur aufgehenden Sonne öffnete. Als im 16. Jh. die gesamte Stadtbefestigung abgerissen wurde, verschwand mit ihr die Puerta del Sol, an die nur noch der Name erinnert. 1861 erhielt der Platz seine heutige Gestalt: Er wurde von einem Halbrund harmonisch-uniformer Fassaden eingefasst; die ältere Casa de Correos, die alte Post, blieb erhalten.

Obwohl die Puerta del Sol unter architektonischen Gesichtspunten nicht mit der nahen älteren Plaza Mayor konkurrieren kann, ist sie doch ein Inbegriff und Symbol der Madrider Stadtlandschaft. Täglich strömen hier Hunderttausende Menschen aus den Metroschächten, man sieht Angestellte zu ihren Banken eilen, Bettler, Taschendiebe, die trotz Polizeipräsenz ihrem Handwerk nachgehen, Immigranten aus allen Teilen der Welt, die sich zum Plausch treffen, und Madrid-Besucher, für die der Platz zum obligatorischen Besichtigungsprogramm gehört. Seit dem 15. Mai 2011, seit die jungen Leute der Bewegung ›15M‹ hier ihre Zelte aufschlugen, ist die Puerta del Sol auch ein Symbol des spanischen Jugendprotestes gegen Zukunftslosigkeit, und es vergeht kaum eine Woche ohne Protestaktionen auf dem Platz. Eine Umfrage aus jüngster Zeit ergab übrigens, dass sich die Madrilenen für ihren Zentrumsplatz ein wenig mehr Grün und Sitzgelegenheiten wünschen.

Die alte Post

Seit jeher ist die Puerta del Sol Schauplatz wichtiger politischer Ereignisse, von der Ausrufung der Zweiten Republik 1931 bis zu den Demonstrationen, die hier heute stattfinden. Und zwar vor der 1768 errichteten **Casa de Correos** (Postgebäude), dem Sitz der Regierung der Comunidad Autónoma de Madrid. Unter Franco war das Ziegelsteingebäude Domizil der berüchtigten Sicherheitspolizei. Zu beiden Seiten des Portals erinnern Gedenktafeln an tragische Momente der Stadtgeschichte: an die Erschießung der Madrilenen, die sich Napoleons Truppen am 2. Mai 1808 widersetzten (s. S. 76), sowie an die Opfer des 11. März 2004 (s. S. 79) und die Solidarität und zupackende Hilfsbereitschaft der Stadtbewohner angesichts dieses düsteren Ereignisses. Auf den Uhrturm, der dem Gebäude im 19. Jh. aufgesetzt wurde, blickt in der Silvesternacht ganz Spanien – sei es von dem mit Festlärm erfüllten Platz, sei es vor dem Fernseher –, um die zwölf Glockenschläge zu hören, die das alte Jahr beenden und das neue einläuten. Seit dem 19. Jh. ist es Tradition, zu jedem Glockenschlag eine Traube zu verzehren: Das bringt Glück, zwölf Monate lang.

Am Kilometer Null

Vor dem von *guardias* bewachten Portal der Casa de Correos markiert eine Metallplakette im Straßenpflaster den berühmten **Kilometer Null,** von dem sich sämtliche Entfernungen der spanischen Nationalstraßen bemessen, die von hier in alle Landesteile streben. Am sichtbarsten wird dies an der Calle de Alcalá, die nach Osten führt.

Abstecher in Madrids Untergrund

An der Ostseite des Platzes geht es hinab zur **Renfe-Bahnstation** für die Nahverkehrszüge zwischen Atocha-Bahnhof und dem Hauptbahnhof Chamartín im Norden der Stadt. Über den Eingang wölbt sich eine Glaskonstruktion, die an den Panzer einer Riesenschildkröte erinnert. Im Untergrund stieß man

während der Bauarbeiten auf originale Steinfundamente der **Iglesia del Buen Suceso** (Kirche der Gnadenmutter) aus dem 16. Jh. Man sieht sie beim Abstieg zu den Gleisen oder von der *comisaría* (seitlich gelegene Polizeistation) aus. Am Bau des Gotteshauses hatte einst Escorial-Architekt Juan de Herrera mitgewirkt. Sei es deswegen oder aus anderen Gründen: Die Habsburgerherrscher wie auch die Madrilenen hatten ein besonderes Verhältnis zu dieser Kirche, die 1854 den Plänen für die neue Platzgestaltung weichen musste. 50 Jahre zuvor waren in ihr mehrere Madrilenen während des Aufstands am 2. und 3. Mai 1808 von Napoleons Soldaten erschossen worden. Im Untergeschoss des im Sommer 2014 an der Ostseite des Platzes eröffneten Ladens **Apple Store de Sol** sind ebenfalls Mauerreste und Pfeiler des einstigen Krankenhauses **Hospital del Buen Suceso** aus dem 15. Jh. zu sehen, das sich direkt neben der Kirche befand.

Onkel Pepe und die Bärin, der König und die ›Hure‹

Zurück ans Tageslicht und zu den Wahrzeichen des Platzes. Man beachte zunächst die **Neonreklame für die Sherry-Marke Tío Pepe** (Abb. S. 140) auf dem Haus Nr. 11, sie wurde erst 2014 dorthin versetzt. Zuvor hatte sie das Gebäude bekrönt, in das Madrids größter Apple-Laden eingezogen ist. Vom allgemeinen Verbot, den Platz mit Werbung zu verschandeln, machte man bei der historischen Reklame für die ›Sonne Andalusiens‹ eine Ausnahme – man erklärte sie schlichterhand zum nationalen Kulturgut.

Ein beliebtes Fotomotiv und daher meist von Touristen umschwärmt ist die in Bronze gegossene Madrider Bärin, das **Wappentier der Stadt.** An der Einmündung der in diesem Abschnitt zur Fußgängerzone umgestalteten Calle de Alcalá richtet sie sich an einem Erdbeerbaum auf.

Unübersehbar beherrscht **Karl III.,** der ›beste Bürgermeister der Stadt‹ den Platz – aus Gusseisen, hoch zu Ross. Um die Inschriften auf dem ovalen Sockel zu lesen, muss man ihn mehrfach umkreisen, weshalb die Statue im Volksmund kurzerhand auf den Namen *tornillo* (Schraube) getauft wurde. Und dann gibt es da noch eine zierliche barbusige Venus aus weißem Marmor, eine Kopie der 1625 für einen Platzbrunnen geschaffen Skulptur, die im Volksmund bald **Mariblanca** (Weiße Marie), hieß; Marie nannte man damals übrigens die Prostituierten.

Alteingesessene Anrainer

Da muss zuallererst die 100-jährige **Casa de Diego** 1 (Puerta del Sol Nr. 12) genannt werden. Spanische Fächer, die *abanicos,* mit denen frau sich bis heute gern an heißen Tagen Luft zufächelt, gibt es im kleinen Laden in großer Auswahl und allen Preisklassen, teils handgefertigt und handbemalt, geradezu Kunstwerke, sogar gut genug für das Königshaus und den spanischen Adel. Und selbst Lady Di kaufte einst hier ein.

Auch das **Café La Mallorquina** 5 ist eine stadtbekannte Institution. Vor dem Haus bieten Frauen Lose der staatlichen Lotterie an. Da sie als besonders glücksbringend gelten, kommen zur Weihnachtslotterie Glückshungrige aus ganz Spanien, um Lose aus der Hand dieser Frauen zu ergattern. Übrigens: bitte nicht fotografieren!

Unten im Café werden Gebäck und Torten verkauft oder gleich im Stehen verzehrt. Von den Fensterplätzen im 1. Stock bietet sich der beste Überblick über das Treiben auf dem Platz. Langeweile kommt dort nicht auf ...

Di–So, Fei 10–15, Calcographie: Mo–Do 9–17, Fr 9–15, Führungen Di, Do, Fr um 11 Uhr, 8/4 €, Mi gratis
Das Nachbarhaus birgt mit der **Königlichen Akademie der Schönen Künste von San Fernando** eine der wichtigsten Gemäldesammlungen Madrids. Die Akademie, von Ferdinand VI. gegründet, zog unter Karl III. 1752 an den heutigen Ort, in den ehemaligen Palacio de Goyeneche. Der Barockbaumeister José Benito de Churriguera hatte ihn 1724 geschaffen, und ca. 50 Jahre später passte ihn Diego de Villanueva dem neoklassizistischen Geschmack der Zeit an. Ziel der Akademie war es, das Studium der Schönen Künste zu fördern und deren Schöpfungen zu bewahren. Malern, Bildhauern und Architekten stellte sie Ateliers zur Verfügung. Goya war seit 1780 Mitglied der Akademie, zeitweilig sogar ihr Präsident. Picasso und Dalí arbeiteten hier – Letzterer bis zu seinem Hinauswurf.

Hauptattraktion der Academia de Bellas Artes ist die **Pinakothek** mit ca. 1300 Gemälden und 14 000 Zeichnungen – teils Schenkungen, teils ein Erbe der Jesuiten, die 1767 des Landes verwiesen wurden – sowie zahlreichen Werken der Bildhauerkunst. Ein Muss für Kunstliebhaber, auch wenn sie im Schatten des Prado und Thyssen-Museums steht. Vielen der aus dem Prado bekannten Künstlernamen begegnet man in der Academia wieder.

Den Auftakt der historisch geordneten Sammlung bildet im 1. Stock die **Malerei vom 16. Jh. bis zu Goya.** Die Mönchsbilder von Zurbarán präsentieren sich hier als eindringliche Studien von Stoffstruktur und Faltenwurf der Kutten, von Licht und Schatten, als Meditationen in Schwarz, Weiß und Braun, die ins Mystische abzugleiten scheinen. El Greco, Jusepe de Ribera, Alonso Cano und Murillo sind die spanischen Maler des Goldenen Zeitalters. Mit Porträts von Philipp IV. und Doña Mariana de Austria ist Velázquez in der Akademie vertreten. Auch **Goya-Liebhaber** kommen auf ihre Kosten: »Stierkampf im Dorf«, »Inquisitionstribunal« und »Irrenhaus« sind eindringliche Bilder; das »Begräbnis der Sardine« zeigt eine sprühende Volksszene anlässlich des traditionellen Festes zum Karnevalsende – Goya war Mitglied der Karnevalsbruderschaft. Hinzu kommen Porträts und Selbstbildnisse und als besonderes Erinnerungsstück die letzte Staffelei des großen Meisters.

Namhafte spanische Maler dokumentieren das Kunstschaffen des **18. bis 20 Jh.:** Francisco Bayeu, Joaquín Sorolla, Pablo Picasso, Vázquez Díaz, Benjamín Palencia, Juan Gris, Antonio Tàpies sowie Pablo Gargallo, Eduardo Chillida und Joaquín Vaquero Turcios.

Goyas Radierungen wurden in der sogenannten ›Calcographie‹ gedruckt, und mehr als 200 originale Kupferplatten zu den Radierfolgen »Los Caprichos«, »Los Desastres de la Guerra«, »Tauromaquia« und »Los Disparates«, sind heute im Erdgeschoss des Hauses zu besichtigen.

Parade der Belle-Époque-Bauten

Im Übrigen gehört die Calle de Alcalá den protzigen Belle-Époque-Gebäuden, die den Aufbruchswillen der Finanz- und Industriemagnaten der Stadt an der Wende vom 19. zum 20. Jh. dokumentieren. Verschwenderisches Dekor, Erker, Kuppeln und Türme, aufwendige Skulpturenensembles als architektonisches i-Tüpfelchen verleihen den Gebäuden eine fast imperiale Ausstrahlung.

Der **Palacio de la Equitativa** 3 (Alcalá 14), ursprünglich von José Grases Riera 1887–91 errichtet, ist zur Spitzkehre von Calle de Alcalá und Calle Sevilla hin gerundet. Säulen mit Elefantenköpfen stützen die Galerie des Hauptgeschosses, und ein auffälliger Metallturm setzt dem Haus die Krone auf. Nach dem Umbau werden hier ein Luxushotel und Luxusgeschäfte einziehen. Den einstigen Bankenbau in der Calle de Alcalá 16, jetzt Sitz der Madrider **Consejería de Medio Ambiente y Ordenación del Territorio** 4 (Umwelt- und Ordnungsministerium), bekrönt ein bronzenes Viergespann. Innen schmückt sich das Haus mit einer polychromen Glaskuppel und einem Vestibül mit Fresken des Basken Aurelio Arteta.

In dieser vornehmen Nachbarschaft liegt auch das 1905 bis 1910 errichtete **Casino de Madrid** 5 . Das ausgezeichnete Restaurant des Kasinos steht auch Nicht-Clubmitgliedern offen.

Iglesia de las Calatravas 6

Alcalá 25, Mo 8–13, Di–Fr 8–13, 18.30–20, Sa 18.30–20, So, Fei 11.30–13, 18.30–20 Uhr

Zwischen den Prunkbauten duckt sich die 1623 als Klosterkirche erbaute **Kirche der Calatravas,** deren Fassade 1886 dem Renaissancestil angepasst und später rot getüncht wurde. Sie ist auffällig mit dem Kreuzwappen des Calatrava-Ritterordens geschmückt. Den Hauptaltar von 1720 schuf der Barockkünstler José de Churriguera.

Círculo de Bellas Artes 7

s. Lieblingsort S. 146

Instituto Cervantes 8

Alcalá 49, www.cervantes.es, Ausstellungen Mo–Fr 10–19, Sa/So, Fei 10–17 Uhr

Das stolze Gebäude ist wie der Círculo de Bellas Artes und der Palacio de Cibeles (Rathaus) an der Plaza de la Cibeles ein Werk des Architekten Antonio Palacios Ramilo. Es entstand einst für den Banco Español del Río de la Plata. 2007 wurde das Bankhaus renoviert und zum Sitz des **Cervantes-Instituts**, einer dem deutschen Goethe-Institut ähnlichen Einrichtung. Sie ist der Förderung und Verbreitung der spanischen und lateinamerikanischen Sprache und Kultur verpflichtet. Im Institut finden Kunstausstellungen und Konferenzen statt.

Plaza de la Cibeles 9

Der pompöse Abschnitt der Calle de Alcalá endet auf der Plaza de la Cibeles mit dem wunderschönen, rauschenden **Kybelebrunnen** (s. S. 130). Von diesem Punkt sollte man – wie die Göttin Kybe-

Von der Dachterrasse des Círculo de Bellas Artes geht der Blick über die Gran Vía

le – den zur Puerta del Sol leicht ansteigenden Boulevard hinaufblicken, um ihn als Gesamtkunstwerk zu erfassen.

Edificio Metrópolis 10

Alcalá 39

Tags wie nachts – besonders von der Plaza de Cibeles aus – ist dieser berühmte, sich wahrzeichenhaft am Entrée zur Gran Vía erhebende Versicherungspalast ein Blickfang. Mit seiner dekorativen Kuppel, von einer nackten Engelsfigur bekrönt, erinnert er deutlich an Pariser Vorbilder.

Iglesia de San José 11

Alcalá 43, Mo–Fr 7–13, 18–21, Sa 9.30–13, 18–21, So 9.30–14, 17.30–21 Uhr

Gegenüber markiert die ursprünglich von Pedro de Ribera begonnene **Barockkirche des hl. Josef** aus dem 18. Jh. den Eingang zur Gran Vía. Als die Madrider Prachtstraße 1910 geplant wurde, passte man die Form der Kirche kurzerhand den Erfordernissen des neuen Straßenverlaufs an. Im Innern des Sakralbaus kann man Plastiken aus dem 17. und dem 18. Jh. bewundern.

Lieblingsort

Schaufenster zur Gran Vía

Gegenüber der Einmündung der Gran Vía und dem Metrópolis-Bau besitzt der Madrider **Círculo de Bellas Artes,** der Verein der Schönen Künste, einen der Prachtbauten der Calle de Alcalá. In dem 1919 bis 1926 nach einem Entwurf von Antonio Palacios errichteten Haus fördert der 1880 gegründete Verein das Kulturleben in der Stadt mit Film- und Theateraufführungen, Ausstellungen, Lesungen und Konzerten. Mit seinen hohen Fenstern ist das schöne Jugendstil-Café La Pecera, in dem die Skulptur einer ›dahingegossenen‹ Nackten von Moisés Huerta (1910) die Blicke auf sich zieht, das Schaufenster schlechthin zur Gran Vía. Überwältigend ist der Ausblick von der Dachterrasse mit dem Café **Tartán Roof,** auf der zudem die strenge, 3000 kg schwere Bronze-Minerva von J. L. Vasallos aus der Nähe betrachtet werden kann.

Círculo de Bellas Artes 7 **:** Alcalá 42, Marqués Casa Riera 2 (Eingang), www.circulobellasartes.com, Metro: L 2 Sevilla, Banco de España, geöffnet/Café Mo–Do 8–1, Fr–So 8–3 Uhr, Dachterrasse/Tartán Roof (www.azoteadelcirculo.com) Mo–Do 9–21, Fr–So 11–21 Uhr, Sommer bis 24/3 Uhr, Ausstellungen Di–So 11–14, 17–21, Fei 11–14 Uhr, Eintritt Dachterrasse 4 €, Ausstellungen 4 €, Kombi Dachterrasse/Ausstellungen 5 €, Führungen Di–Fr 10–14 Uhr, 7 €.

Gran Vía

Um die Gran Vía anzulegen, schlugen Bauarbeiter ab 1910 eine Schneise durch das dicht bebaute nördliche Stadtzentrum. Die **Große Straße** sollte als neue Ost-West-Verbindung und zugleich als großstädtische Flanier- und Einkaufsmeile dienen. Nur den Kirchen zollte man Respekt. Um sie nicht abreißen zu müssen, wurde die Gran Vía als leicht gewundener Straßenzug angelegt. Die einst noble Flaniermeile ist tagsüber ein hektisches Einkaufs- und Vergnügungszentrum: Kaufhäuser, gediegene Bekleidungsgeschäfte, Juweliere, Parfümerien und Buchhandlungen, Hotels, Restaurants, Cafés und Fast-Food-Lokale, Spielhallen, Diskotheken und Music Halls säumen den Boulevard. Von Anfang an war die Gran Vía auch Madrids Straße der Kinopaläste, die Kassenschlager aus Hollywood zeigen.

Edificio Grassy 12

Gran Vía 1, www.grassy.es, Museum nach telefonischer Vereinbarung, Tel. 915 32 10 07, Do 17–18, Fr 11.45–13 Uhr

Der **Edificio Piaget** bzw. **Edificio Grassy** nimmt sich neben dem Metrópolis wie dessen kleinere Schwester aus. Das stadtbekannte Juweliergeschäft besitzt eine museumsreife Privatsammlung von über 500 alten Uhren (ab dem 16. Jh.), die man sich zeigen lassen kann. Schräg gegenüber, im **Museo Chicote** 2 (s. S. 51), trank schon Hemingway seine Cocktails.

Oratorio del Caballero de Gracia 13

Caballero de Gracia 5 (Eingang)

Die hochgezogene Apsis des **Oratoriums Caballero de Gracia** buchtet sich zur Gran Vía aus. Sie ist nicht auf Anhieb als rückwärtige Fassade eines Kirchenbaus zu erkennen. Juan de Villanueva entwarf die 1786 bis 1799 erbaute neoklassizistische Säulenbasilika, die von Zacarías González Velázquez mit Fresken ausgeschmückt wurde.

Telefónica 14

Gran Vía 28, Eingang Espacio Fundación Telefónica: Fuencarral 3, www.espacio.fundaciontelefonica.com, Di–So 10–20 Uhr, Eintritt frei

Der 1929 fertiggestellte **Bau der spanischen Telefongesellschaft** beruht auf einem Entwurf des amerikanischen Architekten Luis S. Week und macht das Vorbild amerikanischer Hochhäuser beim Bau der Gran Vía bereits deutlich. Ca. 1000 Bauarbeiter errichteten das mit seinen gut 89 m Gesamthöhe (Fassade: 41 m) seinerzeit höchste Gebäude Europas und statteten es aus.

Der **Espacio Fundación Telefónica** präsentiert eine Ausstellung zur Geschichte der Telekommunikation sowie Ausstellungen moderner spanischer Kunst mit den Schwerpunkten Kubismus und Avantgarde des 20. Jh.

Casa del Libro – Espasa Calpe und Palacio de la Música

Die **Casa del Libro – Espasa Calpe** 4, bekannt als Haus des Buches, ist eine der bestsortierten Buchhandlungen Madrids. Sie führt auch eine Reiseabteilung und ein umfassendes Angebot an Büchern über Madrid sowie fremdsprachige Literatur. Der benachbarte **Palacio de la Música** 15 (Gran Vía 35), eines der emblematischen historischen Gebäude der Gran Vía, ist frisch renoviert.

Rund um die Plaza de Callao

Mit ihrer Metrostation, den Bushaltestellen, dem Kulturkaufhaus FNAC und den Kinos ist die Plaza de Callao stets belebt. Hier liegen das Edificio Carrión bzw. **Cine Capitol** 16 (Gran Vía 41), das durch seine Neonrekla-

Geschäftig, verkehrsreich, schmuck – Madrids Stadtboulevard Gran Vía

me und großflächige Kinowerbung auffällt, sowie der **Palacio de la Prensa** 17 (Gran Vía 46, Pressepalast). Die Plaza de Callao markiert den Beginn des dritten Bauabschnitts der Gran Vía ab 1922. In diesem ›amerikanischen‹ Teilstück des Boulevards weicht der üppige Bauschmuck des vorderen Abschnitts einem funktionalistischen Stil.

Zwischen Gran Vía und Puerta del Sol

Die von der Puerta del Sol abzweigenden Straßen Preciados und Carmen werden täglich von einer halben Million Menschen passiert, die es in das Kaufhaus **El Corte Inglés** 10 oder in die vielen kleinen Geschäfte zieht, die Bekleidung, Schuhe und natürlich auch Souvenirs anbieten.

Iglesia del Carmen 18

Carmen 10, tgl. 9–13, 18–21 Uhr

Inmitten des Einkaufstrubels in der Calle del Carmen steht die beschauliche **Iglesia del Carmen,** Überbleibsel eines Klosters aus dem 16. Jh., mit dessen Gründung der an dieser Stelle begangene Frevel gesühnt werden sollte. Das Kloster ersetzte nämlich ein Freudenhaus, dessen Betreiber die Inquisition auf den Scheiterhaufen gebracht hatte. Denn das Frauenbild, mit dem man für das sündige Gewerbe warb, soll die Jungfrau Maria höchstpersönlich, betitelt als »Unsere Liebe Frau von Madrid«, dargestellt haben. Die Kirche weist das für Madrid typische Fassadenmuster aus Ziegeln und Steinen auf. Das Por-

Unser Tipp

Frisch gebackener Stockfisch in der Casa Labra
Der frisch gebackene *bacalao* (Stockfisch) und die *croquetas* (Kroketten), die hier zusammen mit frisch gezapftem Bier *(caña)* von weiß befrackten Kellnern über den alten Tresen geschoben werden, verführen viele Madrilenen nach ihrem Einkaufsbummel im Zentrum zu einem Abstecher in die Casa Labra. Doch hat das betagte Lokal mit historischem Interieur mehr als nur gastronomische Bedeutung: In der 1860 gegründeten Taverne wurde am 2. Mai 1879 heimlich der Partido Socialista Obrero Español (PSOE) gegründet, der sich die politische Vertretung der damals rechtlosen Arbeiterklasse auf seine Fahnen geschrieben hatte. Und deshalb gehören zu den Stammgästen bis heute alte und junge Parteimitglieder. Das Procedere folgt hier alten Regeln: an der Kasse anstellen, bestellen, zahlen, dann verzehren – und zwar im Stehen, zumindest im anheimelnden Thekenraum. Dahinter liegt ein kleiner Speisesaal mit ein paar Tischen und Stühlen.
Casa Labra 4: Tetuán 12, Tel. 915 31 00 81, www.casalabra.es, tgl. 10–15.30, 18.30–23 Uhr, *bacalao*-Tapa 1,40 €, *croqueta* 1 €.

tal an der Calle de la Salud mit seinen gedrehten Säulen stammt von 1715. Im Inneren des Sakralbaus verdienen die beiden Barockkapellen links hinter dem Eingang ebenso Beachtung wie die schmiedeeisernen Gitter und die Marmorkanzeln aus dem 16. Jh.

Essen & Trinken

Reisgerichte in der Bauernkate – **La Barraca** 1: s. S. 38.

Restaurant und amerikanische Bar – **Angelita** 2: Reina 4, Tel. 915 21 66 78, www.madrid-angelita.es, Metro: L 1, 5 Gran Vía, Mo 20.30–2, Di–Do 13.30–2, Fr/Sa 14–2.30 Uhr, ab 35 €. Im Erdgeschoss eine American Bar mit Wein, Cocktails und Snacks, im 1. Stock (große Fenster zur Straße) ein Bistro mit großer Weinkarte und saisonalen Gerichten. Das Gemüse stammt zumeist aus eigenem Anbau. Wie wäre es z. B. mit Tintenfisch *(pulpo)* aus der Straße von Gibraltar oder vietnamesisch gewürztem Lachs-Tataki? Aber auch Käse, Wurst und handwerklich gefertigter Schinken sind im Angebot.

Mediterrane Designküche – **La Gloria de Montera** 3: Caballero de Gracia 10, Tel. 915 23 44 07, www.lagloriademontera.com, Metro: L 1, 5 Gran Vía, tgl. 13–16, 20.30–23.45 Uhr, à la carte ca. 25 €, Tagesmenü ca. 11 €. Ein großer, hoher Saal, fast wie ein Loft, ganz in Weiß und Schwarz gehalten – wie auch das Outfit des Personals. Das junge Ambiente und die günstigen Preise ziehen Heerscharen von Gästen an. Einfache, kreative mediterrane Küche: Pasta, Salate, Fleisch und Fisch, alles mit Pfiff gekocht und serviert.

Madrid authentisch – **Casa Labra** 4: s. Unser Tipp (oben)

Süßes mit Aussicht – **Café La Mallorquina** 5: Plaza Puerta del Sol 1/Mayor 2, Tel. 915 21 12 01, www.pasteleriala mallorquina.es, tgl. 9–21.15 Uhr, s. Entdeckungstour S. 142.

Jugend-stilvoll – **Café La Pecera/Círculo de Bellas Artes** 7: s. Lieblingsort S. 146

Imbiss mit Aussicht – **Gourmet Experience** 10: 9. Etage des Kaufhauses Corte Inglés, Plaza de Callao 2, tgl. 10–24 Uhr. Imbissstände und ein toller Blick auf die Gran Vía.

Einkaufen

Spanische Fächer – **Casa de Diego** 1: s. S. 45, Entdeckungstour S. 142
Die spanische Luxusmarke – **Loewe** 2: s. S. 47
Mode – **Zara** 3: Gran Via 34, s. S. 48
Das Haus des Buches – **Casa del Libro – Espasa Calpe** 4: s. S. 42
Kulturkaufhaus – **FNAC** 5: s. S. 42.
Mehr als nur Bücher – **La Central** 6: Postigo de San Martín 8, www.lacentral.com, Metro: L 3, 5 Callao, Mo–Do 10–21.30, Fr/Sa 10–22, So 11–21, Bistro Mo–Mi 9–22, Do/Fr 9–23, Sa 9.30–23, So 10.30–21 Uhr. Die Buchhandlung bietet auf mehreren Stockwerken in wunderschönen Räumlichkeiten Lesestoff und kleine buch- oder kulturaffine Geschenke. Mit Bistro und Cocktailbar.
Lederjacken – **Jacinto Rodríguez** 7: s. S. 48
Schuhmode sportiv – **Camper** 8: s. S. 48
Spanische Tonwaren – **El Cántaro** 9: Flor Baja 8, Tel. 915 47 95 14, www.ceramicacantaro.com, Metro: L 3, 10 Plaza de España, Mo–Fr 10–14, 17–21, Sa 10–14, 17–20 Uhr. Gute , große Auswahl an klassischen spanischen Tonwaren und Einzelstücken von Töpfern.
Die spanische Kaufhauskette – **El Corte Inglés** 10: s. S. 46

Aktiv

Sonnenbad in luftiger Höhe – **Hotel Emperador** 1: Gran Vía 53, Tel. 915 47 28 00, www.emperadorhotel.com, Metro: L 3, 5 Callao, Mai–Sept. 10–21 Uhr, Nicht-Hotelgäste 48/63 €. Im Pool auf der Dachterrasse schwimmen und ein Sonnenbad nehmen! Und zwischendrin zu einem Erfrischungsgetränk die Aussicht auf das Königsschloss und über die Altstadt genießen. Das mag denn doch den hohen Eintritt lohnen?
Madrid per Velo – **Trixi Madrid S.L.** 2: Jardines 12, Tel. 915 23 15 47, 660 09 16 44, www.trixi.com. Eine junge, internationale Crew von Mitarbeitern verleiht die gepflegten City-Räder made in Germany (4 Std. 8 €, 8 Std. 12 €, 1 Tag 15 €, 2 Tage 25 €, Helm 2,50 €; Personalausweis mitbringen, Kaution bar oder per Kreditkarte) oder E-Bikes. Auf Wunsch erhält man Pläne mit eingezeichneten Routen. Außerdem werden geführte Madrid-Kennenlerntouren per Rad angeboten (z. B. auf Englisch).

Abends & Nachts

Cocktails auf dem Dach – **The Mint Roof** 1: im Hotel Vincci The Mint, Gran Vía 10, Metro: L1, 5 Gran Vía, L 2 Banco de España, Mai–Okt. tgl. 17–24 Uhr. Wunderbar zum Chillen. Auf dem Dach werden Tapas, Sandwiches, Burger, asiatische Gerichte und Cocktails serviert – aus einem Foodtruck heraus. Schöne Blicke auf die Gran Vía, über Chueca und Malasaña.
Wo schon Hemingway zechte – **Museo Chicote** 2: s. S. 51
Die Bar für Nachteulen – **Bar Cock** 3: s. S. 51
Cocktails mit Stil – **Del Diego** 4: s. S. 51
30-jähriger Musikclub – **El Sol** 5: Jardines 3, www.elsolmad.com, Metro: L 1, 5 Gran Vía, Di–Sa 22–5.30 Uhr, ab 12 € inkl. Getränk. Musikclub und Bar mit regelmäßigen Livekonzerten – eine stadtbekannte Nachtadresse seit drei Jahrzehnten.
Cocktails à la americana – **Josealfredo** 6: s. S. 51.
Im Rhythmus der Karibik – **Larios Café** 7: s. S. 54

Das Beste auf einen Blick

Historisches Zentrum und Madrid Río

Highlights !

Plaza Mayor: Der historische Madrider Stadtplatz mit seinen Torbögen und Laubengängen zählt zu den schönsten Platzanlagen ganz Spaniens. S. 154

Cava Baja: Eine malerische Altstadtgasse, die dem ehemaligen Stadtgraben folgt. Wo sich einst die Herbergen *(posadas)* für die in der Metropole nächtigenden Kaufleute aneinanderreihten, locken heute Tavernen und Restaurants die Besucher an. S. 160

Palacio Real: Bis 1931 residierten im Schloss die spanischen Könige. Heute steht es Besuchern offen, die durch wahrhaft königlich dekorierte Salons schlendern. 25 S. 167

Auf Entdeckungstour

Die Habsburgerklöster – Kunst und Kuriositäten: Zwei alte Klöster, das Monasterio de las Descalzas Reales und Monasterio de la Encarnación, sind weitgehend unbekannte Schatzkammern im Herzen der Stadt. Beide Konvente gründeten Frauen aus dem Habsburger Königshaus. Die Häuser stecken voller Kunst – und bieten auch manches Kuriosum ... 32 , 33 S. 174

Kultur & Sehenswertes

Colegiata de San Isidro: Schon wegen des hier beigesetzten Stadtpatrons gebührt ihr ein Besuch. 4 S. 159

Kathedrale: Sie wirkt ein wenig zusammengestückelt, ist aber dennoch mit ihren Kuppeln und Türmen ein imposanter Bau. 23 S. 165

Zu Fuß & mit dem Rad

Spaziergänge in königlichen Gärten: Ob Plaza de Oriente, Jardines de Sabatini oder Campo del Moro – rund um das Madrider Schloss laden gepflegte Garten- bzw. Grünanlagen zu Spaziergängen ein. 27, 28 S. 169, 171, 172

Madrid Río und Casa de Campo – Radtour rund um den Stadtfluss: Die im Rahmen des Stadtentwicklungsprojektes ›Madrid Río‹ begrünten Ufer des Manzanares und auch das einstige Jagdrevier der Könige jenseits des Flusses bieten Freizeitareale, die sich mit dem Rad erkunden lassen. S. 180

Genießen & Atmosphäre

Las Vistillas: Ein herrlicher schattiger Platz im Grünen mit Panoramablick auf die Kathedrale. 22 S. 162

Terrasse des Café de Oriente: Das Café bei der Oper ist ein wunderbarer Ort, um über die Grünanlagen der Plaza de Oriente hinweg auf die Schaufassade des Schlosses zu blicken. 25 S. 41

Abends & Nachts

Madrid-Feeling pur: Ein nächtlicher Bummel durch die Altstadtgassen, bei dem man sich von Taverne zu Taverne treiben lässt, vermittelt Einblicke in Ausgehrituale und das Seelenleben der Stadt: Plaza Mayor, Plaza Puerta Cerrada, Cava Baja und die Plätze in La Latina wie die Plaza del Humilladero. S. 154, 159, 160

Flamenco im Adelspalast: Ein wenig erinnert Las Carboneras an die alten *cafés cantantes* (Flamenco-Cafés). 15 S. 52

Barrio de los Austrias – das Viertel der Habsburger

Kunst und barocker Prunk im Königsschloss und den Habsburgerklöstern, Adelspaläste und Kirchen, charmante, noch mittelalterlich anmutende Gassen: So präsentiert sich eines der ursprünglichsten *barrios* im Zentrum der Stadt. Im sogenannten Habsburgerviertel, das sich zwischen Puerta del Sol und königlichem Schloss erstreckt, bieten sich Einblicke in die ersten Jahrhunderte der Stadtgeschichte und in den Lebensalltag zur Zeit der Habsburgerkönige. Diese waren es, die Madrid 1561 zur Hauptstadt krönten und das Gesicht der Stadt mit Gebäuden im Stil eines habsburgisch-madrilenischen Barock prägten. Mit der arkadengesäumten Plaza Mayor, dem schönsten Platz der Stadt und einem der schönsten des ganzen Landes, schufen sie den architektonischen Höhepunkt schlechthin.

An der Calle Mayor, der an diesem Platz vorbeiführenden ›Hauptstraße‹ der Altstadt, und der Calle del Arenal, die beide von der Puerta del Sol zum Schloss führen, ließ sich einst bevorzugt der Adel nieder. In den umliegenden Gassen siedelten sich Handwerker und Handeltreibende an; noch heute erinnern die Straßennamen an Zeiten, in denen hier alte Zünfte und Gewerbe ansässig waren (s. S. 104).

Insbesondere das unregelmäßige Gassengeflecht südlich der Calle Mayor lohnt eine eingehende Erkundung: malerische Straßenzüge wie die Calle Cava de San Miguel, Calle Cuchilleros und die Cava Baja, eigentümlich stille Winkel, in denen einst die arabische Medina angesiedelt war, und Plätze, auf denen sich heute heiter-südländisches Stadtleben entfaltet.

Infobox

Reisekarte: ▶ E–H 13/14 und Karte 3

Infos
Centro de Turismo: Plaza Mayor 27, Tel. 914 54 44 10, mit WLAN-Zone, tgl. 9.30–20.30 Uhr.

Erkundung
Wer sich das Habsburgerviertel in einem Rundgang erschließen möchte, sollte an der Puerta del Sol (Metro: L 1, 2, 3 Sol) beginnen. Bei wenig Zeit lassen sich die folgenden Sehenswürdigkeiten zu einem verkürzten Rundgang verbinden: Plaza Mayor – Cava Baja – Plaza de la Villa – Kathedrale – Schloss und Oper plus evtl. die Habsburgerklöster.

Plaza Mayor!

Wer von der Metrostation Sol kommt, biegt an der Puerta del Sol links neben dem Café La Mallorquina in die Calle Mayor ein. Drei Durchgänge verbinden sie mit der **Plaza Mayor,** Madrids historischem Stadtplatz. Alternativ geht es durch die Calle Postas und Calle de la Sal, wo es noch einige Devotionalienläden gibt, vollgestopft mit Heiligenbildern und Bußinstrumenten.

Einen der Torbögen passieren – und schon ist man auf der **Plaza Mayor.** Plätze wie dieser sind eine typische Einrichtung kastilischer Stadtanlagen, ein öffentlicher Raum für Veranstaltungen

Ein historisches Geviert: die Plaza Mayor mit ihren Laubengängen

und allerlei Lustbarkeiten. Die Madrider Plaza Mayor mit ihren Laubengängen zählt zu den schönsten Spaniens. Seit dem 12. Jh. diente das damals unebene und außerhalb der Stadtmauer gelegene Areal als Marktgelände. Nach Entwürfen von Escorial-Architekt Juan de Herrera legte Juan Gómez de Mora 1617 bis 1619 ein geschlossenes Geviert von 120 x 100 m Länge an, das 1620 mit der Seligsprechung des Stadtpatrons San Isidro offiziell eingeweiht wurde. Nach einigen verheerenden Bränden renovierte Juan de Villanueva 1790 den Platz, der sich heute mit einheitlichen Gebäudehöhen und Zugängen durch Torbögen als malerisches Ensemble präsentiert.

Ältestes Gebäude ist die **Casa de la Panadería** 1, das Bäckerhaus aus dem Jahr 1672, heute Sitz der städtischen Touristeninformation. Das Vorbild der Escorial-Architektur zeigt sich in den Türmchen mit Gaden und spitzen Helmen. Carlos Franco erneuerte 1992 den Freskenschmuck der Fassade, übertünchte sie mit einer barock anmutenden Interpretation der mythologischen Vermählung von Erde und Wasser. Vom Balkon der Bäckerei aus wohnten die Habsburgerkönige einst den Festivitäten und Spektakeln auf dem Platz bei. Im Innern des Hauses sind noch die freskengeschmückten Gewölbe des Königlichen Salons erhalten. Gegenüber dem Bäckerhaus befindet sich das einstige Fleischerhaus, die **Casa de la Carnicería** 2. Heute wie damals sind in den übrigen Häusern Wohnungen und kleine Geschäfte untergebracht.

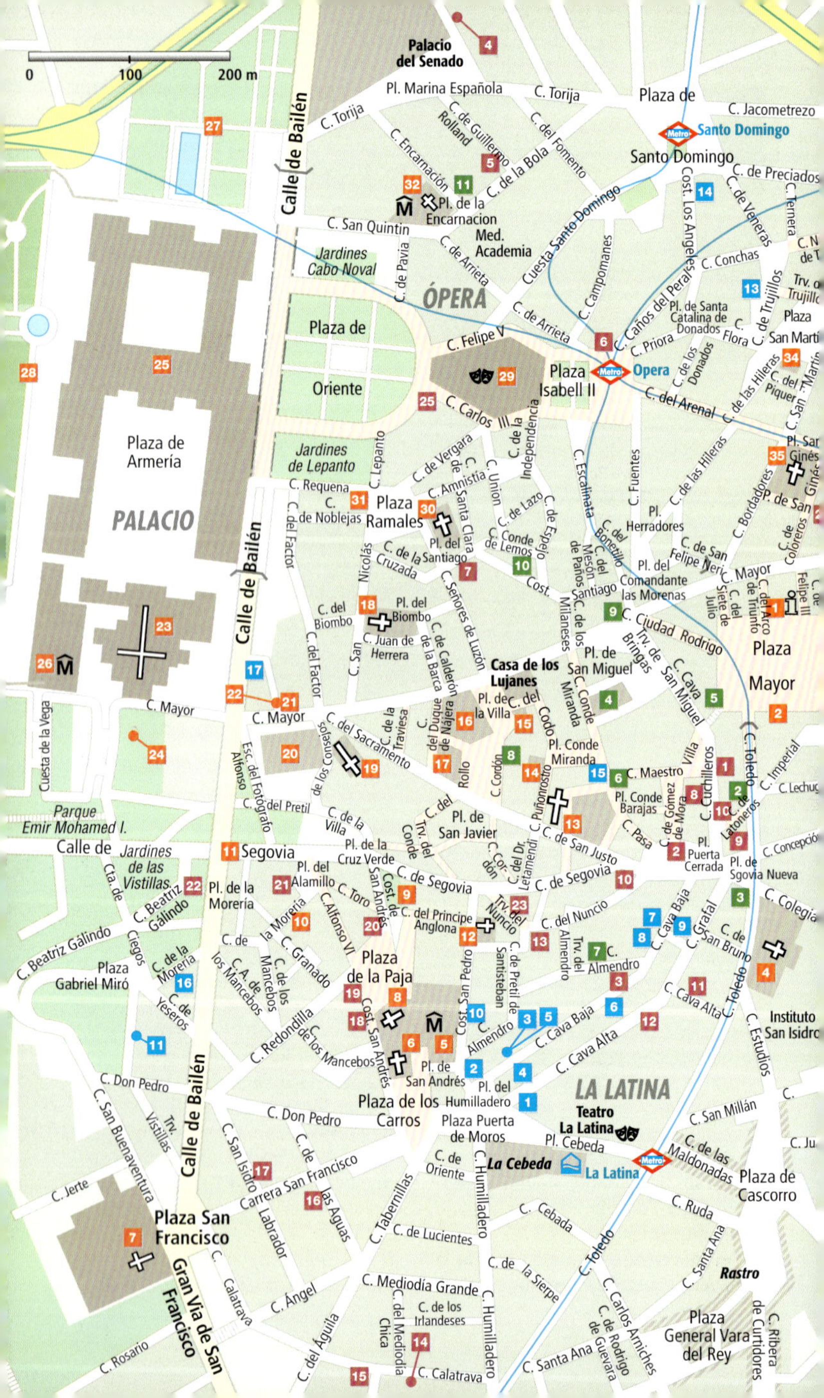
0
100
200 m
Palacio del Senado
Pl. Marina Española
C. Torija
Plaza de Santo Domingo
C. Jacometrezo
Santo Domingo
C. de Guillermo Rolland
C. del Fomento
C. de la Bola
C. Encarnación
C. de Preciados
Cost. Los Ángeles
C. de Veneras
C. Ternera
Calle de Bailén
Pl. de la Encarnacion
Med. Academia
Cuesta Santo Domingo
C. San Quintín
Jardines Cabo Noval
C. de Pavía
C. de Arrieta
C. Campomanes
C. Conchas
C. Caños del Peral
ÓPERA
Pl. de Santa Catalina de Donados
C. Flora
C. de Trujillos
Trv. de Trujillos
Plaza San Martín
Plaza de Oriente
C. Felipe V
C. Priora
C. de los Donados
Opera
Plaza Isabell II
C. de las Hileras
C. del Piquer
C. del Arenal
C. Carlos III
C. de la Independencia
Pl. San Ginés
P. de San Ginés
Plaza de Armería
PALACIO
Jardines de Lepanto
C. Lepanto
C. de Vergara
C. Amnistía
C. Unión
C. Escalinata
C. Fuentes
C. Requena
C. de Noblejas
Plaza Ramales
C. de Santa Clara
C. de Lazo
C. de Espejo
Pl. Herradores
C. Bordadores
C. de Coloreros
C. del Factor
C. de la Cruzada
Pl. del Santiago
C. San Nicolás
C. Conde de Lemos
C. del Bonetillo
C. del Mesón de Paños
C. de San Felipe Neri
C. Mayor
Cost. Santiago
Pl. del Comandante las Morenas
C. del Siete de Julio
C. del Arco de Triunfo
C. de Felipe III
C. del Biombo
Pl. del Biombo
C. Señores de Luzón
C. de Milaneses
C. de los Milaneses
C. Ciudad Rodrigo
C. Juan de Herrera
C. de Calderón de la Barca
Pl. de San Miguel
Trv. de Bringas
C. Cava de San Miguel
Plaza Mayor
C. San
Casa de los Lujanes
C. Conde Miranda
C. Mayor
Pl. de la Villa
C. del Codo
C. del Sacramento
C. de los Consejos
C. de la Traviesa
C. del Duque de Nájera
C. Rollo
C. Cordón
Pl. Conde Miranda
C. Maestro Villa
C. Cuchilleros
C. Toledo
C. Imperial
C. Lechuga
Cuesta de la Vega
Esc. del Fotógrafo Alfonso
C. del Pretil
C. de la Villa
C. del Conde
Trv. del Conde
Pl. de San Javier
C. Puñonrostro
C. Pasa
Pl. Conde Barajas
C. de Gómez de Mora
C. de Latoneros
Parque Emir Mohamed I.
Calle de Segovia
Jardines de las Vistillas
Pl. de la Cruz Verde
C. Cordón
C. del Dr. Letamendi
C. de San Justo
Pl. Puerta Cerrada
Pl. de Sgovia Nueva
C. Concepción
Cta. de Ciegos
C. Beatriz Galindo
Pl. de la Morería
Pl. del Alamillo
C. Toro
Cost. de San Andrés
C. de Segovia
Trv. del Nuncio
C. del Nuncio
C. Cava Baja
C. Colegiata
C. de la Morería
C. Alfonso VI
C. del Príncipe Anglona
C. de Pretil de Santisteban
C. del Almendro
Trv. del Almendro
C. Almendro
C. Grafal
C. de San Bruno
Plaza Gabriel Miró
C. de la Morería
C. de Yeseros
C. de A. de los Mancebos
C. de los Mancebos
C. Granado
Plaza de la Paja
Cost. San Pedro
C. Almendro
C. Cava Baja
C. Cava Alta
Instituto San Isidro
C. Redondilla
C. de los Mancebos
Cost. San Andrés
Pl. de San Andrés
Pl. del Humilladero
LA LATINA
C. Estudios
C. Don Pedro
Trv. Vistillas
C. San Buenaventura
C. Don Pedro
Plaza de los Carros
Plaza Puerta de Moros
Teatro La Latina
C. San Millán
C. de las Maldonadas
Pl. Cebeda
La Cebeda
La Latina
Plaza de Cascorro
C. Jerte
C. San Isidro
Carrera San Francisco
C. de las Aguas
C. Tabernillas
C. de Oriente
C. Humilladero
C. Cebada
C. Ruda
Plaza San Francisco
C. Labrador
C. de Lucientes
C. de la Sierpe
C. Toledo
C. Santa Ana
Rastro
Gran Vía de San Francisco
C. Calatrava
C. Ángel
C. Mediodía Grande
C. de los Irlandeses
C. del Mediodía Chica
C. Humilladero
C. Carlos Arniches
C. de Rodrigo de Guevara
Plaza General Vara del Rey
C. de Curtidores
C. Ribera
C. Rosario
C. del Águila
C. Santa Ana
C. Calatrava

Historisches Zentrum

Sehenswert
1 Casa de la Panadería
2 Casa de la Carnicería
3 Palacio de Santa Cruz
4 Colegiata de San Isidro
5 Museo de los Orígenes – Casa de San Isidro
6 Parroquia de San Andrés
7 San Francisco el Grande
8 Capilla del Obispo
9 Jardín del Palacio de Anglona
10 Morería-Viertel
11 Viadukt
12 San Pedro el Viejo
13 Basílica Pontificia de San Miguel
14 Kloster Las Carboneras
15 Torre y C. de los Lujanes
16 Casa de la Villa (Rathaus)
17 Casa de Cisneros
18 Iglesia de San Nicolás
19 Iglesia del Sacramento
20 Capitanía General
21 Palacio de Abrantes
22 Iglesia de Santa María de la Almudena (Reste)
23 Kathedrale
24 Parque del Emir Mohammed I
25 Palacio Real (Schloss)
26 Museo de las Colecciones Reales (im Bau)
27 Jardines de Sabatini
28 Campo del Moro
29 Teatro Real
30 Iglesia de Santiago
31 Escuela Superior de Música Reina Sofía
32 Monasterio de la Encarnación
33 Monasterio de las Descalzas Reales
34 Casa de las Alhajas
35 Iglesia de San Ginés

Essen & Trinken
1 Sobrino de Botín
2 Casa Paco
3 Julián de Tolosa
4 Casa Jacinto
5 La Bola
6 Entre Suspiro y Suspiro
7 Gastroteca de Santiago
8 Bodegas Ricla
9 Casa Revuelta
10 El Madroño
11 La Botillería de Maxi
12 Taberna Matritum
13 El Escaldón
14 Casa Dani / Vinos 11
15 Taberna Casa Gerardo
16 Taberna Almería
17 Taberna Sanlúcar
18 Delic
19 La Musa Latina
20 El Estragón
21 La Taquería del Alamillo
22 El Ventorrillo (Las Vistillas)
23 Café del Nuncio
24 Pastelería el Riojano
25 Café de Oriente
26 Chocolatería San Ginés

Einkaufen
1 Antigua Relojería de la Calle de la Sal
2 Alpargatería Casa Hernanz
3 Calzados Lobo
4 Mercado de San Miguel
5 El Arco Artesanía
6 Taller Puntera
7 Helena Rohner
8 El Jardín del Convento
9 Oleoteca Gourmet La Chinata
10 El Flamenco vive
11 Alambique
12 Licorería Madrueño
13 Ferpal
14 Maty
15 José Ramírez

Aktiv
1 Hammam Al Ándalus

Abends & Nachts
1 El Viajero
2 El Bonanno
3 El Tomás
4 La Tomasa
5 Lamiak
6 Casa Curro
7 Posada del León de Oro
8 Posada de Dragón
9 Posada de la Villa
10 Berlín Cabaret
11 El Café de Pandora
12 Joy Eslava
13 Templo del Gato
14 Café Berlin
15 Las Carboneras
16 Corral de la Morería
17 El Anciano Rey de los Vinos

Unser Tipp

100-jährige Läden

Rund um Madrids mittelalterlichen Stadtplatz finden sich noch ein paar hundertjährige Läden mit holzverkleideten Fassaden und handgemalten Firmenschildern. Dazu gehört in der Calle de la Sal, kurz vor dem Torbogen zur Plaza Mayor, die altehrwürdige **Antigua Relojería de la Calle de la Sal** 1 (www.antiguarelojeria.com), ein 1880 gegründetes Uhrengeschäft. Und in der Calle de Toledo verkaufen die **Alpargatería Casa Hernanz** 2 (www.alpargateriahernanz.com), vor der in der Hochsaison die Touristen bis auf die Straße hinaus Schlange stehen, und **Calzados Lobo** 3 (www.calzadoslobo.com) noch immer ihre *alpargatas,* die typisch spanischen Hanfschuhe (s. S. 44).

Die Plaza Mayor war einst für bis zu 50 000 Zuschauer Kulisse für Heiligsprechungen und Stierkämpfe, Reitturniere und prunkvolle Theaterdarbietungen, für die Autodafés (Tribunale) der Inquisition und Exekutionen. Die letzte Hinrichtung fand hier im 19. Jh. statt.

Auch heute dient der Platz bei Sommerkonzerten und Stadtfesten als Bühne unter freiem Himmel. Sonntagmorgens treffen sich unter den Arkaden die Briefmarken- und Münzensammler. Maler und Karikaturisten warten auf Kundschaft aus aller Welt, desgleichen die Cafés und Tavernen. Das **Reiterdenkmal Philipps III.** (1616), dem Madrid seinen schönsten Stadtplatz verdankt, beherrscht die Platzmitte. Noch gibt es unter den Arkaden der Plaza Mayor einige 100-jährige Traditionsläden, doch haben die meisten von ihnen den Souvenirgeschäften Platz gemacht.

Altstadt südlich der Calle Mayor

Palacio de Santa Cruz 3

Plaza de Provincia 1

Gleich hinter dem Torbogen in der Südostecke der Plaza Mayor liegt das ehemalige **Hofgefängnis.** 1629 wurde der um zwei Innenhöfe angelegte Bau nach Plänen von Juan Gómez de Mora begonnen, ein repräsentatives Beispiel der Habsburger-Architektur in Madrid. Ein Wappen Philipps IV. schmückt das Granitportal. Die Dimensionen des Gebäudes erklären sich wohl eher aus dem Bedürfnis, die Größe der Habsburgerdynastie zu demonstrieren, als aus der Notwendigkeit, so viele Unterkünfte für die Madrider Übeltäter bereitzustellen. Die Kerker des Hofgefängnisses verließen berühmte Männer, darunter 1837 der Bandit Luis Candelas – zur Exekution. Seit 1901 ist der Palacio de Santa Cruz Sitz des **Außenministeriums** (Ministerio de Asuntos Exteriores).

Cava de San Miguel und Calle de Cuchilleros

Der Straßenzug zählt zu den malerischsten Winkeln der Altstadt. Beim **Mercado de San Miguel** 4 (s. Unser Tipp S. 159) führt die Gasse **Cava de San Miguel** bergab. Die Bezeichnung *cava* verweist auf den ehemaligen Graben längs der mittelalterlichen Stadtmauer. Malerisch sind die Fassaden an der linken Seite, die oben bündig mit der Bebauung der Plaza Mayor abschließen. Aufgrund des stark abschüssigen Geländes, das für die Errichtung der Plaza Mayor aufgeschüttet wurde, erreichen die Häuser im unteren Abschnitt der Gasse eine für die Entstehungszeit ungewöhnliche Höhe, die erst 1889 von anderen Madrider Häusern übertroffen wurde. In den Gewölben der Souterrains haben traditionsreiche Tavernen und Gasthäuser stimmungsvolle Räumlichkeiten geschaffen – und sind heute recht touristisch geprägt. Zu Wein, *sangría* und Bier bieten die Lokale Madrider Hausmannskost. Eine bekannte Adresse ist **Las Cuevas de Luis Candelas,** deren Name an den 1804 in Lavapiés geborenen *bandolero* Luis Candelas erinnert. Für seine Missetaten endete er 1837 auf dem Richtplatz, aber in Madrid blieb die Erinnerung an ihn wach, denn der Bandit hatte stets einen Teil des Diebesguts an Arme verteilt. Das im Stil jener Zeit eingerichtete Lokal befindet sich unter dem **Arco de Cuchilleros,** wo eine Treppe zur Plaza Mayor hinaufführt.

Die **Calle de Cuchilleros** – man beachte das älteste Haus der Gasse, einen Ziegelbau von 1725, in dem das alte Restaurant **Sobrino de Botín** 1 residiert – mündet in den Platz **Puerta Cerrada** (Verschlossenes Tor), einst Standort des gleichnamigen Stadttors. Unter den 1981 angebrachten Wandgemälden fällt ein Satz auf, der die Ursprünge Madrids auf den Punkt bringt: »*Fui sobre agua edificada, mis muros de fuego son.*« ›Ich wurde auf Wasser erbaut, meine Mauern sind aus Feuer‹ – Anspielungen auf den Wasserreichtum im historischen Kern der Stadt und auf den Feuerstein, aus dem die ehemalige Stadtmauer bestand. Rund um den Platz gibt es eine Reihe beliebter Gastronomiebetriebe.

Colegiata de San Isidro 4

Toledo 37, Mo–Sa ca. 8–13, 18–20, So 9–14, 18–20 Uhr

In der nach dem Stadtpatron benannten **Stiftskirche** fanden San Isidro und seine Frau ihre endgültige Ruhestätte. Die Kirche und die benachbarte **Kaiserliche Schule** (Colegio Imperial; heute ein Gymnasium) wurden bis 1664 errichtet, zuletzt unter Leitung von Francisco Bautista. Initiator des Projekts war der vom Spanier Ignacio de Loyola gegründete Jesuitenorden. Nach dem Vorbild von Il Gesù in Rom, der Mutterkirche der Jesuiten, wurde San Isidro als einschiffiger Bau mit tiefen Seitenkapellen gestaltet. Eine Stiftung von Doña María de Austria, der Schwester Philipps II., ermöglichte die Finanzierung; dem sich ausbreitenden Protestantismus in

Unser Tipp

Mercado de San Miguel – ein Treffpunkt der Gourmets

Die kleine schöne **Markthalle**, durch zierliche Eisensäulen gegliedert, schuf Alfonso Dubé 1914 bis 1916 als verkleinertes Abbild von Les Halles de Saint-Germain in Paris. 1968 erhielt das Gebäude eine schützende Glasfassade. Rundum renoviert präsentiert sich der Mercado de San Miguel heute als Schaufenster der spanischen Gastronomie: mit Fisch und Fleisch, Käse und Wurstwaren, Gemüse und Salaten, Gewürzen und Kräutern, Oliven und Knabbereien. Die Produkte stammen oft direkt von den Erzeugern und haben Herkunftsbezeichnungen. Vor allem aber beherrschen inzwischen die Probier- und Essensstände die historische Halle. Ob spanischer Schinken oder Austern und Champagner – die Delikatessen haben hier ihren Preis ...

Mercado de San Miguel 4 : Mayor, Ecke Cava de San Miguel, www.mercadodesanmiguel.es, Metro: L 1, 2, 3 Sol, L 2, 5, R Ópera, So–Mi 10–24, Do–Sa 10–2 Uhr.

Deutschland wollte sie mit der Förderung von Klöstern und Klosterschulen begegnen. Nachdem der aufgeklärte Karl III. die Jesuiten 1767 des Landes verwiesen hatte, wurde San Isidro Stiftskirche *(colegiata)* und diente 100 Jahre als Kathedrale der Stadt, bis sie diese Funktion 1993 an die neue Catedral de la Almudena neben dem Schloss abtrat.

Die Fassade mit mächtigen Pilastern und Portikus, mit Fenstern und Logen verleiht dem Gebäude ein palastartiges Aussehen. Die Innenausstattung ist barock. Ein kostbares Prachtstück ist die Silberurne am Hauptaltar – mit den Gebeinen des Stadtpatrons. 1620 fertigten Madrider Silberschmiede das Behältnis aus Gold und Silber.

Während der Karwoche gebührt alle Aufmerksamkeit – vor allem die der in Madrid lebenden Andalusier – den Plastiken von Jesús del Gran Poder und La Macarena, in der Kapelle rechts hinter dem Eingang. Am Gründonnerstag werden mit ihnen nach dem Vorbild der berühmten *semana-santa*-Umzüge in Sevilla Prozessionen veranstaltet. Am 15. Mai, zum Fest des Stadtpatrons, ist es San Isidro, der durch die Straßen der Stadt geführt wird.

Cava Baja !

Auch die Gasse Cava Baja markiert den Verlauf des einstigen Stadtgrabens entlang der mittelalterlichen Stadtmauer. Die Gebäudezeilen stammen meist aus dem 18. und 19. Jh., als sich hier Geschäfte und Herbergen, *posadas,* für Kauf- und Fuhrleute reihten. Die großen Tore erinnern an Zeiten, als die Gäste mit ihren Kutschen in die Innenhöfe einfuhren. Vor allem Handelsleute aus Toledo, die zu den Markttagen in die Stadt kamen, schätzten die Gasthöfe der Cava Baja. Heute wird sie von Gourmets geschätzt: Ein Restaurant neben dem anderen, oft stimmungsvoll im traditionellen Stil eingerichtet.

Unser Tipp

Kneipentreffs in La Latina

Die parallel verlaufenden Altstadtgassen Cava Baja und Cava Alta enden in einem Ensemble ineinander übergehender Plätze: Plaza del Humilladero, Puerta de Moros, Plaza de la Cebada und Plaza de San Andrés. Nicht nur am Sonntag, wenn hier viele Rastro-Besucher ihren Flohmarktgang ausklingen lassen, füllen sich die hiesigen Szenelokale und die Open-Air-Terrassen. Besonders beliebt sind **El Viajero** 1 (Plaza de la Cebada 11 / Cava Alta, www.elviajeromadrid.com, Bar Mi–Fr 18–1.30, Sa 12–2, So 12–0.30, Restaurant Mi–So 11.30–1.30/2 Uhr), mit Dachterrasse, und **El Bonanno** 2 (Plaza del Humilladero 4, http://elbonanno.com, tgl. 12–2 Uhr). In der Cava Baja geht man gern ins **El Tomás** 3 (Nr. 42), **La Tomasa** 4 (Nr. 47, beide ab 11 Uhr), **Lamiak** 5 (Nr. 42, www.lamiak.net), die **Casa Curro** 6 (Nr. 23, www.tabernacasacurro.com, Di 19–1.30, Mi/Do 12–16.30, 19–1.30, Fr–So, Fei 12–1.30 Uhr) und in die Posadas **del León de Oro** 7 (Nr. 12, www.posadadelleondeoro.com), **del Dragón** 8 (Nr. 14, www.posadadeldragon.com) oder **de la Villa** 9 (Nr. 9, www.posadadelavilla.com, Mo–Sa 13–16, 20–24, So 13–16 Uhr) Letztere ist eine der ältesten Tavernen Madrids.

Beliebte Terrassenlokale – bei der San Andrés-Kirche

Museo de San Isidro – Los Orígenes de Madrid 5

Plaza de San Andrés s/n, www.madrid.es/museosanisidro, Mitte Juni–Mitte Sept. Di–So, Fei 10–19, sonst 9.30–20 Uhr, Eintritt frei

Der Palast der Grafen von Paredes, Mitte des 16. Jh. von der Madrider Adelsfamilie Lujanes errichtet, birgt ein **Museum,** das an die Anfänge der Stadt und den Stadtpatron San Isidro erinnert. Denn in einem Vorgängerbau soll einst dieser fleißige Landarbeiter und Wundertäter gelebt haben. Ihm zu Ehren richtete man im Haus im 17. Jh. eine Kapelle mit einer naturalistischen Skulptur des Heiligen ein. Im 18. Jh. fügte Zacarías González Velázquez das Fresko »Apotheose des heiligen Isidro« hinzu. Seitlich des Renaissancepatios blieb der berühmte Wunderbrunnen erhalten, aus dem der ertrunkene Sohn des Heiligen nach inständigen Gebeten des Vaters lebendig wieder hervorkam – im Prado hängt eine Darstellung dieses mirakulösen Ereignisses von Alonso Cano. Im Übrigen dokumentiert das Museum die Stadtgeschichte von den Anfängen bis zur Ära der Habsburger. Die archäologischen Fundstücke reichen von Stoßzähnen von Elefanten und Mammuts, die einst das Manzanares-Tal bevölkerten, bis zu römischen Mosaiken und arabischer Keramik. Hinzu kommen mittelalterliche Stadtansichten.

Parroquia de San Andrés 6

Plaza San Andrés 1, Mo–Mi, Sa 9–13, 18–20, Do 9–21.30, Fr 9–11.30, 18–20, So 10–13.30 Uhr

Unser Tipp

Was für ein Blick! – Las Vistillas
Direkt am Viadukt, auf der anderen Seite der Calle de Bailén, liegt Las Vistillas, der Hügel, auf dem sich die älteste Siedlung Madrids befand. Hier sind die Café-Terrassen der Bar El Ventorrillo – von Johannisbrotbäumen beschattet – besonders in heißen Sommernächten ein beliebter Aufenthaltsort. Von oben bietet sich ein weiter Blick auf die neue Kathedrale und das Grün der Casa de Campo bis zur Sierra im Nordwesten Madrids.
El Ventorrillo (Las Vistillas) 22: Bailén 14, Tel. 913 66 35 78, Metro: L 5 La Latina, tgl. 11–24/1 Uhr, Cola 4 €!

Die benachbarte **Parroquia de San Andrés,** ein kompaktes Rechteck mit gewaltiger Tambourkuppel, um die Mitte des 17. Jh. fertiggestellt, war zunächst als Grablege für den Stadtpatron gedacht – er war dort jahrhundertelang bestattet – und wurde daher als ›achtes Weltwunder‹ geplant. Doch dazu reichten die Mittel nicht: Für das Fundament wurden Steine der abgerissenen Stadtmauer verbaut, die Fassaden zog man aus billigen Ziegelsteinen hoch. In der einschiffigen Kirche sind nur Altarraum und Kuppel in üppigem Barock ausgestaltet. In der San Isidro gewidmeten Kapelle zeigen naive Gemälde den Landarbeiter und sein Wunderwirken.

Basílica de San Francisco el Grande 7

San Buenaventura 1, Besichtigung Di–Sa 10.30–12.30, 16–18, Juli/Aug. Di–So 10.30–12.30, 17–19 Uhr, 3/2 €

Durch die Carrera de San Francisco blickt man auf die gelbe Hauptfassade der **Basílica de San Francisco el Grande,** eine der bedeutendsten Kirchen Madrids. Sie steht an der Stelle einer Klause, in der im 13. Jh. der hl. Franz von Assisi persönlich geweilt haben soll, und sollte nach dem Willen des Franziskanermönches Francisco de Cabezas der monumentalste Kirchenbau Madrids werden. 1774 wurde das klassizistische Gotteshaus eingeweiht. Danach war ihm ein wechselhaftes Los beschieden. Joseph Bonaparte, Napoleons Vertreter in Madrid, wollte hier zu Beginn des 19. Jh. das Parlament einziehen lassen. Dann kam die *desamortización,* die Säkularisierung der Kirchengüter, und San Francisco wurde Soldatenunterkunft. Zu guter Letzt wurde der Bau sogar vorübergehend zum Pantheon berühmter Persönlichkeiten und zur Königlichen Kirche bestimmt. Die letzten Narben schlug der Bürgerkrieg in das Gotteshaus, und schließlich brachte die Kirche ein Vierteljahrhundert währende Renovierungsarbeiten hinter sich.

Hinter der vorgewölbten Granitfassade mit klassizistischem Portal öffnet sich ein überkuppelter Rundbau, den ein Kranz von sechs überkuppelten Kapellen rahmt – eine ganz und gar italienisch anmutende Konstruktion. Das gotische Gestühl (16. Jh.) des Altarraums und Chors stammt aus dem aufgelassenen Kloster El Paular nördlich von Madrid. Das Gemälde der ersten Kapelle links, die »Predigt des heiligen Bernhardin«, dem hl. Bernhard von Siena gewidmet, schuf Goya im Alter von 34 Jahren. Die übrigen Kapellen wurden in einem bunten Stilgemisch ausgemalt. Sehenswert ist die Gemäldesammlung in der Sakristei mit Werken von Zurbarán, Sánchez Coello, Giordano und Carducho.

Plaza de la Paja

Die **Plaza de la Paja,** die seit dem Mittelalter ein Staubplatz blieb, war ursprünglich wahrscheinlich der bedeutendste Platz der Stadt, und trotz des Geländegefälles fanden auf ihm Stierkämpfe statt. In arabischer Zeit wurde hier lebhaft Handel getrieben, doch der heutige Name ›Strohplatz‹ erinnert eher daran, dass hier die Landarbeiter im Mittelalter den zehnten Teil ihrer Ernte an den Klerus ablieferten. Der Erlös des Geschäftes kam den Mönchen der **Capilla del Obispo** 8 zugute (Besichtigung 30 Min. vor den Betstunden, aktuelle Zeiten auf www.commu nautedelagneau.org, Führungen außer Juli/Aug. Di 10, 10.45, 11.30, Do 16, 16.45 Uhr, 3 €, Erwerb der Eintrittskarten im Kathedralenmuseum außer an Fei: Mo–Sa 10–14.30 Uhr). Die kunsthistorisch bedeutsame Bischofskapelle, deren Rückseite an die San-Andrés-Kirche anstößt, wurde im Auftrag von Don Gutiérrez Vargas de Carvajal, Bischof von Palencia, bis 1535 im Stil der isabellinischen Gotik fertiggestellt und diente als Familiengrablege der Vargas. Ursprünglich sollte sie auch die Gebeine des Stadtpatrons aufnehmen, der den Vargas gedient hatte. Stattdessen erhielt hier der Bischof ein aufwendiges Alabastergrab.

An die Nordseite der Plaza de la Paja grenzt als eine Art Balkon über der Calle de Segovia der **Jardín del Palacio de Anglona** 9, ein beschaulicher früherer Palastgarten. Er stammt aus dem 18. Jh., wurde aber um 1920 von Javier Winthuysen verändert (10 Uhr bis ca. Sonnenuntergang).

Morería-Viertel 10

Zwischen dem Platz und der westlich gelegenen Calle de Bailén erstreckt sich die ehemalige *morería:* Rund um die Plätze Alamillo und Morería mit ihren Bars und Musikkneipen erinnern allerdings lediglich ein paar Straßennamen und die intime Atmosphäre eines alten *barrio* mit unregelmäßiger Gassenführung an das mittelalterliche arabische Viertel. Gegenüber der muslimischen Bevölkerung, die hier seit dem 9. Jh. lebte, ließen die christlichen Herrscher zunächst Toleranz walten, bis man ihr nach Abschluss der *reconquista* Iberiens den Garaus machte.

Am Rande des Viertels spannt sich ein 25 m hoher **Viadukt** 11 mit der Calle de Bailén über die Schlucht der Calle de Segovia. Als er 1942 fertig war, hatte die Stadt, die bis dahin nicht einmal einen Fluss besaß, in dem man sich hätte ertränken können, eine ›todsichere‹ Brücke für Lebensmüde. Und die fanden sich gleich nach der Fertigstellung ein.

Iglesia de San Pedro el Viejo 12

Von der Nordseite der Plaza de la Paja bzw. vom Gässchen Príncipe de Anglona hat man den leicht schiefen Turm der **Kirche** ganz im Blick. Sie stammt aus dem 15. Jh. und nimmt vermutlich die Stelle einer Moschee ein, in der einst die Bewohner der *morería* ihren Glaubensdienst verrichteten. Den Mudéjarturm aus Ziegeln, schmucklos bis auf die kleinen Turmfenster im arabo-byzantinischen Stil, schufen maurische Baumeister 1354. Im Innern zieht es die Madrilenen zur Skulptur von Jesús el Nazareno (18. Jh.), auch Jesús el Pobre (Armer Jesus) genannt – das Gegenstück zum reichen Jesús de Medinaceli (s. S. 208) –, und zum Altarbild der von zwei weißen Tauben flankierten Virgen de la Paloma. Um die Apsis schlängelt sich die Treppengasse Travesía del Nuncio, auf die das hübsche **Café del Nuncio** 23 seine Außentische ausbreitet.

Basílica Pontificia de San Miguel 13

San Justo 4, Mo–Sa 9.45–13.30, 17.30–21.15, So, Fei 9.45–14.15, 18–21.15, Sommer Mo–Sa 9.45–13.15, 18–21.15, So, Fei 9.45–13.30, 18.30–21.15 Uhr

Hinter der konvexen Hauptfassade der **Pontifikalkirche San Miguel,** die aus dem 18. Jh. stammt, verbirgt sich eine verspielte Rokokoausstattung. San Miguel untersteht dem mächtigen Opus Dei (Werk Gottes), einer umstrittenen katholischen Eliteorganisation, die Monseñor Escrivá de Balaguer 1928 in Madrid gründete. Als ihre Kaderschmiede gilt die Universität von Pamplona in Navarra. Der 1992 von Papst Johannes Paul II. seliggesprochene Monseñor wird in der Kirche verehrt.

Zur Plaza de la Villa

Durch die Calle Puñonrostro hügelauf, vorbei am **Kloster Las Carboneras** 14 (Plaza del Conde de Miranda 3) vom Anfang des 17. Jh., dessen Nonnen Süßigkeiten herstellen (sie werden durch ein Drehfenster verkauft), geht es zur Plaza de la Villa und zur Calle Mayor.

Rund um die Calle Mayor

Der Abschnitt nahe der Puerta del Sol entwickelte sich zu Beginn des 20. Jh. zur Geschäftsstraße, die Gebäude wurden im Stil der Zeit mit üppigem Fassadenschmuck erneuert. Zwischen den wenigen verbliebenen Traditionsläden, darunter die 1855 gegründete **Pastelería El Riojano** 24 mit kleinem Café, haben sich längst Souvenirshops breitgemacht. Die alten Adelspaläste prägen noch den unteren Abschnitt der Straße. Die ›Königliche Apotheke‹ **Real Farmacia de la Reina Madre Nuestra Señora** (Mayor 59) existiert hier seit dem 16. Jh.

Plaza de la Villa

Madrids **Rathausplatz** glänzt mit einem historischen Ensemble der habsburgischen Zivilarchitektur. Auf einem Sockel mit Versen von Lope de Vega steht in der Platzmitte **Don Álvaro de Bazán.** Das 1891 von Benlliure geschaffene Denkmal erinnert an den illustren Flottenkommandanten Philipps II., der 1588 nach der Niederlage der als unbesiegbar geltenden spanischen Armada gegen die Engländer in Lissabon starb.

Torre y Casa de los Lujanes 15

Das älteste Bürgerhaus Madrids, **Turm und Haus der Lujanes,** gehörte einem alteingesessenen Madrider Geschlecht. Am gotischen Portal prangt noch das Familienwappen der Lujanes. Der Turm, Anfang des 15. Jh. errichtet, nimmt den für die Habsburgerzeit typischen Wechsel von Bruchstein und Ziegeln vorweg. Zur Calle del Codo zeigt ein hufeisenförmiges Tor. Das benachbarte **Haus Nr. 3** mit einem Portal im Mudéjarstil stammt ebenfalls aus dem 15. Jh.

Casa de la Villa 16

Madrids historisches Rathaus, ein repräsentatives Beispiel der Habsburger-Architektur, wird nur noch gelegentlich für offizielle Anlässe genutzt, das neue Rathaus ist im Palacio de Comunicaciones an der Plaza de la Cibeles untergekommen (s. S. 110). Von 1644 bis 1696 schuf Juan Gómez de Mora mit der Casa de la Villa einen Prototypen des Madrider Barockstils. Die zwei Portale entsprachen den beiden ursprünglichen Funktionen des Baus als Stadtgefängnis und Stadtverwaltung. Zur Calle Mayor weist der von Juan de Villanueva 1789 geschaffene Balcón de la Reina: Von ihm schaute die Königin den Fronleichnamsprozessionen zu, an denen ihr Gemahl teilnahm. Die mit wertvollen Interieurs ausgestatteten Räume – darunter Kristallleuchter aus La Granja (Segovia), Porzellan aus der Fábrica del Buen Retiro und aus Sèvres, Wandteppiche aus flämischen Webereien sowie Gemälde bedeutender Künstler – sind nicht zu besichtigen.

Casa de Cisneros 17

Die dritte Platzseite nimmt die durch einen Torbogen mit dem Rathaus verbundene **Casa de Cisneros** ein, die ein Neffe des berühmten Kardinal-Regenten Francisco Jiménez de Cisneros 1537 errichten ließ. Die platereske Hauptfassade zeigt zur Calle del Sacramento. Im Haus sind Behörden untergebracht.

Untere Calle Mayor

Iglesia de San Nicolás 18

Plaza de San Nicolás 6, meist tgl. ca. 8–11, 19–21 Uhr

Eine Gasse schräg gegenüber dem Rathaus führt zur Iglesia de San Nicolás, im Kern die älteste Kirche Madrids. Das schlichte Gotteshaus besitzt einen mit Hufeisen- und Vielpassblendbögen verzierten Mudéjarturm aus dem 12. Jh., der die Handschrift maurischer Baumeister zeigt. Ein Hufeisenbogen trennt den Kirchenraum, über den sich eine Holzdecke aus dem 15. Jh. spannt, vom Altarraum. In der Krypta ruht seit 1597 Juan de Herrera, Baumeister des Escorial (s. S. 268).

Iglesia del Sacramento 19

Sacramento 11

Im Bereich der unteren Calle Mayor erinnert vor der Militärkirche Iglesia del Sacramento (1671) ein **Denkmal** an die Opfer eines Attentatversuchs gegen Alfons XIII. und seine Gattin María Eugenia: Frisch verheiratet, befand sich das Königspaar am 31. Mai 1906 auf dem Weg von der Traukirche Los Jerónimos (nahe dem Prado) zum Schloss, als der Anarchist Mateo Morral eine Bombe vom Balkon des Hauses Nr. 84 warf. Das Königspaar kam mit dem Leben davon. Früher gehörte die **Kirche** zu einem Kloster, das durch unterirdische Gänge mit dem benachbarten Palacio de los Duques de Uceda verbunden war.

Capitanía General und Palacio de Abrantes

In einem Herzogspalast mit originaler Fassade aus dem Jahr 1613 sind die **Capitanía General** 20 (Mayor 79, Oberste Heeresleitung) und der Consejo del Estado (Staatsrat) untergebracht. Gegenüber liegt der Adelspalast **Palacio de Abrantes** 21 (Mayor 86), heute Sitz des Italienischen Kulturinstituts. An der Ecke zur kleinen Calle Almudena sieht man im Boden durch eine Glasplatte archäologische Reste der mittelalterlichen **Iglesia de Santa María de la Almudena** 22, der Schutzpatronin der Stadt, die heute in der Kathedrale verehrt wird.

Kathedrale 23

Bailén 10, tgl. 9–20.30, Juli/Aug. 10–21 Uhr, 1 € Spende, Krypta tgl. 10–20 Uhr, 1 €; Museum (www.museocatedral.archimadrid.es) und Turmbesteigung Mo–Sa 10–14.30 Uhr, 6/4 €

Gleich neben dem Königspalast thront Madrids Kathedrale, die **Catedral de Santa María la Real de la Almudena,** auf dem Hügel über dem Manzanares-Fluss. Sie wurde aus demselben hellen Stein wie der Königspalast erbaut, bietet jedoch insgesamt ein recht buntes Stilgemisch. Nach 100 Jahren Bauzeit – das Bistum Madrid-Alcalá wurde 1883 gegründet – weihte sie Papst Johannes Paul II. 1993 persönlich ein, woran seine Statue beim Eingang an der Calle de Bailén erinnert.

Hell und hoch ist der **Innenraum,** dessen Decke bunt verziert ist. Er birgt etliche historische Kunstwerke, so den Gekreuzigten von Juan de Mesa aus dem Jahr 1621 im Altarraum. Der Vir-

Die Kathedrale – nach 100 Jahren Bauzeit endlich vollendet

gen de la Almudena, der Schutzpatronin Madrids, ist im rechten Vierungsarm das aus 18 Tafeln zusammengesetzte polychrome Retabel gewidmet, das Juan de Borgoña im 16. Jh. schuf. Die Skulptur der Schutzheiligen erinnert an eine historische Legende: Als die den Süden Iberiens beherrschenden Muslime das heutige Madrid erreichten und einen befestigten Grenzposten schufen, versteckten Christen ein Bildnis der Jungfrau Maria. Alfons VI. fand es 1085 bei der Eroberung der kleinen Siedlung wieder, und zwar in der Mauer, welche die arabische Medina *(almudayna)* umgab. Daher wurde die Jungfrau fortan als Virgen de la Almudena betitelt und avancierte zur Patronin der Stadt. Im Retabel bekrönt sie einen Silberschrein, der die Reste des von Alfons VI. gefundenen Bildnisses bergen soll.

Im Chorumgang – neben den Kapellen für den Opus-Dei-Gründer Josemaría Escrivá de Balaguer und die aus Madrid stammende hl. Mariana de Jesús – birgt die mit den Holzskulpturen von San Isidro und seiner Frau Santa María de la Cabeza geschmückte Kapelle den polychromen Holzsarkophag dieses Stadtpatrons, ein gotisches Meisterstück aus dem 13. Jh.; auf ihm sind Leben und Wunderwerke des Heiligen dargestellt. Das goldbelegte 20-teilige Retabel von Pedro Berruguete im linken Seitenschiff, mit Szenen der Bibelgeschichte, entstammt einer Dorfkirche in den Gebirgen nördlich von Madrid.

Für den Besuch von Kapitelsaal, Sakristei, Museum und Kuppel ist Eintritt zu entrichten. Das **Museum** präsentiert liturgische Objekte sowie Erinnerungsstücke an die Schutzpatrone der Stadt. Von der **Kuppel** (Treppenaufgang!) hat man schöne Ausblicke über die Umgebung.

Die Krypta

Ältester Teil der Kirche ist die dreischiffige Krypta, die **Parroquia de Nuestra Señora de la Almudena,** deren Eingang unter dem neogotischen Chor an der Cuesta de la Vega liegt. Rund 400 mächtige Säulen mit eklektizistischem Kapitellschmuck gliedern den weiten Raum –

er ist eine Kirche unter der Kirche. Rechter Hand findet man die **Capilla de Nuestra Señora de la Flor de Lis** mit einem Bildnis, das Alfons VI. im 11. Jh. in Auftrag gegeben haben soll. Zahlreiche Adelige und wohlhabende Bürger kauften sich in der Krypta der Madrider Kathedrale Grablegen und Privatkapellen.

Parque del Emir Mohammed I 24

Gegenüber der Krypta befindet sich ein kleiner Park mit den teils ausgegrabenen Ruinen der arabischen Stadtmauer aus dem 9. Jh. Hier soll Alfons VI. das vor den Arabern versteckte Bildnis der Schutzheiligen Madrids 1085 gefunden haben. Nur noch spärliche Mauerreste zeugen vom arabischen Madrid. Dem kleinen Park aber hat man den Namen des Stadtgründers gegeben: Emir Mohammed I.

Palacio Real ! 25

Bailén s/n, www.patrimonionacional.es, Metro: L 2, 5 Ópera, April–Sept. tgl. 10–20 (Eintritt bis 19 Uhr), Okt.–März 10–18 Uhr, Eintritt 11/6 € inkl. Real Farmacia und Real Armería, freier Eintritt für EU-Bürger Mo–Do 18–20, Okt.–März 16–18 Uhr, Führung 4 €, Audioguide 3 €, Gemäldegalerie (mit Führung) 7 €, Wachablösung s. S. 91

Auf der strategisch günstigen Anhöhe über dem Río Manzanares, wo die Araber einst eine Wehrburg errichtet hatten, erhebt sich das **Königliche Schloss.** Einst stand hier ein *alcázar,* der vom Herrschergeschlecht der Trastámara und ihren Nachfolgern sowie von den seit 1516 regierenden Habsburgern mehrfach erweitert und modifiziert wurde, jedoch 1734 einem Flammeninferno zum Opfer fiel. Philipp V., der erste Herrscher der Bourbonendynastie, nutzte die Gelegenheit, ein Schloss nach seinem Geschmack zu planen – er blickte nach Versailles. Doch schließlich wurde das Grundmuster eines spanischen *alcázar,* einer quadratischen Vierflügelanlage, wieder aufgegriffen. Architekt Ventura Rodríguez stellte sie 1764 fertig. Im selben Jahr bezog Karl III. den Palast. Seine Nachfolger regierten Spanien von dieser Residenz aus bis zur Ausrufung der Zweiten Republik 1931. Der jetzige König, Felipe VI., lebt nicht hier (s. S. 90).

Die spätbarocke sechsstöckige Anlage, ein rund 500 m langer und breiter Koloss aus Granit und Kalkstein, ist um einen quadratischen Innenhof angelegt. Die durch Pilaster und Säulen gegliederten Fassaden sind mit Königsstatuen geschmückt. Nur ein Teil der Räume ist zu besichtigen, doch angesichts der höfischen Pracht und all der prunkvollen Interieurs – Möbel verschiedener Stilepochen, schwere Kristalllüster, Gobelins, Teppiche, Gemälde, Porzellan, Uhren – ermüden die Augen ohnehin beim Gang durch die endlose Flucht von Sälen und Gemächern.

Rundgang durch das Schloss

Besucher betreten den Königspalast an der **Plaza de la Armería** (Waffenplatz). Die Fresken über der majestätischen zweiläufigen Haupttreppe stammen von Conrado Giaquinto, der mit dem »Triumph der Religion und der Kirche« ein für Spanien bedeutendes historisches Thema aufgriff.

Durch den **Salón de Alabarderos** (Salon der Hellebarden bzw. Wachen) mit Teppichen aus der Real Fábrica de Santa Bárbara und dem Deckenfresko »Apotheose des Äneas« von Giambattista Tiepolo (1766), der u. a. auch das Treppenhaus der Würzburger Residenz gestaltete, gelangt man in den **Salón de Columnas,** der mit Brüsseler Gobelins nach Kartons (Vorlagen) von Raffael (17. Jh.) sowie Fresken von Giaquinto geschmückt ist. In diesem Säulensaal wurde 1985 der Vertrag über Spaniens Beitritt zur Europäischen Gemeinschaft unterzeichnet.

Im mit rotem Samt ausgeschlagenen **Salón del Trono** stehen die Thronsessel des Königspaares. Das 26 x 11 m große Deckenfresko von Tiepolo (1764) ist ein Lob auf die Größe der spanischen Monarchie.

Die **Säle 4, 5** und **6** ließ sich Karl III. vom neapolitanischen Maler und Stukkateur Gasparini ausschmücken. Die Deckenfresken in der **Saleta de Carlos III** (»Apotheose des Kaisers Trajan«) und in der **Antecámara de Carlos III** (»Apotheose des Herkules«) malte jedoch der Böhme Anton Raphael Mengs. Im ersten Raum hängen Ölgemälde von Luca Giordano, und zu den bedeutendsten Exponaten der Antecámara gehören je zwei Porträts Karls IV. und Marie Louises von Parma von Goya. Vom Uhrensammler Karl IV. ist hier ein besonders eindrucksvolles Zeitmessgerät ausgestellt. Die **Cámara de Carlos III,** im Rokokostil gehalten, zeigt die Vorliebe Gasparinis für Chinoiserien und trägt die Handschrift dieses meisterhaften Stukkateurs.

An die mit grünem Damast ausgeschlagene und mit einer »Wildschweinjagd« von Goya geschmückte **Tranvía de Carlos III** schließt sich der **Salón de Carlos III** an, in dem dieser in Madrid so beliebte König 1788 starb. Es folgt der kleine **Gabinete de Porcelana,** ausgekleidet mit prachtvollem Kachelwerk aus der Fábrica del Buen Retiro. Ein gänzlich anderes Ambiente bietet die mit gelber Seide und Wandteppichen aus der Real Fábrica de Tapices (s. S. 111) ausgeschlagene **Saleta Amarilla,** das Arbeitszimmer Karls III.

Der lang gestreckte **Comedor de Gala,** ein nobler Rahmen für Galadiners oder Tanzabende, wird bis heute bei offiziellen Empfängen genutzt. Brüsseler Gobelins aus dem 16. Jh. zieren die Wände, Gemälde von Mengs (»Aurora auf ihrem Wagen«), Antonio González Velázquez (»Christoph Kolumbus vor den Katholischen Königen«) und von Mengs-Schüler Francisco Bayeu (»Übergabe Granadas«) schmücken die Decken. Lüster, Wandleuchter und Kandelaber, insgesamt rund 1000 Lichtquellen, sorgen für eine verschwenderische Festbeleuchtung.

Die Säle in der Nordostecke sind den **königlichen Sammlungen** vorbehalten: Medaillen, Silberarbeiten, Musikinstrumente, Porzellan und Glas. Den Eingang zur **Schlosskapelle** flankieren die Statuen der Katholischen Könige: links Isabella I., rechts Ferdinand II. Ventura Rodríguez führte die Kapelle – mit 16 schwarzen Marmorsäulen – bis 1757 aus. An der Gestaltung waren wiederum Mengs, Bayeu und Conrado Giaquinto beteiligt. Ferner sind die **Gemächer Marie Louise von Parmas** und die für die adelige Männerwelt geschaffenen **Billard- und Rauchsalons** für Besucher geöffnet.

Aussichtsgalerie zum Schlosspark

Unterhalb des Flügels, der den Waffenplatz an der Westseite rahmt, erstreckt sich der Schlosspark **Campo del Moro** (s. Unser Tipp, s. S. 172). Von der Galerie reicht der Blick über diesen Park und den Madrider Stadtfluss hinweg bis zur Casa de Campo, die einst das Jagdgebiet der spanischen Könige war (s. Radtour S. 180).

Real Armería

In der Real Armería, der **Königlichen Waffensammlung,** scheint das Mittelalter eine Wiederauferstehung zu feiern, eine ganze Armee belanzter Ritter präsentiert sich auf eingerüsteten Pferden, als könnten die beliebten Turniere der *caballeros* gleich beginnen. Helme, Rüstungen, Lanzen und ande-

Plaza de Oriente – mit dem Café de Oriente und der Madrider Oper

re Waffen sowie die Metallpanzer der Pferde stammen überwiegend aus dem Besitz Karls V. und Philipps II. Auch die Rüstung, die Karl V. in der Schlacht von Mühlberg trug, ist dabei. Die Sammlung verteilt sich auf zwei Ebenen.

Real Farmacia

An der anderen Platzseite birgt die **Königliche Apotheke** neben vielerlei historischen Tiegeln und Töpfchen ein Herbarium, eine Schubladenwand, einst gefüllt mit Kräutern für königliches Wohlbefinden. Die Sala de Destilaciones (Destillierraum) darf man wohl als eine Art Chemie- und Hexenküche des 16. Jh. betrachten.

Museo de las Colecciones Reales 26

Zwischen Schloss und Kathedrale steht bereits das künftige **Museum der königlichen Sammlungen** (voraussichtliche Eröffnung Ende 2018). Hier sollen die königlichen Kutschen und insbesondere Schätze der königlichen Kunstsammlungen ausgestellt werden.

Rund um die Plaza de Oriente

Plaza de Oriente

Beschaulich und dennoch erhaben wirkt dieser großzügige und gepflegte Platz zwischen den hellgrauen Granitfassaden des spätbarocken Königsschlosses und der klassizistisch-strengen Oper. Auf der Mittelachse zwischen Palacio Real und Teatro Real steht auf hohem Sockel die 1844 hierher versetzte **Reiterstatue Philipps IV.** 1640 ließ einer seiner fragwürdigen Ratgeber, der ehrgeizige Conde Duque de Olivares, die Statue anfertigen. Die Konstruktion des nur auf seine Hinterbeine gestützten Hengstes stellte

Lieblingsort

Jardines de Sabatini 27
An der Nordseite des Königspalastes liegen die Jardines de Sabatini, die quasi an die Plaza de Oriente stoßen. Der Name erinnert an den Lieblingsarchitekten Karls III. Er hatte hier einst Pferdeställe errichtet, die aber 1932 den heutigen wunderschönen Gartenanlagen wichen. Zwischen den Blumenrabatten und Buchsbaumhecken, den Brunnen und Bänken ist von Großstadthektik wenig zu spüren. Wie Zwerge muten die Fußgänger zwischen den riesigen Steinstatuen und den zylinderförmig zurechtgestutzten Zypressen an. Zu jeder Tageszeit ist es hier schön, besonders aber in den Abendstunden, wenn die Sonne im Westen hinter dem Königspalast untergeht.
Öffnungszeiten: tgl. 9–21/22 Uhr.

Unser Tipp

Campo del Moro – Wo Jusuf einst mit seinen Truppen lagerte
Der Schlosspark unterhalb der Westfassade des Königspalasts zählt ohne Zweifel zu den schönsten Grünflächen Madrids. Seinen Namen – Lager des Mauren – verdankt er dem Almoravidenfürsten Jusuf, der hier 1109 mit seinen Truppen zu Füßen des damaligen *alcázar* lagerte. Die Almoraviden, eine strenggläubige nordafrikanische Berberdynastie, wurden damals von den muslimischen Taifa-Fürsten in Südspanien zu Hilfe gerufen, als Alfons VI. 1085 Toledo erobert hatte und der christliche Vorstoß in das zerfallene Kalifenreich von Córdoba nicht mehr aufzuhalten schien. So setzte Jusuf 1086 mit seinen Männern auf die Iberische Halbinsel über. Er schlug das Heer Alfons' VI., drängte die Christen zurück und blieb. Er verschaffte al-Andalus eine kurze Atempause vor der endgültigen *reconquista,* der Rückeroberung des Landes durch die Christenheere. Während der Herrschaft der Almoraviden in al-Andalus (1090–1145) belagerte er auch – allerdings erfolglos – Madrid.
Philipp II. ließ auf dem Gelände des Campo del Moro einen Palastgarten anlegen, Isabel II. veranlasste im 19. Jh. seine Umgestaltung nach englischem Muster. Zur königlichen Erbauung richtete man Ende des 19. Jh. zwei kleine Pavillons her, das **Chalet de Corcho** (Korkhaus) und das **Chalet de la Reina** (Pavillon der Königin). Es ist ein Genuss, im Campo del Moro zu lustwandeln, lediglich anlässlich offizieller Empfänge wird der Park geschlossen.
Campo del Moro 28: Eingang am Paseo de la Virgen del Puerto (man läuft hinter den Jardines de Sabatini oder seitlich der Kathedrale bergab), Metro: L 6, 10, R Príncipe Pío, tgl. ca. 10–20, Okt.–März bis ca.18 Uhr, Eintritt frei.

seinerzeit eine technische und bildhauerische Meisterleistung dar, zu der vier ›Genies‹ ihren Beitrag leisteten: Von Velázquez, der von Olivares an den Hof berufen worden war, stammen die Entwürfe, die deutlich einem Bild des Herzogs zu Pferd im Prado ähneln; von Galileo Galilei kam der Rat, einem massiven Pferdehinterteil ein hohles Vorderteil aufzusetzen; der andalusische Bildhauer Martínez Montañés schuf den König und der Italiener Piero Tacca goss das Ganze in Bronze. Die Seitengänge im Park schmückt eine Skulpturenphalanx westgotischer Könige, die Spanien nach dem Niedergang des römischen Imperiums beherrschten. Auf dem Grünareal finden sich ständig Spaziergänger und Ruhesuchende ein, und im Schatten der Oper spielen häufig Straßenmusiker.

Teatro Real 29

Plaza Isabel II s/n, www.teatro-real.com, Besichtigung tgl. 10–13 Uhr alle 30 Min., 8/6 €, Kinder unter 7 Jahren Eintritt frei; Spezialführungen, darunter bei Nacht, s. Website
Ab 1831 wurde das **Königliche Theater** als unregelmäßiges Sechseck erbaut und 1850 eingeweiht. Ende des 20. Jh. hat man es gründlich renoviert und modernisiert. Die Schaufassade, mit vorgeblendeten Säulen und musizierenden Engelsfiguren über den Fenstern, zeigt zur Plaza de Orien-

te. Über 1700 Zuschauern bietet der prunkvolle Hauptsaal – mit einer der Königsfamilie vorbehaltenen Loge – Platz. Im Teatro Real stehen neben erstklassigen Opern auch Ballettaufführungen und Konzerte des spanischen Sinfonieorchesters auf dem Programm. Im Haus befindet sich ein schönes Café-Restaurant.

Rund um die Plaza de Ramales

In der Südostecke der Plaza de Oriente erreicht man hügelauf die **Plaza de Ramales.** Einst stand hier die **Iglesia de San Juan Bautista** (12. Jh.), die Kirche Johannes des Täufers, in der 1660 Velázquez beigesetzt worden sein soll – wie das **Denkmal** in der Platzmitte besagt. Bei Grabungsarbeiten stießen Archäologen allerdings auf keine Grab- oder Gebeinreste. Unter der Regentschaft von Joseph Bonaparte, der Kirchen und Klöster niederreißen und an ihrer Stelle Plätze anlegen ließ, wurde auch die Iglesia de San Juan Bautista dem Erdboden gleichgemacht – ohne Rücksicht auf die hier angeblich ruhenden Gebeine des Hofmalers.

Die Kuppelkirche **Iglesia de Santiago** 30 wurde an diesem Platz 1811 eingeweiht. Ihr Namenspatron ist als »Santiago Matamoros«, als maurentötender Jakobus, auf dem Altargemälde von Francesco Ricci dargestellt. Jakobus ist der Schutzpatron Spaniens; sein Grab in Santiago de Compostela war das wichtigste Pilgerziel des Mittelalters.

Mit der 2006 in Fußnähe zum großen Opernhaus eröffneten **Escuela Superior de Música Reina Sofía** 31 (Requena 1), einer Hochschule für Musik, will sich Spanien einen Ruf in der musikalischen Ausbildung und Förderung junger Talente sichern.

Die Gassen in der Umgebung der Kirche Johannes' des Täufers weisen noch mittelalterliche Strukturen auf, so die **Calle de Santiago** mit ihrer Wohnarchitektur des 17./18. Jh., den kleinen Restaurants, Cafés und Buchhandlungen.

Das Viertel der Habsburgerklöster

Monasterio de la Encarnación 32

s. Entdeckungstour S. 174

Monasterio de las Descalzas Reales 33

s. Entdeckungstour S. 174, Kirche: Mo–Sa 8, 19, So, Fei 8, 10, 12 Uhr

In der **Kirche** (nicht Teil der Klosterführung) befindet sich rechts neben dem Altar das Mausoleum der Klostergründerin Doña Juana. Die Deckenfresken des im 18. Jh. erneuerten Gotteshauses stammen von den Gebrüdern González Velázquez.

Casa de las Alhajas 34

Plaza de San Martín 1

Das schöne Renaissancegebäude von 1870 verdient einen kurzen Stopp. Inzwischen dient es leider nicht mehr Ausstellungszwecken, sodass ein Besuch vermutlich nicht möglich ist. Schade, denn die Fresken und das um einen Patio angelegte Treppenhaus sind sehenswert.

Iglesia de San Ginés 35

Arenal 13, Mo–Sa 8.45–13, 18–21 (Sommer 18.30–21), So, Fei 9.45–14, 18–21 Uhr

An der stets belebten Einkaufsstraße liegt still die **Iglesia de San Ginés.** In ihren Seitenkapellen bietet sie eine Paradeschau der Madonnen, eine schöner als die andere. Zu den Messen versammeln sich in der Kirche traditionell viele Riojanos, Madrilenen, die ihre Wurzeln in der Weinbauregion La Rioja haben. In der 1651 angebauten **Capilla del Cristo** ▷ S. 177

Auf Entdeckungstour: Die Habsburgerklöster – Kunst und Kuriositäten

Monasterio de las Descalzas Reales und Monasterio de la Encarnación, beide von Frauen aus dem Haus Habsburg gegründet, sind nahezu unbekannte Schatzkammern im Herzen Madrids. Die Häuser stecken voller Kunst und bieten manches Kuriosum.

Cityplan: s. S. 157

Monasterio de la Encarnación 32 :
Plaza de la Encarnación 1
Monasterio de las Descalzas Reales 33 : Plaza de la Descalzas s/n
Infos: www.patrimonionacional.es, s. auch Museumsbesuche, S. 61
Führungen: Di–Sa 10–14, 16–18.30, So, Fei 10–15 Uhr
Eintritt: je Kloster 6 €, Mi und Do nachmittags für EU-Bürger Eintritt frei

Es war Doña Juana, Tochter Karls V. und Gemahlin des portugiesischen Prinzen Juan Manuel, die als Witwe nach Madrid zurückkehrte und das Ordenshaus der Descalzas Reales stiftete. In ihrem Geburtshaus, dem Renaissancepalast des kaiserlichen Schatzmeisters Alonso Gutiérrez, gründete sie 1554 das Kloster, in dem sie dereinst begraben werden wollte. Ihre Schwester, Kaiserin Maria von Österreich, folgte ihr nach dem Tod Maximilians II. nach Madrid. Und auch die Tochter der Kaiserin verbrachte ihre letzten Jahre in Madrid: Margarete von Österreich, Gattin Philipps III., gründete das Monasterio de la Encarnación, das aber erst 1616, fünf Jahre nach ihrem Tod, eingeweiht wurde. Es stammt von Juan Gómez de Mora, dem Architekten der Madrider Plaza Mayor, der auch am Descalzas-Kloster mitbaute.

Königlicher Reichtum hinter klösterlichen Mauern

Beide Klöster nahmen Novizinnen aus adeligen Familien auf: Witwen, unverheiratet Gebliebene, aber auch uneheliche Töchter der spanischen Herrscher. Begünstigt von Hof und Adel erlangten die Klöster eine reiche Ausstattung und politischen Einfluss. Das Monasterio de la Encarnación war sogar durch einen unterirdischen Gang direkt mit dem Königspalast verbunden. Von asketischen Klostermauern ist nichts zu spüren, vielmehr gibt eine verschwenderische Dekorierlust den Ton an, als sollte Gott selbst mit Kunst und Prunk betört werden. Allein Las Descalzas besitzt ca. 400 Gemälde, u. a. von Brueghel, Tizian und Rubens oder Francisco de Zurbarán. Die Porträts von Habsburgern zeugen von der intimen Verbindung der Konvente zum Königshaus. Dazu kommen prächtige Fresken, Plastiken und Gobelins, kunstvolle *azulejos* und geschnitzte Holzdecken – Grund genug für das Nationale Denkmalschutzamt, die Habsburgerklöster in seine Obhut zu nehmen. Da beide Konvente bis heute von Nonnen (Klarissinnen in Las Descalzas Reales, Augustinerinnen in La Encarnación) bewirtschaftet und bewohnt werden, wirkt die Kunst noch in ihrem ursprünglichen Kontext.

Kunstschätze im Kloster der Fleischwerdung

An den Empfangsraum des **Monasterio de la Encarnación** schließt sich die mit Kacheln aus Talavera de la Reina geschmückte **Portería Reglar** an. Im Raum fällt das Bild »Intercambio de Princesas« eines anonymen Malers auf, das ein historisches Ereignis von 1615 festhält: Die Königshäuser von Spanien und Frankreich tauschen auf dem Grenzfluss Bidasoa Prinzessinnen aus; Ludwig XIII. wird die Tochter Philipps III. zur Frau nehmen, während dem spanischen Thronfolger Philipp IV. eine Tochter Heinrichs IV., Isabelle de Bourbon, als Gemahlin bestimmt ist.

Die bedeutendsten Gemälde des Klosters hängen in der **Sala de Pinturas**, darunter »Johannes der Täufer« von Jusepe de Ribera und eine »Unbefleckte« von Juan Carreño de Miranda, Künstlern, die auch im Prado vertreten sind.

Skulpturen von großer Ausdruckskraft sind im 1. Stock in der **Sala de Imágenes** (Sala de Esculturas) ausgestellt: den »Liegenden Christus« und den gegeißelten »Christus, auf eine Säule gestützt« schuf der kastilische Bildhauer Gregorio Fernández (17. Jh.), die »Dolorosa« (Schmerzensmutter) José de Mora.

Der **Salón de Reyes** (Königssaal) dokumentiert mit zahlreichen Porträts der Habsburgerdynastie die enge Verbindung von Kloster und Königshaus. Das **Grabmal von Anna Margarete von Österreich**, Tochter Philipps IV., befindet sich im Chorraum der Nonnen.

Reliquienkult und Wunderglaube

Spektakulärster Teil des Museums ist der **Relicario** (Reliquiensaal). Reliquienkult und Wunderglaube spielten in Spanien schon immer eine große Rolle, aber die schier überquellende Reliquienkammer in La Encarnación gleicht einem Kuriositätenkabinett: Knöchelchen, Ringe, Stofffetzen und Holzstückchen in kostbaren Fassungen und Behältnissen versetzen in tiefstes Mittelalter. Mehrere tausend Reliquien gelangten vom 16. bis 19. Jh. ins Kloster. Besonders berühmt und verehrt ist eine wundersame Glasampulle mit dem Blut des Märtyrers San Pantaleón, das sich am Namenstag des Heiligen, in der Nacht vom 26. auf den 27. Juli, verflüssigt und später wieder gerinnt. Ein Schauspiel, dem die Öffentlichkeit ab und an beiwohnen darf. Alle hoffen, das Blut möge sich nur an diesem Tag verflüssigen, denn zu jedem anderen Zeitpunkt kündigt es Unheil an.

Prächtige Kirche

Durch die Sakristei gelangt man in die reich ausgestattete **Encarnación-Kirche,** die in der Nacht des großen Palastbrands beschädigt und von Ventura Rodríguez erneuert wurde. Die Fresken in der Kuppel wie im Kirchenschiff sind ein Werk der Gebrüder González Velázquez, die des Chorraums schuf der Hofmaler Francisco Bayeu.

Zu Besuch bei den Königlichen Barfüßigen

Fast noch mehr als im Encarnación-Kloster kam im **Descalzas Reales** im Laufe der Jahrhunderte durch Schenkungen adliger Familien ein beachtlicher Fundus an Kunst zusammen: Fresken, Gemälde, Skulpturen, Wandteppiche, Möbel. Aus dem ursprünglichen Adelspalast blieb ein guter Teil des Kachelschmucks erhalten.

Das Treppenhaus, ein Kunstwerk

Zentimeter für Zentimeter ist das 2010 restaurierte Treppenhaus ausgemalt: mit Fresken und Trompe-l'œil von Künstlern der Madrider Schule des 17. Jh. Claudio Coello schuf das Deckenbild. An der oberen Treppenflucht schaut die Familie Philipps IV. von einer Loge (von Antonio de Pereda).

Gemälde und Gobelins

18 mit religiöser Kunst vollgestopfte **Kapellen** rahmen die obere Galerie um den Innenhof, eine jede davon wurde von einer Nonne ausgestattet und gepflegt. Den »Liegenden Christus« in der Kapelle am Treppenaufgang schuf Gaspar Becerra. Im **Antecoro,** in der Kapelle der Virgen del Puig, fällt eine Figur aus Buchsbaumholz aus dem 15. Jh. auf. Im **Coro** beachte man die Schmerzensmutter von Pedro de Mena, das Grab der Kaiserin Maria in der Nische über dem Chorgestühl und das Bild der Klostergründerin Doña Juana.

Die Gobelins im **Salón de Tapices,** dem ehemaligen Schlafsaal der Nonnen, wurden im 17. Jh. nach Kartons von Rubens in der Brüsseler Gobelinmanufaktur von Jan Raes gewebt. Darüber hinaus ist hier ein Teil der klösterlichen Sammlung von Jesuskindlein ausgestellt, die daran erinnert, dass adlige Novizinnen in einem Alter zur Erziehung ins Kloster gegeben wurden, in dem man noch mit Puppen spielt.

Ein Stück spanischer Monarchiegeschichte dokumentieren die Porträts der Königsfamilie im **Candilón** und im **Salón de Reyes.** Salons mit flämischer und spanischer bzw. italienischer Malerei komplettieren die Kunstsammlung von Descalzas Reales, in der Namen wie Pieter Brueghel d. Ä., Caravaggio, Rubens, Tizian oder Lucas Jordán, Francisco de Zurbarán und Sánchez Coello vertreten sind.

(rechts vom Eingang) hängt von El Greco »Die Austreibung der Wechsler aus dem Tempel«.

Essen & Trinken

Gepflegt speisen

Kastilische Küche seit 1725– **Sobrino de Botín** **1**: Cuchilleros 17, Tel. 913 66 42 17, www.botin.es, Metro: L 1, 2, 3 Sol, tgl.13–16, 20–24 Uhr, ab ca. 45 €. Das älteste Haus der Altstadtstraße unterhalb der Plaza Mayor, ein Ziegelbau, beherbergt ein Familienrestaurant mit jahrhundertelanger Tradition und originalem Kachelschmuck. Spezialität des Hauses ist Spanferkelbraten. Aufgrund seiner Lage und seines Renommées ist das Sobrino de Botín allerdings ein extrem touristisches Lokal.

Das Haus der Steaks – **Casa Paco** **2**: Plaza Puerta Cerrada 11, Tel. 913 66 31 66, www.casapaco1933.es, Metro: L 1, 2, 3 Sol, Di–Sa 12.30–16, 19–24, So 12.30–16 Uhr, ca. 40–50 €. Die rot-grün getäfelte Fassade und die mit alten *azulejos* und den Fotos illustrer Gäste dekorierten Wände weisen das Haus als einen alteingesessenen Klassiker aus, eine typische Madrider *tasca,* in der sich einst die *aficionados* des Flamenco und Stierkampfs von weiß befrackten Kellnern bedienen ließen. Herausragend sind die Steaks *(cebón de buey):* groß, saftig, schmackhaft, von besten Rindern. Bezahlt wird nach Gewicht. Auch Fischsuppe, *pisto manchego* (Ratatouille), Kutteln oder Lamm schmecken in der Casa Paco gut. Über den Tresen im Eingangsraum werden Tapas gereicht.

Rustikales auf die feine Art – **Julián de Tolosa** **3**: s. S. 38

Der Klassiker beim Senat – **Casa Jacinto** **4**: s. S. 37

Madrider Eintopf für Gourmets – **La Bola** **5**: s. S. 38

Mexiko für Feinschmecker – **Entre Suspiro y Suspiro** **6**: s. S. 39

Den Koch im Blick – **Gastroteca de Santiago** **7**: s. S. 36

Mittelpreisiges und Tapas

Zwischen Weinbottichen – **Bodegas Ricla** **8**: Cuchilleros 6, Tel. 913 65 20 69, Metro: L 1, 2, 3 Sol, Mo, Mi, Do 13–16, 19–24, Fr, Sa 13–16, 19.30–1, So 13–17 Uhr, Tages-Tapa ab ca. 6 €. In der 1867 von einem Aragonesen aus Ricla gegründeten kleinen *bodega* sind die Weinfässer teils 100 Jahre alt. Eintreten lohnt: Zum Wein gibt es gute Tapas, beliebt ist *rabo de toro* (Stierschwanz).

Häppchenweise Stockfisch – **Casa Revuelta** **9**: Latoneros 3, Tel. 913 66 33 32, Metro: L 1, 2, 3 Sol, Di–Sa 10.30–16, 19– 23, So 10.30–16 Uhr, ca. 5 €. Mitten im touristischen Zentrum wirkt dieses Lokal bescheiden und altertümlich – im besten Sinne. Während sich vor der Tür Allerweltsreisende auf den Sonnenplätzen der Puerta Cerrada mit Allerweltsgastronomie bewirten lassen, geht die ›Gemeinde‹ zu den *horas de vermú* (der Stunde eines ersten Drinks) in diese Minikneipe. Frittierter panierter Stockfisch geht hier in kleinen Portionen über den Tresen, als kulinarischer Begleiter von Bier und Wein.

Außenterrasse in der Altstadt – **El Madroño** **10**: Plaza Puerta Cerrada 7, Tel. 913 64 56 29, Di–Fr 9–1/1.30, Sa/So 10.30–1/1.30 Uhr , Metro: L 5 La Latina, L 1, 2, 3 Sol, Menü Mo–Fr 10 €, Sa/So 16 €. Beliebte Taverne und Restaurant mit Außenterrasse. Es gibt hier Frühstück, Menüs sowie Tapas und *raciones,* etwa *huevos rotos* (Kartoffel-Ei-Gericht) oder Rindfleisch aus Nordspanien. Den hauseigenen Erdbeerbaumlikör *(madroño)* kann man auch kaufen. Ein Ableger liegt um die Ecke in der Calle Latoneros 10 (ab 10/11.30 Uhr geöffnet).

Wiederbelebte Tradition – **La Botillería de Maxi** **11**: Cava Alta 4, Tel. 913

65 12 49, www.labotilleriademaxi.com, Metro: L 5 La Latina, L 1, 2, 3 Sol, Di–Sa 12.30–16, 20.30–24, So 12.30–18 Uhr, Di–Sa Mittagsmenü 12–15 €, à la carte ab ca. 35 €. Man hat die Wahl zwischen Kutteln und Stierschwanz – mit kreativer Note zubereitet – oder marokkanischen Fleischspießen, iranischem Humus und griechischem Salat. Do und Sa gibt es *cocido madrileño.* Das Lokal ist im Stil der traditionellen Madrider Tavernen gehalten, gemütlich eben.

Der Weinspezialist – **Taberna Matritum** **12**: s. S. 36

Die Küche der Kanaren – **El Escaldón** **13**: Cava Baja 29, Tel. 913 66 16 30, http://elescaldonmadrid.com, Metro: L 5 La Latina, L 1, 2, 3 Sol, Mo–Do 13–16, 19–24, Fr/Sa 13–1, So 13–24 Uhr. Ein reizendes kleines Lokal mit kanarischen Spezialitäten und Getränken. Zu den angebotenen Menüs gehören auch die *tapas canarias* für 20 €.

Authentische Taverne – **Casa Dani / Vinos 11** **14**: Calatrava 11, Tel. 913 65 26 21, Metro: L 5 La Latina, Mo 20–24, Di–Sa 12–15.30, 20–24 Uhr, Mitte Aug. bis Mitte Sept. geschl., *raciones* 10–18 €. Über der Tür steht schlicht *Vinos* (Weine). Und die gibt es in diesem Familienbetrieb, in dem jetzt Dani hinter dem Tresen steht, schon seit über 120 Jahren! Zu offenem Wein oder gezapftem Bier probiert man *raciones:* Schinken, Wurst, Anchovis, Käse, Thunfischsalat – alles ganz wie anno dazumal. So auch die Einrichtung, die aus wenigen Tischen, einer alten Holztheke und einem Riesenspiegel besteht.

Spanischer Käse – **Taberna Casa Gerardo** **15**: s. S. 40.

Schenke mit nordspanischer Kost – **Taberna Almería** **16**: Las Aguas 9, Tel. 913 64 15 71, Metro: L 5 La Latina, Puerta de Toledo, Di–Sa 12.30–17, 19.30–24, So 13–17 Uhr, Aug. geschl., ca. 15–20 €. Ein etwas versteckt liegendes Lokal, das gern von den ›echten‹ Madrilenen des Viertels frequentiert wird. Anders als der Name vermuten lässt, gibt es hier nordspanische Kost: Cabrales-Creme, weiße Bohnen mit Rebhühnchen, *bacalao* …

Andalusische Taverne – **Taberna Sanlúcar** **17**: s. S. 40

Unter freiem Himmel – **Delic** **18**: Plaza de la Paja/Costanilla de San Andrés 14, Tel. 913 64 54 50, www.delic.es, Metro: L 5 La Latina, Di–Do, So 11–2, Fr/Sa und vor Feiertagen 11–2.30 Uhr, ab 25 €. Hausgemachte Kuchen, Kaffee oder Tee in einer absolut entspannten Umgebung – vom Morgen bis tief in die Nacht sitzt man hier draußen auf einem der nettesten Plätze Madrids. Mittags gibt es ein wechselndes Menü, abends lässt man sich zu Tapas und kleinen Gerichten mit frischer Minze gemachte Mojitos servieren, die es auch als alkoholfreie Variante gibt. Barzahlung!

Innen und außen angenehm – **La Musa Latina** **19**: Costanilla de San Andrés 12, Tel. 913 54 02 55, www.grupolamusa.com, Metro: L 5 La Latina, Mo–Mi, So 10–1, Do 10–1.30, Fr/Sa 10–2 Uhr, Menüs ca. 12 €. Im hell und modern dekorierten Raum mit langer Theke und rustikalen Tischen oder auf der schattigen Außenterrasse (10 % Aufschlag) isst man diverse Wok-Gerichte, darunter auch vegetarische, sowie Tapas und Dips.

Schmeckt auch Nicht-Vegetariern – **El Estragón** **20**: s. S. 39

Mexiko rustikal – **La Taquería del Alamillo** **21**: Plaza del Alamillo 8, Tel. 913 64 20 88, Metro: L 5 La Latina, tgl. 13.30–17. 20.30–1 Uhr, ab ca. 30 €. Schöne Lage: Hier sitzt man an lauen Abenden draußen vor Tellern mit mexikanischer Kost. Gefüllte Maistortillas gehören natürlich dazu.

Was für ein Blick – **El Ventorillo (Las Vistillas)** **22**: s. Unser Tipp S. 162

Cafés und Chocolaterías

Großmutters gute Kaffeestube – **Café del Nuncio 23**: Segovia 9/Ecke Nuncio, Metro: L 5 La Latina, tgl. 12.30–1.30, am Wochenende bis 2.30 Uhr. Charmantes Altstadt-Café, in dem Erinnerungen an Großmutters gute alte Stube wach werden. In warmen Sommernächten sitzt es sich auf der Treppengasse, die sich um die Apsis der San-Pedro-Kirche windet, im Freien besonders nett.

Himmlisch süß – **Pastelería El Riojano 24**: Mayor 10, www.confiteriaelriojano.com, Metro: L 1, 2, 3 Sol, tgl. 10/10.30–14/14.30, 17/17.30–21 Uhr. Die 1855 gegründete Konditorei mit einem kleinen Café hinter dem schmalen Verkaufsraum ist eine Institution. Die Rezepturen der Kuchen, Küchlein und Pralinen sind so alt und originell wie die Ladeneinrichtung.

Das Operncafé – **Café de Oriente 25**: s. S. 41

Schokolade im Morgengrauen – **Chocolatería San Ginés 26**: s. S. 96

Einkaufen

100-jährige Läden – **1 – 4**: s. S. 44, Unser Tipp S. 158 und S. 159

Feines Kunsthandwerk – **El Arco Artesanía 5**: s. S. 44

Alles aus Leder – **Taller Puntera 6**: s. S. 48

Schmuckes für Sie – **Helena Rohner 7**: s. S. 47

Süßes aus Nonnenhand – **El Jardín del Convento 8**: s. S. 43

Alles aus Olivenöl – **Oleoteca Gourmet La Chinata 9**: s. S. 44

Für Flamencofans – **El Flamenco vive 10**: s. S. 42

Für die Liebhaber schöner Küchen – **Alambique 11**: s. S. 44

100-jähriger Spirituosenhändler – **Licorería Madrueño 12**: s. S. 45

Schinken, Wurst, Käse – **Ferpal 13**: s. S. 43

Alles für die Kostümierung – **Maty 14**: s. S. 44

Spanische Qualitätsgitarren – **José Ramírez 15**: s. S. 45

Aktiv

Arabisches Bad – **Hammam Al Ándalus 1**: s. S. 59

Abends & Nachts

Kneipentreffs in La Latina – **1 – 9**: s. Unser Tipp s. S. 160

Berlin in den 1930er-Jahren – **Berlín Cabaret 10**: s. S. 53

Literaturcafé – **El Café de Pandora 11**: Plaza de Gabriel Miró 1, Tel. 913 64 09 69, www.mariapandora.com, Metro: L 5 La Latina, Mi–Sa 19–2/2.30, So 16–1 Uhr bis nach Mitternacht. Zu Mojitos (cubanischer Rum-Cocktail), Sekt oder Champagner genießt man in dem kleinen Café, das auch die Literaturzeitschrift Babab herausgibt, die Ruhe der Bücherregale oder gelegentliche Lesungen.

Die beste Disco Madrids – **Joy Eslava 12**: s. S. 52

Rock-Kneipe – **Templo del Gato 13**: s. S. 54

Cocktails mit Livemusik – **Café Berlín 14**: Costanilla de los Ángeles 20, www.berlincafe.es, Metro: L 3, 5 Callao, tgl. 20–6 Uhr, Livekonzerte (5–12 €) ab ca. 23 Uhr. Ein typischer Nachtclub, in dem es fast täglich Livemusik gibt – Funk, Soul, Flamenco, Fusion oder Jazz.

Flamenco im Adelspalast – **Las Carboneras 15**: s. S. 52

Der Klassiker unter den Tablaos– **Corral de la Morería 16**: s. S. 52

Beim 100-jährigen Weinkönig – **El Anciano Rey de los Vinos 17**: Bailén 19, Tel. 915 59 53 32, www.elancianoreydelosvinos.com, Metro: L 2, 5 Ópera, Mi–Mo 9–23.45 Uhr, Gerichte ab 11 €, belegte

Toastbrote ab 4,50 €. Im ›Alten Weinkönig‹, einer 1909 eröffneten Taverne, sind noch ein paar Wandkacheln aus dieser Zeit erhalten. Hier nippt man am Tresen am Sherry und bestellt dazu Tapas oder isst im Restaurant Madrider Hausmannskost. Mit Außenterrasse.

Madrid Río und Casa de Campo – Radtour

Im Rahmen des Stadtentwicklungsprojektes ›Madrid Río‹ wurde vor wenigen Jahren das Areal rund um den Manzanares neu gestaltet. Die Stadtautobahn M-30, auf der dicht an beiden Ufern entlang der Verkehr brauste und die eine Barriere zwischen dem Zentrum und den Wohnvierteln auf der anderen Flussseite bildete, hat man in kilometerlange unterirdische Tunnel verlegt. Die Madrider Stadtlandschaft hat sich seither wohltuend verändert. Denn auch die Casa de Campo, mit 1700 ha nach dem königlichen Areal von El Pardo das zweitgrößte Waldgebiet der Metropole, scheint durch die Beseitigung der mehrspurigen Asphalttrassen näher an die Stadt gerückt. Die inzwischen begrünten Uferzonen bieten den Madrilenen mit Spazier- und Radwegen, Spiel- und Sportplätzen sowie zahlreichen Café-Kiosken großzügige Freizeitareale. Eines hat sich nicht geändert: Der Manzanares ist ein harmloses Gewässer geblieben, weswegen einst die Dichter spotteten, Madrid besitze nicht einmal einen Fluss, in dem man sich ertränken könne. Er gleicht einem Kanal: mit in Beton gefassten Ufern und mit Stauwehren, die den Wasserstand regulieren. Interessant ist das Dutzend neuer Übergänge für Fußgänger und Radfahrer, teils Ikonen von Madrid Río. Casa de Campo und Madrid Río lassen sich gut mit dem Rad erkunden. Unbedingt lohnend: ein Abstecher zum neuen Kulturzentrum Matadero Madrid!

Radtour rund um den Stadtfluss

Start: Palacio Real (Schloss) ▶ G 13, Länge: gesamt ca.15 km, ohne Abstecher in die Casa de Campo ca. 12 km, Besonderheiten: bei der Rückkehr vom Flusstal ins Zentrum geht es ein Stück recht steil hügelan, Radverleih: s. S. 59

Für den Start der Tour gibt es zwei Varianten. Die Calle Mayor (mit Radweg ab Puerta del Sol), an der Krypta der Kathedrale vorbei, dann in Serpentinen steil bergab und durch den Parque de Atenas zum Paseo de la Virgen del Puerto, den man an einer Fußgängerampel (Kreuzung mit der Calle Segovia) überquert, um sich dann Richtung Flussufer zu halten. Es geht an der kleinen Einsiedelei **Ermita de la Virgen del Puerto (1,** ▶ E 14) vorbei, die Barockarchitekt Pedro de Ribera 1718 errichtete und die bis heute als Hochzeitskapelle beliebt ist. Die Alternative: Die Calle Bailén führt an den **Jardines de Sabatini** entlang zur Cuesta de San Vicente, deren breiter Bürgersteig abwärts zum 1775 von Sabatini errichteten Triumphbogen **Puerta de San Vicente (2,** ▶ F 13) führt. Das erste Ziel beider Wege ist die der **Puente del Rey (3,** ▶ E 13), die 1816 auf Geheiß von Fernando VII errichtete ›Königsbrücke‹ über den Manzanares.

Durch die Casa de Campo

Jenseits der Brücke markieren im Halbrund aufgestellte Säulen, die **Puerta del Rey (4,** Königstor), den Eingang in die **Casa de Campo.** Sie wurde unter Joseph Bonaparte von Juan de Villanueva errichtet. Das frühere Jagdrevier der Könige, in Blickweite vom Schloss jenseits des Flusses gelegen, ist seit der Zweiten Republik (1931) öffentliches Eigentum.

Man radelt auf dem Paseo del Embarcadero geradeaus in die Casa de

Madrid Río und Casa de Campo – Radtour

Campo hinein, folgt dann an einer kleinen Wegkreuzung dem Paseo Azul nach rechts und biegt gleich wieder links ab zum **See** (▶ C–D 13). Bei seiner Umrundung, vorbei an all den Lokalen und bei den Madrilenen so beliebten Grillrestaurants, bieten sich wunderbare Blicke auf die Stadt: auf die Hochhäuser der Plaza de España, das Schloss, die Kathedrale und auf die Kuppel von San Francisco El Grande.

Am Manzanares entlang

Zurück am Fluss, geht es auf den neuen Radwegen Richtung Süden. Schnell ist die älteste Steinbrücke Madrids erreicht: Den **Puente de Segovia (5,** ▶ E 14) schuf der von Philipp II. beauftragte Renaissancearchitekt Juan de Herrera bis 1588. Die beiden nächsten Brücken sind neu: Der **Puente Oblicuo (6)** überspannt auf 150 m Länge den Manzanares, und der **Puente Verde en Y (7,** ▶ E 16) gabelt sich in zwei Arme und hat die namen-

Neue Brücken für den Fluss – der Puente de Arganzuela in Form einer Metallspirale

gebende Y-Form. Jenseits der kleinen Flussschleife stoßen wir bald auf die zweite historische Steinbrücke, den **Puente de Toledo (8, ▶ F 17)**. Madrids Barockarchitekt Pedro de Ribera gab ihr 1715 ihr Gesicht. Seit 1735 bergen zwei bogenförmige Nischen in der Mitte die Steinskulpturen der Stadtpatrone San Isidro Labrador und seiner Frau Santa María de la Cabeza.

Einen hypermodernen Kontrast dazu bietet die nächste Brücke, der 274 m lange, spiralförmige **Puente de Arganzuela (9, ▶ G 18)**. Man folge dem Radweg weiter bis zu den Zwillingsbrücken **Puente del Invernadero** und **Puente del Matadero (10, ▶ F 13)**. Diese Flussquerungen für Fußgänger und Radler haben Bedachungen, die an umgestülpte Boote erinnern. Innen wurden sie vom Madrider Künstler Daniel Canogar mit Mosaikbildern geschmückt, die Menschen aus dem Viertel zeigen.

Matadero Madrid (11) ▶ J 19

Der Puente del Matadero führt zum alten Madrider Schlachthof *(matadero)* von Legazpi. Viehhandel und Schlachtbetrieb wurden in dem 1921 im neomaurischen Stil errichteten Ziegelsteinkomplex Ende der 1980er-Jahre aufgegeben. Jetzt bieten die weiträumigen Hallen als **Centro Cultural Matadero Madrid** Kultur- und Mußeräume am Fluss: Raum für Theater, Kino und Konzerte, Werkstätten und Proben, Lesungen und Ausstellungen. Die Hallen *(naves)* wurden für das neue Laboratorium der Kultur und Kreativität adaptiert, doch der Charakter der Industriearchitektur blieb erhalten.

Es gibt mehrere Zugänge zum Gelände. Ob von der Nordseite durch das Tor bei der Casa del Reloj mit dem namengebenden Uhrturm oder von der Südseite von der Metrostation Legazpi kommend: Man stößt auf eine Pflasterstraße, die an einer Seite auf ganzer Länge von einer Halle flankiert wird. Etwa in der Mitte befindet sich die **Zona Uno** mit Informationsstelle (auch Kartenverkauf für Veranstaltungen). Am südlichen Ende hat die auf Dokumentarfilme spezialisierte **Cine-**

teca mit zwei Kinosälen ihren Platz, dazu die **Cantina** (Kantine), zu der ein angenehmer Außenbereich gehört.

Die Gebäude auf der anderen Straßenseite beherbergen die **Casa del Lector** mit Auditorium, Aula, Lesesaal und Ausstellungsflächen und die **Naves del Matadero,** die für Theater und Bühnenkunst ausgelegt sind. Für Verpflegung sorgt dort das **Café del Teatro.**

An die geräumige Plaza del Matadero, die man für Freiluftevents und Konzerte nutzt, grenzen **Nave 16** mit 4000 m^2 Ausstellungsfläche und die mit einem Architektturpreis ausgezeichnete **Nave de Música** (Musikhalle).

Zurück zur Puente del Rey

Von Matadero Madrid geht es am **Palacio de Cristal de la Arganzuela (12)** (Wintergarten mit tropischen Pflanzen und Kakteen) vorbei in den **Parque de la Arganzuela (13).** Flussnah radelt man durch die Grünanlagen, unter den Brücken Puente de Praga, Puente de Toledo und der folgenden neuen Straßenbrücke hindurch, um dann den nächsten Übergang vor dem früheren Fußballstadion von Atlético Madrid (es wird abgerissen), wo der Radweg unterbrochen ist, auf die andere Flussseite zu nehmen. Am einfachsten – und schönsten – ist es, auf dieser Seite bis zum Puente del Rey zurückzukehren.

Infos

Centro Cultural Matadero Madrid: www.mataderomadrid.com, tgl. 9–22 Uhr, Ausstellungen, Theater, Kino etc. Mo–Fr 16–21, Sa, So, Fei 11–21 Uhr.
Cantina und Café del Teatro: Di–So 10/12–22 Uhr, Außenbereiche Sommer Di–Fr 16–24, Sa, So 12–24 Uhr.
Palacio de Cristal de Arganzuela: Di–Fr 9–15, Sa, So, Fei 10–14 Uhr.
Metrostationen: im Norden L 6, 10, R Príncipe Pío, im Süden L 3, 6 Legazpi.

Gegenüber dem Puente del Matadero liegen die neomaurischen Hallen des Kulturzentrums Matadero Madrid am Río Manzanares

Lavapiés

Auf Entdeckungstour

Der Rastro: Madrids sonntäglicher Flohmarkt zählt zu den bekanntesten seiner Art in Europa und ist eine der großen Touristenattraktionen der Stadt, aber auch die Madrilenen zieht es hierher. Das Ritual lautet: Man trifft sich, man sieht sich, und dann geht man zusammen in eine der typischen After-Rastro-Bars in La Latina oder Lavapiés, auf ein paar *cañas* (Bierchen) und gegrillte Sardinen, wegen des Andrangs gewöhnlich im Stehen auf der Straße – stimmungstechnisch ist das unschlagbar. Diese Tour bietet aber auch eine Anleitung, in der Rastro-Gegend an einem Wochentag in aller Ruhe in alten Läden zu stöbern. 15 S. 194

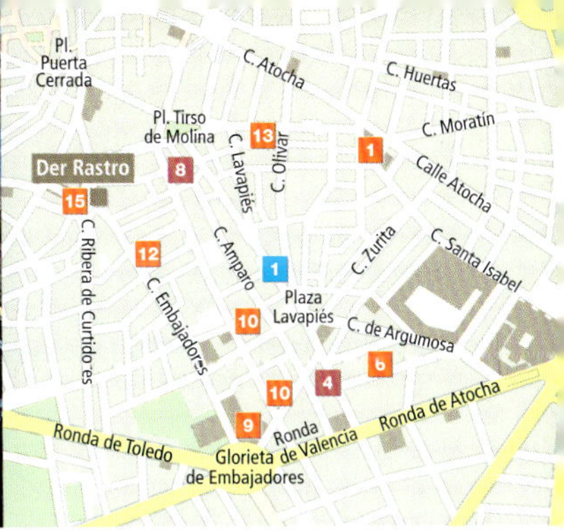

Kultur & Sehenswertes

Cine Doré: Klein, aber fein ist das Jugendstilkino inklusive Café. In Saal 1 wohnen Filmregisseure gern ihren eigenen Uraufführungen bei. 1 S. 187

Corralas: So wohnte man einst in Madrid. Nur wenige dieser rund um einen Innenhof angelegten Häuser mit einer Vielzahl kleiner Mietwohnungen blieben erhalten. 10 S. 189

Auf den Spuren des Barockbaumeisters: In der Barockkirche San Cayetano ruht Pedro de Ribera. Von dort ist es ein kurzer Fußmarsch zum Palast des Marqués de Perales mit einem der opulenten Ribera-Portale. 12, 13 S. 192, 193

Zu Fuß unterwegs

Spaziergang zu kleinen Oasen: Von der Plaza de Lavapiés geht es durch die Calle Argumosa in die Doctor Fourquet zu einem wilden Stadtgarten 6 und weiter zur Antigua Tabacalera 9 und dem kleinen Park gegenüber. S. 188, 189

Genießen & Atmosphäre

Calle Argumosa: Auf den ausladenden Bürgersteigen dieser Straße genießen Sie zu Eis oder einem Abendimbiss, beim *café* oder Aperitif ein wunderbar ungezwungenes Flair. S. 190

El Boquerón: Köstlich sind die frisch zubereiteten Meeresfrüchte, zum Durchprobieren! 4 S. 192

Abends & Nachts

Taberna de Antonio Sánchez: Madrids älteste Taverne mit ihrem Interieur von anno dazumal muss man gesehen haben. Vielleicht bei einem *fino* vom Fass? 8 S. 39

El Juglar: Der Kultort in puncto Livemusik gibt sogar eigene CD-Editionen heraus. 1 S. 197

Kosmopolitisch, jung, populär

Kosmopolitisches Madrid: Lavapiés, eines der älteren *barrios* der Stadt mit noch fast provinziellem Charme, ist Madrids Einwandererviertel. Und das Viertel einer sehr jungen, alternativen Szene. Sonntags findet hier ein berühmter Trödelmarkt statt, der Rastro.

Lavapiés heißt Fußwäscher, von *lavar* (waschen) und *pies* (die Füße). Vielleicht rührt der Name von einem Gemeinschaftsbrunnen her. Oder er bürgerte sich ein, weil man hier nasse Füße bekam, als noch das Wasser vom Schlachthofviertel (Rastro, s. S. 194) in Rinnsalen durch die Gassen hügelab lief.

Bis zum letzten Jahrhundert war Lavapiés ein Viertel der einfachen Leute, eines der *barrios bajos* (untere Viertel), die sich vom Zentrum hügelabwärts Richtung Manzanares-Fluss ausbreiteten. Es war Domizil von Arbeitern, Angestellten und *gitanos,* der spanischen Zigeuner. Der *barrio* und seine Bewohner galten immer als *castizo,* als das ›echte‹ Madrid. Manches Haus geht auf das 17./18. Jh. zurück; es wird fleißig saniert, um die Wohnungen mit dem Standard des 21. Jh. zu versorgen. Die Gentrifizierung hat begonnen.

Ein buntes Völkergemisch prägt das Leben in den Gassen. In einstigen Tante-Emma-Läden herrscht schon mal asiatische Geschäftigkeit, Schilder mit der Aufschrift *Venta al Mayor* künden von spanienweitem (chinesischem) Warenhandel. Neben indischen Restaurants und pakistanischen Gemüseläden finden sich marokkanische Teestuben und Fleischer oder senegalesische Lokale.

Die junge Alternativszene macht derweil ihre Vorstellungen vom Leben in Kulturzentren wie der alten Tabakfabrik La Tabacalera (s. S. 189) deutlich.

Ein Viertel mit Farbe und Leben – in Lavapiés, Plaza de Nelson Mandela

Mercado de Antón Martín 1
Santa Isabel 5, www.mercadoantonmartin.com, Mo–Fr 9–21, Sa 9–15, Restaurants Mo–Sa 9–23 Uhr
Nach Verlassen der Metrostation kann man sich gleich in buntes Marktleben stürzen: Der **Antón-Martín-Markt** ist eine der typischen Madrider Markthallen, in denen sich die Hausfrauen vormittags mit Lebensmitteln eindecken. Hier öffnen zur Straße hin auch kleine Läden mit Wurstwaren, Obst und Fisch.

Cine Doré 1 und Pasaje Doré
Kino: Santa Isabel 3, Filme ab 17.30/18 Uhr, 2,50 €, Café Di–So 16–23 Uhr
Inmitten der Marktstände überrascht der Jugendstilbau des Cine Doré, heute Sitz der **Spanischen Filmothek**. Seit das Kino 1922/23 eröffnet worden war, kannte man es als ›Palacio de las Pipas‹ (Sonnenblumenkern-Palast), denn was tat alle Welt beim Filmegucken? Schalen von Sonnenblumenkernen knacken und die Kerne essen. Man zeigt hier Filme in Originalversion, im Sommer gibt es Freiluftkino im Innenhof. Saal 1 gilt als der schönste Kinosaal Madrids.

Marktatmosphäre, fast als sei es ein Anhängsel des Mercado de Antón Martín, herrscht im Gässchen **Pasaje Doré** hinter dem Kino, in dem Hausrat und Messer feilgeboten werden. Wie ein Relikt aus einer anderen Zeit mutet der Laden von **Arturo Viñas** 3 an.

Palacio de Fernán Núñez 2
Santa Isabel 44, Tel. 911 51 10 02, www.ffe.es/palacio/principal.htm, nur im Rahmen geführter Touren
Nun geht es bergab und hinein ins Viertel Lavapiés. Nimmt man dazu die Calle de Santa Isabel, so passiert man den 1847 erbauten **Palacio de Fernán Núñez,** heute im Besitz der Spanischen Eisenbahnen. Seine Salons sind mit edlem Mobiliar, Wandteppichen, Fresken und Kronleuchtern dekoriert.

Real Monasterio de las Agustinas Recoletas de Santa Isabel 3
Santa Isabel 15, Messen Mo–Sa 8, So 10 Uhr
Der im 16. Jh. für einen Minister König Philipps II. erbaute Nachbarpalast diente seit dem Jahr 1610 als **Königliches Kloster der Augustinerinnen** (mit Klausur) und als Schule. Die Kirche birgt bedeutende Gemälde aus dem 18. Jh.

Infobox

Reisekarte: ▶ H–J 14–16

Tipp für die Erkundung
Von der Metrostation Lavapiés aus lässt sich das Viertel sternförmig erkunden. Hügelan führen die Gassen nach Norden zur Calle de Atocha, abwärts geht es nach Süden Richtung Ringstraße, zu den Rondas. Unsere Beschreibung beginnt an der Metrostation Antón Martín, dann geht es abwärts zur Plaza de Lavapiés und von dort wieder hügelan zur Plaza de Tirso de Molina. Mit Pausen sollte man einen knappen halben Tag für die Tour veranschlagen und sie eventuell am Abend in der Calle Argumosa ausklingen lassen (s. S. 190).

Sicherheit
In Lavapiés sind gelegentlich Diebe unterwegs. Also auf die Handtasche achten – oder gar keine mitnehmen. Eine Einkaufstüte ist sicherer.

Termine
1. Maisonntag: In den Straßen Fé und Salitre wird die *Fiesta de las Mayas* gefeiert, das Fest der Maiköniginnen.
7.–15. Aug.: Fiestas de San Cayetano, San Lorenzo y La Paloma, s. S. 56.
Okt.: Tapapiés, ein Tapas-Festival.

Lavapiés

Sehenswert

- 1 Cine Doré
- 2 Palacio de Fernán Núñez
- 3 Real Monasterio de las Agustinas Recoletas de Santa Isabel
- 4 Iglesia de San Lorenzo
- 5 Teatro Valle-Inclán
- 6 Wilder Garten
- 7 La Casa Encendida
- 8 Teatro Circo Price
- 9 Antigua Tabacalera
- 10 Corralas
- 11 Escuelas Pías de San Fernando
- 12 Iglesia de San Cayetano
- 13 Palacio del Marqués de Perales
- 14 Museo de Artes y Tradiciones Populares
- 15 Rastro (Flohmarkt)

Essen & Trinken

- 1 La Caleta
- 2 Ventorillo Murciano
- 3 El Económico
- 4 El Boquerón
- 5 Melo's
- 6 Baobab
- 7 Café Pavón
- 8 Antonio Sánchez

Einkaufen

- 1 Mercado de Antón Martín
- 2 Mercado de San Fernando
- 3 Arturo Viñas
- 4 Los Placeres de Lola
- 5 Hípica El Valenciano Curtidos Román
- 6 Galerías Piquer
- 7 Nuevas Galerías
- 8 Colindante
- 9 La Brocanterie
- 10 Lou y Hernández
- 11 IKB 191
- 12 El Laberinto
- 13 Fotocasión

Abends & Nachts

- 1 El Juglar
- 2 Casa Patas
- 3 El Candela
- 4 Nuevo Café Barbieri
- 5 The Hat

Iglesia de San Lorenzo 4

Doctor Piga 2, Mo–Fr 7.30–14, 18–20, Sa/So 9–20 Uhr

San Lorenzo, an der Stelle der einstigen Synagoge des Viertels gelegen, galt immer als arme Kirche und hieß daher im Volksmund auch ›Kirche der Flöhe‹. Im Juli 1936, zu Beginn des Bürgerkriegs, wurde das Gotteshaus total zerstört und danach bis 1950 neu aufgebaut.

Rund um die Plaza de Lavapiés

Besonders während der *siesta* und abends spiegelt der dreieckige Platz die kosmopolitische Einwohnersituation im Viertel: Lateinamerikaner, Schwarzafrikaner, Araber, Asiaten und Madrilenen treffen hier aufeinander.

Hinter der Betonfassade des **Teatro Valle-Inclán** 5 entfaltet sich ein reges Theaterleben. Der 2006 errichtete Bau, der 2007 den spanischen Architekturpreis gewann, ist neben dem Teatro María Guerrero (s. S. 55) Sitz und Spielstätte des Centro Dramático Nacional (CDN, Nationales Dramatisches Zentrum) und bringt Avantgardestücke auf die Bühne. Ein altes Café am Platz ist das **Nuevo Café Barbieri** 4 (s. S. 197).

Wilder Garten 6

Doctor Fourquet 24, www.estaesuna plaza.blogspot.com

Mitten in Lavapiés haben Viertelbewohner ein unbebautes Grundstück in Besitz genommen und es in eine Art öffentlichen Garten verwandelt. ›Guerilla Gardening‹ nennt man das. Entstanden ist eine kleine grüne Oase mit Platz für Groß und Klein, mit Blumen, Kräutern und Gemüsebeeten.

La Casa Encendida 7

Ronda de Valencia 2, www.lacasaen cendida.es, Di–So 10–22 Uhr

Der historische Ziegelbau birgt inzwischen ein engagiertes Sozial- und Kulturzentrum. Es gibt Ausstellungen, Kurse, Konzerte, eine Bibliothek, ein Medienlabor, einen Fair-Trade-Laden und eine *cafetería.* Im Fokus stehen Kultur, Umwelt und solidarisches Handeln.

Teatro Circo Price 8

Ronda de Atocha 35, www.teatrocircoprice.com, Café-Restaurant Chapiteau Di–So 10–23 Uhr

Hinter der historischen Fassade einer ehemaligen Keksfabrik versteckt sich nun ein ›Zirkuszelt‹. Es finden Zirkus- und Theaterdarbietungen statt, es gibt eine Zirkusschule, einen Laden mit Zirkusartikeln und das Lokal Chapiteau, wo man mittwochs *cocido,* donnerstags und sonntags Paella bekommt.

Antigua Tabacalera 9

Embajadores 53, www.latabacalera.net, Mo–Fr 18–23, Sa/So 12–23 Uhr;

Gegenüber einem kleinen Park liegt die 1809 eröffnete neoklassizistische **Tabakfabrik,** ein riesiger Komplex mit Höfen, der einen ganzen Häuserblock einnimmt. Nach fast 200-jähriger Aktivität wurde die Fabrik, deren *cigarreras* (Zigarrendreherinnen) einst als recht streikfreudig bekannt waren, geschlossen. Inzwischen hat sich hier eine junge Alternativszene eingerichtet, sie nutzt die Tabacalera für Workshops, Theater, Konzerte und Fiesta. In einem Trakt (Embajadores 51) veranstaltet das Kulturministerium Ausstellungen (www.promociondelarte.com/tabacalera).

Corralas 10

Die *corrala* ist ein historischer Haustyp in Lavapiés. Ihr Mittelpunkt ist ein Innenhof, meist mit umlaufenden Galerien, von denen die Zugänge zu den kleinen Mietwohnungen rundherum erfolgen. In der Calle Miguel Servet befindet sich eine restaurierte *corrala* aus dem 18. Jh., eine weitere liegt ein Stück die Calle Mesón de Paredes hinauf. Seit

Lieblingsort

Das ›Wohnzimmer‹ von Lavapiés – Calle Argumosa

Sie ist die pulsierende Schlagader des Viertels, die Calle Argumosa mit ihren ausladenden Bürgersteigen, vollgestellt mit den Tischen und Stühlen der Kneipen, Cocktailbars, Eisdielen und kleinen Restaurants, die zu Madrids aktuellen Szenetreffs zählen. Sie sind das Wohnzimmer der jungen Leute von Lavapiés, gelebtes Multikulti-Ambiente. An den Tischen auf dem Trottoir sitzt man entspannt unter freiem Himmel, im Schatten der Baumkronen – und zwar fast das ganze Jahr hindurch. Und so spricht man auch von der Costa Argumosa, der Argumosa-Küste, die im Sommer tatsächlich einer stark frequentierten Meerespromenade mit Terrassenlokalen gleicht. Man zieht hier von den frisch gepressten Säften und Cocktails im El Eucalipto zum El Económico, von La Buga del Lobo, El Automático, Achuri oder der Bar Revuelta zur Casa de las Tostas, wo man sich mit reich belegtem getoastetem Brot stärkt. Nur der Strand fehlt. Aber vielleicht liegt er ja unter dem Pflaster …
Metro: L 3 Lavapiés.

Unser Tipp

Meeresfrüchte im Stehen
Die Sardelle, so lautet der Name des hübsch gekachelten Minilokals unweit der Plaza de Lavapiés, und marinierte Sardellenfilets oder auch Oliven gehören zu den Basics, die man den Gästen zu gezapftem Bier oder Wein vom Fass hinstellt. Das Boquerón kann aber mehr, es steht im Ruf, besten *marisco* (Meeresfrüchte) zu moderaten Preisen aufzutischen: Austern, Krabben, Riesengarnelen, Entenmuscheln, Seespinnen und: frische *gambas a la plancha,* also auf einer heißen Metallplatte gegrillt und mit grobem Meersalz bestreut, die *ración* für 3,50 € (*boquerones* 2,50 €). Ein Stehlokal mit wenigen Minitischen.
El Boquerón 4: Valencia 14, Tel. 915 27 63 80, Metro: L 3 Lavapiés, Mo/Di, Do–Sa 12–16, Do–Sa 19–23/24, So 12–16 Uhr, Aug. geschl.

1839 flattert Wäsche von den Galerien dieser Wohnanlage.

Escuelas Pías de San Fernando 11

Mo–Fr 9.15–10, 21–21.45 Uhr, im Aug. drei Wochen geschl.
Gegenüber erinnern Uhrturm und Chor der im Bürgerkrieg zerstörten **Escuelas Pías de San Fernando** aus dem 18. Jh. an das Jahr 1936, als Republikaner die Kirche der Konfessionsschule in Brand steckten – so groß war ihr Zorn gegen die Kirchenhierarchie, die den Putsch Francos unterstützt hatte. Geschickt wurde die Ruine in den Sitz der Fernuniversität UNED integriert, als Bibliothek mit hohen, kühlen Gewölben. Der Eingang zur Fernuniversität befindet sich in der Calle de Tribulete 14, die Straße vor der Bibliothek heißt Plaza de Arturo Barea. Der republikanische Schriftsteller, der an den Escuelas Pías studierte, hielt das Leben in Lavapiés im ersten Teil seiner Autobiografie »La Forja de un Rebelde« eindrücklich fest (auf Deutsch 2004 neu aufgelegt unter dem Titel »Die Rebellenschmiede«, als Teil der »Spanien-Trilogie«). 1957 starb Barea im Londoner Exil.

Iglesia de San Cayetano 12

Embajadores 15, Mo–Sa 9–12, 18–20, So 9–14, 18–20 Uhr
San Cayetano wurde im 17. Jh. von den Barockarchitekten José Benito de Churriguera und dessen Schüler Pedro de Ribera errichtet (s. S. 85). Nur die monumentale Granitfassade überstand die Bürgerkriegszerstörung. San Cayetano ist dem Schutzheiligen des *barrio* gewidmet und zu seinem Fest (7. Aug.) wird seine Statue, die ihren Platz links vor dem Altar hat, feierlich durch die Straßen getragen. Auch für die in Madrid lebenden Andalusier hat San Cayetano besondere Bedeutung: An jedem letzten Samstag im Monat um 20 Uhr feiert eine andalusische Bruderschaft eine *misa rociera* zu Ehren der Jungfrau von Rocío im gleichnamigen andalusischen Dorf, zu der jährlich über 1 Mio. Pilger ziehen. Auffallendstes Ausstattungsstück in San Cayetano ist denn auch die Kutsche der Virgen del Rocío aus getriebenem Silber. Die Kirche birgt das bedeutendste Archiv spanischer Adelstitel und das Grab ihres Erbauers.

Plaza de Tirso de Molina

Der Platz am Nordrand des Viertels ist nach dem Mönch benannt, der als Dramatiker des Goldenen Zeitalters und als Urheber der literarischen Figur des Don Juan berühmt wurde. Immer wieder enden Protestmärsche und politische Demonstrationen just hier an der Statue des Dichters. Vor einigen Jahren wurde der Platz betoniert, Blumenkioske eröffneten und die Tische der umliegenden Bars breiten sich ins Freie aus. Die alten Schmuddelecken sind verschwunden. Ein Muss ist in der Calle Mesón de Paredes die 1830 eröffnete **Taberna de Antonio Sánchez** 8 (s. S. 39).

Am spitzen Platzende lohnt der **Palacio del Marqués de Perales** 13 (Magdalena 10) aus dem 18. Jh. einen Blick. Schon wegen des üppigen Barockportals, das Pedro de Ribera schuf. Heute gewährt es Einlass in die Spanische Filmothek (gelegentlich Ausstellungen, Bibliothek Mo–Fr 9.30–14 Uhr).

Museo de Artes y Tradiciones Populares 14

Carlos Arniches 3–5, Mo–Fr 10–20, Sa 10–14 Uhr

Das **Museum des Volksbrauchtums** ist in der Rastro-Gegend in einem historischen Hofbau (19. Jh.) untergebracht und präsentiert Objekte der Volkskunst und des Brauchtums in Lavapiés.

Rastro 15

s. Entdeckungstours. S. 194

Essen & Trinken

Im Multikulti-Viertel gibt es viele marokkanische und indische Lokale. Letztere konzentrieren sich in der Calle de Lavapiés, viele stellen bei gutem Wetter Außentische auf die Bürgersteige.

Andalusien in Madrid – **La Caleta** 1: Santa Isabel 38, Tel. 645 38 80 77, www.lacaletagaditana.es, Metro: L 1 Antón Martín, tgl. 13.30–16.45, 20.30–24 Uhr, ca. 35 €, *raciones* ab 9 €. Der lange Raum imitiert die Plazuela del Tío de la Tiza, einen der schönsten Altstadtplätze der Atlantikmetropole Cádiz. An die Stirnwand werden historische Flamenco-Liveaufnahmen projiziert, man sieht und hört Paco de Lucía oder Camarón de la Isla. Auch die Küche zitiert mit frittiertem Fisch, Thunfisch oder *cazón en adobo* (gebackener Dornhai) die Traditionen der andalusischen Atlantikküste. Ein besonderer Ort! Ein Schwesterlokal liegt um die Ecke (Tres Peces 21, Mi–Sa mittags/abends, So mittags).

Reispfanne für zwei – **Ventorillo Murciano** 2: Tres Peces 20, Tel. 915 28 83 09, Metro: L 1 Antón Martín, L 3 Lavapiés, Di–Sa 13–16, 20–23.30, So 13–16 Uhr, ca. 35 €. Die Küche der mediterranen Region Murcia: gegrilltes Gemüse und Reisgerichte, wie die Reispfanne mit Kaninchen oder *arroz negro* (schwarzer Reis), wobei nach alter Sitte die Pfanne für zwei auf den Tisch kommt. Gute Weine aus der Region. Ein kleiner rustikal eingerichteter Raum.

Vierteltreffpunkt – **El Económico/Soidemersol** 3: Argumosa 9, Tel. 915 39 41 95, www.restaurante ▷ S. 197

Unser Tipp

Fast Food für Genießer

Selbstbedienung, Schlangestehen, wenige Sitzplätze: nun denn. Was Ramón und seine Frau flink zubereiten und über den Tresen reichen, ist genau das wert. Das Melo's ist stets voll und die Stimmung stets gut – weil Liebe durch den Magen geht. Was alle am liebsten essen, heißt *zapatilla* (Hausschuh), eine große geröstete Brotscheibe, dick mit Kochschinken und Käse belegt und überbacken. Oder *empanadillas* (gefüllte Teigtaschen), *croquetas* (Kroketten), *pimientos del Padrón* (scharfe grüne Paprika aus Galicien). Alternativ zu gezapften *cañas* gibt es Ribeiro, leicht moussierenden Weißwein aus Galicien, den man aus Keramikschalen trinkt.

Melo's 5: Ave María 44, Tel. 915 27 50 54, Metro: L 3 Lavapiés, Di–Sa 20–1 Uhr, Aug. geschl., *zapatilla* 11 €.

Auf Entdeckungstour:
Der Rastro und Madrids Trödel-Revier

Madrids sonntäglicher Flohmarkt zählt zu den bekanntesten seiner Art in Europa und ist eine der großen Touristenattraktionen der Stadt. Selbst die Madrilenen zieht es immer wieder hierher. Doch lohnt die Rastro-Gegend auch wochentags, denn etliche Läden handeln hier mit Antiquitäten und Trödel.

Cityplan: S. 188
Metro: L 3 Lavapiés, L 5 La Latina, L 1 Tirso de Molina
Rastro 15 : Flohmarkt So 8–15 Uhr, Rastro-Läden ca. Mo–Fr 10–14, 16.30/17–20, Sa, So 10–14 Uhr
Läden: Galerías Piquer 6, Nuevas Galerías 7 (beide: s. Tipp S. 43); Colindante 8, Bastero 21, www.colindante.com; La Brocanterie 9, Rodrigo de Guevara 2, www.labrocanterie.es; Lou & Hernández 10, Arganzuela 13, www.louyhernandez.com; IKB 191 11, Arganzuela 18, www.ikb191.es,; El Laberinto 12, Mira el Río Baja 9, www.laberintodecoracion.es; Fotocasión 13, s. S. 42

Es gibt nichts, was es nicht gibt im malerischen Durcheinander der rund 3000 Stände, an denen sich jeden Sonntag rund eine Viertelmillion Menschen vorbeizwängen. Es ist ein Stöbern im dichten Gedränge und ein Defilieren im unaufhörlichen Strom – und es muss nicht eigens erwähnt werden, dass sich auch Taschendiebe davon angezogen fühlen.

Flohmärkte gibt es in fast jeder Metropole, der Madrider Trödelmarkt hat jedoch eine besonders lange Tradition. Seine Ursprünge liegen im Mittelalter, als die kastilischen Könige der Stadt das Marktrecht gewährten. Zunächst wurden Vieh und Lebensmittel gehandelt. Seit dem 18. Jh. findet der Rastro rund um die Plaza de Cascorro und die Ribera de Curtidores statt. Diesem Ort verdankt er seinen Namen, denn es handelte sich um das Viertel der Schlachthöfe *(rastro).* Zur Verwertung der Abfallprodukte siedelten sich nach und nach Gerber, Leder- und Kerzenfabrikanten an. Straßennamen erinnern bis heute an diese Gewerbe: Ribera de Curtidores (Gerberufer), Calle del Carnero (Schafbockstraße) oder Calle de Cabestreros (Sattlerstraße). Allmählich entwickelte sich daraus ein lebhafter Umschlagplatz für Waren aller Art. Man verhökerte Möbel, Kleider, Hausrat, Werkzeug, gelesene Bücher, Gerümpel und Plunder. Und wer ein bestimmtes Utensil suchte, kam hierher: *rastrear* bedeutet nachspüren, ausfindig machen.

Vom Basar zum Billigwarenmarkt

Berühmt wurde der Rastro einst als unermessliche Fundgrube für Nützliches und Überflüssiges – ein echter Flohmarkt eben. Das Warenangebot hat sich inzwischen grundlegend gewandelt: Trödel und Gebrauchtes gibt es noch, aber fabrikneue (und Hehler-) Ware bestimmen das Bild: Schuhe und Kleidung zu Ramschpreisen, Spielzeug, Elektrogeräte, Küchenutensilien, CDs, Uhren, Schmuck, Sonnenbrillen, Nippes und Nepp jedweder Art – natürlich überwiegend in China produziert. Auch das Feilschen um den Preis ist zwar noch möglich, aber doch eher unüblich geworden.

Die innere Ordnung der Stände

In all dem Wirrwarr der Stände existiert eine innere Ordnung, denn je nach Warengruppe haben Anbieter ihren traditionellen Platz in bestimmten Straßen. Wer dem ursprünglichen Flair des Rastro nachspüren möchte, sollte während des Sonntagsflohmarkts die parallel zur Ribera de Curtidores verlaufenden **Calles Carlos Arniches** und **Mira el Río Baja** aufsuchen: Hier wird noch immer Kram angeboten, von dem man sich nicht vorstellen kann, dass jemand ihn braucht; doch er wird gekauft.

Die **Plaza del Campillo del Mundo Nuevo** ist das Revier der Buch- und Zeitschriftenhändler; während der Franco-Diktatur wurden hier auch verbotene Pamphlete und subversive Literatur weitergereicht. In der **Calle de San Cayetano** bieten Maler Werke an, die kaum je darauf hoffen dürfen, einst

als große Kunst angesehen zu werden. Eisenwaren, Kunsthandwerk und allerlei Antiquitäten sowie Kleidung findet man auf der **Ribera de Curtidores**.

After-Rastro-Bars

Zum allsonntäglichen Stelldichein gehört es, nach dem Flohmarkt in eine Bar einzukehren. Wer in Madrids großem Freilichtkaufhaus kein Schnäppchen gemacht hat, wird wenigstens einen Freund oder Bekannten treffen, mit dem er das Tapasangebot in der Rastro-Gegend ausprobiert. Viele streben nach **La Latina** zu den In-Lokalen rund um das Ensemble der Plätze Humilladero, Carros, San Andrés und Cebada bzw. in der Cava Baja (s. Unser Tipp S. 160) oder schauen auf dem **Campo de la Cebada** vorbei: Privat initiiert finden auf dem Areal einer abgerissenen Sporthalle Sport- und Kulturveranstaltungen statt – da die Stadt noch keine neue Nutzung entwickelt hat. Doch auch in den Tavernen von **Lavapiés** lässt man gern den Streifzug ausklingen – im **La Mancha en Madrid** oder **Alabanda** (Miguel Servet 13 und 15) –, während Madrids Müllmänner beginnen, Berge von Hinterlassenschaften einzusammeln.

Rastro-Erkundung wochentags

Unter der Woche entwickelt sich in den Antiquitäten- und Kramläden in der Ribera de Curtidores, der Calle de Maldonadas sowie auf der Plaza del General Vara del Rey ein gänzlich anderes Ambiente, ein authentisches Geschäftsleben. Der Handel mit Antiquitäten und Sammlerobjekten steht auf der Tagesordnung. Dies ist der ›echte‹ Rastro, der kaum einmal in Reise- oder Shoppingführern erwähnt wird.

Wir beginnen die Tour wiederum in der Straße, die am Sonntag die Hauptschlagader des Rastro bildet, um die wunderbaren kleinen Kramläden und die *galerías* (Ladengalerien) anzusteuern; im Flohmarktgeschiebe nimmt man sie nicht wahr, wenngleich sie geöffnet haben. Die alteingesessenen **Galerías Piquer** 6 in der Ribera de Curtidores 29 bestehen aus zig Geschäften rund um einen großzügigen zweistöckigen Innenhof. Antiquitäten, rustikale Dekorationsgegenstände, Lampen, Skulpturen und Brunnen, Art-déco-Sammlerstücke: Das Stöbern in dieser 1947–50 errichteten Anlage wird zur Entdeckungsreise durch die spanische Wohnkultur der Jahrhunderte. Sogar chinesische Antiquitäten gibt es. Man spürt die Flohmarktatmosphäre der Gegend.

Ein kleinerer Patio beherbergt hinter dem Torbogen in Nr. 12 die Lädchen der **Nuevas Galerías** 7. Auch hier werden Antiquitäten und Kunst, Devotionalien, Porzellan- und Tonwaren, Blechspielzeug, alte Musikinstrumente und Kameras gehandelt. Kameras sind übrigens das Stichwort, um auf **Fotocasión** 13 (s. S. 42) hinzuweisen.

Schöne Sammelsurien

Leidenschaftliche Sammler und Liebhaber von Trödel zieht es zu weiteren eigenwilligen Läden: **La Brocanterie** 9 hütet ein herrliches Sammelsurium an dekorativen Objekten, **Colindante** 8 bietet Dekoobjekte und Schmuck, während **Lou & Hernández** 10 allerlei überraschendes altes Zeug präsentiert.

IKB 191 11 verkauft in einem früheren Parkhaus auf 700 m² Möbel und Vintagestücke nicht nur aus Spanien. Hier kann man der Designentwicklung des 20. Jh. nachspüren.

Und wirft man einen kurzen Blick in **El Laberinto** 12, so ahnt man, dass in all dem Krempel das gesuchte Etwas auftauchen wird: ein echtes ›Labyrinth‹ voller Lampen, Kandelaber, Spiegel, historischem Spielzeug, Möbel, Drucke, Fotos und was weiß ich …

eleconomico.es, Metro: L 3 Lavapiés, Di–So 9.30–1/2 Uhr, um 25 €, Menüs 10–12 €. Seit junge Leute die Regie übernommen haben, hat sich das Lokal zu einem Szenerestaurant entwickelt. Die hübschen Wandkacheln von einst sind geblieben. Es gibt günstige Menüs, *raciones* und *platos combinados*. Spätnachts trifft sich hier die Jung-Bohème des Viertels zu Caipirinhas und Daiquiris.

Meeresfrüchte im Stehen – **El Boquerón** 4: s. Unser Tipp S. 192

Fast Food für Genießer – **Melo's** 5: s. Unser Tipp S. 193

Afrikanisch – **Baobab** 6: s. S. 38

Art decó und moderne Tapas – **Café Pavón** 7: Embajadores 9, tgl. 10–2/3Uhr. Durch die großen Fenster das Treiben auf der Straße beobachten oder die Kassettendecke im Art-déco-Stil betrachten, dazu etwas essen (traditionelles Tagesgericht 5 €) oder trinken. Sehr angenehm. Viele junge Leute und Familien aus der Nachbarschaft besuchen das Café Pavón. Übrigens hat der Betreiber Jorge das benachbarte frühere Teatro El Pavón als kleines Improvisationstheater wieder zum Leben erweckt.

Madrids älteste Taverne – **Taberna de Antonio Sánchez** 8: s. S. 39.

Einkaufen

Markthallen – **Mercado de Antón Martín** 1, s. S. 187; **Mercado de San Fernando** 2, Embajadores 41, www.mercadodesanfernando.es, Mo 9–14, 17–20, Di–Do 9–21, Fr/Sa 9–23, So 11–17 Uhr.

Messer und Scheren – **Arturo Viñas** 3: Pasaje Doré, Metro: L 1 Antón Martín, Mo–Fr 9.30–14, 17–20, Sa 10–14 Uhr. Messer aller Art: Küchen-, Taschen- und Rasiermesser, Scheren, Messerschleifer.

Was Lola gefällt – **Los Placeres de Lola** 4: Doctor Fourquet 34, Tel. 914 68 61 78, www.losplaceresdelola.net, Metro: L 3 Lavapiés, Mo–Sa 12–22 Uhr. Sexläden sind nicht gerade die Spezialität der Autoren dieses Buches. Aber dieser von Frauen für Frauen geführte Laden ist besonders. Er bietet mehr als die ›einschlägigen‹ erotischen Artikel: einen *café* in entspannter Atmosphäre, Kunstausstellungen, Workshops.

Unverwüstliches Schuhwerk – **Hípica El Valenciano Curtidos Román:** 5 s. S. 48

Für Liebhaber von Trödel und Antiquitäten – **Läden in der Rastro-Gegend** 6 – 13: s. Entdeckungstour S. 194

Abends & Nachts

Weltmusik – **El Juglar** 1: Lavapiés 37, Tel. 915 28 43 81, www.salajuglar.com, Metro: L 3 Lavapiés, Mi 19.30–3, Do 21–3, Fr/Sa 21–3.30 Uhr, Konzerte 6–15 €. Macher Javier Guerra hat aus dem Juglar einen der Kultorte in puncto Livemusik in Lavapiés gemacht. Das Programm – Flamenco, Jazz, Rock, Indie, sogar Theater – ist abwechslungsreich.

Kathedrale des Flamenco – **Casa Patas** 2: s. S. 52

Auf der Suche nach dem Duende – **El Candela** 3: s. S. 53

Café im Wiener Stil – **Nuevo Café Barbieri** 4: Ave María 45, Tel. 915 27 36 58, www.cafebarbieri.es, Metro: L 3 Lavapiés, Mo–Do 8–1, Fr 8–2, Sa 9–2, So 9–1 Uhr. Leicht dekadent wirkt das Café vom Anfang des 20. Jh., aber es hat Charme. Das Publikum an den Marmortischchen ist überwiegend jung. Nachmittags bestellt man Kuchen, *café*, Tee, am Abend Cocktails. Meist läuft dezente Jazzmusik.

Über den Dächern – **The Hat** 5: Imperial, 9, www.thehatmadrid.com, Metro: L1 Tirso de Molina, tgl. 17–23.45 Uhr. Lebhaft und locker geht es auf der Dachterrasse des gleichnamigen Hostels zu. Essen, Cocktails schlürfen, Musik genießen und dabei den Blick über die Dächer des alten Madrid schweifen lassen.

Das Beste auf einen Blick

Huertas

Highlight!

Plaza de Santa Ana: Der Platz erstreckt sich zwischen zwei schönen Fassaden, der des ehrwürdigen Teatro Español und der modernistischen Glasfassade des Hotels ME Madrid mit dem wahrzeichenhaften Leuchtturm. Wenn sich die Nacht über die Stadt legt, ist es auf diesem Platz mit seinen Terrassen-Bars besonders stimmungsvoll. S. 200

Auf Entdeckungstour

Erinnerungen an die großen Dichter des Literatenviertels: Die Dichterzitate im Pflaster der Calle de las Huertas erinnern daran, dass in diesem Viertel Weltliteratur geschaffen wurde. Spuren des Don-Quijote-Autors Miguel de Cervantes und des Dramatikers Lope de Vega finden sich in den nach diesen großen Männern benannten Parallelstraßen. S. 206

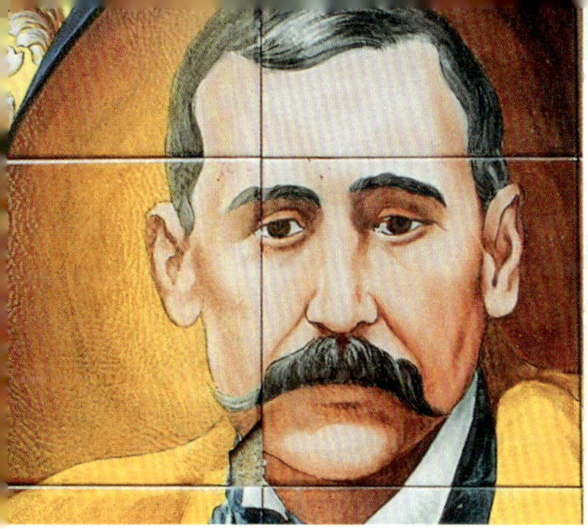

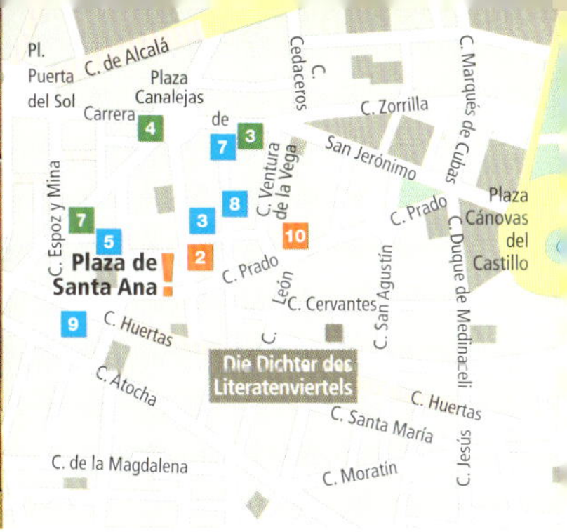

Kultur & Sehenswertes

Teatro Español: Schon um das prunkvolle Gebäude an der Plaza de Santa Ana von innen zu erleben, lohnt ein Theaterabend in Madrid. 2 S. 201

Kachelkunst studieren: In Huertas finden sich etliche schöne Beispiele spanischer *azulejos*-Kunst, so die Fassaden und Innenräume des **Viva Madrid** 3 oder des **Villa Rosa** 5. S. 51, 200, 201 und Lieblingsort S. 202

Zu Fuß unterwegs

Spaziergang durch Altstadtgassen: In den Gassen von Huertas spürt man jede Menge Madrid-Flair, besonders abseits der Hauptwege Calle del Prado und Calle Huertas. Schlendern Sie tagsüber ziellos durch das Viertel, zum Beispiel durch die Straßen Moratín, Santa María, León oder Cervantes ...

Genießen & Atmosphäre

Hundertjährige Läden: Zu den historischen Geschäften im Literatenviertel gehören die Süßwarenhändler **Casa Mira** 3 und **La Violeta** 4 sowie das für seine Capes bekannte **Capas Seseña** 7. S. 43, 45, 44

Ateneo de Madrid: Der Treffpunkt der Dichter und Denker der Stadt. Im Café, der *cacharrería,* fühlen sich nicht nur Intellektuelle wohl. 10 S. 208

Abends & Nachts

Tavernenbummel: Machen Sie es wie die Madrilenen, bleiben Sie am Abend in Bewegung, und testen Sie die Tavernen des Literatenviertels. Nicht auslassen: einen *fino* und ein paar Oliven am Tresen von **La Venencia** 7 S. 50, 211

Livebands lauschen: Dicht benachbart liegen in der Calle de Echegaray das **Cardamomo** 8 und **Café Central** 9, zwei gute Musikclubs. S. 52, 99 und S. 54

Das Literatenviertel rund um die Plaza de Santa Ana

Das Madrider ›Genieviertel‹: In diesem urtümlichen und gemütlichen *barrio* finden sich auf Schritt und Tritt Erinnerungen an die berühmten Dichter des Goldenen Zeitalters. In den alten Tavernen und Literaturcafés kann man noch ein wenig dem Flair vergangener Tage nachspüren und auf Genießertour gehen.

Die Ursprünge von Huertas, dem sogenannten Literatenviertel im Dreieck zwischen Carrera de San Jerónimo, Calle de Atocha und Paseo del Prado, gehen bis in die Zeit der Katholischen Könige zurück. Im *Siglo de Oro,* dem Goldenen Zeitalter der spanischen Kunst und Kultur, lebten hier so berühmte Dichter wie Miguel de Cervantes, der in der nahen Universitätsstadt Alcalá de Henares geboren wurde, Lope de Vega, Tirso de Molina und Francisco de Quevedo. Auch im 19. Jh. waren die Literaturcafés Treffpunkt der Madrider Künstlerbohème. Aufgrund der Fülle an Restaurants, Tavernen und Musikkneipen, die sich in den historischen Gassen des Viertels finden, ist Huertas ein Zentrum des Nachtlebens.

Infobox

Reisekarte: ▶ J 14 – K 14/15
Infos: www.barrioletras.com

Besichtigung
Die Plaza de Santa Ana als Zentrum des Viertels liegt quasi im Fadenkreuz der vier Metrostationen Sol, Sevilla, Antón Martín und Tirso de Molina. Von jeder der Stationen ist der Platz schnell erreicht. Er ist ein guter Ausgangspunkt zur Erkundung von Huertas.

Plaza de Santa Ana !

Das Herz des Madrider Künstler- und Genieviertels ist heute eine Gegend der Genießer, die von Tapas-Bar zu Tapas-Bar schlendern und eine Köstlichkeit nach der anderen probieren. Den Platz, auf dem einst das Kloster der hl. Anna stand, ließ Joseph Bonaparte, ein Bruder Napoleons, während seiner kurzen Regentschaft anlegen. Die Schmalseiten gehören dem Teatro Español und dem Hotel ME Madrid, die Längsseiten den Bierlokalen. In der **Cervecería Alemana** 1, in der man seit 1904 Fisch-Tapas zu den *cañas* reicht, verkehrten einst Dichter und Künstler, Stierkämpfer und Politiker. Die **Cervecería Santa Ana** 2 verwöhnt mit geräucherten Fischhäppchen zum Bier. Mit diesen beiden stadtbekannten Lokalen buhlen weitere um die Gunst des Publikums. So das **Viva Madrid** 3 gleich hinter dem Teatro Español, ein Genuss für die Augen, von der Kachelfassade bis zum alten Interieur. Ab spätnachmittags füllen sich die Lokale, und in lauen Sommernächten sind die Außentische besonders begehrt. Nahtlos geht der Platz in die **Plaza del Ángel** (Engelsplatz) über.

Hotel ME Madrid 1

Plaza Santa Ana 14
Das 1916 bis 1923 errichtete **Hotel ME Madrid,** einst als Reina Victoria bevor-

Cervecería Santa Ana

zugte Herberge von Stierkämpfern und Künstlern, heute eines der modernsten und dynamischsten Hotels der Stadt, ist mit seiner ›gläsernen‹ Fassade und dem eigenwilligen Eckturm, der gern als *faro*, Leuchtturm, bezeichnet wird, ein architektonisches Schmuckstück des *modernisme*, des spanischen Jugendstils. Vom **The Roof** 4 auf der Dachterrasse, zu dem es vom Platz einen Zugang per Aufzug gibt, bietet sich ein herrlicher Blick auf Madrid. An das Haus grenzt die kachelverzierte Fassade des Flamencolokals **Villa Rosa** 5, innen im arabisch-andalusischen Stil gehalten (s. Lieblingsort S. 202).

Teatro Español 2

Principe 25, s. S. 55

Vor dem Hotel steht seit 1880 ein **Denkmal für Pedro Calderón de la Barca.** Der Dramatiker blickt – ebenso wie **Federico García Lorca** auf der anderen Platzseite – auf das 1802 von Juan de Villanueva im neoklassizistischen Stil erbaute und Ende des 20. Jh. erweiterte prunkvolle **Spanische Theater,** in dem seine und andere klassische Theaterstücke bis heute aufgeführt werden. Widmungen und Porträts der bedeutendsten spanischen Dichter schmücken die Fassade des Hauses. Einst stand hier einer der alten Theaterhöfe Madrids, der Corral de Comedias del Príncipe, in dem es seit 1583 Aufführungen zur Erbauung der Madrilenen gab. 1745 wurde er durch ein überdachtes Gebäude ersetzt, das Theater genannt wurde, allerdings abbrannte.

Hotel Room Mate Alicia 3

Prado 2, s. S. 30, 102

Eine weitere Fassade vom Beginn des 20. Jh. fällt durch ihre gerundete Form und die hohen Glasfenster in einer Platzecke der Plaza de Santa Ana auf: Der einstige Sitz des Schuhhändlers La Imperial wurde in ein modernes Hotel verwandelt.

Lieblingsort

Kultort im Literatenviertel – Villa Rosa

In dem großen Raum mit Bretterboden, auf dem man gleich lostanzen möchte, hat bereits Pedro Almodóvar gedreht, nämlich Szenen seines Filmes »Tacones Lejanos« (»High Heels«). Das hundertjährige Villa Rosa war ursprünglich ein Flamenco-Lokal, ein *tablao flamenco,* und nachdem es zwischenzeitlich als Disco genutzt worden ist, knüpft es inzwischen wieder an diese alte Tradition an. Ambiente und die Innendekoration passen dazu bestens, all die Details, die an andalusisch-arabische Traditionen erinnern, oder die Kachelbilder mit folkloristischen Szenen aus dem Süden Spaniens. Auch die Fassade ist mit historischen Kachelbildern geschmückt. Häufig stehen Livekonzerte mit den aktuellen Stars des Flamenco auf dem Programm.

Villa Rosa 5 : ▶ Karte 3, J 14, Plaza de Santa Ana 5, www.tablaflamencovillarosa.com, Metro: L 1, 2, 3 Sol, L 1 Antón Martín, Flamenco tgl. 20.30/21, 22.45/23, Mitte Jan.–Ende Febr., Juli–Aug. So–Do 21, Fr/Sa 20.30, 22.30 Uhr, Eintritt inkl. Getränk 35 €, Menü und Aufführung ab 65 €.

Huertas

Sehenswert
1 Hotel ME Madrid
2 Teatro Español
3 Hotel Room Mate Alicia
4 Iglesia de San Sebastián
5 Palacio del Príncipe Negro
6 Real Academia de la Historia
7 Calle de Cervantes Nr. 2
8 Casa Museo Lope de Vega
9 Iglesia de las Trinitarias Descalzas
10 Ateneo de Madrid
11 Basílica de Jesús de Medinaceli
12 Edificio Plus Ultra
13 Hotel Palace
14 Cervantes-Denkmal
15 Congreso de los Diputados
16 Nebengebäude des Congreso
17 Palacio de Miraflores
18 Banco de Santander (ehemals)

Essen & Trinken
1 La Vaca Verónica
2 Triciclo
3 La Biotika
4 Dionisos
5 La Pizzateca
6 A Tasca do Bacalhau Portugués
7 Zerain
8 Taberna Mariano
9 El Inti de Oro
10 Artemisa
11 La Finca de Susana
12 Estado Puro
13 Vi Cool
14 Casa Alberto
15 Cervecería Los Gatos
16 La Dolores
17 Prada a Tope

Einkaufen
1 Lola Fonseca
2 González
3 Casa Mira
4 La Violeta
5 Lhardy
6 ArteFusión
7 Capas Seseña
8 Carlos Luque
9 Peseta

Abends & Nachts
1 Cervecería Alemana
2 Cervecería Santa Ana
3 Viva Madrid
4 The Roof
5 Villa Rosa
6 Black Bird
7 La Venencia
8 Cardamomo
9 Café Central
10 Glass Bar
11 La Negra Tomasa

Calle de las Huertas

Der Name der Calle de las Huertas, die zum Paseo del Prado hinunterführt, erinnert noch an die mittelalterlichen Gärten *(huertas)*, die zum Kloster der Hieronymiten gehörten. Seit 2003 ist sie den Fußgängern vorbehalten, im Pflaster wurden Zitate der Dramatiker verewigt, die im Viertel lebten.

Iglesia de San Sebastián 4

Eingänge Calle de San Sebastián, Calle de Atocha, tgl. 9.30/10–13, 18/19–20 Uhr

Madrids **Kirche der Literaten** steht seit 1969 unter Denkmalschutz, wenngleich vom ursprünglichen Bau aus dem 16. Jh. kaum etwas erhalten ist. Er brannte im Bürgerkrieg ab. Hier hatte der Dichter Lope de Vega sein Grab gefunden, bis Karl III. die Bestattung in Kirchen untersagte. In einer Kapelle im rechten Seitenschiff sind auf Tafeln die Namen all der Künstler festgehalten, die in dieser Kirche getauft wurden, heirateten oder beigesetzt wurden. Bis heute ist sie die Kirche der Kulturschaffenden: Die Bruderschaft der Theaterleute betet hier seit 1631 zu Nuestra Señora de la Novena (Unsere liebe Frau der Novene), und die noch ältere Bruderschaft der Architekten, die Cofradía de Belén, versammelt sich im rechten Seitenschiff unter dem Bildnis, das der Jungfrau von Bethlehem und der Flucht nach Ägypten gewidmet ist. In

der Krypta sind die Madrid-Architekten Juan de Villanueva und Ventura Rodríguez beigesetzt.

Casa Alberto und Palacio del Príncipe Negro

Haus Nr. 18 ist die **Casa Alberto** 14, eine der schönsten alten Tavernen Madrids. Eine Zeit lang wohnte hier Cervantes, der auch den gegenüber liegenden **Palacio del Príncipe Negro** 5 (Palacio de Santoña, Huertas 13) erwähnte. Der Name ›Palast des Schwarzen Prinzen‹ erinnert an den Aufenthalt eines marokkanischen Königssohns, der von seinem Vetter aus der Heimat vertrieben worden war. Unter Alfons XIII. residierte hier der Präsident des Ministerrats, José Canalejas Méndez – jedoch nur für kurze Zeit. Kurz nachdem er am 2. November 1912 aus dem Haus getreten war und sich auf der Puerta del Sol die Auslagen einer Buchhandlung anschaute, ermordete ihn ein Anarchist. Das 1982 renovierte Gebäude ist Sitz der Madrider Industrie- und Handelskammer. Es besitzt zwei schöne Portale, darunter eines an der Calle del Príncipe, das Pedro de Ribera 1730 im genuinen Madrider Barockstil schuf. Das an der C. de las Huertas, aus schwerem Mahagoniholz, imitiert Riberas barocke Gestaltung.

Real Academia de la Historia 6

León 21

Die **Königliche Historische Akademie** residiert in einem neoklassizistischen Ziegelsteinbau des späten ▷ S. 208

Auf Entdeckungstour: Erinnerungen an die großen Dichter des Literatenviertels

Die Dichterzitate im Pflaster der Calle de las Huertas erinnern daran, dass in diesem Madrider Viertel Weltliteratur geschaffen wurde. Spuren des Don-Quijote-Autors Miguel de Cervantes und des Dramatikers Lope de Vega finden sich in den nach diesen großen Männern benannten Parallelstraßen.

Cityplan: s. S. 204
Start: Metrostation Antón Martín (L 1), dann via Calle del León zu den Calles Lope de Vega und Cervantes
Casa Museo Lope de Vega: Cervantes 11, www.casamuseolopedevega.org, Führung Di–So 10–18, letzter Einlass 17 Uhr, Eintritt frei
Iglesia de las Trinitarias Descalzas: Lope de Vega, Messen Mo–Fr 9.30, Sa 19, So 9.30, 11.30 Uhr, im Rahmen einer geführten Tour zu besichtigen (Centro de Turismo, ▶ H 14, Plaza Mayor)

In der **Calle del León** befand sich im Goldenen Zeitalter, in dem die Stadt geradezu vom Theaterfieber erfasst war, ein Treffpunkt der damaligen Kulturszene. Theaterleute, Stückeschreiber, Agenten und Schauspieler gingen hier im 17. und 18 Jh. ein und aus, sie erheischten hier Beifall und ließen Schmähungen über sich ergehen oder hofften schlicht, für eine der vielen Komödien, die täglich in den *corrales*, den historischen Madrider Theaterhöfen, aufgeführt wurden, eine Rolle zu ergattern. Für Miguel de Cervantes waren es nur ein paar Schritte bis zu diesem Literatentreff, denn er wohnte in **Haus Nr. 2** 7 der nach ihm benannten Straße. Lediglich ein Medaillon mit dem Porträt des Nationaldichters erinnert daran. Nah hatte er es übrigens auch zu einem von ihm erwähnten Freudenhaus, das sein Dichterkollege, der Frauenliebhaber Lope de Vega, sicher ebenso oft aufsuchte wie er selbst.

Wo viele Komödien und viele Kinder entstanden

Der Dramatiker Lope de Vega, der berühmteste Schriftsteller des Goldenen Zeitalters, bewohnte mit seinen sieben Kindern von 1610 bis zu seinem Tod Haus Nr. 11 in der Calle de Cervantes, die heutige **Casa Museo Lope de Vega** 8. Das zweistöckige Gebäude mit kleinem Garten wurde im Stil des beginnenden 17. Jh. wieder hergerichtet und vermittelt eine Vorstellung davon, wie man damals in Madrid lebte. Alle Einrichtungsgegenstände stammen aus dieser Zeit, einige Raritäten sogar aus dem persönlichen Besitz des Dichters. Er war ein Held seiner Zeit – und schrieb mit derselben Gewandtheit, mit der er Frauenherzen eroberte. Rund 1500 Komödien soll er verfasst haben, dazu Hunderte von *autos sacramentales,* weltlichen ›Messen‹, denen die spanischen Könige so gern beiwohnten. Sei es wegen seiner Vielschreiberei, sei es wegen seiner amourösen Abenteuer: Cervantes bezeichnete de Vega als »*Monstruo de la naturaleza*« (Ungeheuer von Natur aus).

Suche nach Cervantes' Grab

Erinnerungen an Literaten auf Schritt und Tritt, so auch in der Querstraße **Calle de Quevedo:** In **Haus Nr. 5** wurde der spanische Literaturnobelpreisträger José Echegaray geboren, und in **Nr. 7** lebte mit Francisco de Quevedo y Villegas ein weiterer großer Schriftsteller des *Siglo de Oro.*

Die Straße mündet in die Calle **Lope de Vega,** in der sich die Grabstätte von Miguel de Cervantes befindet, nämlich in der **Iglesia de las Trinitarias Descalzas** 9. Mit hoher Wahrscheinlichkeit wurde das Grab 2015 tatsächlich identifiziert. Cervantes fühlte sich den Barfüßigen Trinitarierinnen besonders verbunden, denn ihnen verdankte der große Dichter des »Don Quijote« wohl seine Befreiung aus der algerischen Gefangenschaft, in die er während der Schlacht von Lepanto geraten war. Der Konvent wurde 1612 von Francisca Romero, Tochter eines Generals Philipps II., gegründet. Die heutige Anlage im Madrider Barockstil stammt von 1698. Während der Unruhen des Jahres 1868 fiel das Kloster nur deshalb der wütenden Menge nicht zum Opfer, weil die Real Academia de la Lengua Española, die Königliche Spanische Sprachakademie, hier jährlich am Todestag von Cervantes – er starb am 23. April 1616 – eine Gedenkfeier abhält. Die kleine, normalerweise nur zu Messezeiten oder Konzerten geöffnete Kirche birgt sehenswerte Barockretabeln aus dem 18. Jh.; die Sakramentshäuschen der Nebenaltäre sind mit flämischen Gemälden auf Holz und Bronze aus dem 16. Jh. geschmückt.

18. Jh. Das Wappen mit einem Rost oberhalb des Fensters im 1. Stock erinnert an den hl. Laurentius – er wurde der Legende nach auf einem Eisenrost verbrannt – und an die Mönche des dem Heiligen gewidmeten Klosters San Lorenzo de El Escorial, die das exklusive Verkaufsrecht von Gebetbüchern besaßen und hier ihre Madrider Verkaufsstelle einrichteten. Die Bibliothek der Akademie – der hl. Laurentius ist auch der Patron der Bibliothekare – ist eine der bedeutendsten Spaniens.

Calle del Prado

Die Calle del León, von der die Dichterstraßen Cervantes und Lope de Vega abzweigen (s. Entdeckungstour S. 206), verbindet die Calle de las Huertas mit der **Calle del Prado.** Als eine der Hauptstraßen des Viertels führt Letztere von der Plaza de Santa Ana zum Paseo del Prado. Bekannt ist sie für eine Reihe gut sortierter Antiquitätenläden.

Ateneo de Madrid 10

Prado 21, www.ateneodemadrid.com, Führungen Mo–Fr 10–13 Uhr, 3 €, Anmeldung: Tel. 914 29 17 50

Das 1835 gegründete Kulturzentrum bezog 1884 das heutige Gebäude, an dem die Porträts von Velázquez, Alfons dem Weisen und Cervantes am Portal anzeigen, worum sich hier alles dreht: Kunst, Wissenschaft, Literatur. Im ehrwürdigen Athenäum traf und trifft sich die intellektuelle Elite der Stadt zu ihren *tertulias,* den Debattierrunden, die in der berühmten Cacharrería abgehalten wurden. Hier erörterte man mit großem Engagement Sozialpolitik und Kultur, redete über Gott und die Welt: Tatsächlich wurde einmal demokratisch über die Frage abgestimmt, ob es Gott gebe oder nicht – und mit knapper Mehrheit positiv entschieden. Was die redegewandten Ateneo-Männer zu sagen hatten, galt manchmal mehr als das Wort von Abgeordneten. Sogar unter Franco fielen hier Äußerungen, die andernorts in die Kerker des Regimes geführt hätten. Zu den Perlen des Hauses zählt seine Bibliothek. Im Rahmen der Führung wird auch das Büro von Manuel Azaña (1880–1940), zweiter und letzter Präsident der Zweiten Republik, besichtigt. Die *cafetería* und das Restaurant Alpargatería sind für jedermann zugänglich (tgl. 9 bis ca. 22 Uhr).

Regierungsviertel

Basílica de Jesús de Medinaceli 11

Plaza de Jesús 2, Mo–Do 7–13.30, 17–21, Fr 6.30–23, Sa 8.30–13.30, 17–21, So, Fei 8.30–14, 17–21 Uhr

An der Plaza de Jesús trifft man auf eine der bedeutungsvollsten Kirchen für die Gläubigen Madrids, die **Jesusbasilika.** Seit 1920 nimmt sie die Stelle eines ehemaligen Trinitarierinnenkonvents ein. Hier verehrt man den namengebenden Christus mit Inbrunst: Als Skulptur mit natürlichem langem Haar, eine Bildhauerarbeit der Sevillaner Schule, steht er unter einer auf vier Säulen ruhenden Kuppel oberhalb des Altars (Aufgang links neben dem Altar). Um die Statue ranken sich viele Legenden: Es heißt, sie sei 1681 geraubt, nach Marokko entführt und dort später von Mönchen gegen Zahlung einer erklecklichen Summe ausgelöst worden. Auch heißt es, das natürliche Haar des Christus wachse. Wenn sich die Pfarrgemeinde am ersten Freitag im Monat zu Ehren des Gottessohns zum Gebet trifft, bilden sich Schlangen bis auf die Straße hinaus. Während der Karwochenprozessionen tragen die Erben des Duque de Medinaceli, einst Patron des Klosters, die Figur durch die Straßen. Sie ist auch unter dem Namen Jesús el Nazareno bekannt.

Plaza de las Cortes

Am Ende der Calle del Duque de Medinaceli erklingt am Eckgebäude **Plus Ultra** 12 um 12, 15, 18 und 20 Uhr ein Glockenspiel, zu dem u. a. Karl III. und die Herzogin von Alba mit ihrem Hündchen ihre Runde über den Balkon machen. Auf der anderen Straßenseite erwarten die Portiers des 1913 eröffneten **Hotel Palace** 13 Gäste (s. S. 128). In der kleinen Grünanlage auf der Plaza de las Cortes hat man **Miguel de Cervantes** ein **Denkmal** 14 gesetzt. Antonio Sola schuf es 1835, den Sockel schmücken allegorische Darstellungen aus dem Meisterwerk »Don Quijote«.

Congreso de los Diputados 15

Carrera de San Jerónimo s/n, www.congreso.es, Besichtigung Sa außer Fei 10.30–12.30 Uhr, Aug. geschl., Personalausweis mitbringen!

Die Präsenz der Politik im Literatenviertel dokumentiert das neoklassizistische **Parlamentsgebäude.** Es wurde Mitte des 19. Jh. nach Plänen von Narciso Pascual y Colomer an der Stelle eines ehemaligen Klosters errichtet. Das Frontispiz mit Marmorrelief betont die repräsentative Funktion des Hauses. Die beiden Löwen, die den Eingang bewachen, wurden aus eingeschmolzenen Kanonen gegossen, welche die Spanier 1860 im Marokkokrieg erbeutet hatten. Hinter den Mauern des Abgeordnetenhauses wurde und wird über die Geschicke des Landes beraten, die manchmal eine gewaltsame Wende hatten nehmen sollen. Die letzte große Bedrohung der Demokratie war ein Putschversuch am 23. Februar 1981: Der *guardia civil* Tejero bedrohte die Abgeordneten mit einer Pistole und versuchte mit dem Befehl »*Se sienten, coño!*« (Setzen Sie sich, verflucht noch mal! – wörtlich bezeichnet *coño* das weibliche Geschlechtsorgan) Ruhe im Saal herzustellen. »*Se sienten coño*« wurde zum geflügelten Wort. Mit den Erweiterungsbauten nimmt das spanische Parlament

Löwen bewachen das spanische Parlament, den Congreso de los Diputados

inzwischen einen ganzen Strang der zur Puerta del Sol hinaufführenden Straße ein.

Nebengebäude des Congreso 16

Carrera de San Jerónimo 36, Parlamentsshop Mo–Fr ca. 9.30–14.30 Uhr

Das Haus Nr. 36 auf der anderen Straßenseite, das um die Mitte des 20. Jh. für die Spanische Außenhandelsbank entstand, wie auch das 1846 errichtete und 1932 erweiterte Gebäude zu seiner Linken, das wegen seiner kuriosen Fassadendekoration mit Karyatiden im Volksmund auch als ›Haus der Unzucht‹ bekannt war, beherbergen ebenfalls Dependancen des Congreso de los Diputados. In Nr. 36 befindet sich ein Parlamentsshop, der eine ganze Palette an ›politischen‹ Souvenirs feilbietet.

Palacio de Miraflores 17

Carrera de San Jerónimo 15

Kein anderer als Madrids Barockbaumeister Pedro de Ribera schuf den Stadtpalast Miraflores (1731/32), von dem lediglich die Fassade erhalten blieb. Am liebsten hätte man den Bau in den 1960er- und 1970er-Jahren ganz abgerissen, jetzt aber steht er unter Denkmalschutz.

Plaza Canalejas

Die Carrera de San Jerónimo mündet mit vier weiteren Straßen in die **Plaza de Canalejas.** Es lohnt sich, einen Blick in das Gebäuderund zu werfen: Die protzige Architektur der Belle Époque, die vor allem bei abendlicher Beleuchtung wirkungsvoll in Szene gesetzt ist, gibt einen Vorgeschmack auf die benachbarte Calle de Alcalá. Besonders repräsentativ ist die Fassade des ehemaligen **Banco de Santander** 18 von 1903. Zusammen mit dem ehemaligen Bankensitz **Edificio de la Equitativa** an der Calle de Alcalá wird der Komplex in Luxushotels und ein Geschäftszentrum umgebaut. Am Platz liegt das Geschäft **La Violeta** 4, in dem es die berühmten Veilchenbonbons zu kaufen gibt, ein beliebtes Madrid-Souvenir.

Essen & Trinken

Restaurants

Klein und fein – **La Verónica** 1: Moratín 38, Tel. 914 29 78 27, www.restaurantelaveronica.es, Metro: L 1 Antón Martín, Mo–Sa 10–2, So 10–18 Uhr, ca. 35 €, Mittagsmenü (Mo–Fr) 15 €, Abendmenü 20 €. Ein kleines, nett gestyltes Lokal, dessen Salatvariationen und hausgemachte Pasta in Madrid beliebt sind. Es gibt auch Steaks und Fisch. Reservieren!

Kulinarischer Volltreffer – **Triciclo** 2: s. S. 36

Vegetarische und vegane Menüs – **La Biotika** 3: s. S. 39

Griechisch – **Dionisos** 4: León 17, Tel. 914 20 35 95, Metro: L 1 Antón Martín, Mo–Do 13–16.30, 21–24, Fr–So 12.30–24 Uhr, ca. 30 €, Mittagsmenü unter der Woche ca. 12 €, vegetarisches Menü ab 18 €, Salate ab 9 €. Kretische Küche in ordentlichen Portionen, die Zutaten werden aus Griechenland importiert. Auch die freundliche Einrichtung mit ihrer Vorliebe für Weiß und Blau ist typisch griechisch-mediterran.

Auch zum Mitnehmen – **La Pizzateca** 5: León 35, Metro: L 1 Antón Martín, Tel. 913 69 32 10, www.lapizzateca.com, Di–So 13–16.30, 19–24 Uhr, im Aug. einige Tage geschl. Eine ganze Pizza (10–12 €) ist Ihnen zu viel? Hier gibt es auch Pizzastücke (ca. 20 Sorten, Degustation von drei Sorten: 9 €). Aber auch Lasagne mit Fleisch oder Gemüse (6 €) – oder, wer es lieber süß mag – Tiramisu (4 €). Alles selbst hergestellt.

Unser Tipp

Bilderbuch-Tavernen: Casa Alberto und La Venencia

Diesen beiden historischen Tavernen gebührt beim Kneipenbummel durch das Literatenviertel zumindest eine Stippvisite. Die **Casa Alberto** 14 (s. S. 39, 205) wurde schon 1827 gegründet. Auf dem Weg zum La Venencia in der Calle de Echegaray kommt man am **Los Gabrieles** vorbei. Zweifellos ist es aufgrund seiner kunstvoll gekachelten Räumlichkeiten, die unter Denkmalschutz stehen, das beeindruckendste der historischen Lokale dieser Stadtgegend. Einst vergnügten sich hier Stierkämpfer und Francos Generäle in den Separées, zuletzt war es Treffpunkt der Madrider Bohème, jedoch ist es seit Jahren geschlossen und die Wiedereröffnung scheint ungewiss. **La Venencia** 7 (s. S. 50) hat mit seinen Weinfässern und angestaubten Werbeplakaten für Stierkämpfe aber ebenso jede Menge Patina!

Portugal in Madrid – **A Tasca do Bacalhau Portugués** 6: Lope de Vega 14, Tel. 914 29 56 75, Metro: L 1 Antón Martín, Di–Sa 13.30–16.30, 20.30–0.30, So 13.30–16.30 Uhr, ab 25 €. Erstaunlicherweise finden sich in Madrid nicht allzu viele portugiesische Lokale. Dabei teilen die Nachbarländer ihre kulinarische Vorliebe für Stockfischgerichte. Und die gibt es in diesem eher unscheinbaren Lokal auf vielerlei Art, aber auch Reis und Meeresfrüchte.

Baskische Sidrería – **Zerain** 7: s. S. 38

Kutteln Madrider Art – **Taberna Mariano** 8: Lope de Vega 25, Tel. 914 29 29 93, www.tabernamariano.com, Metro: L 1 Antón Martín, Mo–Sa 10–18, 20–24 Uhr, ab 30 €, Menü 11,50 €. Deftige Hausmannskost wie in früheren Zeiten gibt es in dieser kleinen Taverne mit alten *azulejos* an den Wänden und einfacher Bistro-Einrichtung. Einmal im Leben muss man ja sowieso Madrider Kutteln probieren! Oder doch lieber hausgemachte Kroketten oder Bohneneintopf oder geschmortes Lamm?

Die Küche der Anden – **El Inti de Oro** 9: s. S. 39

Vegetarisch und Bio – **Artemisa** 10: s. S. 39.

Kreativ und preiswert – **La Finca de Susana** 11: Principe 10, Tel. 913 69 35 57, www.grupandilana.com, Metro: L 2 Sevilla, So–Mi 13–23.30, Do–Sa 13–24 Uhr, ca. 20 €, Mittagsmenü 11 €. Im lichtdurchfluteten Salon mit schlanken Eisensäulen gibt es kreative Küche: Stockfisch-Spinat-Gratin, Seehecht in grüner Spargelsauce oder schwarzen Reis mit Sepia. Reservierung nicht möglich.

Tapas und Kleinigkeiten

Pur genießen – **Estado Puro** 12: s. S. 39

Sterne-Tapas – **Vi Cool** 13: s. S. 40.

Zum Schauen und Genießen – **Casa Alberto** 14: s. Unser Tipp o., S. 39, 205.

Tapas im Stehen – **Cervecería Los Gatos** 15: Jesús 2, Metro: L 1 Atocha, L 2 Banco de España, tgl. 11–1/2 Uhr. Das Flair der einstigen Stierkampfszene ist in dem kleinen Lokal noch spürbar. Ordentlich gezapfte Biere und gute Tapas. Ein kulinarischer Klassiker ist hier das Duo Gambas und *cañas*. Im Nachbarhaus (Nr. 4) betreiben die Besitzer eine weitere Taverne unter dem Namen **La Anchoita,** deren Tellergerichte und *raciones* mit dem Schwerpunkt auf Meeresfrüchten und Fisch wohl munden.

Tapas zwischen historischen Kacheln – **La Dolores 16:** Plaza de Jesús 4, Metro: L 2 Banco de España, Mo–Do, So 11–1, Fr, Sa 11–2 Uhr. Ein Lokal ganz im alten Stil. Über den langen Tresen werden zu Bier und Wein lecker belegte *canapés* (kleine Brote) und marinierte Sardellen geschoben.

Landkost häppchenweise – **Prada a Tope 17:** Príncipe 11, Metro: L 2 Sevilla, Di–Sa 12–17, 20–24, So 12–17 Uhr, im Aug. geschl. Beste Produkte aus dem Bierzo in der Provinz León werden in der Küche des Prada a Tope verarbeitet: Es gibt Paprika, Käse, Blutwurst, Salate oder Tortilla als Tapas und *raciones.*

Einkaufen

Handbemalte Seide – **Lola Fonseca 1:** s. S. 47

Zum Verzehren gut – **González 2:** León 12, Metro: L 1 Antón Martín, Mo–Do 9.30–24, Fr/Sa bis 1, So 11–18 Uhr. Vom Tante-Emma-Laden der 1930er-Jahre blieben die Kacheln und die großen Schaufenster. Heute gibt es im González Wein, Käse, Wurstwaren, Patés – eben allerlei Delikates für die Zunge. In der kleinen Café-Bar kann man das eine oder andere auch gleich probieren.

Turrón – **Casa Mira 3:** s. S. 45

Veilchenbonbons – **La Violeta 4:** s. S. 43, 210

Feine Delikatessen – **Lhardy 5:** s. S. 43

Designerschmuck – **ArteFusión 6:** Príncipe 13, www.artefusion.com, Metro: L 1, 2, 3 Sol, Sevilla, tgl. 11–21 Uhr. Ketten, Ringe, Ohrringe aus der Hand junger Designer.

Schon Picasso kaufte hier – **Capas Seseña 7:** s. S. 44

Handschuhe hundertfach – **Carlos Luque 8:** s. S. 45

Accessoires aus eigener Werkstatt – **Peseta 9:** s. S. 44

Abends & Nachts

100-jähriges Bierlokal – **Cervecería Alemana 1:** s. S. 50, 200

Kühles, frisch gezapftes Bier – **Cervecería Santa Ana 2:** s. S. 50, 200

Kosmopolitisch – **Viva Madrid 3:** s. S. 51, 105, 200

Am ›Leuchtturm‹ der Hauptstadt – **The Roof 4:** Plaza de Santa Ana 14, Tel. 917 01 60 20, Metro: L 1, 2, 3 Sol,

Viva Madrid – ein Klassiker unter den Ausgehlokalen rund um die Plaza de Santa Ana

L 1 Antón Martín, Mo–Do, So 21–1.30, Fr/Sa 21–3 Uhr, Öffnungszeit kann je nach Jahreszeit und Wetter wechseln, teils wird eine Verzehrgebühr als Eintritt erhoben. Eine Glamournacht auf einer der schönsten Dachterrassen Madrids. Mit Blick auf den eigenwilligen Hotel-›Leuchtturm‹ und die Plaza de Santa Ana. Zu Cocktails und Aperitifs gibt es Musik und Live-Acts, ein junges Ambiente mit Stil.

Wo Almodóvar drehte – **Villa Rosa 5**: s. S. 53 , 202

Rock-Nostalgie – **Black Bird 6**: Huertas 22, Metro: L 1 Antón Martín, Di–So 19.30–3/3.30 Uhr. Für Nostalgiker und Liebhaber von Rockmusik. Hier werden die Größen des spanischen und internationalen Rock hochgehalten. Auch Livemusik.

Historische Bilderbuchtaverne – **La Venencia 7**: s. S. 50, Unser Tipp S. 211

Junge Flamencoszene – **Cardamomo 8**: s. S. 52, 99

Jazztempel – **Café Central 9**: s. S. 54

Ultraschicke Verführung im Glas – **Glass Bar 10**: s. S. 51

Havanna lässt grüßen – **La Negra Tomasa 11**: Cádiz 9, Tel. 915 23 58 30, Metro: L 1, 2, 3 Sol, tgl. 13.30 Uhr bis frühmorgens, Livemusik ab 23.30, Sa/So auch um 15.30 Uhr, Menü 30 €. Madrid liebt den Rhythmus von Son, Salsa und Merengue. In diesem cubanischen Café treffen sich die Liebhaber cubanischer Musik zu Cocktails und Tanz.

Das Beste auf einen Blick

Chueca und Malasaña

Auf Entdeckungstour

Zwischen Fuencarral und TriBall, ein Viertel erfindet sich neu: Seit die Calle Fuencarral 2009 zur Fußgängerzone umgewandelt wurde und ein kleiner Modeladen neben dem nächsten eröffnete, kommen vor allem junge Shopper zuhauf hierher. Weniger Erfolg hatte die Initiative, das heruntergekommene Dreieck *(triángulo)* zwischen Calle Fuencarral, Gran Vía und Corredera Baja de San Pablo unter dem Namen TriBall zu einem neuen Geschäftszentrum aufzuhübschen. Dafür blieb in diesem Revier viel Alt-Madrider Charme erhalten. S. 224

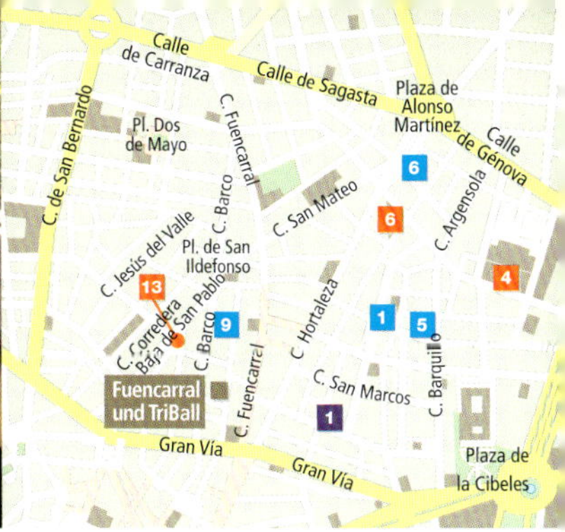

Kultur & Sehenswertes

Iglesia de las Salesas Reales: Die Kirche gleicht einem Palast; sie ist die Ruhestätte eines Königspaars, das als einziges nicht im Klosterpalast El Escorial beigesetzt ist. 4 S. 217

Casa-Palacio Longoria: Wie eine reich verzierte Torte sieht das modernistische Stadtpalais aus, in dem heute der spanische Schriftstellerverband residiert. 6 S. 220

Iglesia de San Antonio de los Alemanes: Ein Feuerwerk barocker Malkunst mit himmlischen Visionen füllt den Innenraum der Kirche. 13 S. 223

Aktiv unterwegs

Terraza de Óscar: Das Room Mate Óscar ist eines der jüngeren Madrider Hotels, die mit ultraschickem Design die Sinne anregen. Doch geht hier noch mehr: ein Sprung in den Pool auf der Dachterrasse, ein Sonnenbad, Panoramablick auf die Stadt. 1 S. 228

Genießen & Atmosphäre

Ángel Sierra: Schon die Urgroßväter nippten unter den Deckenfresken am Wein oder Sherry vom Fass. Die alte Bilderbuchtaverne hat nichts von ihrem Charme verloren – und verdient schon deswegen einen Besuch! 1 S. 218

Plaza del Dos de Mayo: Tagsüber geht es auf diesem Platz entspannt-alternativ zu, von den Fenstern des Pepe Botella und von den Terrassencafés überschaut man das Treiben. Abends entwickelt sich auf der Plaza wie in den umliegenden Gassen ein lebhaftes Nachtleben. S. 223

Abends & Nachts

Musikalisches Nachtprogramm: So gegen 23 Uhr laufen im **Bogui Jazz** 5, im **El Junco** 6 und in der **Sala BarCo** 9 diejenigen auf, die Livemusik hören möchten. Es gibt ein abwechslungsreiches Programm: Funk, Soul, Rock, Jazz oder Latin Jazz und auch mal neuer Flamenco. S. 53, 228

Junge Szene in alten Gassen

Zwischen Gran Vía im Süden und dem Straßenzug Carranza–Sagasta–Génova im Norden – im 17. Jh. die nördliche Stadtgrenze – sowie dem Paseo de Recoletos im Osten und der Calle de San Bernardo im Westen liegen die *barrios* Chueca und Malasaña. Ihre einfachen Wohnhäuser des 19. Jh. bilden einen Kontrast zur nahen Protzarchitektur der Gran Vía und den bürgerliche Wohlhabenheit ausstrahlenden Vierteln, die sich im Norden und Osten anschließen.

Infobox

Reisekarte: ▶ H–K 11–12
Infos: www.somosmalasana.com

Szene-Infos (Spanisch)

Librería Berkana: Hortaleza 64, www.libreriaberkana.com, Metro: L 5 Chueca. Die Buchhandlung mit Café ist Anlauf- und Infostelle der LGTB-Bewegung.
Websites: www.shangay.com, www.cogam.org

Viertelerkundung

Chueca und Tribunal sind die Metrostationen, die den Besucher direkt in die Viertel bringen. Die von der Gran Vía abzweigende Calle de Fuencarral bildet quasi die Grenze zwischen Chueca und Malasaña. Für Viertelrundgänge benötigt man jeweils 2–3 Std.

Termine

2. Mai: Stadtteilfest Malasaña, s. S. 56
Letzte Juniwoche: Día del Orgullo LGTB, Fest in Chueca
Mai/Juni, Sept.–Nov.: Malamarket, Sa 12–21 Uhr auf der Plaza del Dos Mayo. Kunst(handwerk), Design und Musik.

In welche der nördlich von der Gran Vía abzweigenden Gassen man auch einbiegt: Das Ambiente wechselt recht abrupt. Wenngleich mancher Straßenzug durchrenoviert wurde, finden sich noch Winkel mit fast morbidem Charme.

Chueca gilt seit Langem als Zentrum der Homosexuellen. Das Traditionsviertel Malasaña verdankt seinen Namen der während des Aufstands der Madrilenen gegen Napoleon von französischen Soldaten erschossenen Stadtheldin Manuela Malasaña. Straßen- und Platznamen wie die Plaza del Dos de Mayo erinnern an die Rebellion des 2. Mai 1808 und deren Anführer. In beiden Vierteln hat sich eine junge Alternativ- und Kreativszene etabliert, die sie binnen weniger Jahre in eine der dynamischsten Geschäftszonen Madrids verwandelte (s. Entdeckungstour S. 224).

Einen festen Platz im Nachtleben und in der Vergnügungskultur der Stadt haben Malasaña und Chueca bereits seit dem Ende der Franco-Diktatur. Besonders an Wochenenden herrscht hier Hochbetrieb, wenn gegen 23 Uhr die *marcha nocturna,* das nächtliche Schieben und Drängen beginnt, wenn es die Nachtschwärmer in die Cafés und alten Tavernen zieht, zu Kleinkunstbühnen, Liveauftritten und in Szenediscos.

Chueca

Plaza de Chueca

Der kleine Platz ist das Herz des Viertels. Cafés und Bars haben hier ihre Tische und Stühle verteilt, in Wochenendnächten scheint die Plaza für die herbeiströmenden Nachtschwärmer zu klein zu werden. Viele zieht es zu einem Drink in die 1908 eröffnete **Taberna Ángel Sierra** 1 (s. Lieblingsort S. 218).

Calle de la Libertad

Quasi um die Ecke des Platzes befinden sich die neu durchgestylte Markthalle **Mercado de San Antón** 5 und eine der alten Tavernen des Viertels, die **Tienda de Vinos** 6. Dann ist man in der **Freiheitsstraße,** die ihrem Namen in der Zeit nach Francos Tod alle Ehre machte. Denn hier traf sich die alternative und radikaldemokratische Szene, die den Schatten der Diktatur endgültig verscheuchen wollte. Man kam in der Café-Bar **Libertad 8** 4 zusammen. Mit der Zeit entwickelte sich die Straße zu einer der attraktivsten Gastromeilen im Stadtzentrum. Ins stadtbekannte **Bocaito** 2 etwa zieht es Leute aus dem Filmgeschäft.

Plaza del Rey

Am **Königsplatz** liegt die 1574 bis 1577 von Antonio Sillero errichtete **Casa de las Siete Chimeneas** 1 (Plaza del Rey 1), einer der ältesten Adelspaläste der Stadt. Hier sollen die Habsburgerherrscher ihren amourösen Abenteuern nachgegangen sein. Den Namen verdankt das Haus, das heute zum Ministerium für Kultur gehört, den sieben zierlichen Schornsteinen auf dem Dach. Auf dem Platz steht ein **Denkmal für Leutnant Ruiz Mendoza** 2 aus dem Jahr 1891, das der spanische Bildhauer Benlliure schuf. Es zeigt einen der Anführer des Widerstands gegen Napoleons Truppen mit kämpferisch geschwungenem Degen.

Calle del Barquillo

Östlich grenzt die **Calle del Barquillo** an die Plaza del Rey. Filmleute und Musiker schätzen die hiesigen auf Elektronik und Equipment für Musikbands spezialisierten Geschäfte. Einen Blick lohnt auch das **Teatro Infanta Isabel** 3 (Barquillo 24) mit seiner Fassade in Blau, Weinrot und Gold rund um den Jugendstileingang.

Iglesia de las Salesas Reales 4

General Castaños 2, tgl. ca. 8.30/9–13, 17/18–20/21 Uhr

Die **Kirche der ›Königlichen‹ Salesas,** auch Iglesia de Santa Bárbara genannt, erinnert mit ihren niedrigen Seitentürmen und dem üppigen Medaillon- und Reliefschmuck eher an einen Palast als an ein Gotteshaus. Bárbara de Bragança, die aus Portugal stammende Gattin Ferdinands VI., ließ hier 1749–58 die Kirche und ein Kloster erbauen, das Nonnen des französischen Salesas-Ordens (Orden der Heimsuchung Mariens) aufnehmen sollte und wohl auch als provisorischer Alterssitz für die Königin geplant war. Von der Anlage – Architekten waren der Franzose François Carlier und Francisco Moradillo – blieb nur die Kirche erhalten. König und Königin fanden hier auf eigenen Wunsch ihre letzte Ruhestätte, während sich die übrigen Bourbonenherrscher im Pantheon von El Escorial begraben ließen.

Die verschwenderische, in Madrid wenig beliebte Portugiesin ließ für den spätbarocken Bau nur kostbarste Materialien verwenden. Die üppige Innendekoration – darunter Fresken der Brüder González Velázquez – bildet einen würdigen Rahmen für die königlichen Mausoleen. Im rechten Vierungsarm befindet sich das **Grabmal Ferdinands VI.** aus Porphyr und Marmor, nach einem Entwurf von Sabatini. Die Ausführung des Skulpturenschmucks übernahm Francisco Gutiérrez, der den Madrider Cibeles-Brunnen schuf. Das **Rokokograb von Bárbara de Bragança** ist durch eine Wand von dem ihres Gemahls getrennt (Kapelle seitlich des Altarraums).

Palacio de Justicia 5

Plaza de la Villa de París/ Bárbara de Braganza 3, 5

Das direkt hinter der Kirche liegende Heimsuchungskloster wurde 1870 aufgelöst, das Gebäude zum Gericht

Lieblingsort

Wo schon die Großväter einkehrten – Ángel Sierra

Seit 1908 gehen die Madrilenen zu Ángel Sierra einen trinken. Die Urgroßväter kamen, dann die Großväter und die Väter – und jetzt kommen deren Nachkommen, die sich hier nicht minder wohlfühlen. Ángel Sierra, eine der schönsten Madrider Tavernen, ist für alle eine Attraktion. Die holzverkleidete Fassade, in die Medaillons mit romantischen Motiven eingelassen sind, eine Innenausstattung wie aus den 1920er-Jahren, mit Holztheke, Wandkacheln, Deckenfresko und romantischen Bildern, mit alten Weinfässern und Regalen voller angestaubter Flaschen (sehen irgendwie nach edlen Jahrgängen aus!) repräsentieren ein Stück historischer Madrider Barkultur. An Ángel Sierra führt auf der Plaza de Chueca kein Weg vorbei! Man bestellt Wermut und Wein vom Fass oder gezapfte Biere. Am Wochenende bilden sich Schlangen bis auf die Bürgersteige vor dem Haus.

Taberna Ángel Sierra 1 **:** Gravina 11, Metro: L 5 Chueca, tgl. 11–2.30/3 Uhr.

ACEITUNAS RELLENAS
CHAPATA DE CHORIZO IBÉRICO
CHAPATA DE CHORIZO IBÉRICO
PINCHOS
RACIONES
Aceitunas Rellenas........ 2.00
Almejas al Natural........ 9.00
Anchoas........ 7.00
Banderillas........ .90
Berberechos........ 9.00
Bocaditos Mixtos
Boquerones

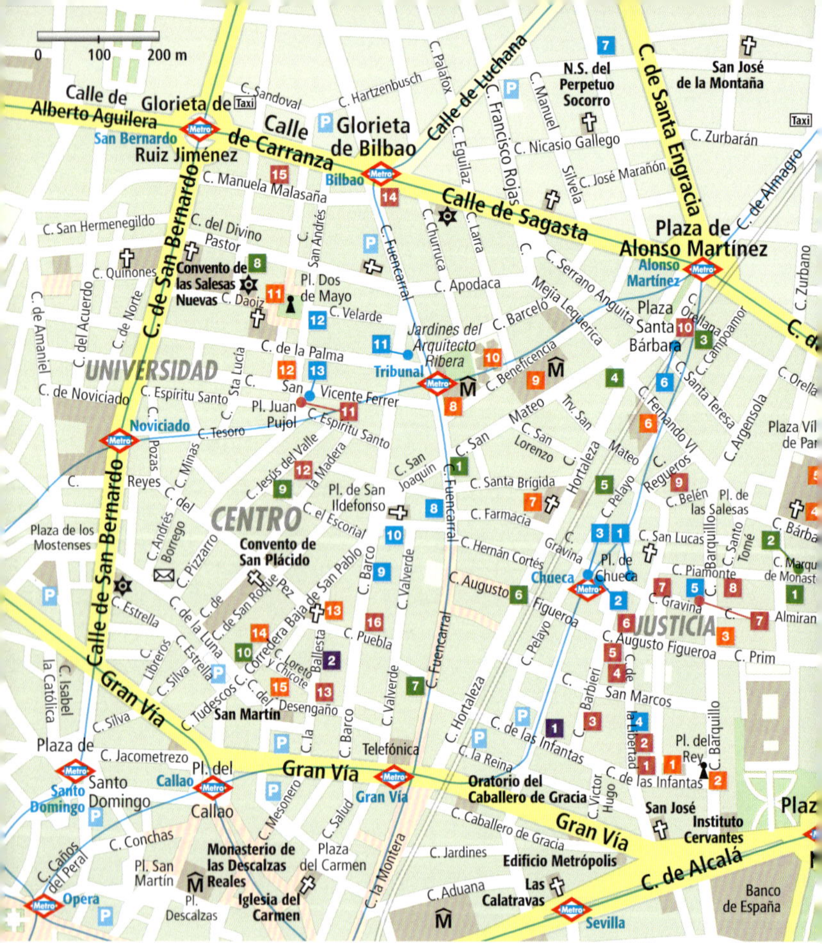

umfunktioniert. Zwei große Brände, der letzte 1915, zerstörten den historischen Bau quasi vollständig, während die Kirche unversehrt blieb. Joaquín Rojí rekonstruierte den **Justizpalast,** dessen prächtige Hauptfassade zur Plaza de la Villa de París zeigt, bis 1930. Heute hat hier der Oberste Gerichtshof von Madrid seinen Sitz.

Casa-Palacio Longoria 6

Fernando VI 4, geöffnet bei Kulturveranstaltungen

Wie eine reich verzierte Torte wirkt das 1902/03 von José Grases Riera errichtete **Bank- und Wohnhaus des Bankiers Javier González Longoria,** heute Sitz des Spanischen Autoren- und Verlegerverbandes. Mit ihren schwungvollen Formen und dem üppigen vegetabilen Fassadenschmuck ist die Casa-Palacio Longoria deutlich dem modernistischen Stil *(Modernisme),* der spanischen Variante des Jugendstils, verpflichtet. Dieser avantgardistische Baustil setzte sich in Madrid – anders als in Barcelona – nicht

Chueca und Malasaña

Sehenswert
1 Casa de las Siete Chimeneas
2 Denkmal für Leutnant Ruiz Mendoza
3 Teatro Infanta Isabel
4 Iglesia de las Salesas R.
5 Palacio de Justicia
6 Casa-Palacio Longoria
7 Escuelas Pías und Iglesia de San Antón
8 Museo de Historia
9 Museo del Romanticismo
10 Mercado de Barceló
11 Denkmal für Daoíz und Velarde
12 Laboratorios Juanse / Antigua Huevería
13 Iglesia de San Antonio de los Alemanes
14 Teatro Lara
15 Microteatro por Dinero

Essen & Trinken
1 Ex Libris
2 El Bocaíto
3 Zara
4 Bazaar
5 Mercado de San Antón
6 Tienda de Vinos
7 Cisne Azul
8 Arabia
9 Dstage
10 Cervecería Santa Bárbara
11 Casa Camacho
12 Casa Julio
13 La Tasquita de Enfrente
14 Café Comercial
15 La Musa
16 Café de la Luz

Einkaufen
1 Lurdes Bergada
2 Piamonte
3 Cacao Sampaka
4 Patrimonio Comunal Olivarero
5 Guille García-Hoz
6 Calle de Augusto Figueroa (Schuhläden)
7 Horno de San Onofre
8 Antigua Casa Crespo
9 Javier S. Medina
10 López Pascual

Aktiv & Kreativ
1 Terraza de Óscar
2 Kitchen Club

Abends & Nachts
1 Ángel Sierra
2 El Truco
3 Café Acuarela
4 Libertad 8
5 Bogui Jazz
6 El Junco
7 Honky Tonk
8 Mercado de San Ildefonso
9 Sala BarCo
10 Bodega La Ardosa
11 La Penta
12 Pepe Botella
13 El Café de Manuela

durch, doch sind Beispiele auch um die Ecke in der Calle Hortaleza zu sehen.

Escuelas Pías und Iglesia de San Antón 7

Hortaleza 63, Kirche ständig geöffnet, Café-Restaurant Bosco de Lobos tgl. 12–1/2 Uhr

Die einen ganzen Straßenblock einnehmenden **Escuelas Pías de San Antón** (1794–1832), ursprünglich ein Leprahospital, waren bis zum großen Brand von 1989 eine Konfessionsschule. Seit seiner Renovierung ist der Komplex Sitz der Madrider Architektenschule und ihres Museums. Das Café-Restaurant **Bosco de Lobos** öffnet sich zum Patio. An der Ecke zur Calle de Santa Brígida steht die 1770–72 von Ventura Rodríguez geschaffene **Fuente de los Galápagos,** der Galapagosbrunnen, doch hat man 1900 die namengebenden Wasserschildkröten durch Delfine ersetzt.

Zur Gesamtanlage gehört die 1735 von Pedro de Ribera errichtete, später dem neoklassizistischen Zeitgeschmack angepasste **Iglesia de San Antón.** Sie ist dem hl. Antonius, dem Schutzheiligen der Tiere, gewidmet. In der Kirche steht er auf einem Drachen – mit schützender Geste gegenüber Wildschwein und Frischling zu seiner Seite. Am 17. Januar bringen die Madrilenen ihre Katzen, Hunde oder Kanarienvögel hierher, damit der Pfarrer sie segne.

Das Gemälde in der letzten Kapelle rechts soll von Francisco de Goya stammen (Kopie): »Letzte Ko mmunion des San José de Calasanz« (1819). Tiefe Religiosität spricht aus diesem Bild eines Malers, der so oft aufklärerisch-antiklerikale Motive in Szene setzte.

Die Kirche wurde 2015 an die Botschafter des Friedens (Mensajeros de la Paz, www.iglesiasanantonmensajerosdelapaz.com) unter Pater Ángel García Rodriguez übergeben, die sich für soziale Belange, nicht zuletzt für Flüchtlinge, einsetzt.

Museo de Historia 8

Fuencarral 78, www.madrid.es/museodehistoria, Di–So 10–20 Uhr, Eintritt frei

Das Gebäude des heutigen **Stadthistorischen Museums** war im 18. Jh. ein Hospiz. Kunstvoll wie ein überladenes Retabel wirkt in der Fassade das haushohe Portal aus Granit und Kalkstein von Pedro de Ribera (1720–26). Dieses Beispiel barocker Üppigkeit galt den späteren Neoklassizisten als Ausgeburt an Geschmacklosigkeit und war Lieblingsobjekt ihrer Kritik. Anhand von Stichen, alten Stadtplänen, Modellen, Gemälden, Zeichnungen, Münzen, Silber- und Porzellanarbeiten oder Wandteppichkartons vermittelt das jüngst neu geordnete Museum einen Überblick über die Geschichte Madrids seit dem Mittelalter. Zu den wertvollsten Exponaten zählen Francisco de Goyas Gemälde »Allegorie von Madrid« und ein Modell Madrids aus dem Jahr 1830.

Auf dem angrenzenden Platz steht der Barockbrunnen **Fuente de la Fama,** der Ruhmesbrunnen, der wie das Museumsportal von Pedro de Ribera stammt (s. S. 85).

Museo del Romanticismo 9

San Mateo 13, www.mecd.gob.es/mromanticismo, Di–Sa 9.30–18.30/20.30, So, Fei 10–15 Uhr, 3/1,50 €, Sa ab 14 Uhr, So Eintritt frei

Das 1924 in einem Adelspalast aus dem 18. Jh. eröffnete **Museum der Romantik** basiert auf der großzügigen Schenkung des Marqués de la Vega-Inclán. Mobiliar, Gemälde, Porzellan, eben das typische Inventar einer bürgerlichen Wohnung des 19. Jh., vermitteln Einblicke in Lebensgefühl und Wohnkultur jener Zeit. In Spanien war die Romantik vor allem eine literarische Strömung. Daher bewahrt das Museum auch die Pistole auf, mit der sich der Schriftsteller Mariano José de Larra, Fígaro genannt, aus Liebeskummer erschoss, und den Stuhl, von dem er tot zu Boden fiel. Auf den Mahagonistühlen im ehemaligen Tanzsaal saßen die Romantiker Bécquer, Campoamor und Martínez de la Rosa, wenn sie sich im Haus zur *tertulia* (Debattierzirkel) trafen. Gemälde von Zurbarán, Murillo, Velázquez, Goya, Giordano, Mengs oder Joaquín Sorolla zieren die Wände. Das schöne **Café del Jardín** mit Terrasse ist frei zugänglich!

Mercado de Barceló 10

Barceló 6, www.mercadobarcelo.es, Mo–Fr 9–14, 17.30–20, Sa 9–15.30, Lokale So–Do 12–24, Fr/Sa 12–2.30 Uhr

Im Herbst 2014 eröffnete der vom spanischen Architektenduo Nieto/Sobejano geschaffene moderne Mercado de Barceló, der eine ältere Markthalle ersetzte. Die neue Architekturikone sieht aus wie aus Betoncontainern zusammengesetzt und schafft einen neuen urbanen Raum. Der Markt beherbergt um die 100 Marktstände, im 2. Stock befindet sich der Food Market mit Tavernen und Restaurants. Draußen essen können Sie auf der Terrasse des Azotea Forus Barceló. Der gesamte Komplex, Isla Barceló genannt, ist ein Areal für Shopping, Sport, Freizeit und Kultur.

Malasaña

Plaza del Dos de Mayo

Der Name des **Platzes des 2. Mai** erinnert daran, dass hier der Aufstand der Madrilenen gegen die napoleonische Okkupation kulminierte. Die Widerstandskämpfer hatten sich in einer Kaserne verschanzt, von der nur das in der Platzmitte stehende Tor übrig blieb. Davor steht das **Monumento a Daoiz y Velarde** 11, das Denkmal für jene beiden Artillerieoffiziere, die Anführer des Aufstands waren. Die Plaza, von Cafés und Bars umgeben, ist zentraler Vierteltreff der *malasañeros* und wird – wie die umliegenden Gassen – besonders in Wochenendnächten stark frequentiert.

Uralte Geschäfte mit kunstvollem Kachelschmuck findet man an der nahen Kreuzung der Straßen San Andrés und San Vicente Ferrer. Die *azulejos* der **Laboratorios Juanse,** heute eine Apotheke, und der **Antigua Huevería** 12, eines ehemaligen Eierladens, schuf der cordobesische Keramikkünstler Enrique Guijo Anfang des 20. Jh.

Iglesia de San Antonio de los Alemanes 13

De La Puebla 22, Mo–Sa 10.30–14 Uhr, 2 €, Messen Mo–Sa 19, So, Fei 11, 12, 12.45 Uhr

Die **Kirche des hl. Antonius der Deutschen** ist Sitz der Santa Hermandad del Refugio (Bruderschaft der Zuflucht), die seit dem 17. Jh. zunächst portugiesischen Landsleuten und seit der Loslösung Portugals von der spanischen Krone 1668 kranken und hilfsbedürftigen Deutschen Schutz und Hilfe ▷ S. 226

Ein Feuerwerk himmlisch-barocker Bildimpressionen in San Antonio de los Alemanes

Auf Entdeckungstour: Zwischen Fuencarral und TriBall – ein Viertel erfindet sich neu

Seit die Calle de Fuencarral 2009 zur Fußgängerzone umgewandelt wurde und ein kleiner Modeladen neben dem nächsten eröffnete, kommen vor allem junge Shopper zuhauf hierher. Weniger Erfolg hatte die Initiative, die heruntergekommenen Gassen des TriBall genannten Areals zwischen Calle de Fuencarral, Gran Vía und Corredera Baja de San Pablo zu einem neuen Geschäftszentrum aufzuhübschen. Dafür blieb hier viel Alt-Madrider Charme erhalten.

Cityplan: s. S. 221
Metro: L 1, 5 Gran Vía, L 3, 5 Callao
Infos: www.triballmadrid.com
Öffnungszeiten der Läden: Mo–Sa ca. 10–13.30/14, 17–20/21 Uhr, teils durchgehend offen

Die von der Gran Vía abzweigende **Calle de Fuencarral** verläuft zwischen den Vierteln Chueca (östlich) und Malasaña (westlich) und ist als kommerzielle Schlagader eine Art Carnaby Street Madrids geworden. Zwischen eigenwilligen Szeneläden haben sich längst die Filialen bekannter Marken etabliert, wie Desigual, Mango, Camper, Levis, Diesel, und sogar die großen Designer wie Adolfo Domínguez (Nr. 5).

Designerschuhe in der Calle de Augusto Figueroa 6

Die Schaufenster der von der Fuencarral abzweigenden Calle de Augusto Figueroa präsentieren eine Riesenauswahl an Schuhen, in der Regel Muster- und Restpaare von spanischen Fabrikanten, darunter von namhaften Designern. Im Grunde ist die Straße ein riesiges Outlet. Mit Glück findet man hier Schuhmode von Nobelmarken zu bezahlbaren Preisen – und liegt mit den erworbenen Stücken immer im Trend.

Corredera Baja de San Pablo

Durch die Calle Colón, vorbei an einem Urgestein unter den Szenelokalen von Malasaña, der **Bodega La Ardosa** 10, wird die Richtung Gran Vía führende Corredera Baja de San Pablo erreicht. Hier findet man noch das Bild einer traditionellen Madrider Infrastruktur: Bars, das eine oder andere Lebensmittelgeschäft, die wundervolle Barockkirche **San Antonio de los Alemanes** 13 (s. S. 223), dazwischen Läden mit alternativer Mode, Möbel- und Interieurdesign und moderne Tavernen.

Vom Teatro Lara ins Microteatro por Dinero

Sogar ein kleines Theater gibt es: Die Jugendstilfassade des von Don Cándido Lara finanzierten **Teatro Lara** 14, 1879 erbaut, ist ein Blickfang. Wegen der üppig-liebevollen Innendekoration wird es auch *La Bombonera de Don Cándido* (Don Cándidos Bonbonniere) genannt. Das junge Gegenstück zu dieser alteingesessenen Institution hat ein paar Meter weiter in der Calle de Loreto y Chicote eröffnet: das **Microteatro por Dinero** 15. In dieser Bar sieht man in winzigen Theaterräumen für 4,50 € jeweils 15- bis 20-minütigen schauspielerischen Einlagen zu (Nr. 9, www.microteatro.es). Solche kreativen, jung-dynamischen Ideen sollten einst im sogenannten TriBall-Viertel die neue Ära einläuten.

Alternativszene contra Rotlichtmilieu

Im Dreieck *(triángulo)* rund um die namengebende **Calle de la Ballesta** – nur wenige Schritte abseits der schicken Gran Vía – bestimmten bis vor einigen Jahren blätternder Putz, ärmliche Ecken, Prostitution, eben ein Hauch von Morbidität, das Bild. Dann setzten sich in den fußgängerfreundlich hergerichteten Gassen junge Modeläden und Bars in Szene, die zum Teil wieder schließen mussten, weil die Gegend im Schatten der Top-Shoppingmeile Fuencarral liegt. Dennoch hat die Calle de la Ballesta, früher eine einzige Rotlichtzone, an Attraktivität gewonnen. Das Gleiche gilt für die umliegenden Gassen, in denen manche historische Hausfassade aufgehübscht wurde. Mit **La Tasquita de Enfrente** 13 (s. S. 35) gibt es hier übrigens eine gastronomische Topadresse. Und im **Kitchen Club** 2 (s. S. 228) können Sie einen Kochkurs besuchen – und anschließend verspeisen, was Sie gezaubert haben.

gewährte. Heute finden hier – durchaus anknüpfend an diese Tradition – regelmäßig Armenspeisungen statt. Hinter der schlichten Fassade, die Juan Gómez de Mora, der Architekt der Plaza Mayor, errichtete, steht eine Barockkirche auf elliptischem Grundriss. Sie wurde 1624 bis 1633 nach Plänen des Jesuiten Pedro Sánchez erbaut. Wände und Kuppel des Innenraums sind ganz mit Fresken geschmückt – von Carreño, Ricci (Decke) und Luca Giordano (Wände).

Essen & Trinken

Menüs zwischen Buchseiten – **Ex Libris** 1: s. S. 36
Die Tapas schmecken Almodóvar – **El Bocaíto** 2: s. S. 36
Cubanischer Winkel – **Zara** 3: Barbieri 8, Tel. 915 32 20 74, www.restaurantezara.com, Metro: L 1, 5 Gran Vía, Di–Sa 13–16, 20.30–24 Uhr, Aug. geschl, Hauptgerichte um 13 €. Cubanisches Lokal mit einer Handvoll Tische. Man isst *ropa vieja* (aus Fleisch, Kartoffeln, Zwiebeln) oder *fríjoles negros* (schwarze Bohnen). Als Appetizer gibt's Cocktails.
Trendgastronomie im Trenddesign – **Bazaar** 4: s. S. 36
Gastronomie total – **Mercado de San Antón** 5: s. Unser Tipp, unten.
›Linke‹ Hausmannskost – **Tienda de Vinos** 6: Augusto Figueroa 35, Tel. 915 21 70 12, Metro: L 5 Chueca, Mo 13.30–16, Di–Sa 13.30–16, 21–24 Uhr, ab ca. 15 €. Im ›Weinladen‹ hinter der auffällig rot gestrichenen Fassade verkehrten einst Gewerkschafter, Dichter, Künstler, und deswegen hatte er den Beinamen ›El Comunista‹. Man ist dem Stil einer *casa de comidas,* einer einfachen Gaststätte, treu geblieben. Am Wochenende wird es mittags oft brechend voll.
Pilze und mehr – **Cisne Azul** 7: s. S. 37
Köstlich arabisch – **Arabia** 8: s. S. 38.
Höchste Kochkunst im Fabrikambiente – **Dstage** 9: s. S. 35
Gambas zum Bier – **Cervecería Santa Bárbara** 10: Plaza Santa Bárbara 8, Tel. 913 19 04 49, www.cerveceriasantabarbara.com, Metro: L 4, 5, 10 Alonso Martínez, tgl. 12–24 Uhr, Mo–Fr Mittagsmenü um 12 €. Das Lokal mit dem hauseigenem Bier der 1815 gegründeten Brauerei ist eine Institution in Madrid. Zum Bier gibt's Kartoffelchips, Gambas und Meeresfrüchte-Tapas. Den Service machen wie eh und je weiß befrackte Kellner.

Unser Tipp

Gastronomie total – Mercado de San Antón
Die alte Markthalle von Chueca, einst das Ziel der Viertelbewohner, um sich günstig mit frischen Lebensmitteln zu versorgen, wurde ganz neu und mehretagig hochgezogen und gibt sich nun schick als Treffpunkt der Gourmets. Unten befindet sich ein Supermarkt, darüber staffeln sich Ebenen mit Marktständen und Erlebnisgastronomie, und ganz oben ist ein Restaurant der Kette Cinco Jotas eingezogen, mit einer Terrasse, auf der man ungezwungen sitzt und loungen kann.
Mercado de San Antón 5: Augusto Figueroa 24, www.mercadosananton.com, Metro: L 5 Chueca, Marktstände Mo–Sa 10–22, Gastrobars, Restaurant und Terrasse tgl. 10–24/1.30 Uhr.

Auf der Marktterrasse – **Azotea Forus Barceló** 10: s. S. 41

Im alten Stil – **Casa Camacho** 11: San Andrés 4, Metro: L 1, 10 Tribunal, L 1, 4 Bilbao, Mo–Sa 12–1/2 Uhr. 1929 öffnete das Lokal und ist mit seinen gekachelten Wänden und Weinfässern noch ganz dem damaligen Stil verpflichtet. Man schenkt Bier, Wein und Wermut vom Fass aus, dazu gibt es Tapas und Kleinigkeiten. Gern wird hier *yayo*, Wermut, Gin und Soda bestellt.

Exzellente Kroketten – **Casa Julio** 12: s. S. 37

Kutteln für Feinschmecker – **La Tasquita de Enfrente** 13: s. S. 35

Entspanntes Café-Restaurant – **La Musa** 15: Manuela Malasaña 18, Tel. 914 48 75 58, www.grupolamusa.com, Metro: L 1, 4 Bilbao, Mo–Do 9–1, Fr 9–2, Sa 13–2, So 13–1 Uhr, Essen ab ca. 25 €. Ideal für ein Frühstück oder eine Kaffeepause, aber ebenso für Tapas oder die kreativen Tellergerichte.

Frühstück und Tapas – **Café de la Luz** 16: Puebla 8, Tel. 915 23 11 99, tgl. 10–2 Uhr. Durch eine bunte Mischung an Möbelstücken und vielen alten Lampen entsteht eine besondere Art von Gemütlichkeit. *Café*, Tee, Frühstück, Toasts, Snacks, Tapas, aber auch Fruchtsäfte und Cocktails.

Unser Tipp

Ein Klassiker seit 100 Jahren

Das Comercial ist eines der wenigen klassischen Cafés in Madrid. Hier traf sich schon vor 130 Jahren die künstlerisch-literarische Bohème der Stadt. Auch nach seiner Renovierung 2017 erinnert der von großen Spiegeln und Fenstern geprägte Raum an die große Zeit der Literatencafés. Hier genießt man *chocolate con churros* (Kakao mit Fettgebäck) oder leckere Tapas oder ein ›richtiges‹ Mittag- und Abendessen. Beliebt und oft brechend voll.

Café Comercial 14: Glorieta de Bilbao 7, www.cafecomercialmadrid.com, Tel. 915 21 56 55, Metro: L 1, 4 Bilbao, Mo–Fr 8.30–2, Sa/So 9.30–2 Uhr.

Einkaufen

Für einen gezielten Shoppingbummel sind die Gegend um die Plaza de Chueca und die Calle Fuencarral besonders geeignet. Schuhe gibt es in der Calle de Augusto Figueroa (s. S. 224).

Jung und ausgefallen – **Lurdes Bergada / Syngman Cucula** 1: Conde de Xiquena 2, Metro: L 2 Banco de España, Mo–Sa 10.30/10–20.30 Uhr; Fuencarral 70, Metro: L 1, 10 Tribunal, www.lurdesbergada.es, Mo–Sa 10.30/10–20.30, So 11–15, 16–20 Uhr. Die Katalanin Lurdes Bergada zählt seit Jahren zu den Avantgardedesignern Spaniens, sie macht lässige junge Mode, von sportiv bis elegant, für beide Geschlechter und dazu passende Accessoires.

Schicke Taschen – **Piamonte** 2: s. S. 48

Die Welt des Kakaos – **Cacao Sampaka** 3: Orellana 4, www.cacaosampaka.com, Metro: L 4, 5, 10 Alonso Martínez, Laden und *cafetería* Mo–Sa 10–21 Uhr. Riesenauswahl an Kakaoprodukten, Schokolade und verschiedenen anderen Süßigkeiten. Mit Bar-Bereich für den Verzehr an Ort und Stelle.

Die besten Olivenöle Spaniens – **Patrimonio Comunal Olivarero** 4: s. S. 44

Keramik und mehr – **Guille García-Hoz** 5: s. S. 48

Designerschuhe preiswert – **Calle de Augusto Figueroa** 6: s. S. 224

Tarta de Santiago – **Horno de San Onofre** 7: San Onofre 3, Metro: L 1, 5 Gran Vía, tgl. 8–21 Uhr. Madrider Traditionskonditorei, Spezialität sind

Santiago-Kuchen und *Suspiros de Modistilla,* Küchlein mit Früchten.

Alpargatas – **Antigua Casa Crespo** 8: Divino Pastor 29, www.antiguacasacrespo.com, Metro: L 1, 4 Bilbao, Mo–Sa 10–13.30, 17–20.15 Uhr. Der betagte Laden, einer der letzten seiner Art in Malasaña, verkauft seit 1863 die typisch spanischen *alpargatas* (Hanfschuhe, Bastsandalen) in allen Größen und in einer großen Farbauswahl. Ana Ladrón und Maxi Garbayo bedienen ihre Kunden persönlich und freundlich. Produziert werden die *alpargatas* in einem nordspanischen Familienbetrieb.

Ökologische Trophäen – **Javier S. Medina** 9: Escorial 28, www.javiersmedina.com, Metro: L 3, 5 Callao, L 2 Noviciado, Mo–Fr 10–14, 17–20.30, Sa 11–14 Uhr. Der kleine Kunsthandwerksladen stellt Spiegel und Tierköpfe her, letztere nennt er *trofeos ecológicos.* Der Grund: Verwendung finden (neben Spiegelglas) ausschließlich pflanzliche Materialen wie Rattan oder Bambus.

Von Olivenöl bis Schinken – **López Pascual** 10: Corredera Baja de San Pablo 13, www.lopezpascual.com, Metro: L 3, 5 Callao, Mo–Fr 9.30–14, 17–20.30, Sa 9.30–14 Uhr. Seit 1919 ist das Familiengeschäft auf iberischen Schinken spezialisiert. Er stammt aus Jabugo (Huelva) oder Guijuelo (Salamanca). Außerdem gibt es Wurst, Käse, Olivenöl, Vega-Sicilia-Weine (Ribera del Duero).

Aktiv & Kreativ

Clubben und poolen – **Terraza de Óscar** 1: Hotel Room Mate Óscar, Plaza Pedro Zerolo 12, Tel. 917 01 11 73, www.oscar.room-matehotels.com, Metro: L 2 Banco de España, L 1, 5 Gran Vía, tgl. 19.30–2, Schwimmbad Juli–Sept. 10–19 Uhr, ab 35 € (Fei 60 €). Auch (jung-reiche) Nichtgäste des hippen Hotels sind am Pool im 8. Stock willkommen. Im Übrigen kann man auf der Terrasse Erfrischungsgetränke und leichte Gerichte bestellen – der Blick über das Zentrum ist dann gratis.

Kochen und genießen – **Kitchen Club** 2: Ballesta 8, Tel. 915 22 62 63, www.kitchenclub.es. Zahlreiche Kurse zu Küchen aus aller Welt; s. S. 225.

Abends & Nachts

Wer das ›etabliertere‹ Nachtleben von Malasaña und Chueca erleben möchte, kann sich durch die Gassen rund um die Plaza del Dos de Mayo treiben lassen oder erst zur Plaza de Chueca ziehen.

Wo schon die Großväter einkehrten– **Ángel Sierra** 1: s. Lieblingsort S. 218.

Der Frauentreff in Chueca – **El Truco** 2: s. S. 54

Männer unter sich – **Café Acuarela** 3: s. S. 54

Wo die Freiheit begann – **Libertad 8** 4: Libertad 8, www.libertad8cafe.es, Metro: L 5 Chueca, L 2 Banco de España, Mo–Do 18–2.30, Fr/Sa 18–3, So 17–1.30 Uhr. Treffpunkt der Demokratie- und Freiheitssüchtigen in der Nach-Franco-Zeit – die Kneipe hat sich etwas von dieser Stimmung bewahrt. Viel Kleinkunst und Livekonzerte.

Jazz hören und abtanzen – **Bogui Jazz** 5: s. S. 53

Für Nachteulen – **El Junco** 6: Plaza de Santa Bárbara 10, www.eljunco.com, Metro: L 4, 5, 10 Alonso Martínez, tgl. 23–5.30/6 Uhr. Livemusik für die Nachteulen der Stadt: Jazz, Funk, Soul, im Wechsel mit DJ-Auftritten bzw. Jam Sessions.

Rock, Blues, Country – **Honky Tonk** 7: s. S. 54

Food Street Market– **Mercado de San Ildefonso** 8: Fuencarral 57, www.mercadodesanildefonso.com, So–Mi 12–24, Do–Sa 12–1 Uhr. Das Street-Food-Markt-Konzept wurde hier in eine alte, farbenfroh und modern dekorierte Markthalle übertragen. 18 Stände auf drei Etagen, bieten Burger, Pizzen, Kroketten, Tacos oder einfach Kaffee an.

Jazz live – **Sala BarCo 9**: Barco 34, www.barcobar.com, Metro: L 1, 10 Tribunal, tgl. 22–5.30/6 Uhr, Sessions 23, Sa/So 24, 2 Uhr. Musikbar auf zwei Ebenen und mit zwei Bühnen. Täglich Livemusik, meist Jazz, aber auch mal Latin Jazz, Funk, neuer Flamenco oder Rock. Am Sonntag gibt es Jam Sessions.

Guinness vom Fass – **Bodega La Ardosa 10**: s. S. 50

Movida Madrileña I – **El Penta 11**: Palma, 4, Metro: L 3, 5 Callao, L 1, 4 Bilbao, www.elpenta.com, tgl. 21–3/3.30 Uhr. El Penta (El Pentagrama), 1976 eröffnet, zählt zu den Pionieren der *movida madrileña* und ist noch immer angesagt. Das Penta inspirierte die Gruppe Nacha Pop in den 1980er-Jahren zu ihrem zeittypischen Song »La chica de ayer« (Das Mädchen von gestern).

Schaufenster zum Platz des 2. Mai – **Pepe Botella 12**: San Andrés 12, Metro: L 1, 4 Bilbao, Mo–Do 10–2, Fr, Sa 10–2.30, So 11–2 Uhr. »Josef, die Flasche«, so nannte man in Madrid den (abstinenten) Bruder Napoleons, der in der Stadt kurze Zeit Regent war. Und damit ist der Bogen zur Plaza del Dos de Mayo geschlagen, einem Zentrum des Widerstands gegen die Okkupanten aus dem Nachbarland. Durch die großen Fenster schaut man dem Treiben auf dem Platz zu – und hat die Wahl zwischen *café* oder *mojitos,* Zeitunglesen oder Musikhören: Jazz, Klassik, cubanische Töne …

Movida Madrileña II – **El Café de Manuela 13**: San Vicente Ferrer 29, Tel. 915 31 70 37, Metro: L 1, 10 Tribunal, Mo–Do 16–2, Fr/Sa 16–3, So 15–1 Uhr. Als das Café 1979 öffnete, kam die Stadt gerade in puncto Nachtkultur in Fahrt. Ein bisschen fühlt man sich hier in ein Literaturcafé des 19. Jh. zurückversetzt. An Marmortischchen lauscht man musikalischen Livedarbietungen und nippt an einem *café* oder Milchmixgetränk.

Tagsüber wie nachts herrscht auf der Plaza del Dos de Mayo reger Betrieb

Das Beste auf einen Blick

Plaza de España, Argüelles, Univiertel

Highlight!

Plaza de España: Der Platz ist die Nahtstelle zwischen dem alten und dem modernen Madrid, seine zwei 1950er-Jahre-Hochhäuser markieren den architektonischen Aufbruch in die Moderne in einer Zeit der gesellschaftspolitischen Lähmung unter Franco. Doch die eigentliche Attraktion des Platzes ist das Denkmal für den Dichter Cervantes, eines der Wahrzeichen der spanischen Metropole. 4 S. 233

Auf Entdeckungstour

Goyas Pantheon: Die Ermita de San Antonio de la Florida gibt es gleich zweimal, als Original und als Nachbau. Das Original, das Goya mit eindrucksvollen Fresken ausschmückte, ist zugleich die letzte Ruhestätte des Künstlers. Das zwischen 1792 und 1798 im klassizistischen Stil errichtete Kirchlein dient heute als intime Begegnungsstätte mit einem der größten Maler aller Zeiten! 15 S. 241

Kultur & Sehenswertes

Centro Cultural Conde Duque: Die Ex-Kaserne mit dem meisterhaften Barockportal ist eines der wichtigsten Madrider Kulturzentren. 9 S. 236

Museo de América: Die indigenen Kulturen der Neuen Welt werden hier nicht aus der Sicht stolzer Eroberer präsentiert, sondern als didaktisch wertvoll aufgebaute Sammlung. Sie lässt den Besucher in die vorkolumbianische Welt Südamerikas eintauchen. 20 S. 243

Zu Fuß & mit dem Rad

Spaziergang im Grünen: Zu ausgiebigen Spaziergängen lädt der weitläufige Parque del Oeste auf dem zum Río Manzanares hin abfallenden Gelände ein. Empfehlenswert ist ein Abstecher zu Goyas Pantheon (s. links). S. 240

Mit dem Rad zum Campus der Universität: Die Madrider Universität lässt sich bestens erradeln, durch Baumalleen von Fakultät zu Fakultät. 21 S. 244

Genießen & Atmosphäre

Straßenmusik im Park: Der Hügel, auf dem der ägyptische Templo de Debod steht, ist ein historischer und ein magischer Ort. Und deshalb zieht es auch Musiker hierher – zur Übungsstunde unter freiem Himmel mit Blick auf Kathedrale und Königspalast. 11 S. 238

Terrassencafés am Paseo del Pintor Rosales: Hier sitzt man genussvoll im Schatten von Bäumen auf den ausladenden Bürgersteigen und blickt ins Grüne. 6 S. 247

Abends & Nachts

Flamenco im Las Tablas: Es ist ein ambitioniertes Lokal, das sich dem neuen, experimentierfreudigen Flamenco verschrieben hat. 1 S. 52

Vom Argüelles-Viertel ins Grüne und zur Madrider Universität

Die Plaza de España mit dem berühmten Cervantes-Denkmal bildet eine Nahtstelle zwischen den Shoppingmeilen Gran Vía und Calle de Princesa sowie zwischen den älteren Vierteln Madrids und den jüngeren Ensanche-Vierteln. Zu Letzteren gehören Argüelles und Moncloa, die zwischen dem Platz und der Universitätsstadt liegen. Beide Viertel waren und sind *barrios* des Mittelstands, in die später auch Militärs, Arbeiter und Studenten zogen. Argüelles strahlt bürgerlichen Wohlstand aus, durchmischt mit studentischem Flair. Spaniens größte Universität liegt nicht weit entfernt.

In diesem Teil der Stadt verstecken sich einige Höhepunkte: der Templo de Debod von den Ufern des Nils, die Privatsammlung des Marqués de Cerralbo oder die von Goya ausgemalte Ermita de San Antonio de la Florida. Und der Parque del Oeste auf dem zum Manzanares abfallenden Gelände, eine der großzügigsten Grünanlagen Madrids, lädt zu Spaziergängen ein.

Infobox

Reisekarte: ▶ C–G 9–13

Infos im Internet

www.ucm.es: Website der Universidad Complutense Madrid, der größten Universität Spaniens. Auch Infos zu Sprachkursen für Ausländer.

Besichtigung

Zur Plaza de España gelangt man mit den Metrolinien 3 und 10. Den Platz und seine Umgebung erschließt man sich gut zu Fuß. Zum Museo de América und dem Universitätscampus kommt man per Metro über die Stationen Moncloa bzw. Ciudad Universitaria. Ein Tipp: Zur Erkundung des Campus ist ein Rad ideal (s. Radverleih, S. 59).

Plaza de España und Umgebung

Plaza de España !

An dem geräumigen Stadtplatz mit Grünanlagen und Bänken entstanden Mitte des 20. Jh. die beiden ersten Hochhäuser Madrids. Der 1947 bis 1953 erbaute **Edificio España** 1, ein architektonisches Aushängeschild des Franco-Regimes, ähnelt durchaus den frühen amerikanischen Wolkenkratzern. Der 107 m hohe Koloss, dessen rot-weiße Ziegel-Kalkstein-Fassade Elemente des Madrider Barockstils aufgreift, wurde 2014 von einem chinesischen Investor erworben. Zukünftig soll der Platz mit Fußgänger- und Grünzonen umgestaltet werden, in den Edificio España werden ein Riu-Hotel und Shoppinggalerien einziehen.

Ein Jahr nach der Fertigstellung des Edificio de España legte man den Grundstein für die **Torre de Madrid** 2 (1954–57), die mit 124 m eine neue Rekordhöhe aufstellte. Zu den älteren Gebäuden am Platz zählt die

Die Romanhelden des »Don Quijote« zu Füßen des Dichters – ein Wahrzeichen Madrids

Plaza de España, Argüelles, Univiertel

Sehenswert

1 Edificio España
2 Torre de Madrid
3 Antigua Real Compañía Asturiana de Minas
4 Cervantes-Denkmal
5 Museo Cerralbo
6 Manzana del Cine
7 Iglesia de San Marcos
8 Palacio de Liria/ Fundación Casa de Alba
9 Centro Cultural Conde Duque
10 Convento de las Comendadoras de Santiago
11 Templo de Debod
12 La Rosaleda
13 Cementerio de la Florida
14 Goya-Denkmal
15 Panteón de Goya
16 Ermita de San Antonio de la Florida
17 Cuartel General del Ejército del Aire
18 Arco de la Victoria
19 Faro de Moncloa
20 Museo de América
21 Universidad Complutense
22 Museo del Traje

Essen & Trinken

1 Casa Mingo
2 Cuenllas
3 Entrevinos
4 Mercado de Vallehermoso
5 Casa Manolo
6 Terrassencafés am Paseo del Pintor Rosales

Einkaufen

1 El Corte Inglés
2 Zara
3 Calle Conde Duque

Aktiv

1 Teleférico

Abends & Nachts

1 Las Tablas
2 Café de la Palma
3 Siroco
4 Galileo Galilei

1896 bis 1899 errichtete **Antigua Real Compañía Asturiana de Minas** 3 (Alte Königlich-Asturische Bergbaugesellschaft) mit zinkverblendeter Fassade.

Das Zentrum des Platzes bildet das 1915–30 geschaffene **Cervantes-Denkmal** 4, eine Hommage an den großen kastilischen Dichter. In Stein gehauen thront er hinter einem von Ölbäumen gesäumten Teich. In Bronze gegossen, sind zu seinen Füßen seine berühmten Helden in Szene gesetzt: Der Ritter Don Quijote auf seinem Pferd Rocinante und sein Begleiter Sancho Panza auf dem Maulesel Rucio. Sie sind ein beliebtes Motiv für die Be-

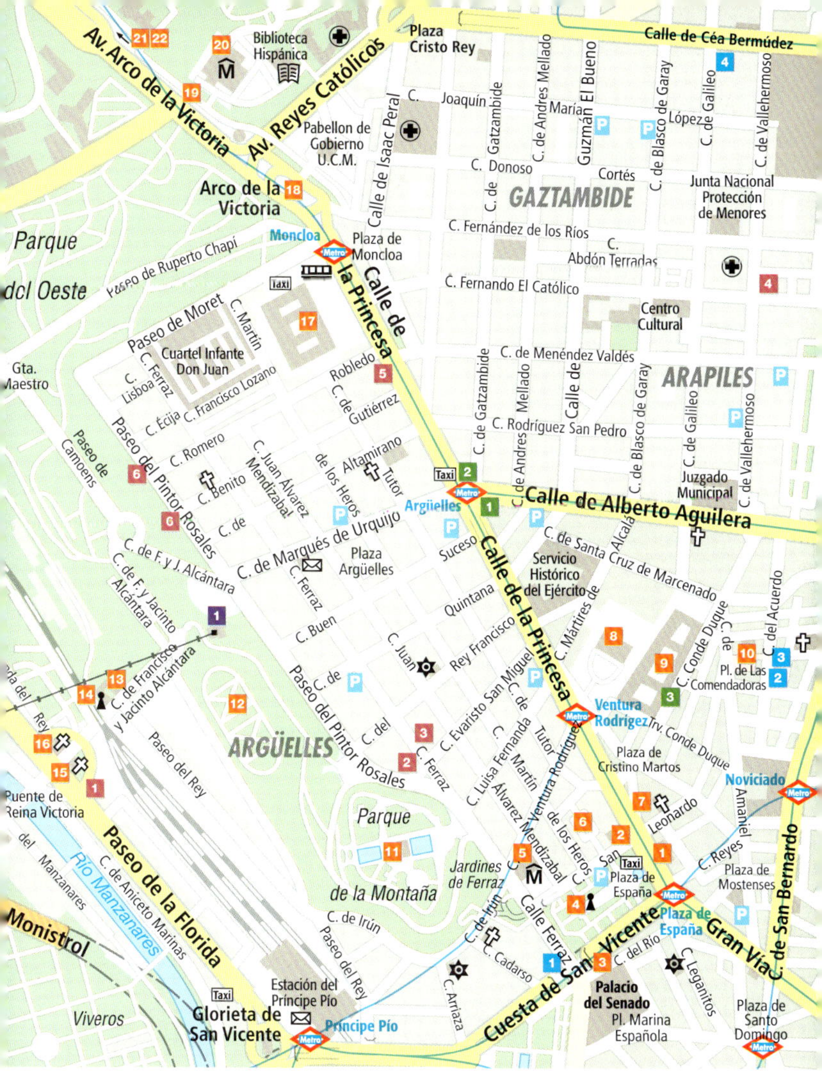

sucher der Stadt, die sich auf die Rücken der Reittiere schwingen, um sich zusammen mit der Statue des großen Dichters fotografieren zu lassen.

Museo Cerralbo 5

Ventura Rodríguez 17, www.mecd.gob.es/mcerralbo, Di–Sa 9.30–15, Do auch 17–20, So, Fei 10–15 Uhr, 3/1,50 €, Do nachmittags, Sa 14–15 Uhr, So Eintritt frei

Ein Kleinod unter den Madrider Museen! Den 1884 errichteten Palast samt Inventar hinterließ der 17. Marqués de Cerralbo (1845–1922), ein Privatgelehrter und Sammler, seiner Heimatstadt.

Mobiliar und Einrichtungsgegenstände – Kristallleuchter aus La Granja und Venedig, Keramik und Porzellan aus Sèvres und der königlichen Fábrica del Buen Retiro, Uhren, Stoffe, Münzen und Orden, Fächer, Waffen, Tapisserien – lassen erahnen, wie spanischer Adel am Ende des 19. Jh. lebte. Ein wahres Prunkstück ist der ehemalige Ballsaal, beeindruckend sind Bibliothek und Kunstsammlung des Marqués. Allein schon die Bilder von Tintoretto, El Greco, Zurbarán, Ribera oder Goya lohnen einen Besuch.

Manzana del Cine 6

Das Madrider **›Kino-Carré‹** liegt in der von der Plaza de España abzweigenden Calle Martín de los Heros. Neben Programmkinos finden Filmenthusiasten hier das Fachgeschäft **Ocho y Medio** (s. Unser Tipp S. 103) mit einem kleinen Café und Außentischen. Gegenüber, vor den Kinos Renoir und Golem, gibt sich die Fußgängergasse im Pflaster filmverliebt: Um die 25 in den Boden eingelassene ›Sternchen‹ des spanischen Films repräsentieren u. a. Pedro Almodóvar, Penélope Cruz oder Javier Bardén.

Iglesia de San Marcos 7

San Leonardo 10, Mo–Fr 7.30–12.30, 18.30–21, Sa/So 9.15–13.30 Uhr

Im Schatten des hoch aufragenden Edificio España liegt die spätbarocke **Kirche des hl. Markus.** 1973 wurde sie unter Denkmalschutz gestellt. Als Ventura Rodríguez, der Architekt Karls III., sie Mitte des 18. Jh. errichtete, ließ er sich vom italienischen Barock inspirieren, genauer von der römischen Kirche San Carlo alle Quattro Fontane, die als ein Hauptwerk Borrominis gilt. Das Konstruktionsschema der Iglesia de San Marcos besteht aus fünf ineinandergreifenden Ellipsen. Die Kirche wurde zur Erinnerung an den Sieg Philipps V. über Erzherzog Karl von Österreich und das Ende des Spanischen Erbfolgekriegs erbaut. Ventura Rodríguez entwarf auch die Innendekoration von San Marcos. Bemerkenswert sind die Retabeln von Juan Pascual de Mena und Robert Michel sowie die Orgel aus dem 18. Jh. Den Hauptaltar schmückt eine Skulptur des hl. Markus.

Palacio de Liria/Fundación Casa de Alba 8

Princesa 20, Führungen Fr 10, 11, 12 Uhr, Anmeldung: Tel. 915 48 15 50, visitas@fundacioncasadealba.com

Der von weitläufigen Gärten umgebene **Palast** ist Besitz der Herzöge von Alba, einem der bedeutendsten Adelsgeschlechter Spaniens. Als Vorbilder für den Bau, der nach Plänen von Ventura Rodríguez 1762–83 entstand, dienten die Königsschlösser von Madrid und La Granja de San Ildefonso. Nach einem Bombenfeuer im Bürgerkrieg musste ein Teil des Gebäudes restauriert werden. Die reiche Gemäldesammlung der Albas ist nur nach schriftlicher Voranmeldung zu besichtigen (s. S. 64).

Centro Cultural Conde Duque 9

Conde Duque 11, www.condeduquemadrid.es, Di–Sa 10–14, 17.30–21, So, Fei 10.30–14 Uhr

Pedro de Ribera errichtete 1717 bis 1754 den ehemaligen **Cuartel del Conde Duque,** eine Kaserne mit schmuckem Barockportal. Der um drei Innenhöfe angelegte Komplex beherrscht die Straße. Einst war hier die königliche Leibwache Philipps V. einquartiert. Heute beherbergen die historischen Mauern neben dem Stadtarchiv das **Museo de Arte Contemporáneo** (Museum für Zeitgenössische Kunst), das Malerei, Skulptur, Fotografie und Kunst des 20. und 21. Jh. zeigt. Conde Duque zählt neben Matadero Madrid und CentroCentro zu den drei großen Kulturzentren der Stadt. Häufig finden hier auch Konzerte statt.

Ein ägyptischer Tempel von den Ufern des Nils – mitten in Madrid

Convento de las Comendadoras de Santiago 10

Plaza de las Comendadoras 10, Besichtigung am 1. und 3. Mo jeden Monats 15.30, 17, Sommer 16, 17.30 Uhr, 5 €
An warmen Tagen füllen sich die Terrassen der Lokale am anheimelnden Platz. An eine Seite grenzt das gleichnamige **Kloster** aus dem 18. Jh. In der Kirche (17. Jh.) sind die Sacristía de los Caballeros im Rokokostil und das Hauptaltargemälde von Luca Giordano (18. Jh.) sehenswert. Die Standarten am Kranzgesims erinnern an siegreiche Feldzüge des Santiago-Ordens während der *reconquista*.

Templo de Debod 11

Ferraz 1, April–Sept. Di–Fr 10–14, 18–20, Okt.– März 9.45–13.45, 16.15–18.15, Sa/So, Fei 10–14 Uhr, Eintritt frei
Im **Parque de la Montaña,** einem Hügel oberhalb der Calle Ferraz, erinnert nichts mehr an die Montaña-Kaserne, die hier einst stand, an die Erschießung der Aufständischen des 2. Mai 1808 durch Napoleons Soldaten oder an den 19. Juli des ersten Bürgerkriegsjahres, als Republikaner die Kaserne stürmten.

Von der Calle Ferraz führen Treppenstufen hügelan auf ein weites, grünes Plateau. Unvermittelt steht man vor einem kulturellen Fremdkörper: Zwischen zwei Wasserbecken erhebt sich hier der ägyptische **Debod-Tempel,** einst unter der Herrschaft nubischer Fürsten um 200 v. Chr. an den Ufern des Nils in Südägypten errichtet und später von den Ptolemäern erweitert. Unter den römischen Herrschern Augustus und Tiberius entstanden die Reliefs im Vestibül des Tempels. Dieses archaische, aus mächtigen Steinquadern erbaute Heiligtum, das – wie Hieroglyphen-Inschriften belegen – dem Gott Ammon geweiht war, wäre beim Bau des Assuan-Staudamms den Wassern des Nils zum Opfer gefallen, hätte sich die UNESCO nicht seiner angenommen. 1968 wurde der Tempel den Spaniern geschenkt – als Dank für die Unterstützung spanischer Archäologen, die halfen, ägyptische Kulturgüter beim Staudammbau zu retten.

Lieblingsort

Pulsierendes Leben mit Ausblick: Parque de la Montaña

Nur ein paar Schritte von der Plaza de España entfernt, gleich hinter dem ägyptischen Templo de Debod 11 (s. S. 237), herrscht eine besondere Atmosphäre. Vielleicht tragen die Straßenmusiker, die sich hier gern einfinden, dazu bei. Ein Hügel voller Musik und voller Ruhe, voller Geschichte und voller Leben. Der Blick schweift über die Casa de Campo, den riesigen Park auf der anderen Manzanares-Seite, und in die Ferne bis zu den Bergen. Zur anderen Seite zeigen sich Königspalast und Kathedrale, dort wo einst die Keimzelle Madrids lag, eine kleine arabische Siedlung. Nur wenig Straßenlärm dringt den Hügel hinauf, der ideale Ort, um zu schauen, den ›Gratiskonzerten‹ zu lauschen – oder sich angesichts der mächtigen Zyklopen des ägyptischen Tempels als Teil eines großen Ganzen, einer spannenden Welt mit reicher Geschichte zu fühlen, besonders dann, wenn die untergehende Sonne das Heiligtum vom Nil golden einfärbt …

Parque del Oeste

Im Parque del Oeste, einer großflächigen Grünanlage auf einem zum Río Manzanares hin teils recht steil abfallenden Gelände, nutzen Spaziergänger, Jogger und Radfahrer das umfangreiche Wegenetz, um Sauerstoff zu tanken. Cecilio Rodríguez gestaltete 1906 diesen Madrider **›Westpark‹**, der an der Ostseite vom Paseo del Pintor Rosales und dessen schattigen Terrassencafés begrenzt wird. Unterhalb dieser ruhigen Wohnmeile liegt die Station des **Teleférico** 1, in dessen Kabinen man über den Park und über den Río Manzanares hinweg zur Casa de Campo schweben kann (s. S. 180).

Spaziergang durch den Parque del Oeste zum Panteón de Goya

Start: Südseite des Parks, beim Templo de Debod, Länge: ca. 2 km

Auf der anderen Seite des Hügels führen Treppen hinab zu einem Parkplatz, den man nach halbrechts quert, um dann einem ausgetretenen Pfad zwischen Bäumen bergab zu folgen. Unten erreicht man den 1956 angelegten Rosengarten **La Rosaleda** 12 (tgl. 10–19.30/21 Uhr), in dem rund 500 verschiedene Rosensorten gedeihen.

Nach Passieren dieser Anlage nehme man die schmale Asphaltstraße Francisco y Jacinto Alcántara nach links bergab. Hier liegt an der rechten Seite neben einer Keramikschule der kleine **Cementerio de la Florida** 13, jener Friedhof, auf dem man die erschossenen Aufständischen des 2. Mai 1808 begrub, die sich gegen Napoleons Truppen zur Wehr gesetzt hatten. Goya hat diese düstere Episode in eindringlichen Gemälden festgehalten. Eines ist auf dem Friedhofsdenkmal abgebildet. Gleich dahinter setzten die Madrilenen ihrem großen Maler ein **Denkmal** 14, jeder der Buchstaben seines Namens wurde in eine Steintafel gemeißelt.

Nun geht es auf einer Fußgängerbrücke über die von der Estación del Príncipe Pío kommenden ▷ S. 243

Durch den Parque del Oeste zum Panteón de Goya

Auf Entdeckungstour: Goyas Pantheon – eine Grabkapelle als Kunstwerk

Die Ermita de San Antonio de la Florida schmückte Goya mit eindrucksvollen Fresken aus. Das zwischen 1792 und 1798 im klassizistischen Stil errichtete Kirchlein ist zugleich seine letzte Ruhestätte – und für uns eine intime Begegnungsstätte mit dem großen Maler.

Cityplan: s. S. 234
Panteón de Goya 15: Glorieta de San Antonio de la Florida 5, www.madrid.es/ermita, Metro: L 6, 10, R Príncipe Pío (von dort 5–10 Min. zu Fuß). Vom Parque del Oeste gelangt man über die Calle de Francisco y Jacinto de Alcántara hierher; Di–So 9.30–20 Uhr, Eintritt frei.

Vor einigen Jahren wurden die Fresken restauriert, und seither beeindrucken sie noch mehr. Man fühlt sich zum auserwählten Publikum gehörig, das die soeben vom Hofmaler Francisco de Goya y Lucientes dekorierte Einsiedelei des hl. Antonius besichtigen darf.

»Die da mit den zusammengeklappten Flügeln, die kenn ich doch … Das ist doch die Pepa! Und die da, das ist doch die Rafaela, die erst das Verhältnis mit dem Arcos hatte und die dann von dem jüngeren Colomero ausgehalten worden ist …«, lässt Lion Feuchtwanger in seinem Goya-Roman

König Karl IV. sagen, als dieser die heiteren Fresken seines Hofmalers in der Kuppel von San Antonio de la Florida erstmals sieht. Im Sommer 1798 malte Goya die Kapelle binnen vier Monaten aus. Er muss relativ freie Hand bei der Ausführung des Auftrags gehabt haben, denn was hier entstand, ist für einen Kirchenraum erstaunlich weltlich geraten. Es ist eine eigenwillige Eskapade, die man dem großen Maler offenbar durchgehen ließ. Und so entstand in San Antonio de la Florida ein zukunftsweisendes Gesamtkunstwerk, ein Präludium der Malerei der Moderne, eines der Werke, die Goya zum Vorläufer des Impressionismus und des Expressionismus machen.

Das Antonius-Wunder im Bild

Die Szenen in der Kuppel, die einen Durchmesser von 6 m hat, gestalten als Hauptthema ein Wunder des hl. Antonius von Padua: Um die Unschuld seines eigenen, des Mordes angeklagten Vaters zu beweisen, erweckt Antonius den Toten wieder zum Leben. Der Mönch in Franziskanerkluft, den man anhand des Heiligenscheins erkennt, steht auf einem Felsen und befragt das leibhaftig anwesende Opfer, das nun vor ihm sitzt. Es wird von einem Helfer in der Taille gehalten, die Hände sind fromm zusammengelegt. In Anwesenheit einer erstaunten Menschenmenge – rund 50 Personen lassen sich im Rund der Kuppel zählen – bezeugt der zum Leben Erweckte die Unschuld des Angeklagten.

Eigenwillige Interpretationen

Goya verlegte das überlieferte Antonius-Wunder kurzerhand nach Madrid und gestaltete die Szene als Volksfest. Den himmlischen Heerscharen, die derartigen Wundern in der religiösen Malerei eigentlich beizuwohnen pflegen, hat Goya eine Nebenrolle in den unteren Gewölben und Zwickeln zugewiesen, wo sie – wie Statisten im Theater – den Vorhang halten bzw. zur Seite schieben. Doch sind es keine geschlechtslosen Engelsgestalten, die er dort platziert hat, sondern mit Flügeln versehene Damen der feinen Madrider Gesellschaft, unter denen Experten sogar die Herzogin von Alba entdeckt haben wollen.

Man erkennt hier noch den Goya der Teppichkartons, der mit einer Palette lichter Farben arbeitet und seinen Gestalten expressive Züge verleiht. Aber dieser Stil ist bereits brüchig geworden, der Übergang zu den Schwarzen Gemälden, den *pinturas negras* (s. S. 123), in seinem Landhaus deutet sich an.

Ein Genie ohne Kopf

In der Apsis, deren Goya-Fresken der Anbetung der Heiligen Dreifaltigkeit gewidmet sind, steht der Hauptaltar mit einem Gekreuzigten aus Marmor (18. Jh.). Davor befindet sich das Grab des großen Malers.

Am 16. April 1828 starb er im Alter von 82 Jahren in Bordeaux, wohin er – wie viele seiner aufgeklärten spanischen Freunde – 1824 freiwillig ins Exil gegangen war. Denn der ehemalige Hoffnungsträger der Liberalen, König Ferdinand VII., hatte 1823 mit Unterstützung der Heiligen Allianz und mit Hilfe französischer Truppen in Spanien die absolute Monarchie wiederauferstehen lassen. 1919 wurde Goyas Leichnam in Frankreich exhumiert und nach Madrid überführt. Allerdings fehlte der Kopf – er war offenbar dem Forscherdrang eines Franzosen zum Opfer gefallen, der das geniale Gehirn studieren wollte ...

Schienenstränge hinweg und zum **Panteón de Goya** 15 (s. S. 241). Die religiöse Funktion der Kapelle übernahm der 1919 errichtete Zwillingsbau neben dem Goya-Pantheon, die **Ermita de San Antonio de la Florida** 16. Traditionell kamen in der Einsiedelei des hl. Antonius an jedem 13. Juni die Schneider-Lehrmädchen zusammen und baten den Heiligen um einen Bräutigam. Der Brauch wird bis heute gepflegt. Damit der Wunsch in Erfüllung geht, legt man 13 Stecknadeln und einen Palmzweig in das Weihwasserbecken, in der Hoffnung, dass sich im Laufe des Jahres 13 Bewerber zur Wahl stellen werden. Zu einer angenehmen Pause lädt gleich neben dem Panteón de Goya die **Casa Mingo** 1 (s. Tipp rechts) ein.

Auf demselben Weg geht es zurück in den Parque del Oeste und hügelauf Richtung Paseo del Pintor Rosales.

Unser Tipp

Asturische Sidra – Casa Mingo
Schon der hallenartige Raum ist ungewöhnlich. Einst eine Art Warenlager, machte hier schon 1888 ein Apfelweinlokal *(sidrería)* auf. Es spendete den zugewanderten Asturern in dieser Stadtgegend Trost und Heimatgefühl. Die *sidra* ist nämlich eine nordspanische Spezialität. Im rustikalen Speisesaal duftet es nach Grillhähnchen, vor allem aber werden asturische Speisen serviert: *Fabada* (Eintopf von weißen Bohnen), *Queso de Cabrales*, der dem Roquefort ähnelt, in *sidra* gegarte Paprikawurst. Die *sidra* gießt man aus Schulterhöhe in große, dünnwandige Gläser, damit sie ihr Aroma voll entfaltet.
Casa Mingo 1: Paseo de la Florida 34, Tel. 915 47 79 18, www.casamingo.es, Metro: L 6, 10, R Príncipe Pío, tgl.11–24 Uhr.

Moncloa und die Ciudad Universitaria

Rund um die Plaza de Moncloa

Beim wuchtigen **Cuartel General del Ejército del Aire** 17 (Romero Robledo 8, Generalhauptquartier der Luftwaffe), einem franquistischen Nachkriegsbau, erreicht man die Plaza de Moncloa, über die der Verkehr auf der Avenida del Arco de la Victoria (AP 6) gen Nordwesten braust. Mitten in der Verkehrstraße erhebt sich der mächtige **Arco de la Victoria** 18, von Alfons XIII. geplant, aber erst 1955 unter Franco fertiggestellt. Die Initiativen, den mit faschistischen Symbolen behafteten Triumphbogen in Arco de la Concordia (Bogen der Eintracht) umzubenennen, scheinen vorerst gescheitert. Gerade in diesem Teil der Stadt hatten im Bürgerkrieg erbitterte Kämpfe zwischen Putschisten und Republikanern stattgefunden. Richtung Universitätsstadt ragt der Fernsehturm **Faro de Moncloa** 19 (Aussichtsterrasse Di–So 9.30–20, letzter Einlass 19.30 Uhr, 3/1,5 €) 92 m in die Höhe.

Museo de América 20

Avda. Reyes Católicos 6, www.mecd.gob.es/museodeamerica, Di/Mi, Fr/Sa 9.30–15, Do 9.30–19, So, Fei 10–15 Uhr, 3/1,50 €, Do ab 14 Uhr u. So gratis

Das **Amerikamuseum** arbeitet nicht die spanische Kolonialgeschichte mit all ihren dunklen Seiten auf, bietet weder ein Mea-culpa-Bekenntnis noch die selbstherrliche Präsentation des einstigen Weltreichs. Vielmehr will es Einblicke in Kultur, Leben und Geschichte Süd- und Mittelamerikas vermitteln.

Die Bestände gelangten im Laufe von Jahrhunderten ins Land. Ein Teil der Exponate stammt aus der Königlichen Naturhistorischen Sammlung, die Karl III. 1771 ins Leben gerufen hatte. Schon Kardinal Cisneros (1456–1517) hatte allerdings die ersten Beutestücke der spanischen Konquistadoren von der Insel Hispaniola (Dominikanische Republik und Haiti) in der Universität von Alcalá de Henares verwahren lassen.

Die Ausstellung ist in fünf Sektionen gegliedert. Sie stellen die Entwicklung des Amerikabildes durch wissenschaftliche Expeditionen vor, die Eroberung und Kolonialisierung von Spanisch-Amerika sowie Wirtschaftsweisen und Gesellschaftsstrukturen der indigenen Völker. In Sektion 4, die den religiösen Kulten gewidmet ist, befindet sich mit dem **Schatz der Quimbaya** einer der Höhepunkte der Sammlung. Die 62 Objekte aus purem Gold bzw. einer Gold-Kupfer-Legierung entstanden zwischen 200 und 1000 n. Chr. und demonstrieren die Goldschmiedekunst der kolumbischen Quimbaya. Ein Werk der **Maya** aus dem 8. Jh. ist der mit einem Relief geschmückte Stein, der einst den Thron eines Maya-Herrschers zierte. Der **Maya-Kodex** in der letzten Sektion ist eines von weltweit vier erhaltenen Exemplaren. Das 112 Seiten umfassende Dokument stellt den Kalender der Maya dar.

Radtour zum Campus der Universität ▸ B–F 6–9

Start: Plaza de España oder Metrostation Moncloa, Länge: ca. 10 km, ca. 4–5 Std.

Die **Universidad de Complutense** 21 ist mit rund 80 000 eingeschriebenen Studenten eine der größten Universitäten Europas. Das Gelände ist weitläufig, ein riesiges Areal der Forschung und Lehre. Zwischen den Fakultäten finden sich Studentenwohnheime, Sportanlagen und Grünareale. Schon unter Alfons III. plante man diese Uni, doch wurde sie erst in der Zeit der Zweiten Spanischen Republik realisiert – ganz dem republikanischen Geist verpflichtet. Gerade hier tobte dann der Bürgerkrieg, viele Gebäude wurden zerschossen und zerbombt; es dauerte Jahrzehnte, bis sie wieder hergerichtet waren, sodass sich die Universitätsstadt als buntes architektonisches Stilgemisch zeigt.

Der eigentliche Radweg zum Campus beginnt nahe der Metrostation Moncloa. Dorthin gelangt man von der Innenstadt bzw. von der Plaza de España, indem man die **Calle de Ferraz** hochfährt. Eine Alternative wären die breiten Bürgersteige an der Westseite der Parallelstraße **Paseo de Pintor Rosales,** auf denen das Radfahren jedoch im Prinzip verboten ist. Am Ende geht es nach rechts in den **Paseo de Moret**. In dieser Straße kann man sich auf dem Bürgersteig am Rande des Parque del Oeste halten, bis man hügelauf die **Metrostation Moncloa** erreicht. An der Ampel überquert man die von rechts kommende Calle de la Princesa. Auf der anderen Seite beginnt eine kleine Straße, durch die man zur Calle Arcipreste **de Hita** kommt und nach links zur Einmündung der Straßen Isaac Peral und **Fernández de los Ríos.** Ein weiteres Mal geht es über eine Ampelkreuzung und dann direkt auf den **Radweg zur Uni.**

Nun radelt man stadtauswärts am **Fernsehturm** 19 und dem **Museo de América** 20 vorbei. Der Weg mündet an einem Kreisverkehr in die **Avenida Complutense,** die Hauptstraße des Campus. Rechter Hand passiert man das interessante Gebäude der **Medizinischen Fakultät.** Hinter dem botanischen Garten **Real Jardín Botánico Alfonso XIII** (Mo–Do 9–19, Fr 9–18 Uhr) teilt sich die

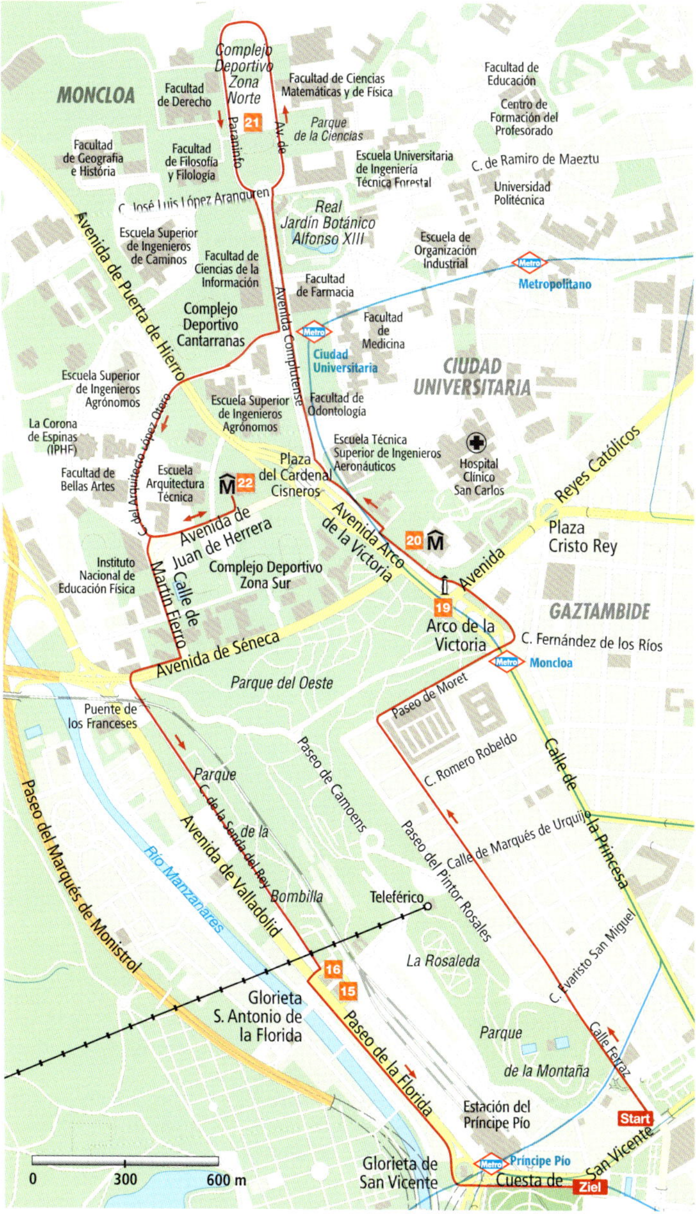
MONCLOA
Facultad de Derecho
Complejo Deportivo Zona Norte
21
Paraninfo
Av. de
Facultad de Ciencias Matemáticas y de Física
Parque de la Ciencias
Facultad de Educación
Centro de Formación del Profesorado
C. de Ramiro de Maeztu
Universidad Politécnica
Facultad de Geografía e Historia
Facultad de Filosofía y Filología
Escuela Universitaria de Ingeniería Técnica Forestal
C. José Luis López Aranguren
Real Jardín Botánico Alfonso XIII
Avenida de Puerta de Hierro
Escuela Superior de Ingenieros de Caminos
Facultad de Ciencias de la Información
Escuela de Organización Industrial
Metro
Metropolitano
Facultad de Farmacia
Complejo Deportivo Cantarranas
Avenida Complutense
Facultad de Medicina
Ciudad Universitaria
CIUDAD UNIVERSITARIA
Escuela Superior de Ingenieros Agrónomos
Escuela Superior de Ingenieros Agrónomos
Facultad de Odontología
La Corona de Espinas (IPHE)
C. del Arquitecto López Otero
Escuela Técnica Superior de Ingenieros Aeronáuticos
Hospital Clínico San Carlos
Facultad de Bellas Artes
Escuela Arquitectura Técnica
22
Plaza del Cardenal Cisneros
Reyes Católicos
Avenida de Juan de Herrera
Avenida Arco de la Victoria
20
Plaza Cristo Rey
Instituto Nacional de Educación Física
Calle de Martín Fierro
Complejo Deportivo Zona Sur
Avenida
19
GAZTAMBIDE
Arco de la Victoria
C. Fernández de los Ríos
Avenida de Séneca
Moncloa
Parque del Oeste
Paseo de Moret
Puente de los Franceses
C. Romero Robeldo
Paseo de Camoens
Calle de la Princesa
Parque de la Bombilla
C. de la Senda del Rey
Paseo del Pintor Rosales
Calle de Marqués de Urquijo
Paseo del Marqués de Monistrol
Río Manzanares
Avenida de Valladolid
Teleférico
C. Evaristo San Miguel
La Rosaleda
16
15
Glorieta S. Antonio de la Florida
Parque de la Montaña
Calle Ferraz
Paseo de la Florida
Estación del Príncipe Pío
Start
Príncipe Pío
Cuesta de San Vicente
Glorieta de San Vicente
Ziel
0
300
600 m

Avenida Complutense und führt in einem großen Bogen um Sportanlagen herum. Auf dem Rückweg passiert man die **Juristische** sowie die **Philosophische und Philologische Fakultät**, deren rationalistischer Baustil als Vorbild für spätere Campus-Gebäude diente.

Man bleibe auf der Avenida Complutense, bis man rechts eine **Poststelle** erreicht. Davor führt ein Weg bergab. Dieser **Calle Arquitecto López Otero** folge man bis zu einer Ampel. Die Straße trägt den Namen des Architekten, der ursprünglich mit dem Bau der Universitätsstadt beauftragt wurde und die Arbeiten nach dem Bürgerkrieg fortsetzte. Zwischenzeitlich trat während der Zweiten Republik Manuel Sánchez Arcas an seine Stelle, der später ins Exil ging und in der früheren DDR starb.

Rechts an dieser Straße liegt die **Corona des Espinas** (Dornenkrone), ein uriger Rundbau aus Beton aus den 1970er-Jahren, in dem Pedro Almodóvar Teile seines Filmes »La Piel que habito« drehte. Anschließend passiert man die **Fakultät der Schönen Künste**.

Bevor man sich an der Ampel geradeaus hält, empfiehlt sich ein Abstecher nach links zum **Museo del Traje** 22 (Avda. Juan de Herrera 2, museodeltraje.mcu.es, Metro: L 3 Moncloa, L 6 Ciudad Universitaria, Di–Sa 9.30–19, So, Fei 10–15 Uhr, 3/1,50 €, Sa ab 14.30 Uhr und So gratis). Es befindet sich in einem markanten Bau aus den 1970er-Jahren, umgeben von schönen Gartenanlagen. Der Rundgang durch die Geschichte der Mode bis zur heutigen Haute Couture ist didaktisch ansprechend aufbereitet und macht Spaß. Zu einer abschließenden Pause lädt das Museumscafé mit seiner Außenterrasse ein, ein Ableger des **Café de Oriente** (s. S. 41, 154).

Zurück zur Ampelkreuzung und nach links in die **Calle Martín Fierro,** die auf die **Avenida de Séneca** stößt. Hier geht es nach rechts bis zur Fußgängerampel, an der man die Straße quert. Auf der anderen Seite beginnt bei den Bögen des 1862 von Franzosen gebauten **Puente de los Franceses,** auf dem die Züge den Río Manzanares queren, ein Radweg, die **Calle de la Senda del Rey**. Ihr Name erinnert daran, dass dies einst der Verbindungsweg vom Schloss zur königlichen Residenz in El Pardo war. Die gut mit dem Rad zu befahrende Piste durchquert den gesamten **Parque de la Bombilla.** Es heißt, der Hofmaler Goya habe hier gelegentlich unter einem alten Baum gesessen und gemalt. Am Ende erreicht man die Zwillingskapellen **Ermita de San Antonio de la Florida** 16 und **Panteón de Goya** 15 (s. Entdeckungstour S. 241).

Nun folgt man entweder dem Paseo de la Florida bis zur **Glorieta de San Vicente** oder quert den Manzanares gegenüber den Kapellen auf der Puente de Reina Victoria und nimmt den Uferweg bis zur Puente del Rey. An der Glorieta folgt man dem breiten Bürgersteig an der rechten Seite der **Cuesta de San Vicente** hügelauf. Hält man sich hinter der Straßenunterführung rechts, kommt man zum Schloss.

Essen & Trinken

Asturische Sidra – **Casa Mingo** 1: s. Unser Tipp S. 243

Gute Taverne – **Cuenllas** 2: Ferraz 3–5, Tel. 915 47 31 33, www.cuenllas.com, Metro: L 3 Ventura Rodríguez, L 3, 10 Plaza de España, Tapas Mo–Sa 14–16, 21–23, Laden Mo–Fr 9–14.30, 17–20, Sa 9–14.30 Uhr. In der Taverne gibt es typisch madrilenische und spanische Kost. Angeschlossen ist ein kleiner Delikatessenladen.

Wunderbare Weine – **Entrevinos** 3: Ferraz 36, Tel. 915 48 31 14, www.entrevinos.net, Metro: L 3 Ventura Rodríguez, L 3, 10 Plaza de España, Mo–Fr 8.30–24, Sa/So ab 12.30 Uhr, Aug. geschl. Hier legt man Wert auf gute Weine. Dazu gibt es iberischen Schinken (*ración* 22 €) und Käse (Käseplatte 12 €) oder so ausgefallene Gerichte wie Rinderfilet mit Vanillesauce.

Zum Durchprobieren gut – **Mercado de Vallehermoso** 4: s. S. 38

Tapas so wie früher – **Casa Manolo** 5: Princesa 83, Tel. 915 44 12 22, www.manolorestaurante.com, Metro: L 3, 6 Moncloa, tgl. 7–23.30 Uhr, Menü 15–20 €. Bereits in der dritten Generation öffnet dieser Familienbetrieb schon zum Frühstücken, ab dem späten Vormittag stehen Tapas und *raciones* bereit, und mittags gibt es ein Menü, Hausmannskost vom Besten.

Unser Tipp

Terrassencafés am Paseo del Pintor Rosales 6

Dies ist eine der schönsten und vornehmsten Wohnstraßen Madrids, denn lediglich eine Straßenseite ist bebaut, und an die andere Seite grenzt der Parque del Oeste. Vom Frühjahr bis zum Herbst sind die Caféterrassen auf dem ausladenden Bürgersteig ein ruhiger, naturnaher Platz, wo man genussvoll pausieren und etwas trinken kann.

Einkaufen

Haupteinkaufsstraße ist die Calle de la Princesa mit Filialen der Kaufhauskette **El Corte Inglés** 1 (Princesa 41, 47, 56, s. S. 46) und von **Zara** 2 (Princesa 58, zum Angebot s. S. 48).

Kleine Modeläden und mehr – **Calle Conde Duque** 3: Diese kleine Straße mitten im historischen Herzen von Madrid hat Charme. Hier reihen sich Mode- und Accessoireboutiquen und Tavernen aneinander, dazwischen findet sich die eine oder andere handwerklich arbeitende Bäckerei. Im Centro Cultural Conde Duque 9 werden ab und an Märkte abgehalten.

Aktiv

Im Flug über Madrid – **Teleférico** 1: www.teleferico.com, März–Sept. tgl. ab ca. 12 Uhr bis Sonnenuntergang, sonst Sa, So, Fei 11–18 Uhr, einfache Fahrt/hin und zurück 4,20/5,90 €, Kinder unter 3 Jahren gratis. Die Kabinenlifte des *teleférico* starten an der Talstation unterhalb des Paseo del Pintor Rosales und schweben binnen einer Viertelstunde auf die andere Seite des Río Manzanares. Großartig ist der Blick über die Stadt, den Fluss und die flussnahen Parkareale aus luftiger Höhe. Auf der anderen Seite steigt man in der Casa de Campo aus: Das einstige Jagdgebiet der spanischen Könige ist ein beliebtes Ziel an Wochenenden (s. S. 66, 180).

Abends & Nachts

Neuer Flamenco – **Las Tablas** 1: s. S. 52

Musik live – **Café la Palma** 2: Palma 62, www.cafelapalma.com, Metro: L 2 Noviciado, tgl. 16–3.30 Uhr, Konzerte ab 5 €. Mehrere Räume mit unterschiedlichem Ambiente: Man tanzt zu den neuesten elektronischen Rhythmen, chillt zu arabischen Klängen oder lauscht den Livekonzerten.

Poppiger Musikclub – **Siroco** 3: San Dimas 3, Metro: L 2 San Bernardo, www.siroco.es, Do–Sa 21–5 Uhr, ab 10 €. Den alternativ angehauchten Musikclub gibt es seit den 1980er-Jahren. Livekonzerte an Wochenenden, Funk, Hip-Hop, Acid Jazz, Reggae, House …

Tempel der Livemusik – **Galileo Galilei:** 4 s. S. 54

Das Beste auf einen Blick

Salamanca und die Castellana

Auf Entdeckungstour

Parque Florido – in der Fundación Lázaro Galdiano: Parque Florido nannte der adlige Verleger José Lázaro Galdiano sein Madrider Domizil – eine Liebeserklärung an seine Frau Paula Florido. Der Palast im vornehmen Salamanca-Viertel, die heutige Stiftung Lázaro Galdiano, birgt eine der reichhaltigsten und kostbarsten Privatsammlungen ganz Spaniens. 14 S. 258

Kultur & Sehenswertes

Jardines del Descubrimiento: Riesige Steinblöcke, von Joaquín Vaquero Turcios bearbeitet, erinnern in den Entdeckungsgärten an jene drei Schiffe, mit denen Kolumbus 1492 nach Westen segelte. 3 S. 251

Museo Sorolla: In den Bildern des Malers Joaquín Sorolla taucht man in mediterranes Licht und romantische Szenen am Meer ein. 13 S. 256

Aktiv unterwegs

Castellana-Hopping mit dem 27er oder per Bike: Die Linie 27 bedient den kilometerlangen Boulevard Paseo de la Castellana. Auch mit einem Rad könnte man hier Kilometer machen ... S. 260

Dem Fußball auf der Spur: Eine Tour durch das Bernabéu-Stadion des FC Real Madrid vermittelt tiefe Einblicke in die Welt des runden Leders und in die Technik eines Stadions. S. 260

Genießen & Atmosphäre

Moda Shopping in der Calle de Serrano: *Milla de Oro* wird sie genannt, Goldmeile, und sie lohnt einen ausgiebigen Modebummel. 1 – 10 S. 255

Casa Dani: Diese Taverne im schönen Markt von Salamanca macht eine der besten Tortillas der gesamten Stadt. 12 S. 262

Literatencafés am Paseo de Recoletos: Schon vor über 100 Jahren trafen sich im **Café Gijón** 10 und im **Espejo** 11 die Schriftsteller der Stadt. Heute sitzt man auch draußen auf der Flaniermeile des Paseo de Recoletos sehr schön. S. 41, 251

Abends & Nachts

Ehemaliges Kino: In den Räumlichkeiten eines früheren Kinos und eines Festsaals verbringt man heute im **Platea** bei Tapas und Getränken einen fröhlichen Abend. 2 S. 265

Vorzeigeviertel mit Modemeilen und futuristische Skylines

Der Paseo de Recoletos und das Salamanca-Viertel dokumentieren den Wohn- und Lebensstil von Bourgeoisie und Adel an der Wende zum 20. Jh. Salamanca, das Viertel nördlich der gen Osten strebenden Calle de Alcalá, ist auf dem Stadtplan am gitterförmigen Straßennetz und den rechteckigen Wohnblocks einfach zu identifizieren. Die Häuserblocks mit schmucken Fassaden und schmiedeeisernen Balkonen wurden rund um grüne Innenhöfe errichtet: ein bürgerliches Gegenkonzept zur engen, stickigen Altstadt. In vielen von Gärten umgebenen Villen fanden Botschaften ihr repräsentatives Domizil, andere sind als Museen zugänglich, teils mit ausgefallenen Nachlässen von Malern und Privatsammlern wie des Adligen Lázaro Galdiano.

Salamanca ist Madrids nobelste Einkaufsgegend, die Läden der renommiertesten Modedesigner finden sich an der *Milla de Oro* (Goldmeile), der Calle de Serrano. Der Paseo de la Castellana, kurz Castellana, ist die Verlängerung von Paseo del Prado und Paseo de Recoletos. Zwölfspurig, bis zu 110 m breit, durchschneidet er die Stadt von Süd nach Nord. An der oberen Castellana baut die Stadt mit hypermodernen Bürotürmen an ihrer Zukunft.

Infobox

Reisekarte: ▶ K–O 6–12 und Karte 2 (Paseo de la Castellana)

Infos

Ein Kiosk der Touristeninformation *(Punto de Información Turística)* befindet sich am Paseo de Recoletos 23.

Erkundungen

Salamanca ist zu weitläufig, um es in einem Zug zu Fuß zu erkunden. Folgende Schwerpunkte bieten sich an: **Paseo de Recoletos** mit Entdeckungsgärten und Archäologischem Nationalmuseum (Metro: L 2 Banco de España, L 4 Colón, ca. 1–2 Std.); ein Schaufenster- und Shoppingbummel über die **Calle de Serrano** (Metro: L 4 Serrano, 1–3 Std.); das **Museengebiet** rund um die Glorieta de Emilio Castelar (Metro: L 5 Rubén Darío, ca. 2 Std.); die **obere Castellana** mit AZCA-Komplex und Fußballstadion (Bus 27, 2–3 Std.). Schließlich lohnt auch die zur Stierkampfarena führende **Calle de Alcalá** eine Erkundung (Metro: L 2 Retiro, L 2, 4 Goya, ca. 2 Std.).

Bei wenig Zeit ...

... lohnen eine Tour mit dem Stadtbus 27 (s. Unser Tipp S. 260) und ein kurzer Rundgang durch die Calle de Serrano.

Paseo de Recoletos

Banco Bilbao-Vizcaya Argentaria 1

Paseo de Recoletos 10, www.fbbva.es

An der Ostseite des Boulevards, wo sich einst das namengebende Recoletos-Kloster befand, ließ sich der Markgraf von Salamanca einen gewaltigen **Palast** errichten. Er galt seinerzeit als reichster Mann Spaniens und hatte die Federführung beim Bau des nach ihm benannten Nobelviertels Salamanca –

Unser Tipp

Literatencafés am Paseo de Recoletos
An der Westseite des eleganten Paseo liegen zwei historische Cafés mit Außenterrassen auf der großzügigen Flaniermeile. Das **Café Gijón** 10 (s. S. 41), 1888 von einem asturischen Immigranten gegründet, ist ein alter Literatentreff. Wie vor 100 Jahren haben hier noch immer die livrierten Ober das Sagen. Das **Café del Espejo** 11 (s. S. 41) mit den namengebenden verspiegelten Wänden besitzt einen schönen Pavillon aus Eisen und Glas auf der Flanierzone des Boulevards. Daneben befindet sich ein **Denkmal für Ramón del Valle-Inclán,** den großen Erneuerer des spanischen Theaters. Es erinnert daran, dass sich die Madrider Schreiberzunft in den Cafés gern zum Debattieren traf, zu den *tertulias.* Valle-Inclán nahm selbst bis Ende der 1930er-Jahre beständig daran teil.

ein Projekt, das ihn jedoch am Ende in den Ruin trieb. Das luxuriöse Anwesen im Neorenaissancestil, 1846 bis 1855 von Narciso Pascual y Colomer erbaut, ist heute Sitz der BBVA, die hier auch Konzerte und Konferenzen organisiert.

Museo de la Biblioteca Nacional 2

Paseo de Recoletos 20–22, www.bne.es, Di–Sa 10–20, So 10–14 Uhr, Eintritt frei

Das 1866–92 errichtete neoklassizistische Gebäudegeviert, das neben der **Nationalbibliothek** das Archäologische Nationalmuseum beherbergt, nimmt einen ganzen Häuserblock zwischen Paseo de Recoletos und Calle de Serrano ein. Skulpturen kluger Köpfe, wie Alfons' des Weisen, Lope de Vegas oder Miguel de Cervantes', flankieren den Eingang zur Bibliothek. Ihre 2 m dicken Mauern hüten einen Schatz von über 20 Mio. Büchern und Schriftzeugnissen, darunter Handschriften mit romanischen Miniaturen, arabische Kalligrafien oder Erstausgaben der Werke von Miguel de Cervantes. Den Grundstock bildete die 1711 von Philipp V. gegründete Königliche Bibliothek.

Jardines del Descubrimiento 3

Mitten in der Plaza de Colón steht **Christoph Kolumbus** 4 auf einem neogotischen Sockel von Arturo Mélida (1885). Auch die östlich an den Platz grenzende Grünfäche erinnert an den Entdecker Amerikas. Vom Künstler Joaquín Vaquero Turcios bearbeitete Steinblöcke schmücken die Ostseite dieser **›Entdeckungsgärten‹**: Sie weisen auf jene drei Schiffe hin, mit denen Kolumbus 1492 nach Westen segelte, und an den von ihm entdeckten Kontinent, den er zeitlebens für Indien hielt. Reliefs und Inschriften greifen Ereignisse im Zusammenhang mit der Entdeckung und Eroberung Amerikas auf.

Museo Arqueológico Nacional 5

Serrano 13, www.man.es, Di–Sa 9.30–20, So, Fei 9.30–15 Uhr, geschl. 1.1., 6.1., 1.5., 24./25.12., 31.12., 3/1,50 €, Sa ab 14 Uhr, So Eintritt frei

Das **Archäologische Nationalmuseum,** kurz MAN genannt, wurde ursprünglich 1893 eröffnet. Nach sechsjähriger

Renovierung und der vollständigen Reorganisation der 13 000 Exponate präsentiert sich das MAN nun mit einer animativen musealen Inszenierung der spanischen Kulturgeschichte von der Steinzeit bis zum 19. Jh. Mit 3-D-Filmen, virtuellen Spielen und Touchscreens werden einzelne Epochen für Besucher zu spannenden Erzählräumen.

Im Erdgeschoss, wo sich auch eine *cafetería* mit Außenterrasse und ein Shop befinden, geht es in den Sälen 1–9 um die Vor- und Frühgeschichte seit der Steinzeit. Im 1. Stock folgt die Rekonstruktion der iberischen Kulturentwicklung seit dem 1. Jt. v. Chr. (Säle 10–17), in dem sich Iberien in zwei Einflusssphären teilte: Den Süden und Südosten prägten die mittelmeerischen Handelskontakte mit Phöniziern, Karthagern und Griechen, während in den Nordwesten Keltenstämme ein-

Salamanca und die Castellana

Sehenswert
1 Banco Bilbao-Vizcaya Argentaria (BBVA)
2 Museo de la Biblioteca Nacional
3 Jardines del Descubrimiento
4 Kolumbusdenkmal
5 Museo Arqueológico Nacional
6 Iglesia de la Concepción
7 Iglesia de San Jorge de los Británicos
8 Fundación Juan March
9 Palacio Rafal
10 Palacio de Amboage
11 Fundación Carlos de Amberes
12 Museo de Arte Público
13 Museo Sorolla
14 Parque Florido/Fundación Lázaro Galdiano
15 Puerta de Alcalá
16 Casa Árabe
17 Palacio de los Deportes
18 Dolmen de Dalí
19 Plaza de Toros Monumental de las Ventas (Stierkampfarena)

Essen & Trinken
1 99 Sushi Bar
2 El Pimiento Verde
3 StreetXo
4 Casa Carola
5 Muñagorri
6 El Cantábrico
7 BiBo
8 DiverXo
9 El Barril
10 Café Gijón
11 Café del Espejo

Einkaufen
1 Adolfo Domínguez
2 Intropia
3 Camper
4 Pedro García
5 Purificación García
6 Loewe
7 Zara
8 Roberto Verino
9 Lurueña
10 Custo Barcelona
11 El Jardín de Serrano
12 Mercado de la Paz
13 Lavinia
14 Oriol Balaguer Boutique
15 ABC Serrano
16 Centro Comercial Moda Shopping
17 Ivorypress Art + Books Space

Abends & Nachts
1 The James Joyce Irish Pub
2 Platea
3 Moby Dick

drangen. Aus dieser Zeit stammen großartige Zeugnisse der iberischen Bildhauerkunst, darunter das weibliche Dreigestirn iberischer Großplastiken, die jeweils nach ihrem südspanischen Fundort benannt sind: Dama de Elche, Dama de Baza und Dama del Cerro de los Santos. Die Dama de Baza (4. Jh. v. Chr.) zeigt noch Reste der ursprünglichen Bemalung. Die Hohlräume in den Figuren deuten auf ihre Verwendung als Urnen hin. Ein Prachtstück ist die Büste der Dama de Elche mit ihren ebenmäßigen Gesichtszügen, dem orientalisch anmutenden Kopfschmuck und einem schwergliedrigen Diadem. Hinzu kommen Stierskulpturen.

Mosaike, Sarkophage, Skulpturen und Haushaltsgegenstände dokumentieren die römische Herrschaft in Iberien (Säle 18–22). Die bedeutendsten Exponate aus der westgotischen Ära

Salamanca und die Calle de Serrano – Adresse von Haute Couturiers wie Loewe

sind der Schatz von Guarrázar und die Votivkrone König Rekkeswinds (7. Jh.).

Das spanische Mittelalter war im Süden durch die Mauren (Araber) und im Norden durch christliche Königreiche geprägt. Aus dieser Zeit versammelt das MAN zahlreiche Beispiele maurischer Bau- und Zierkunst des südspanischen al-Andalus, die sich später im Mudéjarstil fortsetzte.

Im Obergeschoss schließen sich frühromanische Kunstwerke aus Nordspanien an, darunter das handgeschnitzte Elfenbeinkruzifix »Crucifijo de don Fernando y doña Sancha« aus dem 11. Jh. Es folgen Exponate aus der Zeit der Habsburger, aus der Renaissance und der Aufklärung. Ein Trakt ist den Sammlungen aus Ägypten und dem Nubierreich sowie aus dem antiken Griechenland gewidmet. Ein Zwischengeschoss beherbergt die Abteilung für Numismatik mit rund 300 000 historischen Münzen.

Im Vorgarten ist in einem unterirdischen Museumsannex die 1875 entdeckte Höhle von Altamira (Nordspanien) nachgebildet. Ihre Decke zieren rund 150 Tierfiguren. Sie sind die bedeutendsten steinzeitlichen Felsmalereien der Iberischen Halbinsel.

Salamanca

Calle de Serrano

Gegenüber dem Archäologischen Nationalmuseum präsentiert sich die *Milla de Oro,* die Goldene Meile Madrids, mit den Nobelläden der Modebranche. Die **Calle de Serrano** ist die Adresse namhafter Designer aus aller Welt sowie der Crème de la Crème der spanischen Modemacher. In dieser Gegend von Salamanca befinden sich die besten Boutiquen und die nobelsten Modegeschäfte der Stadt.

Einen Abstecher lohnt die **Calle de Goya,** in deren Läden auch weniger Betuchte zum Zuge kommen. Vom Geschäftszentrum **El Jardín de Serrano** 11 aus lässt sich einer der versteckten grünen Gärten von Salamanca einsehen.

Iglesia de la Concepción 6
Goya 26, Mo–Fr 8–13.30, 19–21, Sa, So 8.30–13.30, 19–21 Uhr
Ein Beispiel für die Kirchenarchitektur des Viertels bietet die **Iglesia de la Concepción** vom Beginn des 20. Jh., eine Reminiszenz an mittelalterliche Gotteshäuser. Sie ist weiß bis in die Turmspitze, die eine Muttergottes mit Heiligenschein bekrönt.

Iglesia de San Jorge de los Británicos 7
Núñez de Balboa 43–45, www.stgeorgesmadrid.com, Mi 19.30, Fr 10, So 8.30, 10, 11.30 Uhr
Die kleine, dem hl. Georg gewidmete Kirche der Briten wurde 1925 im Neomudéjarstil aus Ziegeln erbaut und untersteht der britischen Botschaft. Anglikanische Kirchen sind in Madrid selten, da Bodenerwerb und Kirchenbau in Spanien bis in die 1970er-Jahre allein der katholischen Kirche zustanden.

Fundación Juan March 8
Castelló 77, www.march.es, Metro: L 5 Núñez de Balboa, Mo–Sa 11–20, So, Fei 10–14 Uhr, Eintritt frei
Die private Stiftung hat in ganz Spanien wegen ihrer Ausstellungen und Konzerte einen guten Namen. Juan March war gebürtiger Mallorquiner aus einfachen Verhältnissen, der als Bankier Karriere machte und Reichtümer anhäufte. Den Vorgarten des Hauses schmücken Skulpturen von Eduardo Chillida, Eusebio Sempere, Gustavo Torner und Miguel Berrocal.

Bürgerpaläste in Salamanca
Zu den eindrucksvollsten Bürgerpalästen in Salamanca zählen der 1913 bis 1919 erbaute **Palacio Rafal** 9 (Padilla 23) und zwei Häuserblocks westlich der ebenfalls Anfang des 20. Jh. errichtete **Palacio de Amboage** 10 (Lagasca 98), in dem die italienische Botschaft residiert.

Unser Tipp

Spaniens Modeschöpfer auf einen Streich
Moda-Shopping in der Calle de Serrano: Im unteren Abschnitt der Nobeleinkaufsmeile reihen sich die Geschäfte großer spanischer Modelabels wie Perlen auf einer Schnur. Die meisten Portemonnaies werden nicht für das hiesige Preisniveau ausgelegt sein, doch kann man sich von den gezeigten Trends inspirieren lassen – und später bei Zara einkaufen. Im zweiten Häuserblock nördlich der Plaza de la Independencia geht es los mit einem Stadtpalais, in dem **Adolfo Domínguez** 1 (Nr. 5; s. S. 46) stockwerkweise seine Kreationen präsentiert. Auf der anderen Seite gibt sich **Intropia** 2 (Nr. 18; s. S. 47) jung und kosmopolitisch, gefolgt vom Laden der mallorquinischen Schuhmarke **Camper** 3. Ein Abstecher lohnt in das Gässchen Callejón de Jorge Juan zu **Pedro García** 4 (Nr. 14), einer Top-Schuhmarke. Zurück zur Calle de Serrano und den Modedesignern **Purificación García** 5 (Nr. 28; s. S. 48) und **Loewe** 6 (Nr. 34; s. S. 47). Zwei Häuserblocks nordwärts, vorbei an einer Filiale von **Zara** 7 (Nr. 34; s. S. 48), erreicht man **Roberto Verino** 8 (Nr. 33; s. S. 48). Schräg gegenüber befindet sich der alteingesessene Schuhspezialist **Lurueña** 9 (Nr. 54, s. S. 265). Die lässigen Kleidungsstücke von **Custo Barcelona** 10 gibt es in der Claudio Coello 91.

Fundación Carlos de Amberes 11

Claudio Cuello 99, www.fcamberes.org, Mo–Fr (außer an Feiertagen) 10–15 Uhr, gratis

Heute liegt der Schwerpunkt der Ende des 16. Jh. gegründeten Stiftung Carlos de Amberes auf der Förderung der niederländischen Kultur. Das Gebäude samt der ehemaligen kleinen Kirche stammt aus dem Jahr 1876. In der Kirche hängt eine Preziose von Peter Paul Rubens: »Das Martyrium des hl. Andreas«. Als Kulturzentrum, das intime Ausstellungen und Konzerte organisiert, hat sich die Stiftung einen Namen gemacht.

Paseo de la Castellana

Eine Reise entlang der Castellana wird zur Reise durch die Architektur des 20. Jh. Am unteren Abschnitt dominieren Gebäude der ersten Hälfte des 20. Jh., das AZCA-Zentrum prägen moderne Bürotürme und noch weiter im Norden streben 250-Meter-Türme himmelwärts.

ABC Serrano 15

Serrano 61, s. S. 46

Das alte Verlagshaus von ABC / Blanco y Negro bietet an der zur Castellana zeigenden Fassade als kachelverzierter Ziegelbau ein Beispiel des sevillanischen Regionalstils (1926). Das Gebäude beherbergt nun das Einkaufszentrum ABC Serrano mit kleinen Läden, Bars und Restaurants.

Museo de Arte Público 12

Paseo de la Castellana 40, immer zugänglich, Eintritt frei

Unter der Straßenüberführung von Calle de Juan Bravo und Paseo de Eduardo Dato befindet sich ein **Freilichtmuseum moderner Skulptur:** Zwischen Straßenbeton und Pflastersteinen setzen die Werke von Eduardo Chillida, Joan Miró, Alberto Sánchez, Pablo Serrano und Julio González, der besten spanischen Skulpturenkünstler des 20. Jh., kunstvolle Akzente.

Museo Sorolla 13

Paseo General Martínez Campos 37, museosorolla.mcu.es, Di–Sa 9.30–20, So, Fei 10–15 Uhr, 3/1,50 €, Sa ab 14 Uhr, So Eintritt frei, Audioguide 2,50 €

Das Anwesen mit Atelier des impressionistischen Maler des Lichtes, 1910 vom Bildhauer und Architekten José María Repullés errichtet, sind heute ein Museum. Stimmungsvoll ist der kleine Patio im andalusischen Stil, den Joaquín Sorolla (1863–1923) mehrfach malte. Seine Werke repräsentieren die spanische Malerei am Übergang vom 19. zum 20. Jh. Neben lichtdurchfluteten mediterranen Strand- und Fischerszenen bereichern Porträts seiner Frau Clotilde, der Schauspielerin Raquel Méller und Selbstbildnisse die umfangreiche Sammlung von Gemälden, Zeichnungen und Skizzen. Hinzu kommen Werke von Künstlerkollegen, etwa ein weiblicher Akt von Rodin.

Museo Nacional de Ciencias Naturales ▶ L 8

José Gutiérrez Abascal 2, www.mncn.csic.es, Metro: L 7, 10 Gregorio Marañón, Bus: 14, 27 Museo Ciencias Naturales, Di–Fr 10–17, Sa/So, Fei 10–20 (Juli/Aug. bis 15) Uhr, 6/3 €

Auf einer Anhöhe rechts der Castellana liegt das an den verzierten Kuppeln erkennbare **Naturkundemuseum** (1881–87 errichtet). Der Grundstock der Sammlungen geht auf Philipp IV. und sein Königliches Naturhistorisches Kabinett zurück. Karl III. ließ es zum Museum ausbauen. Die Sammlung umfasst unzählige Fossilien, Mineralien, Wirbel-

Oase im Großstadtdschungel – der Garten des Museo Sorolla

tiere und Wirbellose. Eine Attraktion sind die Dinosaurierskelette, gerade auch für Kinder.

Residencia de Estudiantes ▶ L 8

Pinar 21, www.residencia.csic.es, Metro: L 7, 10, Bus: 14, 27 Gregorio Marañón, Metro: L 6, 8, 10 Nuevos Ministerios

Das legendäre **Studentenwohnheim** hinter dem Naturkundemuseum erlebte in den 1920er- und 1930er-Jahren – bis zur Franco-Diktatur – mit so illustren Studiosi wie García Lorca, Salvador Dalí und Luis Buñuel eine Glanzzeit literarischer und künstlerischer Diskussion. Die ab 1913 errichteten Ziegelsteinpavillons im Neomudéjarstil sind heute ein Kulturzentrum und werden als Gästehaus für Kulturschaffende und Forscher genutzt. Den **Oleandergarten** (Jardín de las Adelfas) pflanzte einst der andalusische Dichter und Nobelpreisträger Juan Ramón Jiménez.

Nuevos Ministerios ▶ K 7–8

Paseo de la Castellana 63, Metro: L 6, 8, 10 Nuevos Ministerios, Bus: 14, 27

Der massive Gebäudeblock der **Neuen Ministerien** wurde unter der Zweiten Republik geplant, jedoch erst in der Franco-Zeit beendet. Tausende Angestellte und Funktionäre sind in den hiesigen Ministerien beschäftigt. Die schönen Gartenanlagen mit Bänken können tagsüber von allen genutzt werden.

AZCA-Komplex ▶ K 6–7

Plaza Carlos Trías Beltrán s/n, Metro: L 10 Santiago Bernabéu, L 6, 8, 10 Nuevos Ministerios, Bus: 27

Im Büro- und Einkaufszentrum **AZCA** ist die 1988 errichtete **Torre Picasso** mit 43 Etagen und 156 m Höhe der auffallendste Bau. Architekt des vertikal gegliederten Avantgardebaus aus Aluminium und Glas – mit einem 16 m hohen Portalbogen – ist der US-Amerikaner mit japanischen Wurzeln ▷ S. 260

Auf Entdeckungstour: Parque Florido – in der Fundación Lázaro Galdiano

Parque Florido nannte der adlige Verleger und Schriftsteller José Lázaro Galdiano sein Madrider Domizil – eine Liebeserklärung an seine Frau Paula Florido. Der Palast im vornehmen Salamanca-Viertel, heute ein Museum, birgt eine der reichhaltigsten und kostbarsten Privatsammlungen ganz Spaniens.

Cityplan: s. S. 253

Fundación Lázaro Galdiano 14**:** Serrano 122, Tel. 915 61 60 84, www.flg.es, Metro: L 5 Rubén Darío, L 7, 10 Gregorio Marañón, Bus: 14, 27, Di–Sa 10–16.30, So 10–15 Uhr, 1.1., Karfreitag, Karsamstag, 1./2.5., 15.8., 1.11., 6., 24./25., 31.12. geschl., 6/3 €, jede letzte Stunde am Tag ist der Eintritt frei

Ein erfolgreicher Verleger ...

Es ist ein stattliches Anwesen, das sich der Verleger José Lázaro Galdiano unmittelbar nach seiner Vermählung mit der Argentinierin Paula Florido y Toledo ab 1903 in Madrid erbauen ließ. Mehrfach wechselte er die Architekten, bis das Haus 1908 endlich stand. Ein nüchterner Renaissancebau, eingefasst von einem Landschaftsgarten mit Blumenbeeten und Rasen, Palmen, Koniferen und Laubbäumen. Darunter eine Rotbuche, die nach 100 Jahren abstarb– wie ein Symbol dafür, dass auch der intellektuelle Geist von José Lázaro Galdiano nicht mehr hier weilt.

An diesen intellektuellen Geist erinnert das Nebengebäude, in dem Galdiano seinen 1888 in Madrid gegründeten Verlag La España Moderna (Das Moderne Spanien) betrieb. Er gab die gleichnamige Zeitschrift heraus – durchaus mit erzieherischer Absicht. Er wollte Impulse zu einer grundlegenden Erneuerung und Modernisierung des Landes geben. Zugleich verlegte Galdiano die Werke der damals besten spanischen Schriftsteller, etwa Campoamor, Cánovas oder Galdós, er lancierte Übersetzungen von Tolstoi, Dostojewski, Flaubert, Balzac, Ibsen und Zola ebenso wie Aufsätze von Darwin, Schopenhauer oder Nietzsche. Ein Verleger am Puls der Zeit ...

... und fanatischer Kunstsammler

Galdiano hatte Jura studiert, interessierte sich aber mehr für die Schreiberzunft und erwarb sich früh Meriten als Kunstkritiker. Seine Liebe galt der Kunst, er wurde zum leidenschaftlichen Sammler – und Parque Florido zum Privatmuseum. Als der Bürgerkrieg ausbrach, siedelte Galdiano zunächst nach Paris und 1940 nach New York über, um 1945 mit zahlreichen hinzugekauften Werken nach Madrid zurückzukehren.

Welch ein Reichtum!

Luxuriös ist das Innere des Palastes. Unter den Schritten knarren Holzfußböden, Intarsienarbeiten und Kassettendecken, Stuck und Fresken schmücken die rund um eine Innengalerie angelegten Salons, in denen einst gegessen und debattiert, gefeiert und getanzt, geschlafen und gelebt wurde. Bis der leidenschaftliche Privatsammler Lázaro Galdiano 1947 starb und dem Staat seinen Nachlass vermachte. Die Fülle des auf drei Stockwerken Zusammengetragenen lässt die angemessene Wertschätzung jedes einzelnen Objekts zur Herausforderung werden.

Erlesen ist die Gemäldekollektion. Die spanische Malerei im 1. Stock ist durch so hochrangige Künstler wie Juan Carreño de Miranda, Claudio Coello, Zurbarán, Murillo, Ribera, El Greco, Velázquez und Goya vertreten. Von Letzterem besaß der Kunstliebhaber Galdiano rund 20 Werke. Sein Faible galt nämlich neben den Werken des Goldenen Zeitalters just diesem ungewöhnlichen Hofmaler. Das Museum gibt bis heute die Kunstzeitschrift Goya heraus. Der 2. Stock präsentiert europäische Malerei. Die Engländer sind gut vertreten, aber ebenso Arbeiten italienischer, deutscher und flämischer Provenienz, u. a. von Adrian Isenbrandt, Lucas Cranach und Hieronymus Bosch (»Heiliger Johannes auf Patmos«).

Oben im Haus finden sich schließlich unterschiedlichste Sammlungen: Emaillearbeiten und Elfenbeinplastiken, antike und mittelalterliche Goldschmiedekunst, Stoffe, Waffen, Fächer und Münzen.

Es sind die Intimität des Rahmens und das Gefühl der Privatheit, die hier überraschen und keinen Besucher unberührt lassen.

Unser Tipp

Castellana-Hopping mit dem 27er oder per Bike
▶ K 13–6; Karte 2, K 6–L 11
Der Paseo de la Castellana ist ein lang gezogener Stadtboulevard und nichts für fußmüde Touristen, die womöglich gerade 100 Prado-Säle hinter sich gebracht haben. Der **Stadtbus 27** befährt die gesamte Nord-Süd-Achse vom Paseo del Prado bis zur Plaza de Castilla – ein Tipp für alle, die den oberen Paseo de la Castellana mit seinen futuristischen Glaspalästen kennenlernen möchten. Alle paar hundert Meter gibt es eine Haltestelle.
Sportliche bewältigen die Strecke per **Rad** (Radverleih, s. S. 59). Dazu eignen sich die grünen Mittelstreifen der Castellana gut, allerdings muss man hier auf Fußgänger Rücksicht nehmen. Bis zu den Bürotürmen der CTBA (s. S. 261) sind es ca. 8 km, hin und zurück also ca. 16 km. Vorteil: Man kann individuelle Abstecher einbauen, etwa zu den etwas abseits gelegenen Museen.

Minoru Yamasaki, der auch das zerstörte World Trade Center in New York schuf. In der Torre Picasso arbeiten rund 4500 Angestellte, die Bevölkerung eines ganzen Dorfes.

An die Plaza de Lima grenzt die **Torre Europa,** ein 120 m hoher Büro-Rundturm der Caja de Madrid auf pistolenförmigem Grundriss. Daneben liegt das beliebte **Centro Comercial Moda Shopping** (Paseo de la Castellana 95, s. S. 46) mit Boutiquen, Galerien, Restaurants und Bars, schräg gegenüber der **Estadio Santiago Bernabéu** des ›Königlichen‹ Fußballclubs Real Madrid.

Estadio Santiago Bernabéu

▶ *Karte 2, L 5–6, Paseo de la Castellana s/n, Tel. 913 98 43 70, www.realmadrid.es, Metro: L 10 Santiago Bernabéu, Mo–Sa 10–19.30, So, Fei 10.30–18.30, an Spiel- und Folgetagen kürzer, 25.12.–1.1. geschl., Besichtigung 25 €, Kinder von 4–14 Jahren 18 €, Tickets gibt es an Schalter 10 (taquilla 10)*

Fußballfans wird eine Tour durch das Madrider **Stadion** Spaß machen. Es fasst 75 000 Zuschauer – und wird gelegentlich auch für Konzerte genutzt. Nach Erwerb der Eintrittskarten geht es zu Torre B an der Ecke zur Avenida de Concha Espina und dann zur Besichtigung von Ehrentribüne, Umkleidekabinen, Reservebänken und der technischen Anlagen ebenso wie des Spielfelds und der Trophäensammlung. Am Ende des Rundgangs landet man im Shop von Real Madrid. Von der Terrasse des **Real Café Bernabéu,** Restaurant, Café und Cocktailbar, bietet sich ein Panoramablick über das Stadion (Avda. Concha Espina 1, Tor 30, www.realcafebernabeu.com, tgl. 10–2/2.30 Uhr, à la carte ab ca. 35 €).

Puerta de Europa ▶ Karte 2, L 2

Metro: L 1, 10 Plaza de Castilla

Das Markenzeichen der Plaza de Castilla ist die **Puerta de Europa** (Torres KIO), zwei Glastürme, die sich über der Ausfallstraße nach Norden – als sei ihr einziger Zweck, der Statik ein Schnippchen zu schlagen – einander zuneigen und so das ›Tor nach Europa‹ symbolisieren. Einen der beiden schiefen Türme bezog die spanische Bankia. Zwischen ihnen steht markant ein 92 m hoher **Obelisk** des Architekten Santiago Calatrava.

Obere Castellana ▶ Karte 2, L 1–2

Metro: L 1, 10 Chamartín

Noch weiter nordwärts hat Madrid an der Castellana weitere Symbole der Architektur des 21. Jh. und eine futuristische Skyline erhalten. Wo sich einst das Trainingsgelände des Fußballclubs Real Madrid befand, streben nun vier (ab 2019 fünf) neue Skyscraper auf der **CTBA** (Cuatro Torres Business Area) himmelwärts. Das mit 250 m höchste Gebäude der Stadt und ganz Spaniens, von Norman Foster erbaut, gehört der Bankia. In einem anderen Turm hat sich das Hotel **Eurostars Madrid Tower** eingerichtet. Das nächste großes Bauprojekt in dieser Gegend wird der **Hauptbahnhof Chamartín** östlich des CTBA werden.

Calle de Alcalá

Von der Plaza de la Cibeles führt die Calle de Alcalá nach Osten – über die Plaza de la Independencia mit dem Triumphbogen **Puerta de Alcalá** 15 (s. S. 131) hinweg – zur Stierkampfarena.

Casa Árabe 16

Alcalá 62, www.casaarabe.es, Metro: L 2 Retiro, Mo–Sa 11–15, 16–19.30, So, Fei 11–15 Uhr; Shukran: www.shukrangroup.com, tgl. 10–24/1 Uhr

Ein Ziegelbau mit auffälligem Turm im Neomudéjarstil beherbergt das 2008 eingeweihte **Institut,** das sich dem Studium der arabisch-islamischen Welt widmet und sich als Brücke zwischen Spanien und Arabien versteht. Es gibt Ausstellungen von Künstlern und Künstlerinnen aus den mehr als 20 arabischen Ländern zwischen Maghreb und Persischem Golf. Im **Shukran** isst man libanesische Küche.

Palacio de los Deportes und Dolmen de Dalí

Avda. Felipe II, Metro: L 2, 4 Goya, L 6 O'Donnell

Der **Palacio de los Deportes** 17 (Sportpalast) ist eine Arena, die nicht zuletzt für große Livekonzerte genutzt wird. Davor steht seit 1986 der **Dolmen de Dalí** 18. Die Skulptur Salvador Dalís, drei Jahre vor seinem Tod entstanden, ist eine Hommage an Isaac Newton sowie an Dalís Frau Gala. Sie besteht aus einem Dolmen aus 13 m hohen Granitsteinen, die Newton als stilisierte Bronzestatue beschirmen und rahmen.

Plaza de Toros Monumental de Las Ventas 19

Alcalá 237, Tel. 687 73 90 32, www.lasventastour.com, Metro L 2, 5 Ventas, geführte Touren tgl. 10–18, an Stierkampftagen (meist April–Okt. So) 10–14 Uhr, 12,90/8,90 € inkl. Audioguide (auch deutsch und englisch)

Die Madrider Stierkampfszene, die *aficionados,* treffen sich bis heute in der 1931 eingeweihten **Arena,** einem runden Ziegelsteinbau mit Verzierung im Neomudéjarstil. Die Ränge fassen 23 000 Zuschauer. Der Stierkampf ist inzwischen auch in Spanien ein Streitthema geworden. Aber eine *Tauro Tour* durch die Anlage ist interessant (Führungen auf Spanisch und Englisch). Der angeschlossene **Museo Taurino** bietet eine Fülle an Trophäen und Erinnerungen an berühmte *corridas* und *toreros.*

Essen & Trinken

Japanisch inspiriert – **99 Sushi Bar** 1: s. S. 36

Bacalao und Apfelwein – **El Pimiento Verde** 2: Castelló 18, Tel. 915 76 41 35, www.elpimientoverde.com, Metro: L 2, L 9 Príncipe de Vergara, Mo–Sa 13–17, 20.30–24 Uhr, 15 Tage im Aug. geschl., ab ca. 40 €. Hier wird baskisch,

Lieblingsort

Tortilla vom Feinsten im Mercado de la Paz

Tortilla, spanische Kartoffel-Ei-Torte, gibt es in Madrid an jeder Straßenecke, in jeder Bar. Aber eine richtig gute Tortilla? Die findet man nicht so oft. So eine wie die der Casa Dani: Sie ist locker, saftig, schmackhaft, ein kulinarischer Hochgenuss. Und das wissen viele Madrilenen, nicht nur in Salamanca. An manch einem Freitag werden hier 400 Tortillas gebacken, an anderen Tagen im Schnitt 300. Die Stücke sind zu jeder Tageszeit eine begehrte Zwischendurchmahlzeit, vom frühen Morgen bis in den Abend. Außer den Nachbarn schwärmen auch die Marktfrauen und -arbeiter an den Tresen der kleinen Bar, um sich den köstlichen Imbiss zu gönnen, der schlicht und einfach aus Kartoffeln, Zwiebeln und Eiern hergestellt wird. Wer möchte, bekommt zur Tortilla Kutteln, Hackbällchen oder Schnecken serviert und kann das Ganze auch im angrenzenden Restaurant verzehren.

Casa Dani: Mercado de la Paz 12, Ayala 28, Tel. 915 75 59 25, Metro: L 4 Serrano, Bus: 14, 27, Mo–Fr 6.15–20, Sa bis 18 Uhr. Stück Tortilla: 2,50 €.

Unser Tipp

Der Markt von Salamanca

Seit 1943 gibt es diesen ein wenig versteckt gelegenen feinen Markt im Herzen des feinen Salamanca. Auf 2300 m² Fläche werden in der Markthalle frisches Fleisch, Fisch, Gemüse, Obst, Gewürze, Kräuter, Brot und Blumen angeboten – der Bauch von Salamanca. Dazu kommen vielerlei kleine Dienstleister, nicht zu vergessen das halbe Dutzend Bars und *bodegas,* die für den Hunger zwischendurch die passenden Häppchen bereithalten.

Mercado de la Paz [12]: Ayala 28, weiterer Eingang an der Calle de Lagasca, www.mercadodelapaz.es, Metro: L 4 Serrano, Mo–Fr 9–20, Sa 9–14.30 Uhr.

navarrisch und kantabrisch gekocht: Gemüse aus Navarra, Artischocken, geröstete Paprika, Meeresfrüchte-Reis oder Tortilla mit Stockfisch. Dazu gibt es *sidra,* den Apfelwein aus Nordspanien.

›Straßenvariante‹ des DiverXo – **StreetXo** [3]: s. DiverXo S. 34

Echter Cocido madrileño – **Casa Carola** [4]: Padilla 54, Tel. 914 01 94 08, www.casacarola.com, Metro: L 5, L 9 Núñez de Balboa, So–Do 13–16, Fr/Sa 13–16, 20–24 Uhr, Juni-Aug. geschl., Menü ca. 29 € plus Getränke. Es gibt hier ein einziges Menü, und das zu einem festen Preis: Madrider Eintopf, der klassisch in drei Gängen serviert wird. Der *cocido madrileño* der Casa Carola gilt als einer der besten in der Stadt. Zur Begrüßung werden dem Gast ein Glas *cava* (Sekt) und Kroketten gereicht. An Freitag- und Samstagabenden trifft man sich zu informellen Tapas-Probierrunden.

Baskische Gastro-Bar – **Muñagorri** [5]: Padilla 56, Tel. 914 01 47 41, www.munagorrirestaurante.es, Metro: L 9, L 5 Núñez de Balboa, Mo 20–23.30, Di–Sa 12.30–16, 20–23.30 Uhr, 15 Tage im Aug. geschl., ca. 45 €. In der Küche von Peio Muñagorri entfalten sich baskische Geschmacksnoten. Im Barraum an der Theke isst man Tapas oder Fleischspieße, im *comedor* kommen Fisch, Fleisch und Saisonales auf die Tische.

Wie am Kantabrischen Meer – **El Cantábrico** [6]: Padilla 39, www.marisqueriaelcantabrico.es, Metro: L 5, 9 Núñez de Balboa, Ausgang Plaza Marqués de Salamanca, L 4 Lista, Mo–Sa 12–16, 19–24, So 12–16 Uhr, Juli/Aug. Mo geschl. Fisch und Meeresfrüchte wie am Meer: Hummer, Kaisergranat, Langostinos, Gambas, Krebse, Sardellen, Entenmuscheln, Austern. In der kleinen Taverne steht man am Tresen und bezahlt nach Gewicht bzw. Menge. Es gibt nur wenige Tische.

Avantgarde aus Málaga – **BiBo** [7]: s. S. 35

Junger Wilder mit drei Sternen – **DiverXo** [8]: s. S. 34

Stadtbekannt für Meeresfrüchte – **El Barril** [9]: Goya 86, Tel. 915 78 39 98, www.elbarrildegoya.com, Metro: L 2, 4 Goya, Mo–Sa 12.30–16.30, 19.30–0.30, So 12.30–16.30 Uhr, ca. 50–60 €. In den in Weiß und Grau gehaltenen Räumlichkeiten genießt man Muscheln, Austern, Kaisergranaten, Langusten, Krebse, Seespinnen, Entenmuscheln oder Fisch. Das meiste kommt von den Küsten Nordspaniens und der andalusischen Atlantikküste. Am Tresen lässt sich vieles auch als Tapas zu Bier oder Wein probieren. Eine moderner gestylte Filiale befindet sich direkt gegenüber.

Der Treff der Literaten – **Café Gijón** [10]: s. S. 41, Unser Tipp S. 251

Zwischen Spiegeln und Glas – **Café del Espejo** [11]: s. S. 41, Unser Tipp S. 251

Einkaufen

Spaniens Modeschöpfer auf einen Streich – 1–10: In Salamanca, speziell in der Calle de Serrano, finden sich die nobelsten Modeläden Madrids; s. Unser Tipp S. 255.

Schuhe mit Schick – **Lurueña** 9: Serrano 54, www.luruena.es, Metro: L 4 Serrano, Mo–Sa 10–20.30 Uhr. Vom Straßenschuh bis zu ausgefallenen Modellen, auch Handtaschen.

Shoppinggalerie im Stadtpalais – **El Jardín de Serrano** 11: s. S. 46

Der Markt von Salamanca – **Mercado de la Paz** 12: s. Unser Tipp S. 264

Der beste Weinhändler Madrids – **Lavinia** 13: s. S. 43

Für Naschkatzen – **Oriol Balaguer Boutique** 14: Ortega y Gasset 44, www.oriolbalaguer.com, Metro: L 4 Lista, Mo–Fr 9–20, Sa 10–20, So 10–14.30 Uhr, im Aug. geschl. Im Laden des bekannten katalanischen Konditors Oriol Balaguer fühlt man sich wie im Schlaraffenland: Gebäck, Schokolade und Pralinen, Eis – alles mit dem gewissen Etwas.

Neue Mode im alten Verlagshaus – **ABC Serrano** 15: s. S. 46

60 Läden unter einem Dach – **Centro Comercial Moda Shopping** 16: s. S. 46

Gedruckter Luxus – **Ivorypress Art + Books Space** 17: ▶ Karte 2, J 6, Comandante Zorita 48, www.ivorypress.com, Metro: L 10 Santiago Bernabéu, Mo–Fr 10–15, 16–19, Sa 11–14 Uhr. Fotografie, Design, Architektur, Kunst verlegt Elena Ochoa Foster – schöne Bände in verschiedenen Sprachen. Die von Norman Foster gestalteten Räumlichkeiten zeigen, was man aus einer Garage und Druckerei machen kann.

Abends & Nachts

Fußball und irisches Bier – **The James Joyce Irish Pub** 1: Alcalá 59, www.jamesjoycemadrid.com, Metro: L 2 Banco de España, tgl. 11/12–2/2.30 Uhr, Livemusik um 21.30/23 Uhr. Einst war dies eines der schönsten alten Cafés der Stadt, das Lión. Die Holztheke und andere Interieurs blieben, aber jetzt geht es irisch zu – Kneipenatmosphäre mit TV-Übertragung von Fußball- und Cricketspielen, mit Whiskey, Ale und abwechslungsreicher Speisekarte.

›Freizeitpark‹ – **Platea** 2: Goya 5, www.plateamadrid.com, Metro: L 4 Serrano, So–Do 12.30–0.30, Fr/Sa bis 2.30 Uhr. Früher waren das hier Kino- und Festsäle, jetzt dienen die 6000 m² auf fünf Etagen dem Genuss und Vergnügen. Küche aus aller Herren Länder, Tapas, Cocktailbars und sogar Feinkostgeschäfte gibt es. Gelegentlich ist Livemusik zu hören.

Rock im 21. Jh. – **Moby Dick** 3: ▶ Karte 2, K 5, Avda. de Brasil 5, www.mobydickclub.com, Metro: L 10 Santiago Bernabéu, Mi 22–3, Do 22–5, Fr/Sa 22–6 Uhr, bei Konzerten Eintritt. Die Einrichtung passt zum Namen, ein weißer Wal und viele maritime Motive. Gute Livemusik junger spanischer Bands.

Unser Tipp

Kultur im Wasserspeicher

Ein alter Wasserspeicher ist das Markenzeichen des Kulturzentrums **Fundación Canal-Centro de Arte 40 Depósito**. Häufig gibt es Ausstellungen und Konzerte, und die Grünanlagen laden zu Spaziergängen ein.

Fundación Canal-Centro de Arte 40 Depósito: ▶ Karte 2, L 3, Mateo Inurria 2, Eingang am Paseo de la Castellana, 214, www.fundacioncanal.com, Metro: L 1, 10 Plaza de Castilla, Ausstellungen Do–Di 11–20, Mi 11–15 Uhr.

Das Beste auf einen Blick

Ausflüge in die Umgebung

Highlight!

San Lorenzo de El Escorial: Vom mächtigen Klosterpalast am Fuße der Sierra de Guadarrama nordwestlich von Madrid regierte Philipp II. ein Weltreich, in dem die Sonne nicht unterging. Ein Gang durch seine Gemächer und die der späteren Bourbonenherrscher sowie in den Panteón de Reyes, in dem fast alle spanischen Könige ihre letzte Ruhestätte fanden, vermittelt einen tiefen Einblick in die spanische Monarchiegeschichte. S. 268

Auf Entdeckungstour

El Greco in Toledo: Der gebürtige Kreter Domínikos Theotokópoulos wurde als El Greco, der Grieche, weltberühmt. In seiner Wahlheimat Toledo, dem Sitz des spanischen Erzbischof-Primas, malte er von 1577 bis zu seinem Tod im Jahr 1614. Dem reichen, streng katholischen Klerus und dem Toledaner Adel gefiel die Spiritualität seiner Werke, die heute teils noch an ihrem ursprünglichen Ort, teils in großartigen Gemäldesammlungen zu sehen sind. S. 284

Kultur & Sehenswertes

Segovia: Neben einem Aquädukt aus der Römerzeit, einer prächtigen Kathedrale und einer Palastfestung der kastilischen Herrscher besitzt Segovia rund 20 romanische Kirchen und zahlreiche Adelspaläste. S. 272

Toledo: Im labyrinthischen Gassengeflecht der Altstadt mit ihren Zeugnissen der muslimischen, jüdischen und christlichen Kultur scheint die Zeit stehen geblieben zu sein. Toledo ist Welterbe der Menschheit. S. 280

Aktiv unterwegs

Gebirgstour: Eine Autotour in die Sierra de Guadarrama bietet ein ländliches Kontrastprogramm zur Stadt – mit Wanderungen und Honigeinkauf im Kloster. S. 271

Aranjuez: Ein Spaziergang durch die berühmten königlichen Gärten lässt sich gut mit einer Bootstour auf dem Tajo verbinden. S. 279, 280

Genießen & Atmosphäre

Chinchón: Ein Dorf wie aus einem Bilderbuch kastilischer Geschichte. Hierher machen die Madrilenen gern einen Ausflug, um rustikale kastilische Küche zu genießen. S. 278

Nostalgische Eisenbahnfahrt: Der historische *Tren de la Fresa* dampft an Sommerwochenenden von Madrid-Atocha nach Aranjuez und zurück. Einst brachte der Zug Erdbeeren aus den Gärten um Aranjuez in die Landeshauptstadt. S. 279

Abends & Nachts

Eine Nacht im Parador: Die Hotels dieser staatlichen Kette sind meist in historischen Gemäuern untergebracht, so etwa in Alcalá de Henares und in Chinchón in ehemaligen Klöstern. Ebenso stilvoll bettet man sich im Parador von Toledo. S. 277, 278, 287

Königsschlösser, Gebirgsdörfer, mittelalterliche Städte

Vom strengen El Escorial bis zum verspielteren Aranjuez stehen die Schlösser rund um Madrid für die Geschichte der spanischen Monarchie. Mittelalterliche Perlen des Weltkulturerbes sind die Städte Alcalá de Henares, Segovia und Toledo. Die Gebirge nördlich Madrids locken zu Ausflügen in die Natur.

Real Sitio de El Pardo ▸ B 2

So heißen die Jagdgründe der kastilischen Könige nordwestlich von Madrid. In diesem Gebiet befinden sich ein Kloster, der ursprünglich im 17. Jh. als Jagdschlösschen erbaute Palacio de la Zarzuela, in dem heute die Königsfamilie wohnt, sowie der **Palacio de El Pardo**, der besichtigt werden kann (April–Sept. tgl. 10–20, Okt.–März tgl. 10–18 Uhr, 9/4 €, Mi/Do 17–20, Winter 15–18 Uhr, Eintritt frei). Er geht auf das 16. Jh. zurück, doch in seiner heutigen Form gestaltete ihn Sabatini, der Architekt Karls III., im 18. Jh. Bis 1975 war dieser um drei Innenhöfe angelegte Palast mit seiner historischen Ausstattung und den rund 200 prachtvollen Gobelins die offizielle Residenz von Franco. Heute werden hier Staatsgäste beherbergt.

Infos

Information: Tel. 913 76 15 00, www.patrimonionacional.es
Anreise: Bus 601 ab Moncloa (Metro: L 3, 6 Moncloa), Terminal (Isla) 3, Tor 30

Infobox

Reisekarte: ▸ Karte 5, Umgebung

Infos
www.patrimonionacional.es: Website mit Infos zu den Kulturgütern und Schlössern rund um Madrid
Verkehr: In praktisch alle beschriebenen Orte gelangt man gut und zügig mit öffentlichen Verkehrsmitteln, sei es Bussen oder Zügen (Renfe-Auskunft: Tel. 902 32 03 20, www.renfe.es). Für eine Fahrt in das Gebirge nördlich von Madrid braucht man einen Leihwagen.

San Lorenzo de El Escorial ! ▸ A 2

Der Ort an den Hängen des Monte Abantos in der Sierra de Guadarrama, knapp 60 km nordwestlich von Madrid, entstand seit dem Bau des San-Lorenzo-Klosters und etablierte sich im 18. Jh. als Dorf, in dem viele Bedienstete des Hofes sowie Handwerker, und Kaufleute lebten und arbeiteten. Das historische Zentrum mit seinen ansehnlichen Gebäuden liegt um die Plaza de la Constitución sowie die Straßen Floridablanca und Rey. Restaurants und Tavernen empfangen hier die Besucher des mächtigen Klosterpalastes.

El Escorial-Palast und Kloster
Di–So 10–20, Okt.–März bis 18 Uhr, 1. 1., 9. 9., 24.12., 31.12. geschl., 10/5 €, Mi, Do 17–20, Winter

Der Ort, von dem Philipp II. ein Weltreich regierte – San Lorenzo de El Escorial

15–18 Uhr, Eintritt frei, generell frei ist der Eintritt in die Basilika; Führung 4 €, Audioguide 3 €
Kloster und Königspalast zählen neben Aranjuez und La Granja de San Ildefonso zu den drei königlichen Residenzen rund um Madrid. Hierhin zog sich der Hof zurück, um das angenehmere Klima zu genießen und auf die Jagd zu gehen. Im Jahr 1984 erklärte die UNESCO den Klosterpalast von El Escorial zum Welterbe der Menschheit.

Als Philipp II. am 10. August 1557 den französischen Erzfeind in der Schlacht von Saint-Quentin besiegt hatte, wobei ein dem hl. Laurentius gewidmeter Konvent zerstört wurde, gelobte er, zu Ehren des Heiligen ein neues Kloster zu errichten. Philipps **Klosterpalast** sollte die Machtzentrale seines Riesenimperiums und zugleich königliches Pantheon werden. Als Standort für das Real Monasterio de San Lorenzo de El Escorial wählte der König das hiesige Gelände in 1000 m Höhe an den Hängen der Sierra de Guadarrama. Unter den Architekten Juan Bautista de Toledo und Juan de Herrera schufen ab 1563 ca. 1500 Arbeiter binnen 21 Jahren den Kubus aus eisgrauem Granit, einen Renaissancebau, bei dem die strengen Linien der Mathematik vorherrschen. In gigantischen Dimensionen, auf einer Fläche von 207 x 161 m, thront Philipps Mönchspalast wuchtig auf seiner Bergstufe – kantig und kahl, blutleer-streng, atmet er die Kälte höfischen Prunks. Der massige Baukörper, auf dem nur die spitzen Helme der Ecktürme einen leichteren Akzent setzen, umschließt 16 Innenhöfe und 15 Kreuzgänge. Denn der Grundriss des Escorial bildet ein Eisenrost nach, das Werkzeug, mit dem die Römer Laurentius zu Tode marterten. Ein Pflaster aus schweren Granitplatten umgibt den Komplex.

Vom Eingang an der Nordseite begibt man sich zum **Patio de Reyes** (Platz der Könige), benannt nach Königen des Alten Testaments, deren 5 m hohe Skulpturen die doppeltürmige Kirchenfassade zieren. Die Kuppel der **Basilika** ist 92 m hoch. Zu beiden Seiten des **Hauptaltars** von Juan de Herrera, unter dem das königliche Pantheon liegt, knien in vergoldeter Bronze die Familien Karls V. und Philipps II.

Weiter geht der Rundgang durch die **Kapitelsäle** mit bedeutenden Gemälden von El Greco, Ribera, Tintoretto, Tizian, Velázquez sowie Hieronymus Bosch, für den Philipp II. eine Vorliebe hegte.

Eine Marmortreppe führt hinab in den **Panteón de Reyes** unter der Kirche, die düster-prächtige Gruft der spanischen Könige. Die Habsburgerherrscher seit Karl V. und die ihnen zu Beginn des 18. Jh. folgenden Bourbonen – außer Philipp V. und Ferdinand VI. – ruhen hier Seite an Seite in dunklen Marmorsarkophagen mit goldschimmernden Inschriften. Im **Panteón de los Infantes** schlafen Prinzen und Prinzessinnen, die nicht an die Macht gelangten, wie Don Carlos, Sohn Philipps II., und Don Juan de Austria, ein unehelicher Sohn Karls V., der als Held der Seeschlacht von Lepanto Geschichte schrieb.

Nun geht es in den **Habsburgertrakt,** den Palacio de los Austrias oder Palast Philipps II. Hier ragt das **Gemäldemuseum** heraus, das Werke von Tizian, Tintoretto, Rubens, van Dyck, van der Weyden, Velázquez, Zurbarán und El Greco präsentiert. Die lang gestreckte **Sala de las Batallas** (Schlachtensaal) verdankt ihren Namen den martialischen Szenen der Wandgemälde: Sie stellen die Schlacht von Higueruela 1431 gegen die in Granada herrschenden Muslime, die Belagerung von Saint-Quentin durch Philipp sowie die Seeschlacht von Lepanto dar. Von seinem sparsam dekorierten **Arbeitszimmer** im schlichten Habsburgertrakt regierte Philipp II. ein Weltreich, und vom **Schlafgemach,** in dem er 1598 starb, verfolgte der flammende Katholik durch eine zur Kirche geöffnete Glastür jede Messe.

Als nächstes werden im Nordteil der Anlage die mit Wandteppichen und Möbeln der damaligen Zeit ausgestatteten **Gemächer der Bourbonen** besucht. Die Decken sind mit Fresken ausgemalt.

Zum Abschluss geht es wieder über den Patio de Reyes (s. o.) zu einem der Juwele des Klosters: die von Philipp II. gegründete **Bibliothek**. Allein der Raum, dessen Tonnengewölbe Pellegrino Tibaldi mit allegorischen Darstellungen der Künste und Wissenschaften ausmalte, überwältigt. Er beherbergt rund 40 000 Bücher und Handschriften.

Casa del Príncipe und Casa del Infante

Unweit des Klosterpalastes ließ Karl III. 1771 bis 1775 Lustschlösschen für seine Söhne errichten: Die **Casa del Príncipe**, das Prinzen- oder Untere Schlösschen, liegt am Weg zum Bahnhof. Zur **Casa del Infante** (Mo–Sa 10–18/20 Uhr), dem Infanten- oder Oberen Schlösschen, kommt man über den Paseo de Carlos III., 1 km Richtung Ávila.

Silla de Felipe II

Quasi gleich hinter dem Palast erstreckt sich der unter Naturschutz stehende **Bosque de la Herrería.** Wenn man sich dort auf eine kurze, halbstündige Wanderung begibt, erreicht man die **Silla de Felipe II** (Der Stuhl Philipps II.), einen großen Granitblock, von dem sich ein wunderbarer Blick über die Gegend und auf den Klosterpalast bietet. Von hier aus soll der König den Baufortschritt beobachtet haben, neuere Forschungen aber lassen daran Zweifel aufkommen, man vermutet hier die Überreste einer keltischen Kultstätte.

Essen & Trinken

Ein wenig Pariser Flair – **Croché:** San Lorenzo 6, Tel. 918 90 52 82, www.crochecafetin.com, tgl. 12–3 Uhr. Ein wenig erinnert das Café gleich bei der

Plaza de la Constitución an Paris. Es zeigt ganz den Stil der 1920er-Jahre.
Kastilische Speisen – **Mesón La Cueva:** San Antón 4, Tel. 918 90 15 16, www.mesonlacueva.com, Mo geschl., ab ca. 35 €, Menüs ab 21 €. Im Landhaus aus dem 18. Jh. kommt kastilische Küche auf den Teller: Braten, Grillfleisch, Fisch. Donnerstags steht *cocido madrileño* (22 €) auf der Karte.

Infos

Oficina de Turismo: Grimaldi 4 (gegenüber dem Kloster), www.sanlorenzoturismo.org, Mo–Sa 10–14, 15–18, So 10–14 Uhr.
Anreise: Bus 661/664 ab Moncloa, Terminal/Isla 1, Tor 11. Nahverkehrszüge der Linie C-3 (retour C-8 A) ca. stdl. 7–22 Uhr ab Atocha, Sol, Nuevos Ministerios und Chamartín; ca. 10 Min. Fußweg vom Bahnhof in San Lorenzo de El Escorial bis zum Kloster oder Bus L1 bis zum Busbahnhof.

Valle de los Caídos

▶ Karte 5, A 2

Di–So April–Sept. 10–19, Okt.–März 10–18 Uhr, 9/4 €, Mi/Do 17–20, Okt.–März 15–18 Uhr, Eintritt frei
In der Felslandschaft nördlich des Escorial ließ Franco die Gedenkstätte **Tal der Gefallenen** errichten, und 1975 wurde er selbst in der Basilika beigesetzt. Zum Tode verurteilte Regimegegner mussten von 1940 bis 1960 unter mörderischen Arbeitsbedingungen Granitgestein ausräumen und einen fast 300 m langen Tunnel für die Basilika in den Felsen treiben. Die Anlage ist kalte Gigantomanie: Über der aus dem Felsen gehöhlten Kirche erhebt sich ein 150 m hohes **Kreuz** aus Granit und Beton. Den **Aufmarschplatz** vor dem Eingang beherrscht eine riesige **Pietà.** Kopien von Brüsseler Wandteppichen aus der Werkstatt Pannemakers, von Philipp II. 1553 erworben, schmücken die Wände der **Basilika**. Schwere Bodenplatten markieren unter der Mosaikkuppel des Altarraums die **Gräber** von Diktator Franco und José Antonio Primo de Rivera, der 1933 die faschistische Falange Española gegründet hatte. In den Seitenkapellen sollen 34 000 im Bürgerkrieg gefallene Soldaten ihre letzte Ruhestätte gefunden haben.

Historische Gerechtigkeit für die Opfer des Franquismus wurde unter der Regierung Zapatero noch einmal thematisiert, der Valle de los Caídos sollte entsprechend umgewidmet werden. Unter der neuen PP-Regierung scheint dies wieder vergessen.

Infos

Busse: Ab San Lorenzo de El Escorial Di–So 15.15 Uhr Linie 660 A bis zur Basilika, Rückfahrt 17.30 Uhr.

Durch die Sierra de Guadarrama

Rundfahrt: ca. 170 km, Zeit: ca. ein Tag
Die Sierra de Guadarrama steigt nördlich der Stadt auf über 2400 m an, eine wunderbare Gebirgslandschaft mit grünen Tälern, Wäldern, Stauseen und reizvollen Dörfern. 2013 wurde ein 34 000 ha großes Gebiet zum Nationalpark **Parque Nacional de la Sierra de Guadarrama** erklärt.

Man verlässt Madrid auf dem Paseo de la Castellana Richtung Norden und folgt der M-607 Richtung **Colmenar Viejo.** Hinter dem Ort zweigt die M-609/M-608 nach Norden ab und führt in einem Bogen um den Stausee **Embalse de Santillana,** wo man das Bergdorf

Manzanares el Real erreicht. Es liegt vor der malerischen Granitfelsenkulisse der **Pedriza del Manzanares,** dem Quellgebiet des Madrider Stadtflusses. Die örtliche Burg der Duques del Infantado alias **Castillo de los Mendoza** (Di–So 10–17.30, Sommer Sa/So bis 18 Uhr, 5/3 €), 1435 erbaut, zählt zu den schönsten der Region. Beim Besucherzentrum **(Centro de Visitantes del Parque Nacional)** starten Wanderwege in das Granitgebirge. Zurück auf der M-607 geht es rechts zum interessanten Bergort **Navacerrada** und dann hinauf zum 1860 m hohen Pass **Puerto de Navacerrada.** Im Winter wird hier oben Ski gefahren. Weiter auf der SG-615 zum nächsten Pass, dem 1830 m hohen Puerto de Cotos. In **Cotos** lädt das typische Gebirgsrestaurant Venta Marcelino zu einer Pause ein.

Im Zickzackkurs windet sich die M-604 Richtung **Rascafría**. Das **Monasterio de El Paular,** 1390 als erstes kastilisches Kartäuserkloster gegründet, teilen sich heute Benediktiner und das Sheraton-Hotel Santa María de El Paular. Prunkstück der Kirche ist ein farbiges Alabasterretabel. Die Mönche verkaufen Honig und Käse (www.monasteriopaular.com, Kreuzgang und Bilder von Vicente Carducho tgl. 11–13.30, 16–19 (29. Okt.–Mitte April bis 18), Klosterführungen Mo–Do 12, 13, Fr 12, 13, 17, Sa 12, 13, 17, 18 (29. Okt.–Mitte April 12, 13, 16, 17), So, Fei 13, 17, 18 (29. Okt.–Mitte April 13, 16, 17) Uhr, Kloster 5/3 €, mit Kreuzgang 7 €; So 12 Uhr Messe mit gregorianischen Gesängen.

Rundfahrt in der Sierra de Guadarrama

Gegenüber der Anlage spannt sich die **Puente del Perdón** aus dem 17. Jh. über den Río Lozoya, in dem die Madrilenen im Sommer gern baden gehen.

Rascafría ist mit seiner traditionellen Architektur ein typischer und der bedeutendste Bergort dieser Gegend – eine beliebte Sommerfrische mit zahlreichen Restaurants und Bars.

Die M-604 passiert kleine Dörfer im **Tal des Lozoya** und den **Embalse de Pinilla,** bis sie auf die A-1 trifft, die gen Süden zurück nach Madrid führt.

Einen kurzen Abstecher lohnt **Buitrago de Lozoya**. Neben der Stadtmauer aus maurischer Zeit, einem Kastell des 14./15. Jh. und der gotischen Kirche Santa María del Castillo aus dem 15. Jh. überrascht hier ein kleines **Museo Picasso** (Plaza de Picasso 1, Di–Fr 11–13.45, 16–18, Sa 10–14, 16–19, So, Fei 10–14 Uhr, Eintritt frei). Eugenio Arias, Picassos Friseur und Freund, schenkte die Sammlung seinem Geburtsort.

Segovia ▸ Karte 5, A 1

Segovia, die kleine Provinzstadt 87 km nordwestlich von Madrid und seit 1985 UNESCO-Welterbe, präsentiert sich als in Stein geschriebene Geschichte. Ne-

Geschichte in Stein – die Stadt Segovia ist Welterbe der Menschheit

ben einem Aquädukt aus der Römerzeit, einer prächtigen Kathedrale und einer Palastfestung der kastilischen Herrscher besitzt sie ca. 20 romanische Kirchen und zahlreiche Adelspaläste.

Auf der sanft geschwungenen kastilischen Hochebene liegt die Stadt in gut 1000 m Höhe auf einem Plateau, das die Flüsse Eresma und Clamores umspülen. Trotz der Fülle an Sehenswertem sollte man sich die Zeit nehmen, die Lammbraten und gerösteten Spanferkel der *mesones* zu probieren.

Römischer Aquädukt 1

Der **römische Aquädukt,** 728 m lang und fast 29 m hoch, ist ein guter Ausgangspunkt für eine Stadterkundung. Teils zweistöckig, auf 120 Pfeilern und mit 163 Bögen, überspannt er die Senke an der **Plaza del Azoguejo.** Die römische Konstruktion aus Granitquadern (1. Jh.) gehörte zu einer 15 km langen, gutteils unterirdischen Wasserleitung, durch die Frischwasser in die Stadt gelangte. Der Name des Platzes erinnert an Zeiten, als Segovia im Grenzland zwischen christlichem Norden und muslimischem Süden lag. Die Muslime, die über 200 Jahre in der Stadt herrschten, hielten unter den Bögen des Aquädukts Markt ab *(zoco* = Marktplatz). Als Segovia 1085 endgültig an Kastilien gefallen war, ließ Alfons VI. einen Teil der Römersteine für die Stadtbefestigung nutzen, doch ordneten die Katholischen Könige 1474 die Wiederherstellung der Wasserleitung an.

Calle Real

Die Muslime hatten in Segovia eine florierende Tuchmanufaktur in Gang gesetzt, deren Produkte im Mittelalter in ganz Europa gefragt waren. Der damalige Reichtum ist mancherorts noch zu spüren, etwa im Straßenzug der Calles Cervantes, Juan Bravo und Isabel la Católica, der wegen seiner zahlreichen Adelspaläste und Baudenkmäler auch als Calle Real (Königliche Meile) bezeichnet wird. An der romanischen **Iglesia de San Martín** 2 vorbei führt diese heutige Flanier- und Geschäftsstraße der Stadt zur schönen **Plaza Mayor** mit kastilischen Laubengängen,

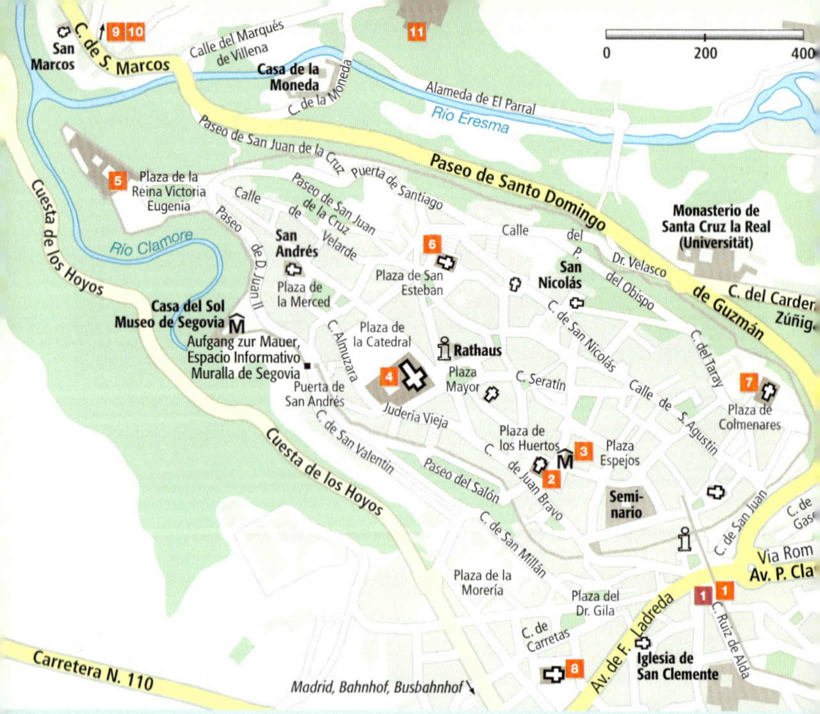

Segovia

Sehenswert

1 Römischer Aquädukt
2 Iglesia de San Martín
3 Museo de Arte Contemporáneo Esteban Vicente
4 Kathedrale
5 Alcázar
6 Iglesia de San Esteban
7 San Juan de los Caballeros
8 Iglesia de San Millán
9 Iglesia de la Vera Cruz
10 Convento de las Carmelitas Descalzas
11 Monasterio de El Parral
12 Monasterio de San Antonio el Real

Essen & Trinken

1 Mesón de Cándido

wo Bars und Cafés zu einer Pause einladen.

Museo de Arte Contemporáneo Esteban Vicente 3

Plazuela de las Bellas Artes, www.museoestebanvicente.es, Di–Fr 11–14, 16–19, Sa 11–20, So, Fei 11–15 Uhr, 3 €, Do Eintritt frei

Das Kunstmuseum birgt Relikte des einstigen Palasts von Heinrich IV. von Trastamara aus dem Jahr 1455, wie die Renaissancekapelle mit Mudéjardekor, die heute als Auditorium dient. Im Garten befindet sich das Grab des Künstlers Esteban Vicente und seiner Frau Harriet. Das Museum zeigt die vom Künstler gestiftete Sammlung seiner Werke. Er ist der New Yorker Schule des abstrakten amerikanischen Expressionismus zuzurechnen. Auch Ausstellungen zeitgenössischer Kunst finden hier statt.

Kathedrale 4

Plaza Mayor s/n, Kathedralenmuseum tgl. 9/9.30–19/21.30, 3 €, mit Turmbesteigung 7 €

Auf der Plaza Mayor erhebt sich Segovias **Kathedrale.** Ihr Baubeginn 1525 fällt in die Blütezeit der Renaissance. Doch plante Juan Gil de Hontañón ein Gotteshaus im spätgotischen Stil, das die ›Dame der Kathedralen‹ Spaniens werden sollte. 1577 war sie vollendet. Meditative Ruhe vermittelt der **Innenhof** mit gotischem Kreuzgang und Maßwerkbögen, die Juan Guas im 15. Jh. für die alte Kathedrale geschaffen hatte und die Stein für Stein hierher versetzt wurden. Hier befinden sich auch das **Kathedralenmuseum** und der **Kapitelsaal** mit vergoldeter Artesonado-Decke.

Alcázar 5

Plaza Reina Victoria Eugenia s/n, www.alcazardesegovia.com, tgl. 10–18/20 Uhr, 5,50 €, Turm 2,50 €, Di (nicht an Feiertagen) 14–16 Uhr Eintritt frei (ohne Turm)

Auf einem Felsvorsprung über der Flussgabelung thront der **Alcázar,** der durch Lage und Form an ein Schiff erinnert. Die Lieblingsresidenz der Trastámara-Herrscher ist mit ihrem mächtigen Bergfried, dem Zinnenkranz und den Ziertürmchen Paradebeispiel eines kastilischen *castillo.* Der Bau geht auf das 12. Jh. zurück, musste jedoch im 19. Jh. nach einem verheerenden Brand erneuert werden. Hier wurde der Ehevertrag zwischen den Katholischen Königen aufgesetzt und feierte der Habsburger Philipp II. seine vierte Hochzeit mit Anna von Österreich. Wer die rund 150 Stufen zur **Torre del Homenaje** (Bergfried) hinaufsteigt, wird mit einem wunderbaren Blick über Segovia belohnt.

Romanische Kirchen

Die **Iglesia de San Esteban** 6 (Plaza de San Esteban 5) aus dem 13. Jh., überragt von der ›Königin der byzantinischen Türme, ist eine der sehenswertesten romanischen Kirchen der Stadt. Ebenso beeindruckend ist **San Juan de los Caballeros** 7 (Plaza de Colmenares) aus dem 11./12. Jh. Das Gotteshaus wurde in den **Museo Zuloaga** umgewidmet und präsentiert Werke dieses Keramikers. Das dritte romanische Kleinod ist die **Iglesia de San Millán** 8 (Avda. Fernández Ladreda 26) aus dem 12. Jh.

Außerhalb der Stadtmauern

Nordwestlich der Stadtmauer stehen die zwölfeckige **Iglesia de la Vera Cruz** 9 (Ctra. de Zamarramia), die der Ritterorden der Templer im 13. Jh. errichtete; der **Convento de los Carmelitas Descalzos** 10 (Paseo de Segundo Rincón 2) aus dem 16. Jh., eine Gründung des Mystikers San Juan de la Cruz, der in ihr seine letzte Ruhestätte fand, sowie das Hieronymitenkloster **Monasterio de El Parral** 11 (Del Parral 2) aus dem 15. Jh. Im Südosten der Stadtmauer befindet sich mit dem **Monasterio de San Antonio el Real** 12 (San Antonio el Real s/n) ein ehemaliger Palast Heinrichs IV. von Trastámara.

Essen & Trinken

Tradition – **Mesón de Cándido** 1**:** Plaza del Azoguejo 5, Tel. 921 42 59 11, www.mesondecandido.es, tgl. 13–16.30, 20–23 Uhr, ab 35/40 €, Spanferkel oder Milchlamm 24 €. Das Restaurant in einem 200 Jahre alten segovianischen Haus ist eine Institution der kastilischen Gastronomie.

Infos

Centro de Recepción de Visitantes: Azoguejo 1, Tel. 921 46 67 20, www.turismodesegovia.com, tgl. 10–19 Uhr.

Anreise: AVANT-Schnellzüge ab Madrid-Chamartín zum Bahnhof Segovia

Guiomar, 7 km vom Stadtzentrum (ca. 13 €). Von dort Bus Linie 11 ins Zentrum. Busse ab Madrid: S. 26.

La Granja de San Ildefonso ▸ Karte 5, A 1

Schloss und Gärten

Plaza de España 17, Schloss Di–So April–Sept. 10–20, Okt.–März 10–18 Uhr, 9/4 €, Mi, Do 17–20/15–18 Uhr, Eintritt frei, Gärten tgl. ab 10 Uhr, Wasserspiele Ende Mai–Ende Juli Mi, Sa, Fei 17.30 Uhr, 4 €; Nachtwasserspiele ›Baños de Diana‹ Aug. Sa ab 22 Uhr (auch an einigen Sa im Juli), 2 €

Südöstlich von Segovia, inmitten waldreicher Jagdgründe, ließen Philipp V., der erste spanische Bourbonenkönig, und seine Gemahlin Isabel Farnese ab 1721 den **Königlichen Sommerpalast La Granja de San Ildefonso** erbauen. Das Barockschloss zeigt französische und italienische Einflüsse. In der freskengeschmückten Stiftskirche ruhen Philipp V. und Gemahlin.

Die von den Franzosen René Carlier und Étienne Boutelou entworfenen Palastgärten, eine Reminiszenz des ersten spanischen Bourbonenkönigs an Versailles, bezeichnete Karl III. als Paradies. Die Gärten von La Granja sind mit 28 Brunnen, 496 Wasserspeiern und zahlreichen Skulpturen geschmückt.

Real Fábrica de Cristales de la Granja/Museo del Vidrio

Paseo del Porcillo 1, www.fcnv.es, 15. April–Sept. Di–Fr 10–18, Sa 10–19, So, Fei 10–15, Okt.–März Di–Fr, So, Fei 10–15, Sa 10–18 Uhr, 6/5 €

Im Dorf La Granja de San Ildefonso befindet sich die von Karl III. 1770 gegründete **Königliche Kristallmanufaktur La Granja,** heute Glasfachschule und **Museum** mit einer historischen Sammlung der Manufaktur.

Infos

Anreise: Ab Segovia mehrfach tgl. Busse von La Sepulvedana, Paseo de Ezequiel González 12, Tel. 902 11 96 99, www.lasepulvedana.es.

Alcalá de Henares

▸ Karte 5, B 2

Alcalá de Henares, 35 km östlich von Madrid, ist seit 1998 UNESCO-Welterbe. Ihren Namen verdankt die Stadt einer arabischen Festung *(al-Qala'a),* die auf Initiative der Bischöfe von Toledo im 12. Jh. erobert wurde. Fortan war Alcalá vom Klerus beherrscht, und noch heute fallen die vielen Konvente und Kirchtürme – mit Storchennestern – im Stadtbild auf. 1499 gründete der mächtige Kardinal-Regent und Beichtvater Isabellas der Katholischen, Jiménez de Cisneros, die angesehene Universitas Complutensis. Neben Salamanca war die Universität von Alcalá damals die bedeutendste Spaniens. Die Liste der Studiosi – zeitweise bis zu 12 000 – zieren berühmte Schriftstellernamen. Miguel de Cervantes wurde vermutlich in Alcalá geboren, sicher jedoch getauft.

Universität

Plaza de San Diego s/n, Mo–Fr 11–13, 16–18/19, Sa, So, Fei 11–14, 16–18/19 Uhr, stdl. Führungen, ab 6 €, Patios 1 €, Kapelle 2,50 €

Die klaren Linien der Renaissance und plateresker Bauschmuck prägen die von Rodrigo Gil de Hontañón 1537 geschaffene Fassade des Hauptgebäudes der Universität, des **Colegio Mayor de San Ildefonso.** An einem der schönen

Innenhöfe, dem **Patio Trilingüe** (Drei-Sprachen-Hof, 1564–70), in dem Latein, Griechisch und Hebräisch gelehrt wurden, liegt der **Paraninfo.** In diesem mit kunstvoller Artesonado-Decke und stuckverzierter Tribüne ausgestatteten Prüfungs- und Festsaal übergibt am 23. April, dem Todestag von Miguel de Cervantes, der spanische König den Cervantes-Literaturpreis an einen spanischen oder lateinamerikanischen Schriftsteller. Die **Universitätskapelle** mit Artesonado-Decke und Stuckreliefs birgt das – allerdings leere – Marmorgrabmal von Kardinal Cisneros.

Plaza Cervantes

An die Südseite des **Cervantes-Platzes** – auf dem ein Denkmal des Dichters steht – grenzt die von schweren Bürgerkriegsnarben gezeichnete Pfarrkirche **Santa María la Mayor** mit der **Capilla del Oidor** (15. Jh.). Sie birgt das Becken, in dem Miguel de Cervantes am 9. Oktober 1547 getauft wurde. Am Platz liegen auch das **Rathaus** in einem 1870 rekonstruierten Konventsgebäude und das **Teatro Cervantes** im Stil eines alten *corral de comedias* (Theaterhofs).

Calle Mayor

Die historische Hauptstraße von Alcalá, die schöne **Calle Mayor,** ist nach kastilischer Art mit Laubengängen ausgestattet, die teils noch aus dem 15. Jh. stammen. Der heutige **Museo Casa Natal de Cervantes** (Mayor 48, www.museo-casa-natal-cervantes.org, Di–So 10–18 Uhr, Eintritt frei) soll das Haus der Familie Cervantes gewesen sein, in dem der Dichter vielleicht geboren wurde. Jedenfalls hat man es im Stil jener Zeit hergerichtet und hier Erinnerungen an den Schöpfer des »Don Quijote« zusammengetragen.

Am Ende der Calle Mayor steht die **Catedral Magistral de Alcalá** (Plaza Santos Niños s/n, www.catedraldealcala.org, Mo–Sa 9–13, 17–20.30, So, Fei 10–13.30, 18–20.30 Uhr, 3 €, Turm 3 €), in deren Krypta die sterblichen Überreste von Kardinal Cisneros ruhen.

Museo Arqueológico Regional

Plaza de las Bernardas s/n, www.museoarqueologicoregional.org, Di–Sa 11–19, So, Fei 11–15 Uhr, Eintritt frei
Im früheren Dominikanerkloster La Madre de Dios aus dem 17./18. Jh., das zwischenzeitlich als Gefängnis und Gerichtssitz diente, zeigt das **Archäologische Museum** regionale Funde, darunter bedeutende Stücke aus römischer Zeit, insbesondere Mosaiken. Im Übrigen reichen die Exponate von Fossilien der Vorzeit bis zum Industriezeitalter.

Übernachten

Im Kloster schlafen – **Parador de Turismo de Alcalá:** Colegios 8, Tel. 918 88 03 30, www.parador.es, DZ 110–135 €. Staatlicher Parador mit 128 Zimmern im alten Dominikanerkloster Santo Tomás aus dem 17. Jh. Die Zimmer verteilen sich auf das historische Klostergebäude und auf einen avantgardistischen Neubau, dessen Räume quasi im Souterrain eines Gartens liegen.

Essen & Trinken

Ein Klassiker – **Hostería del Estudiante:** Colegios 3, Tel. 918 88 03 30, Mi–Sa 13–16, 20.30–23, So 13–16 Uhr, Juli/Aug. geschl., ca. 40 €. Das Restaurant in der Universität tischt in den Räumlichkeiten des ehemaligen Refektoriums typische kastilische Spezialitäten auf.

Infos

Oficina de Turismo: Callejón de Santa María 1, nahe Plaza de Cervantes, Tel. 918 89 26 94, www.turismoalcala.es, tgl. 10–14, 16–19 Uhr.

Anreise: Ab Madrid, Avda. de América (Metro: L 4, 6, 7, 9 Avenida de América) Bus 223 alle 15 Min. ins Zentrum von Alcalá de Henares. Nahverkehrszüge ab Madrid-Atocha, Recoletos, Nuevos Ministerios, Chamartín.

Chinchón ▸ Karte 5, B 3

›Chinchón‹ heißt das scharfe, an kalten Tagen wohlig wärmende Destillat aus Anis, das im gleichnamigen Dorf südöstlich von Madrid gebrannt wird. Doch gibt es gewichtigere Gründe, Chinchón zu besuchen: Seine **Plaza Mayor** zählt zu den schönsten Kastiliens: ein unregelmäßiges Rund mit Laubengängen und holzgezimmerten Galerien, die als Logen dienen, wenn sich der Platz an Festtagen in eine Stierkampfarena verwandelt. Die **Pfarrkirche** oberhalb des Platzes rühmt sich ihres Hauptaltars mit einer »Himmelfahrt Mariä« von Francisco de Goya, dessen Bruder in Chinchón Kaplan war. Die am Ortsrand gelegene **Burg** stammt aus dem 15. Jh.

An Wochenenden ist Chinchón häufig überlaufen, denn die Madrilenen schwärmen gern zum Essen hierher aus und lassen sich in den *mesones* deftige Landkost auftischen.

Übernachten

Parador de Chinchón: Regimiento de León 1, Tel. 918 94 08 36, www.parador.es, DZ 110–175 €. Das 4-Sterne-Hotel der staatlichen Paradores-Kette ist in den historischen Gemäuern eines Augustinerklosters aus dem 17. Jh. untergebracht. Auch wenn man hier nicht übernachtet, lohnt der Besuch der *cafetería* an einem schönen Klosterhof. Mit Restaurant und Pool.

Von hölzernen Balkongalerien umgeben – die Plaza Mayor im Bilderbuchdorf Chinchón

Essen & Trinken

Essen mit Ausblick – **La Balconada:** Plaza Mayor s/n, Tel. 918 94 13 03, Do–Di 13–16.30, 20–24 Uhr, ab 35 €. Es ist ein besonders reizvoller Ort, denn man sitzt auf einem der aus dem 16. Jh. stammenden Holzbalkone am Hauptplatz und genießt ein Bilderbuchpanorama – zu bester kastilischer Küche (s. Abb. S. 278).
Rustikal kastilisch – **Mesón Cuevas del Vino:** Benito Hotelano 13, Tel. 918 94 02 06, www.cuevasdelvino.com, Mo, Mi–Fr 12–17, 20–23, Sa 12–24, So 12–17 Uhr, Aug. geschl., ab 35 €. Rustikale *mesón*-Küche in rustikalem Ambiente, in einer umgebauten kastilischen Mühle.

Infos

Anreise: Bus Nr. 337 der Gesellschaft La Veloz, Madrid, Avda. Mediterráneo 49, Tel. 902 55 15 80, Metro: L 6 Conde de Casal, ca. alle 30 Min. von 7/8–22 Uhr.

Aranjuez ▸ Karte 5, B 3

Die kleine Stadt Aranjuez, 50 km südlich von Madrid, deren Gärten und Äcker die Hauptstadt mit Erdbeeren und Spargel versorgen, liegt in den fruchtbaren Tälern von Río Tajo und Río Jarama. Seit jeher bevorzugten die spanischen Monarchen diese Gegend als Jagd- und Erholungsgebiet.

Palacio Real

Plaza de Parejas s/n, www.patrimonionacional.es, Di–So 10–20, Okt.–März 10–18 Uhr, 9/4 € inkl. Barkenmuseum und Casa del Labrador, Mi/Do 17–20/15–18 Uhr Eintritt frei
Die königliche Sommerresidenz mit ihren prunkvoll ausgestatteten Gemächern geht auf die Bourbonenherrscher zurück. Luxuriöse Spielereien sind die **Sala de Porcelanas** (Porzellansaal), deren Chinoiserien Mitte des 18. Jh. Stück für Stück in der Fábrica del Buen Retiro angefertigt wurden, oder der **Rauchsalon** im orientalischen Stil.

Gärten von Aranjuez

Tgl. 8 Uhr bis Sonnenuntergang
Die Gärten von Aranjuez in den Auen des Río Tajo erhielten ihre heutige Gestalt vornehmlich unter Karl III. und Karl IV. Mit ihren Spazierwegen, Kanälen, Teichen und den Springbrunnen mit mythologischem Figurenschmuck, ihren Blumenrabatten und Schatten spendenden Bäumen waren und sind sie eine Oase der Muße.

In den ca. 150 ha großen **Jardínes del Príncipe** stehen die Casa del Labrador und die Casa de Marinos. Die **Casa del Labrador** (Haus des Landmanns) wurde um 1800 von Karl IV. für höfische Feste erbaut. In der **Casa de Marinos/Museo de Falúas Reales** (Barkenmuseum) sind jene königlichen Barken und Gondeln zu sehen,

Unser Tipp

Im Erdbeerzug nach Aranjuez

Als 1851 der erste Zug vom Atocha-Bahnhof nach Aranjuez fuhr, begann in Madrid das Industriezeitalter. Heute ist der historische Erdbeerzug *(tren de la fresa* – er brachte Erdbeeren aus den Gärten um Aranjuez in die Hauptstadt) eine Touristenattraktion: Von ca. Mitte Mai bis Ende Juni sowie im September und Oktober befördert er an den Wochenenden Eisenbahn-Nostalgiker zur Königsresidenz im Süden. Startpunkt ist das Eisenbahnmuseum (Museo del Ferrocarril), Info Tel. 912 32 03 20, www.museodelferrocarril.org, 30/15 €.

auf denen sich die Herrschaften feierlichen Flussgelagen hingaben.

Essen & Trinken

Volkstümlich – **Casa Delapio:** Avda. Plaza de Toros, Tel. 918 92 09 82, www.casadelapio.es, Mo–Sa 8–24, So 10–17 Uhr, ca. 30 €. Nahe der Stierkampfarena gibt es Gemüse aus lokaler Produktion, Reisgerichte, Stierschwanz oder Tapas.

Gehobene Kochkunst – **Casa José:** Abastos 32, Tel. 918 91 14 88, www.casajose.es, Di–Sa 13–16, 21–24, So 13–16 Uhr, ca. 50 €, Degustationsmenü 75 €. In dem alten Stadthaus bei der Markthalle werden frisches Gemüse, saisonal gefangener Fisch oder geschmortes Lamm serviert. Dazu gibt es exzellente Weine.

Aktiv

Per Boot über den Tajo gleiten – **Barco Turístico El Curiosity:** beim Club de Piragüismo de Aranjuez, nahe der Brücke über den Tajo, Tel. 911 61 03 67, www.elcuriosity.com, Sa/So 12.30, 17.30 Uhr, 12/6 €. Bei einem Getränk schippert man über den Fluss und besichtigt dann die Gärten. Der Kanuclub selbst (Tel. 918 92 08 27, www.piraguismoaranjuez.com) verleiht Paddelboote, Kajaks und Kanus So, Fei 12–14 Uhr, 12 €/Std.

Infos

Oficina de Turismo: Plaza de San Antonio 9, Tel. 918 91 04 27, www.aranjuez.es, tgl. 10–18 Uhr.

Anreise: Nahverkehrszüge ab Madrid-Sol oder Atocha alle 30 Min., www.renfe.es; Bus 423 ab Estación Sur de Autobuses, (s. S. 26) Rückkehr von Aranjuez ab Busbahnhof, Calle Infantas 20.

Toledo ▶ Karte 4, A 3/4

Wie eine Festung – überragt von Kathedrale und Alcázar – liegt die Stadt auf einem Felshügel, den der zur Schleife ausgebogene Río Tajo umklammert. Im Gassengeflecht, in dem man sich leicht verlieren kann, scheint die Zeit stehen geblieben zu sein. Toledo ist ein Kompendium der Geschichte, ein Museum, das die UNESCO zum Welterbe der Menschheit kürte – und das täglich Busladungen an Besuchern empfängt. Abends kehrt dann wieder die beschauliche Ruhe einer Landstadt ein.

»Stadt der drei Kulturen« wird Toledo oft genannt – eine Erinnerung an die Jahrhunderte, in denen hier Muslime, Juden und Christen zusammenlebten, nachdem die westgotische Königsresidenz 712 dem muslimischen Reich von al-Andalus eingegliedert worden war. Die kastilischen Könige, die Toledo 1085 zurückeroberten und 1087 zu ihrer Residenz erkoren, übernahmen eine Stätte maurischer Kultur und Gelehrsamkeit und ließen zunächst Toleranz walten. Sie endete 1492 mit der endgültigen Vertreibung der Juden und der Verbannung des Islams von der Halbinsel. Die mächtigen Erzbischöfe von Toledo rückten schon vorher allem Nichtchristlichen mit ihren Inquisitionstribunalen zu Leibe. Als Philipp II. 1561 seinen Hof nach Madrid verlegte, endete Toledos Glanzzeit. Toledo ist Sitz des spanischen Primas. Ausgerechnet in diesem Machtzentrum der spanischen Kirche sind die jüdische und die muslimische Kultur besonders präsent. Sie manifestieren sich in Bauten und den maurischen Dekorationsprinzipien des Mudéjarstils, der viele Kirchen prägt, sowie in den von Muslimen begründeten feineren Handwerken und Gewerben. Toledo ist auch die Stadt El Grecos, der hier ab 1577 seine Wahlheimat fand und von Klerus und Adel reichlich mit

Wie eine Festung liegt Toledo auf einem Hügel, in einer Schleife des Río Tajo

Aufträgen bedacht wurde. El Grecos Werke sind überall in der Stadt präsent.

Stadtmauer und Stadttore

Auf dem Weg hinauf auf den Stadthügel passiert man die Stadtmauer an der Nordseite, die noch teils westgotischen, teils maurischen Ursprungs ist. Dort liegen die **Puertas de Bisagra** 1, ein Torbau, den Karl V. 1550 in Auftrag gab, sowie ein älteres Tor mit Hufeisenbögen, das auf das frühe 10. Jh. zurückgeht. Ein Stück bergauf sieht man rechts die **Puerta del Sol** 2, einen mächtigen Torturm im Mudéjarstil (12./14. Jh), und die ältere **Puerta de Valmardón** 3.

Mezquita de Cristo de la Luz 4

Cuesta de Carmelitas Descalzas 10, tgl. 10–17.45/18.45 Uhr, 2,80 €

Diese kleine ehemalige Moschee ist ein Kleinod arabischer Baukunst aus dem Jahr 999. Sie besteht aus flachen, erdfarbenen Ziegeln, die dekorativ verbaut wurden. 1187 wurde die Moschee zur Kirche Cristo de la Luz umgewidmet. In der im toledanischen Mudéjarstil angebauten Apsis sind Freskenreste erhalten. Der beschauliche Garten grenzt an das Sonnentor (rechts).

Kathedrale 5

Cardinal Cisneros 1, www.catedralprimada.es, Mo–Sa 10–18.30, So, Fei 14–18.30 Uhr, Tickets im Laden gegenüber der Puerta Llana, 10 €, inkl. Glockenbesichtigung 12,50 € (außer So)

Mitten in der Altstadt, wo einst die Hauptmoschee stand, erhebt sich wahrzeichenhaft Toledos Kathedrale, deren Ausmaße und architektonische Besonderheiten man nur erfasst, wenn man einmal um sie herumgeht. Mit ihrem 90 m hohen Turm, fünf Schiffen und dem doppelten Chorumgang ist sie nach der Kathedrale von Sevilla die zweitgrößte Spaniens. Zwischen 1226 und 1493 wurde sie in einem gotischen Stil spanischer Prägung errichtet. Höhepunkte der Ausstattung sind der von

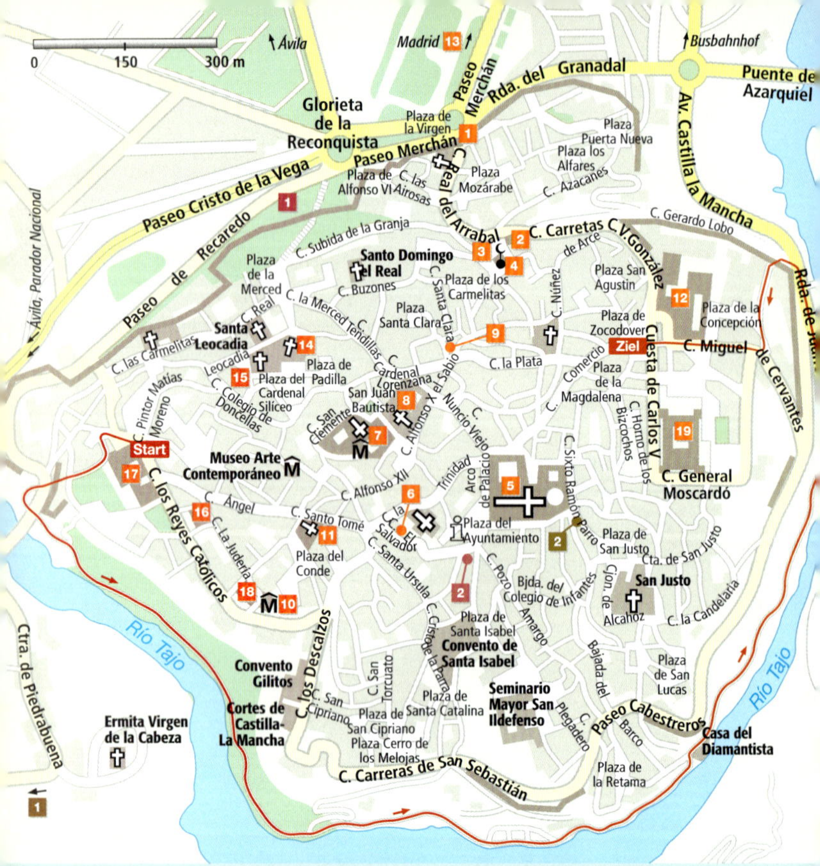

Toledo

Sehenswert

1 Puertas de Bisagra
2 Puerta del Sol
3 Puerta de Valmardón
4 Mezquita de Cristo de la Luz
5 Kathedrale
6 Iglesia de El Salvador
7 Museo de los Concilios y la Cultura Visigoda
8 Iglesia de San Ildefonso
9 Antigua Iglesia de San Vicente
10 Museo de El Greco
11 Iglesia de Santo Tomé
12 Museo de Santa Cruz
13 Hospital de Tavera
14 Convento de Santo Domingo el Antiguo
15 Colegio de Doncellas Nobles
16 Sinagoga Santa María la Blanca
17 San Juan de los Reyes
18 Sinagoga del Tránsito
19 Alcázar, Museo del Ejército

Übernachten

1 Parador Nacional Conde de Orgaz
2 La Posada de Manolo

Essen & Trinken

1 Hostal del Cardenal
2 El Botero

Wanderung am Tajo entlang s. S. 287

über 20 Künstlern geschnitzte **Hochaltar** (1500–04) und das **Chorgestühl.** Die **Gemäldesammlung** in der Sakristei umfasst Werke von El Greco – darunter das Bild »Expolio«, Entkleidung Christi, und Aposteldarstellungen – sowie von Goya, Velázquez, Zurbarán, Rubens, Tizian und van Dyck. Der **Kapitelsaal** glänzt mit einer schönen Artesonado-Decke und der **Kathedralenschatz** *(tesoro)* mit der von Enrique de Arfe geschaffenen, ca. 2,5 m hohen vergoldeten Silberkustodie (16. Jh.), die zu Fronleichnam durch die Stadt getragen wird.

Eine architektonische und künstlerische Eigentümlichkeit ist der sogenannte **Transparente** hinter dem Hauptaltar. Narcisco Tomé durchbrach hier 1721 bis 1732 die Decke, um Licht bis zum Tabernakel zu führen, und kaschierte diesen Durchbruch wiederum, indem er ihn in kunstvolle Szenen einband. Nicht nur wegen der **Campana gorda,** der angeblich größten Glocke der Welt, sondern auch wegen der Ausblicke lohnt der Besuch des Glockenstuhls.

Iglesia de El Salvador 6

Plaza de El Salvador s/n, Mo–Do, Sa/ So, Fei 10–17.45/18.45, Fr 10–14.45, 16–17.45/18.45 Uhr, 2,80 €

Im 11. Jh. wurde El Salvador, eine Moschee aus dem 9. Jh., zur neuen Hauptmoschee von Toledo erweitert. Einige der Hufeisenbögen ruhen auf römischen Kapitellen sowie auf einem Pfeiler aus westgotischer Zeit, auf dem Szenen aus dem Leben Jesu bildhauerisch dargestellt sind. Im späten Mittelalter wurde die Kirche nach einem Brand erneuert und erweitert.

Museo de los Concilios y la Cultura Visigoda 7

San Román s/n, Di–Sa 9.45–14, 16–18.30, So, Fei 10–14 Uhr, 1 €, Di–Sa 17–18 Uhr Eintritt frei

Sammelticket Pulsera Turística de Toledo

In der Touristeninformation (s. S. 287) ist für 9 € ein Armband *(pulsera)* erhältlich, das zum (auch wiederholten) Besuch folgender Sehenswürdigkeiten berechtigt: **Mezquita de Cristo de la Luz 4, Iglesia de El Salvador 6, Iglesia de San Ildefonso 8, Iglesia des Santo Tomé** (Grecos »Begräbnis des Grafen von Orgaz«) **11, Colegio de Doncellas Nobles 15, Sinagoga Santa Maria la Blanca 16** und **San Juan de los Reyes 17.**

Die 1221 geweihte Mudéjarkirche San Román besitzt einen durch Hufeisenbögen gegliederten und mit spätromanischen Fresken geschmückten dreischiffigen Raum, der nun als **Museum der westgotischen Kultur** dient und die frühe Geschichte Toledos dokumentiert. Es präsentiert u. a. Nachbildungen westgotischer Königskronen.

Iglesia de San Ildefonso 8

Plaza Padre Juan de Mariana 1, tgl. 10–17.45, Sommer bis 18.45 Uhr, 2,80 €

1718 wurde diese Barockkirche mit imposanter Fassade als Gotteshaus der Jesuiten in Toledo geweiht. Sehenswert im Innern ist das Retabel. 130 Stufen führen hinauf zur Aussichtsplattform im Turm, von der sich ein großartiger Blick über die Stadt bietet.

Antigua Iglesia de San Vicente 9

Plaza de San Vicente 2, Mo–Fr 11–13.30 und tgl. 16–21 Uhr

Hügelauf liegt am San-Vicente-Platz die gleichnamige ehemalige Kirche, heute ein Kulturzentrum. Das Kirchenschiff dient als Ausstellungsraum, und der Círculo de Arte de Toledo veranstaltet hier Theateraufführungen und Konzerte.

Auf Entdeckungstour: El Greco in Toledo

Der gebürtige Kreter Domínikos Theotokópoulos wurde als El Greco, der Grieche, weltberühmt. In seiner Wahlheimat Toledo, dem Sitz des spanischen Erzbischof-Primas, malte er von 1577 bis zu seinem Tod im Jahr 1614. Dem reichen, streng katholischen Klerus und dem Toledaner Adel gefiel die Spiritualität seiner Werke, die heute teils noch an ihrem ursprünglichen Ort, teils in großartigen Gemäldesammlungen zu sehen sind.

Cityplan: s. S. 282

Museo de El Greco 10 : Paseo del Tránsito s/n,www.mecd.gob.es/mgreco, Di–Sa 9.30–18.30, Sommer bis 20, So, Fei 10–15 Uhr, 3 €, Sa ab 14 Uhr, So Eintritt frei, Audioguide 2 €
Iglesia de Santo Tomé 11 : Plaza del Conde 4, www.santotome.org, tgl. 10–17.45/18.45 Uhr, 2,80 €
Museo de Santa Cruz 12 : Cervantes 3, Mo–Sa 10–18.45, So, Fei 10–14.15 Uhr, 5 € (inkl. Museo de los Concilios y la Cultura Visigoda, s. S. 283)
Hospital de Tavera 13 : Cardenal Tavera 2, www.fundacionmedinaceli.org, Mo–Sa, Fei 10–13.30, 15–17.30, So 10–13.30 Uhr, 6/4 €
Convento de Santo Domingo el Antiguo (oder de Silos) 14 : Plaza de Santo Domingo el Antiguo s/n, Mo–Sa 11–13.30, 16–19, So, Fei 16–19 Uhr, 2,50 €

El Greco-Museum 10

Als El Greco zu Beginn des 20. Jh. als Künstler wiederentdeckt wurde, nicht zuletzt aufgrund seiner Wertschätzung durch die Expressionisten, waren seine Werke international begehrt und wurden weltweit verkauft. Zu dieser Zeit erwarb der Marqués de la Vega Inclán im ehemaligen jüdischen Viertel von Toledo, wo El Greco gelebt hatte, einen heruntergekommenen Gebäudekomplex, um ihn als El Greco-Museum herzurichten. Heute spaziert man hier durch den beschaulichen Garten und ein typisch toledanisches Wohnhaus des 16. Jh., macht sich mit dem Leben und Wirken des Malers vertraut und bewundert seinen Apostel-Zyklus oder die historische Stadtansicht von Toledo.

Ein ergreifendes Begräbnis

El Greco war Mitglied der Pfarrgemeinde der nahen, vom 12.–14. Jh. erbauten **Iglesia de Santo Tomé** 11 mit einem der schönsten Mudéjartürme der Stadt. Im Atrium hängt ein berühmtes El-Greco-Werk: »Begräbnis des Grafen von Orgaz« (1586). Auf 3,5 x 5 m zeigt es die Beisetzungsfeierlichkeiten für Don Gonzalo Ruiz de Toledo. Während Christus und die himmlischen Heerscharen oben im Bild seine Seele im Empfang nehmen, wird unten der Leichnam des Grafen beigesetzt, der übrigens tatsächlich zu Füßen des Bildes ruht. Toledaner Klerus und Granden nehmen an der Zeremonie teil, dazu die Heiligen Augustinus und Stephanus sowie – unten links im Bild – El Grecos eigener Sohn.

Große Gemäldesammlungen

Vorbei an der **Kathedrale** 5 (s. S. 281), deren Sakristei Werke von El Greco hütet, geht es durch einen Durchgang seitlich des Zocodover-Platzes zum mächtigen, ab 1494 auf Geheiß Kardinal Mendozas errichteten ›Krankenhaus des Heiligen Kreuzes‹. Die doppelstöckige elegante Kreuzhalle beherbergt im heutigen **Museo de Santa Cruz** 12 eine großartige Gemäldesammlung mit zahlreichen Werken von El Greco und aus seiner Werkstatt, darunter Heiligendarstellungen, Porträts und Kirchenretabel. An einer Wand hängt das Banner, das Don Juan de Austria 1571 in der Seeschlacht von Lepanto mit sich führte.

Unterhalb des toledanischen Stadthügels liegt das frühere **Hospital de Tavera** 13, ein prachtvoller Renaissancebau aus der Mitte des 16. Jh., der später zur Residenz der Herzöge von Lerma umfunktioniert wurde. In der Kirche befindet sich das Grabmal des Kardinals Tavera, die Räumlichkeiten des alten Krankenhauses beherbergen eine Sammlung an Kunst des 15. bis 18. Jh. Auch hier sind etliche Werke ›des Griechen‹ zu bewundern.

Kunst und Marzipan im Convento de Santo Domingo el Antiguo 14

Das Zisterzienserkloster im Nordwesten des Stadthügels, eine verwinkelte Anlage mit reizendem Turm im toledanischen Mudéjarstil, stammt aus dem 11. Jh., wurde jedoch später umgebaut. Retabel und Altargemälde in der Klosterkirche gehören zu El Grecos frühesten Arbeiten in Toledo. Als Originale blieben »Johannes der Täufer« und »Johannes der Evangelist« sowie ein Seitenretabel an Ort und Stelle erhalten. Beim Gitter, das den Chor vom Kirchenraum trennt, markiert eine Glasplatte im Boden das ursprüngliche Grab von El Greco. Sein Sohn ließ die Gebeine des Vaters in eine andere, nicht mehr existente Kirche verlegen – sie sind verschollen. Die Nonnen von Santo Domingo el Antiguo produzieren und verkaufen Toledaner Marzipanspezialitäten.

Colegio de Doncellas Nobles 15

Plaza del Cardenal Silíceo s/n, tgl. 10–17.45/18.45 Uhr, 2,80 €

1551 gründete Kardinal Silíceo hier eine Schule zur Ausbildung von Mädchen aus bescheidenen Verhältnissen. Die heutige Gebäudeform geht auf die im 18. Jh. von Ventura Rodríguez geleiteten Umbaumaßnahmen zurück. Sehenswert sind insbesondere die Kirche, das Mausoleum Kardinal Silíceos, der Innenhof und das Rektoratsgebäude.

Sinagoga Santa María la Blanca 16

Reyes Católicos 4, tgl. 10–17.45/18.45 Uhr, 2,80 €

Die Synagoge aus dem 12. Jh. wurde zwischenzeitlich – wie der Name anzeigt – in eine Kirche umgewidmet (ab 1405). Achteckige Säulen mit Hufeisenbögen gliedern den zurückhaltend-harmonischen Raum in fünf Schiffe.

San Juan de los Reyes 17

San Juan de Los Reyes 2, www.sanjuandelosreyes.org, tgl. 10–17.45/18.45 Uhr, 2,80 €

Den Bau der Klosterkirche San Juan de los Reyes gab Isabella die Katholische 1476 in Auftrag. Juan Guan gestaltete sie im Stil der isabellinischen Spätgotik, den eleganten, reich verzierten Kreuzgang mit zweistöckigen Arkaden und kunstvollen Artesonado-Decken, der einen kleinen Garten umschließt, schuf Enrique Egas. Die schweren Ketten an der Außenwand erinnern an Christen, die man aus muslimischer Gefangenschaft befreit hatte.

Unser Tipp

Souvenirs aus Toledo

Überall in der Stadt blüht der Handel mit schönen Souvenirs, die ihren Ursprung in orientalischen Handwerken haben: Messern und Klingen, *damasquinado*-Produkten und Marzipankonfekt. *Damasquinado* bezeichnet die alte Technik, Metallobjekte mit gewebehaften Mustern zu verzieren: Mit scharfem Stichel ritzt man Gravuren in das Metall und füllt sie mit Gold- und Silberdraht, die dann flachgeklopft werden.

Sinagoga del Tránsito – Museo Sefardí 18

Samuel Leví s/n, www.mecd.gob.es/msefardi, Di–Sa 9.30–18, Sommer bis 19.30, So, Fei 10–15 Uhr, 3 €, Sa ab 14 Uhr, So Eintritt frei

Ein Schmuckstück des Mudéjarstils ist diese im 14. Jh. errichtete **Synagoge.** Sie wurde 1492, nach der Vertreibung der Juden aus Spanien, zunächst dem Militärorden der Calatrava und Alcántara übergeben. Der 1971 eröffnete **Museo Sefardí** macht mit der Kulturgeschichte der spanischen Sephardim vertraut.

Alcázar – Museo del Ejército 19

www.museo-ejercito.es, Mo, Di, Do–So 10–17 Uhr, 5 €, So Eintritt frei

Der wuchtige **Alcázar** von Toledo, ursprünglich unter Karl V. errichtet, wurde mehrfach zerstört und wiederaufgebaut, zuletzt nach dem Spanischen Bürgerkrieg, in dem die Republikaner die Palastfestung beschossen, während Oberst Moscardó, ein Anhänger Francos, die Stellung hielt und sogar bereit war, seinen Sohn zu opfern. Die Festung beherbergt das neu geordnete, umfangreiche **Museo del Ejército** (Militärmuseum), in das die Bestände des einstigen Madrider Militärmuseums integriert worden sind, sowie die Bibliothek der Region Kastilien-La Mancha.

Wanderung am Tajo entlang

Start: Plaza San Juan de los Reyes, s. Cityplan S. 282, rote Route
Länge/Dauer: ca. 4 km, ca. 2 Std.
An der Nordseite des Monasterio de **San Juan de los Reyes** 17, beim kleinen Ledergeschäft **Cuerho,** führt eine Treppengasse steil bergab, man quert eine Straße und kommt dann auf einen Schotterweg direkt bei der **Brücke San Martín** aus dem 14. Jh. Immer am Fluss entlang geht es in einem leichten Linksbogen um den Felshügel von Toledo. Stößt man auf die **Casa del Diamantista,** so nimmt man links die Treppe und hält sich oben rechts. Oberhalb des Flusses geht es weiter bis zum alten **Puente de Alcántara.** Hält man sich nach dem Passieren des Stadttores links bergauf, kommt man zum **Museo de Santa Cruz** 12 und dem Zocodover-Platz zurück.

Übernachten

Stilvoll mit Panoramablick – **Parador Nacional Conde de Orgaz** 1: Cerro del Emperador s/n, Tel. 925 22 18 50, www.parador.es, DZ 135–190 €. Der Parador, ein Nobelhaus im toledanischen Stil mit Pool und gutem Restaurant, liegt gegenüber der Altstadt auf der anderen Seite des Tajo. Von den geräumigen Zimmern und der Terrasse bietet sich ein herrlicher Blick auf die Stadt. Der Ausflug hierher lohnt auch, um bei einem *café* auf der Terrasse das fotogene Panorama Toledos zu genießen.

Toledanisches Stadthaus – **La Posada de Manolo** 2: Sixto Ramón Parro 8, Tel. 925 28 22 50, www.laposadademanolo.com, DZ ab ca. 60 €, Frühstück 10 €. Ein nett zurechtgemachtes und recht rustikal anmutendes toledanisches Stadthaus, jedes Zimmer hat eine individuelle Note. Dazu gibt es eine schöne Frühstücksterrasse.

Essen & Trinken

Wo der Kardinal wohnte – **Hostal del Cardenal** 1: Paseo Recaredo 24, Tel. 925 22 08 62, www.hostaldelcardenal.com, tgl. 13–16, 20.30–23.30 Uhr, ca. 40–50 €. Das 200 Jahre alte Landhaus Kardinal Lorenzanas dient heute als Herberge und als Restaurant mit schönem Garten. Spezialität des Hauses sind Ofengerichte, wie Lamm und Spanferkel aus dem Holzofen. Man kann im Hostal del Cardenal aber auch informeller speisen und Tapas bestellen.

Altstadttaverne und Restaurant – **El Botero** 2: De la Ciudad 5, Tel. 925 28 09 67, www.tabernaelbotero.com, Mi/Do, So 12–1.30, Fr/Sa bis 2.30 Uhr, ab ca. 20 €. Direkt bei der Kathedrale befindet sich das kleine Lokal, das im Erdgeschoss den Thekenraum und ein paar Tische und oben einen Speisesaal hat. Es gibt gut zubereitete Regionalküche in Form von Tapas, *raciones* oder Menüs.

Infos

Oficina de Turismo: Plaza del Ayuntamiento 1 (im Rathaus), Tel. 925 25 40 30; weitere Infostellen auf der Plaza del Zocodóver und im Bahnhof, www.toledo-turismo.com, tgl. 10–18 Uhr.

Anreise: Schnellzüge (AVANT) ab Madrid-Atocha etwa stdl., ca. 13 €. Vom Bahnhof (schöner Neo-Mudéjar-Bau) in Toledo am Paseo de la Rosa mit Bus 61/62 (1,40 €) oder mit dem City-Tour-Bus (2,50 €) zum Zocodover-Platz. Direktbusse ab Busbahnhof Plaza Elíptica (Metro: L 6, 11 Plaza Elíptica) etwa alle 30 Min., Tickets (11,50 € hin/zurück) im 3. Stock an den Schaltern von Nex Continental-Alsa, Tel. 902 42 22 42, www.alsa.es; Abfahrt der Busse im 1. Stock, Tor 7; Busbahnhof in Toledo, Avda. de Castilla-La Mancha, Tel. 925 21 58 50; von dort Linie 5 zum Zocodover.

Sprachführer

Aussprecheregeln

Wörter, die auf Vokal, n oder s enden, werden auf der vorletzten Silbe betont, alle anderen auf der letzten Silbe. Von diesen Regeln abweichende Betonungen verdeutlicht ein Akzent (z. B. teléfono). Treffen zwei Vokale aufeinander, so werden beide einzeln gesprochen (z. B. E-uropa).

Konsonanten:

c	vor a, o, u wie k, z. B. casa, vor e, i wie englisches th, z. B. cien
ch	wie tsch, z. B. chico
g	vor e, i wie deutsches ch, z. B. gente
h	wird nicht gesprochen
j	wie deutsches ch, z. B. jefe
ll	wie deutsches j, z. B. llamo
ñ	wie gn bei Champagner, z. B. niña
qu	wie k, z. B. porque
y	wie deutsches j, z. B. yo (außer am Wortende)
z	wie englisches th, z. B. azúcar

Allgemeines

guten Morgen/Tag	buenos días
guten Tag (nachmittags)	buenas tardes
guten Abend/ gute Nacht	buenas noches
auf Wiedersehen	adiós
Entschuldigung	disculpe, perdón
hallo, grüß dich/Sie	hola, ¿qué tal?
bitte	por favor
danke	gracias
ja/nein	sí/no
Wie bitte?	¿perdón?

Unterwegs

Bahnhof	la estación
Flughafen	el aeropuerto
Bus/U-Bahn/Auto	autobús/metro/coche
Haltestelle	la parada
Parkplatz	el aparcamiento
Fahrkarte	el billete
Tankstelle	la gasolinera
Eingang	la entrada
Ausgang/ -fahrt	la salida
rechts	a la derecha
links	a la izquierda
geradeaus	todo recto
hier/dort	aquí/allí
Auskunft	información
Stadtplan	mapa de la ciudad
Postamt	correos
geöffnet	abierto/-a
geschlossen	cerrado/-a
Kirche	la iglesia
Museum	el museo
Brücke	el puente
Straße	la calle
Platz	la plaza

Übernachten

Hotel/Pension	el hotel/la pensión
Einzelzimmer	habitación individual
Doppelzimmer	habitación doble
mit/ohne Bad	con/sin baño
Toilette	el servicio
Dusche/Bad	la ducha/el baño
mit Frühstück	con desayuno
Halbpension	media pensión
Gepäck	el equipaje
Rechnung	la cuenta

Einkaufen

kaufen	comprar
Geschäft/Markt	la tienda/el mercado
Geld	el dinero
Geldautomat	el cajero automático
bar	en efectivo
Kreditkarte	la tarjeta de crédito
Lebensmittel	la comida
teuer/billig	caro/barato
wie viel	¿cuánto?
bezahlen	pagar

Notfall

Apotheke	farmacia
Arzt/Zahnarzt	el médico/el dentista
Hilfe!	¡socorro!

Krankenhaus	el hospital, la clínica	Freitag	viernes
Polizei	la policía	Samstag	sábado
Schmerzen	dolores	Sonntag	domingo
Unfall	el accidente		

Zeit, Wochentage

Stunde	la hora
Tag	el día
Woche	la semana
Monat	el mes
Jahr	el año
heute	hoy
gestern	ayer
morgen	mañana
morgens	por la mañana
mittags	a mediodía
abends	por la noche
früh, spät	temprano, tarde
Montag	lunes
Dienstag	martes
Mittwoch	miércoles
Donnerstag	jueves

Zahlen

1	uno	17	diecisiete
2	dos	18	dieciocho
3	tres	19	diecinueve
4	cuatro	20	veinte
5	cinco	21	veintiuno
6	seis	30	treinta
7	siete	40	cuarenta
8	ocho	50	cincuenta
9	nueve	60	sesenta
10	diez	70	setenta
11	once	80	ochenta
12	doce	90	noventa
13	trece	100	cien
14	catorce	150	cientocincuenta
15	quince	200	doscientos
16	dieciséis	1000	mil

Die wichtigsten Sätze

Allgemeines

Sprechen Sie Deutsch/Englisch?	¿Habla usted alemán/inglés?
Ich verstehe nicht.	No entiendo.
Ich spreche kein Spanisch.	No hablo español.
Ich heiße ...	Me llamo ...
Wie heißt Du/ heißen Sie?	¿Cómo te llamas/ se llama?
Wie geht es Dir/ Ihnen?	¿Cómo estás/ está usted?
Danke, gut.	Muy bien, gracias.
Wie viel Uhr ist es?	¿Qué hora es?

Unterwegs

Wie komme ich zu/nach ...?	¿Cómo se llega a ...?
Wo ist ...?	¿Dónde está ...?
Könnten Sie mir bitte ... zeigen?	¿Me podría enseñar ..., por favor?

Notfall

Können Sie mir bitte helfen?	¿Me podría ayudar, por favor?
Ich brauche einen Arzt.	Necesito un médico.
Hier tut es mir weh.	Me duele aquí.

Übernachten

Haben Sie ein freies Zimmer?	¿Hay una habitación libre?
Wie viel kostet das Zimmer pro Nacht?	¿Cuánto vale la habitación al día?
Ich habe ein Zimmer bestellt.	He reservado una habitación.

Einkaufen

Wie viel kostet ...?	¿Cuánto vale ...?
Ich brauche ...	Necesito ...
Wann öffnet/ schließt ...?	¿Cuándo abre/ cierra ...?

Kulinarisches Lexikon

Getränke (bebidas)

agua (con/sin gas)	Wasser (mit/ohne Kohlensäure)
batido	Milchshake
café con leche	Milchkaffee
café solo	Espresso
café cortado	Espresso mit Milch
caña	gezapftes Bier
chocolate	Kakao
cerveza	Bier
champán	Sekt
fino	Sherry
granizado	zerstoßenes Eis mit Sirup
horchata	Erdmandelmilch
té	Tee
vino blanco/tinto/ rosado	Weiß-/Rot-/Roséwein
zumo	Saft
zumo de naranja al natural	frisch gepresster Orangensaft

Typische Tapas

aceitunas	Oliven
ahumados	geräucherter Fisch
albóndigas	Fleischbällchen
almejas	Venusmuscheln
anchoas	Anchovis
bocadillo/bocata	belegtes Brötchen
boquerones en vinagre	eingelegte Sardellen
calamares	Tintenfische
callos	Kutteln
canapés	belegte Schnittchen
caracoles	Schnecken
champiñones	Champignons
chipirones	Mini-Tintenfische
chorizo	Paprikawurst
cocido	Eintopf
croquetas	Kroketten
embutidos	Wurstwaren
gambas	Garnelen
jamón serrano	Gebirgsschinken
jamón Ibérico	Iberischer Schinken (Spezialität)
mejillones	Miesmuscheln
montado	kleines belegtes Brötchen
ostras	Austern
patatas bravas	scharf gebratene Kartoffeln
paté	Pastete
pincho moruno	Fleischspieß
pulpo	Oktopus, Krake
queso	Käse
sepia	Tintenfisch
tortilla de patatas	Kartoffelomelett

Fisch und Meeresfrüchte (pescado y marisco)

atún	Thunfisch
bacalao	Stockfisch
besugo	Seebrasse
bogavante	Hummer
bonito	kleine Thunfischart
caballa	Makrele
cangrejo	Krebs
cigala	kleine Languste
dorada	Dorade
langostinos	Riesengarnelen
lenguado	Seezunge
merluza	Seehecht
mero	Zackenbarsch
pez espada	Schwertfisch
rape	Seeteufel
rodaballo	Steinbutt
salmón	Lachs
trucha	Forelle

Fleisch (carne)

asado	Braten/gebraten
aves	Geflügel
bistec	Beefsteak, Steak
buey	Ochse, Rind
chuleta	Kotelett
cerdo	Schwein
cochinillo	Spanferkel
conejo	Kaninchen
cordero	Lamm
escalope	Schnitzel

estofado	Schmorfleisch
filete	Filet
jabalí	Wildschwein
pato	Ente
pollo	Hühnchen
rabo de toro	Stierschwanz
solomillo	Filet
ternera	Kalb, Rind
vaca	Rind, Kuh

Gemüse (legumbres, verdura)

aguacate	Avocado
ajo	Knoblauch
alcachofa	Artischocke
berenjena	Aubergine
calabacín	Zucchini
cebolla	Zwiebel
ensalada	Salat
espárragos	Spargel
espinacas	Spinat
garbanzos	Kichererbsen
guisantes	Erbsen
hongos/setas	Pilze
judías verdes	grüne Bohnen
lechuga	grüner Blattsalat
lentejas	Linsen
patatas	Kartoffeln
pepino	Gurke
pimiento	Paprikaschote
puerro	Lauch
tomates	Tomaten
zanahorias	Möhren

Obst (fruta)

cerezas	Kirschen
fresas	Erdbeeren
manzana	Apfel
melocotón	Pfirsich
naranja	Apfelsine
piña	Ananas
plátano	Banane
uvas	Trauben

Nachspeisen (postres)

arroz con leche	Milchreis
crema catalana	Pudding mit karamelisierter Zuckerkruste
flan	Karamelpudding
helado	Eis
pastel	Kuchen, Gebäck
sorbete	Sorbet
tarta (de queso)	Käsekuchen
tocino de cielo	Paradiesspeise

Zubereitungen

a la plancha	gegrillt
a la parilla	auf einer heißen Metallplatte gegrillt
al ajillo	in Knoblauchsoße
al horno	aus dem Ofen
asado/-a	gebraten/geschmort
en escabeche	mariniert
en salsa	in Soße
frito/-a	frittiert
guisado/-a	geschmort

Im Restaurant

Ich möchte einen Tisch reservieren.	Quisiera reservar una mesa.
Die Speisekarte, bitte.	La carta, por favor.
Die Rechnung, bitte.	La cuenta, por favor.
Kellner/Kellnerin	camarero/camarera
Frühstück	desayuno
Mahlzeit/Essen	la comida
Abendessen	la cena
Häppchen, Portion	la tapa, la ración
Vorspeisen	entremeses
Hauptgericht	el plato principal, el plato segundo
Nachspeise	el postre
Tagesgericht	menú del día
vegetarische Kost	comida vegetariana
Messer, Gabel	el cuchillo, el tenedor
Löffel, Teelöffel	la cuchara, cucharilla
Glas, Flasche	el vaso, la botella
Salz, Pfeffer	la sal, la pimienta
Zucker, Süßstoff	el azúcar, la sacarina

Die Autoren: Der Journalist Manuel García Blázquez ist seit seinem 16. Lebensjahr in Madrid zu Hause und schreibt als freier Journalist u.a. über Madridthemen. Maria Anna Hälker lernte die spanische Metropole durch ihn und seine Freunde erst richtig kennen, als sie hier selbst ein Jahr lebte. Beide haben Spaß daran, Menschen auf ihrer Reise durch die l(i)ebenswerteste Stadt der Welt zu führen und sie mit ihrer Begeisterung für Madrid anzustecken!

Abbildungsnachweis
akg-images, Berlin: S. 77
Niko Atilano Chicote, Madrid: S.12 u. li., 202/203
Ayuntamiento de Madrid, San Antonio de la Florida: S. 241
Anastasia Duscha, Berlin: S. 6 li., 296 li.
Manuel García Blázquez, Madrid: S. 12 o. li., 13 (4x), 21, 37, 67, 82, 84, 100, 104, 120/121, 137, 140, 152 re., 170/171, 183, 184 (2x), 186, 190/191, 209, 215 li., 229, 231 li., 238/239, 249, 257, 262/263, 266 re., 278
Björn Göttlicher, Barcelona: S. 58, 63, 230 li., 232/233
Huber Images, Garmisch-Partenkirchen: S. 11 (Giocoso); 7 (Kaos03); 26 (Raccanello); Titelbild (TC)
laif, Köln: S. 269 (Beltra-Vandeville); 98, 102, 124; 267 li., 281 (hemis.fr); 23 (hemis.fr/Dozier); 70/71, 106/107, 108 re., 122, 136 re., 149, 166, 223, 230 re., 237, 248 re., 258 (hemis.fr/Hughes); 25, 108 li., 115, 185 li., 194, 198 re., 212/213 (Hilger); 174 (Huber); 92 (Keystone France); 12 u. re., 45, 47, 152 li., 161, 214 li., 218/219 (Knechtel); 248 li.,254 (Le Figaro Magazine/Navarro); 8, 136 li., 144/145, 214 re., 224 (Linkel); 153 li., 155 (REA/Fourmy); 87, 88 (Rodtmann); Umschlagklappe vorn, 90, 131, 169, 199 li., 206 (Tophoven); 12 o. re., 16/17, 40, 95, 146/147 (Westrich); 266 li., 273 (Zahn)
Mauritius Images, Mittenwald: S. 182 (age); 9 (alamy); 284 (United Archives)
Museo Nacional Centro de Arte Reina Sofía, Madrid: S. 116/117
Room Mate Hotels, Madrid: S. 31
Schapowalow, Hamburg: 109 li., 132 (Canali)
Alonso Serrano, Madrid: S. 53, 80/81, 198 li., 201
Virginia Verdejo, San Lorenzo de El Escorial: S. 6 re., 296 re.
© VG Bild-Kunst, Bonn 2017: S. 108 li., 115 (Los Cinéticos/Carlos Cruz-Diez); 116/117 (Pablo Picasso, Guernica; Museumsansicht)
White Star, Hamburg: S. 50 (Gumm)
Zitat S. 125/126: Cees Nooteboom, Der Umweg nach Santiago, Suhrkamp Verlag, Frankfurt/M. 1992
Kartografie:
DuMont Reisekartografie, Fürstenfeldbruck
© DuMont Reiseverlag, Ostfildern

Umschlagfotos: Im Literatenviertel Huertas (Titelbild); Cervecería an der Plaza de Santa Ana (Umschlagklappe vorn)

Hinweis: Autoren und Verlag haben alle Informationen mit größtmöglicher Sorgfalt geprüft. Gleichwohl erfolgen alle Angaben ohne Gewähr. Bitte, schreiben Sie uns! Über Ihre Rückmeldung und Verbesserungsvorschläge freuen wir uns: **DuMont Reiseverlag,** Postfach 3151, 73751 Ostfildern, info@dumontreise.de, www.dumontreise.de

5., aktualisierte Auflage 2018

Grafisches Konzept: Groschwitz/Blachnierek, Hamburg
Printed in China

FSC www.fsc.org
MIX
Papier aus verantwortungsvollen Quellen
FSC® C124385